KB083811

1★9★3★7

1★9★3★7

©Yō Hemmi 2015, 2016

First published in Japan in 2016 by KADOKAWA CORPORATION, Tokyo.
Korean translation rights arranged with KADOKAWA CORPORATION, Tokyo
through Shinwon Agency Co.

이 책의 한국어판 저작권은 신원 에이전시를 통한
가도카와출판사와의 독점계약으로 서커스출판상회에 있습니다.
저작권법에 의하여 한국 내에서 보호를 받는 저작물이므로 무단전재와 복제를 금합니다.

차례

1★9★3★7

이 쿠 미 나

헨미 요 지음

한승동 옮김

일러두기

1. 이 책은 헨미 요(辺見 庸)의 『完全版 1★9★3★7 イクミナ(上, 下)』(角川文庫, 2016)를 완역했다.
2. 본문 하단의 각주와 어려운 한자어에 대한 뜻풀이는 옮긴이가 달았다.
3. 사이시옷은 발음과 표기법이 관용적으로 굳어져 있는 경우를 제외하고는 가급적 사용을 지양했다.
4. 일본어 'ち'와 'つ'는 철자의 위치에 상관없이 '치'와 '츠'로 표기했다.
5. 일본 인명의 경우 성 다음의 이름이 파열음 ㅋ, ㅌ, ㅍ으로 시작될 경우 그대로 표기했다. 단 성의 경우는 ㄱ, ㄷ, ㅂ으로 표기했다.
6. 일본 고유명사 표기는 음독의 경우 관용적으로 굳어진 경우를 제외하고는 가급적 우리 한자음대로 적었다.

과거 속의 미래

일찍이 1937년이라는 꿈같은 '때(時)'가 있었다. 믿기 어렵겠지만, 그때 일본이라는 극동의 활모양 열도는 지금보다 훨씬 밝았다. 지금과는 달리 '희망'과 '활기'와 '용기'가 넘쳤다. 1937년이라는 '때'는 '길조吉兆'만 얘기했고, 거리와 마을들은 종종 축하 퍼레이드로 들끓었다. 1937년에는 사람들이 웃는 얼굴을 하고 있었고 환호의 함성이 터져 나왔으며, '선의'와 단결심과 서로 돕기의, 이른바 공덕심이라는 게 높았다. 사람들은 흥분해 있었다. 이상하게도 1937년에 '암흑'을 감지한 사람은 소수였다. 하물며 1937년에 1942년 12월 8일*이나 1945년

---

* 일본이 하와이 진주만의 미국 태평양함대를 습격해 태평양전쟁이 발발한 날.

8월 6일과 9일,[*] 15일의 광경을 조금이라도 예감한 사람은 많은 기록들을 살펴보건대 아무도, 전혀 없었다. 1937년은 묘하게도 밝았다. 그것을 생각하면 내 의식은 몽롱해지고 만다.

2016년 가을인 지금은 왠지 밝지 않다. 만일 "미래는 희망으로 가득 차 있다"라고, 시금 눈을 반짝이며 외치는 자가 있다면 꽤나 둔감하거나 정신 착란이란 의심을 받아도 어쩔 수 없을 것이다. 아니면 취미 치고는 고약한 블랙조크라며 실소를 자아낼 것이다. 소리를 죽이며 얘기할 수밖에 없지만, 이토록 '흉조'만 또렷이 눈에 띄는 시대는 전후에는 일찍이 없었을 것이다. 즉 지극히 온건한 표현으로, 될 수 있는 한 억제해서 얘기하더라도 "미래는 불안으로 가득 차 있다"거나 "미래는 전례 없이 거대한 위기에 직면해 있다"는 것이 많은 사람들이 인정하는 바이기도 하고, 대중들의 거짓 없는 예감이며 내심의 소리가 아니겠는가. 1944년생인 내가 철들고 나서 이제까지, 사실대로 말해서 이토록 '희망 전무'의 상황이었던 적은 없었다.

그런데 불안이나 위기, 절망의 내용이 어떤 것인지 막상 그려내려면 그게 꼭 쉬운 건 아니다. 게다가 금세기 동향의 불가측성과 앞으로 일어남직한 대붕괴와 폭력 이미지를 얘기하는 일에 일본의 미디어나 논자들은 대체로 용감하지도 대담하지도 정직하지도 않고 열심히 공부를 하는 것도 아니다. 오히려 고식적이고 너무 좀스럽고 보수적이다. 그래서 다소 다른 점이

---

[*] 히로시마, 나가사키에 미국 원자폭탄이 투하된 날.

있고 곡절이 있긴 하지만, 대체로 '지금'의 시간이 설마 유턴이
나 단절 또는 폭발하지는 않겠지 하고 누구나 생각하거나 생
각하는 척하면서 특별한 근거도 없는 예단을 토대로 순조롭게
지속되는 현상의 정경에 대한 '미래상'을 기껏해야 그 근사치
정도로밖에 제시할 수 없다. 전 세계에서 잇따라 일어나고 있
는 사건들은 이미 인간 상상력의 한계를 멀리 추월해버렸는데
도 그 모양이다. 우리는 사건으로부터 따돌림당하고 있다. 역
사는 현실을 뛰어넘고 있다.

아무리 정치精緻한 IT(정보기술)도 빅데이터도 후쿠시마 원
전 원자로 노심 용융(멜트 다운)을 사전에 경고하지는 못했다.
이슬람국가(IS)의 성립과 그 행동, 나락으로 떨어진 시리아 사
태를 예측하지도 못했다. 프랑스 혁명을 축하하는 파리 축제일
에 니스에서 2백 수십 명이 죽고 다치는 트럭 테러 사건이 일
어나리라고 그 누가 직관할 수 있었을까. 대형 트럭이 번잡한
인파 한가운데를 지그재그로 달리면서 아이들을 포함한 많은
시민들을 깔아 죽이는 광경에 대해 납득할 만한 설명을 하기
어렵다고 할 수밖에 없다. 원인과 결과, 인과관계, 사건의 법칙
성……을 명쾌하게 얘기할 수 있었던 시대는(그것들이 진상과는
상당히 동떨어진 것이었다고 해도) 아직 행복했을지도 모르겠다.
사가미하라(相模原)의 장애인 시설에서 도망칠 수도 없는 중증
장애인들이 다수 살상당한 사건*도 그랬다. 사건은 사람들의

---

* 2016년 7월 26일 가나가와 현 사가미하라 시의 장애자 복지시설에서 전
직 남성 직원이 수용 장애인 19명을 죽이고 26명에게 중경상을 입힌 사건.

상상력을 넘어서서 이젠 생시와 악몽, 제정신과 광기의 경계도 없어져버린 것처럼 보인다.

세계가 통합되고 글로벌화하고 등질화하면 할수록, 그와는 정반대로 세계는 세분화되고 민족·종교·공동체 간의 항쟁이 도처에서 벌어지고 있는 것은 무엇 때문일까. 경제와 테크놀로지가 발전하고 데모크라시와 컴플라이언스(법령 준수)를 외치면 외칠수록 다른 한편에서는 인간의 원시적인 심성이 야릇하게 고개를 쳐들고 인간 개체의 무질서화, 자포자기적 폭력화, 발작과 경련이 연쇄적으로 일어나고 있는 듯이 보이는 것은 또 왜 그런 것인가. 테크놀로지의 비약적인 발전과 동시에 정치와 사상, 철학이 눈에 띄게 퇴행하고 있는 것은 무엇 때문인가. 인간은 이미 '역사의 주인공'이 아니라 '자본의 노예'로, 예전 어느 시대보다도 비참하게 영락해버린 까닭은 무엇인가. 우리는 대답할 수 없다.

다시 1937년으로 돌아가자. 지금 돌아보면 1937년에 역사는 별로 그렇게 의식하지 못하는 사이 일거에 '날아가'버렸다. 난징(南京) 대학살만이 아니다. 1937년의 사람들은 그다음 해에 어떤 일이 벌어질지 짐작조차 하지 못했을 것으로 보인다. 1938년에 제1차 고노에 후미마로(近衛文麿) 내각 아래서 제정(4월 1일 공포, 5월 5일 시행)된 '국가총동원법'! 이것은 전면적인 전시통제법으로, 제2차 세계대전 시기 일본의 가혹한 '총력전체제'의 법적 기반이 됐다. 이것이야말로 전시의 모든 자원, 자본, 노동력, 그리고 무역, 운수, 통신, 경제를 국가 통제하에 두고 사람들의 징용, 노동쟁의 금지, 언론 통제 등 시민생활을 전면적으로 국가 의사에 따르도록 강제할 권한을 정부에게 부여한 수권법授權法으로, 말하자면 인민의 운명을 정부에 백지위임하는 법률이었다. 문제는 우리들의 아버지·할아버지(父祖)들이 이에 대해 일대 논쟁을 벌이고 어떻게든 반대 투쟁을 전개했던가 하는 점이다.

투쟁 따위는 없었다. 국회에서는 법안에 다소 비판적인 질의가 있었으나 별다른 일 없이 전원일치로 채택됐다. 국가총동원법은 꼭 위로부터 강압적으로 강요된 것은 아니다. 전쟁과 침략 수행에 없어서는 안 될 이 기본법에는 원래 시민에 대한 강제나 벌칙 조항이 (치안유지법이 따로 있었기 때문이긴 하지만) 들어 있지 않았다. 그것은 무엇을 의미했던가? 전쟁과 침략에 대한 국민의 자발적 협력이 전제되고, 기대됐을 뿐 비협력이나 반전운동의 가능성 따위는 애초에 상정도 하지 않았고 그러리라는 의심조차 없었던 것이다. 그 시대에 우리 조부모가 살아 계셨고, 부모님들도 일본 국민으로 생활하고 있었으며, 아버지는 다른 사람들과 마찬가지로 전혀 저항 없이 군대의 소집에 응해 중국으로 갔다. 그 되어가는 대로 내맡기기와 몰주체성에 대해 죽을 때까지 한 번은 따져보고 싶다는 생각을 나는 하고 있었다.

1937년 12월 14일의 난징 함락 축하 제등행렬에는 도쿄시에서 40만 명, 다음해 10월의 우한(武漢) 공략 축하 퍼레이드에는 100만 명이나 되는 국민＝'군중'이 참가했다. '군중'이란 왠지 늘 나를 들뜨게 만들고 마지막에는 반드시라고 해도 좋을 정도로 몹시 실망하게 만든다. 누구나 자신 속에 '군중'을 지니고 있다는 진리는, 그러나 자신이 언제까지고 얼굴을 감춘 군중의 한 사람으로 남아 있는 것을 특히 전쟁 시기에는 정당화해주지 않는다. 아버지는 '황군皇軍'이라는 무장한 군중의 한 사람으로 계속 남아 있었을까. 단지 그런 정도의 사람이었을까. 그는 군중에서 마침내 탈출할 수 있었던 남자였던가. ─이런 것들은 아버지가 중국에서 무고한 민간인들을 죽였을까 하는, 불문에 붙여 왔던 의심과 함께 무거운 의문으로 남아 있었다.

이 의문은 물론 돌아가신 아버지라는 타자에 대한, 그저 그걸로 족할 수 없는 성질의 것이었다. 결국 나라면 어떻게 했을까, 어떻게 할 수 있었을까, 어떻게 견뎠을까, 어떻게도 할 수 없었던 걸까……라는 작업가설을 무한히 자신을 향해 들이대는 수밖에 없다. 그리고 그런 작업가설을 세우기 위해서는 역사적 과거와 상담하는 수밖에 달리 도리가 없었다.

그렇게 해서 써 온 것이 이 책 『1★9★3★7』이다. 역시 2016년 현재의 수수께끼를 푸는 힌트는 바로 과거에 있구나 하는 생각을 하기에 이르렀다. 즉 인간 상상력의 한계를 넘는 무참하기 이를 데 없는 풍경의 원형은 1937년에, 벌써 그 시절에 만들어졌던 것이다. 미래는 과거에서 온다…… 이 역설은 속이 뻔히 들여다보이는 공갈도 레토릭도 아니다. 우리는 세계적 규모의 전쟁을 현실화하는 조건들을 지금만이 아니라 과거 속에서도 찾아야 하며, 그것은 모든 징후들로 보건대 초미의 과제다. 과거는 지금과 미래를 향해 멀리서 들려오는 소리처럼 외치고 있다 1937년 10월과 11월에 쓰인 바진*의 다음과 같은 말(「일본의 벗에게」)을, 과거에서 미래를 향한 유언으로 다시 금 음미하고자 한다.

……나는 당신들 보통 사람의 결점을 못 본 체할 수 없습니다. 당신들은 자신의 본분을 지킨다며 언제나 눈을 감고 통치자가 당신들 이름으로 제멋대로 하는 것을 내버려둡니다. 당신들은 충의忠義가 두텁고, 그래서 쉽게 속습니다. 당신들은 위에서 통치하는 권력을 숭배합니다. 상사의 얘기를 믿고, 학교 교사의 말을 절대 진리로 받아들입니다. 그리고 사회에 나가서는 신문을 생활 지침으로 삼습니다. 당신들의 머리에는 잘못된 관념과 가짜 뉴스로 가득 차 있습니다. 그 때문에 당신들은 세계를 알 수 없게 되고, 이 세계에서 자신들이 어디에 있는지, 자신들의 책임이 무엇인지 이해할 수 없게 됩니다. 그 결과 당신들은 완전히 꼭두각시가 되고, 야심가에게 이용당하기 마련입니다.

(「일본의 벗에게」《일본 중국 120년》 제3권 〈중국 멸시와 항일 1937~1944〉 수록)

바진은 또 "당신들은 일어나 행동해야 합니다. 나는 손해를

---

* 巴金(1904~2005). 중국 작가. 반제·반봉건의 5·4운동 영향을 받아 아나키스트가 된다. 1929년 프랑스 유학 중에 『멸망』을 발표해 소설가로 주목을 받았으며, 장편소설 『집』 등으로 1930년대 문학의 기수로 주목받았다. 문화대혁명 종결 뒤 『수상록』을 발표해 지식인의 책임 문제를 제기했다. 저서에 『겨울밤寒夜』 『불火』 등이 있다.

당한 무수한 중국 인민을 대표해 당신들에게 알량한 동정을 구할 생각은 없습니다. 그럴 생각은 전혀 없습니다. 내가 바라는 것은 당신과 당신 동포들의 반성뿐입니다"라고, 일본인 벗에게 썼다. 그러고 나서 얼마 지나지 않아 벌어진 일이 난징 대학살이다. 그 사건은 인간 상상력의 한계를 넘었다. 인간 상상력의 한계를 넘었다고 해서 사실이 아니라는 얘기는 아니다. 우리는 상상력의 한계를 넘는 더 많은 사실들에 둘러싸여 있다. 지금 새로운 세계 전쟁의 그림까지 그려진 미래의 이미지가 떠오른다면 고개를 가로젓고 어떻게든 과거를 뒤돌아봐야 한다. 몇 번이고, 몇 번이고.

2016년 가을
헨미 요

그러면 시간은 무엇인가.

누구도 내게 묻지 않지만 나는 알고 있다.

그러나 누군가가 물어서 설명하려고 하면

나는 알지 못한다.

(성 아우구스티누스 『고백록』 제11권 14장)

지금 기억의 '무덤 파헤치기'에 대하여

1. '의미 후 세계'

나는 이제부터 예전에 일어난 전쟁, 특히 그 세부細部에 대해 주절주절 얘기하려 한다. 무엇을 위해서냐 하면, '지금'과 미래를 생각하기 위해서다. 지금은 어렵다. 실은 전쟁 시절보다 지금을 표현하기가 더 어려울지도 모르겠다. 지금은 전혀 예사롭지 않다. 그렇게 생각한다. 그리고 그렇게 말하는 것만이라면 무척이나 간단하다. 하지만 그렇지 않은데도 자못 예사로운 듯 착시를 하게 만드는 지금 풍경의 다층성과 다원성에 대해 얘기하는 것은 정말 쉽지 않다. 먼저 '예사롭다'는 상태가 애초에 인류 역사상 한순간이라도 있었는지 대단히 의심스럽다. 그럼에도 현재 곧바로 누구라도 인지할 수 있다고 얘기하기 힘들겠지만, 예사롭지 않은 중대한 뭔가가 생겨나고 있다는 것은 나로서는 조금도 의심의 여지가 없는 사실이다. 중대한 무엇이란, 또다시 전쟁과 폭력에 관한 것이다. 전쟁과 폭력은 도저히 예사로울 수 없는 것임에도 그것들을 때로는 자못 예사로운 것인 양 보여주는 지금은 도대체 무엇인가.

그것을 살펴보기 위해서는 아마도 원시적인, 본능적인, 또는 시詩적인, 역사적인 직관 그 어느 것도 배제해서는 안 된다. 요컨대 가능한 한 모든 것을 동원해서 제각각 지금과 그 뒤에 이어질 풍경을 예감하고 상상하지 않으면 안 된다. 예감이란 이런 것이다. 예컨대 '세계'라는 한 덩어리의 전면적 개념과 실체가 만일 여기에 아직 정말 존재하고 있다 하더라도 그것이 눈앞에서 전례 없는 규모로 부서지고 있는 것은 아닌가⋯⋯ 하는 것. 세계는 현재 파괴되고 있거나, 뒤집히고 있거나, 벗겨지고 있는 것은 아닌가⋯⋯

이들 세 가지는 변형되고 있다는 점에서는 같은 것이면서도 엄밀히 얘기하면 같은 동태動態는 아니다. 파쇄破碎와 전복轉覆과 박락剝落. 이것이 동시적으로 일어나고 있을 가능성도 충분히 있지만 내가 예감으로 우선 시각적으로 이미지화하는 것은 클러스터 폭탄이 폭발하는 슬로 모션 영상처럼 푸른 우주의 사방팔방으로 무수히 많은 은색 파편들이 천천히 눈부시게 부서져 흩어지고, 지금까지 사람에 따라 각기 다르게 사용되어온 의미란 의미는 모조리 검게 문드러진 잿덩이처럼 너덜너덜하게 덧없이 벗겨져 떨어지는, 다음에 올 '의미 후 세계'라고나 불러야 할 풍경이다. 그것은 사람들이 어떤 이상이나 환상에 기반해 의도적으로 파괴하고 전복하고 있는 세계는 아니며,

오히려 사람들 내면의 의도나 의미와 같은 것이 어쩔 수 없이 또는 자동적으로 줄줄 벗겨지면서 스스로 붕괴하고 있는 가운데 끝없이 계속되는 노심 용융과 같은 것이다. 세계는 자기 붕괴하고 있는가, 아니면 전복되고 있는 것인가, 라고 묻는다면 대답은 명백히 전자다. '의미 후 세계'는 어쩌면 이미 시작됐다. 그러나 나는 아직 붕괴하면서 녹아내리는 세계의 전경全景을 이 눈으로 본 적은 없다. 전쟁의 전경을 본 적이 없듯이. 그럼에도 불구하고 나는 세계(또는 전쟁의 전경)의 한구석에 그냥 있는 것도 아니고 잠시 머물면서 세계와 전쟁을 이미 알고 있는, 또한 이미 본 풍경처럼 생각하고 예사롭지 않은 일상을 주변의 수압에 눌려 의심하면서도 결국 예사롭다고 생각하는(그렇게 생각하는 것처럼 구는) 좋지 않은 버릇도 갖고 있다.

2. 짓눌린 '쥐'

모두 아무 일도 없다. 대단한 것은 없다. 그럴 리가 없는데 그렇게 생각하듯이, 모두들 서로 그렇게 대한다. 그런 나쁜 버릇과 사회 시스템은 좀처럼 고칠 수 없다. 예전에 이상한 듯했던 상태는 끝없이 이어지면서 어느새 이상하지 않게 된다. 상태常態가 된다. 예전엔 그토록 뼈아팠던 일이 어느새 그렇지 않게 된다. 예전에는 결코 타협하지 않았던 것과도, 마지못한 듯 어느새 타협하게 된다. 예전에는 그토록 사랑스럽던 존재나 의미일 수 있었던 것이 면봉 같은 것에 몇 번이고 짓눌려서 한없이 넓게 퍼지면서 점점 컴퓨터 화면처럼 반들반들한 평면같이 모질고 박정한 무의미로 변해간다. 평평하고 모질고 박정한 무의미에도, 세계는 어차피 그런 것이라는 데에 익숙해지면 그렇지 않은, 울퉁불퉁하고 보풀이 일고 의미가 으르렁거리는 소리를 내며 밀려 올라오는 것(살아 있는 개체)을 거꾸로 이상한 것으로 간주하게 된다. 살아 있는 개체를 모두 배제하게 된다. 자신도 모르는 사이에 그렇게 된다. 그러나 예컨대 어느 날 다음과 같은 시를 접하게 될 때 문득 제정신이 들면서 '세계'와 '전쟁' '죽음' '삶' '시간' '존재물'을 눈을 씻고 다시 바라보고 싶다는 생각이 들기도 한다.

생사의 생을 내팽개치고
쥐가 한 마리 부조처럼
도로 한복판에 솟아 있었다
곧 쥐는 납작해졌다
여러
차바퀴들이
미끄러져 와서는
다리미처럼 쥐를 눌러 폈다
쥐는 점점 더 납작해졌다
납작해지면서
쥐는
쥐 한 마리의
쥐도 아니고 한 마리도 아니게 돼

그 죽음의 그림자마저 지워졌다

어느 날 도로에 나와 보니

납작한 것 한 장이

햇빛 속에 반짝이고 있었다

(야마노구치 바쿠山之口貘 「쥐」 1943)

이 책 『1★9★3★7』을 쓰기 전에 「쥐」를 몇 번이나 읽었다. 읽을 때마다 가슴이 저몄다. "도로 한복판에 솟아 있던" 쥐는 필경 어느 날인가 살해당한 사람의 주검이기도 하다. 시간이기도 하고 역사이기도 하고 의미이기도 하다. 쥐는 언젠가는 그렇게 될 나 자신이다. 한때 솟아올라 계속 피를 흘리고 있던 사람도, 그리고 시간도 역사도 의미도 이윽고 거대한 다리미나 도로 포장용 롤러에 거듭 짓눌린 듯 햇빛에 마르고 납작해진다. 일찍이 완연했던 부위도 어디가 어딘지 알 수 없게 된다. 요철凸凹이 완전히 없어진다. 그 존재는 가련함조차 없어진다. 사람은 그 한 사람만의 사람이 아니지만, 나 한 사람만 없어지면 결국 "그 죽음의 그림자조차 끝내 지워지고"만다. 이 무슨 일이람! 그렇게도 활달하고, 큰 소리로 울고, 외쳐대던 피조물들이 움직일 수 없게 되고 점점 본체를 잃고 그림자처럼 납작하게 퍼져 점차 그것마저 긁히고 희미해져 이제 슬퍼하려야 슬퍼할 수도 없는 무형의 존재가 되어 비바람과 뜨거운 햇볕 속에서 소멸하는 것이다. 그것은 우리에게 지금 유일하게 약속된 '무'로 향해 가는 길의 구슬픈 말로다. "생사의 생을 내팽개친" 사람의 주검과 그 변화는 누구에게도 기록되지 않고 기억

되지도 않는다. 소리도 없는 그 소멸은 깨닫지도 못하고 회고되지도 않는다. 그것은 그것으로 괜찮은 걸까. 나는 심상치 않은 '지금'을 생각하면서 몸 깊은 곳에서 솟아나오는 엄청난 내적 힘에 사로잡혀 『1★9★3★7』을 거의 정신없이 썼다. 쓰면서 「쥐」를 떠올리고, 납작하게 눌려가는 역사의, 단숨에 기화氣化해 가는 듯한 최후의 소실을 상기했다. 흔적도 없는 무수한 주검과 그 주검들이 한때 발산하고 있었을 소리, 체온 그리고 어느 것 하나 같은 게 없는 몸짓을 생각했다. 그건 그렇다 치고 "뭔가 엄청난 내적 힘"이란 무엇이었던가.

3. 무덤 파헤치기와 미루어 헤아리기

알 듯한데 모르겠다. 오랜 세월 목구멍 저 안쪽에서 막힌 채 발성이 되지 않았던 것과 그것은 관계가 있는 것 같다. 실로 오래 전부터 있어온 충동이었다. 나는 그것을 무의식으로 눌러왔다. 왜냐하면 이 충동이 "무덤을 파헤치는" 행위처럼 범해서는 안 될 금기처럼, 왠지는 모르지만 느끼고 있었기 때문일 것이다. "묘목이 이미 한아름이 되도록 컸다(墓木已拱)"는 말이 있다. 묘지에 심은 나무가 두 팔로 안아야 할 만큼 굵게 자랐다는 얘기. 사람이 타계한 지 이미 오랜 세월이 지났다는 의미다. 그러니까 이제는 무덤을 파헤쳐도 좋다는 기분으로 이 책을 쓴 것은 아니다. 내 속에는 무덤을 파헤치는 걸 억제하는 마음과는 정반대로 일본이라는 독특한 심성이 묻혀 있는 축축한 묘지는 마땅히 파헤쳐야 한다는 맹목적인 충동도 분명 강하게 자리 잡고 있었다. 묘석 밑에는 조상들과 그들의 기억이 묻혀 있다. 그것들을 그대로 몰래 조용히 잠들게 놔둘 마음이 내게 전혀 없었던 것은 아니다. 이른바 손타쿠*라는 것이다. 묘를 파헤쳐서 결과적으로 마주치게 될 경악과 낭패를 이제 와서 새삼스럽게 보고 싶지는 않다는 마음도 있었다. 아니 나 자신 새삼스럽게 말문이 막히거나 당황하거나 하는 꼴을 당하고 싶지는 않다는, 이건 참으로 기묘한 말이지만, '자기 자신에 대한 손타쿠' 차원에서 묘혈을 들여다보는 걸 피해왔던 것이다. 뒤집어 얘기하면, 일단 무덤을 파헤치면 이 축축한 땅의 어두운 곳에서 무엇이 드러날 것인가에 대해 1944년생인 나는 유년기부터 얼핏 들었던 것도 적잖이 있었기 때문에 어렴풋이 짐작하고 있었다고도 할 수 있다. 그것은 햇볕을 쬐게 해서는 안 된다고 권력자들뿐만 아니라 세간 사람들 모두 배려를 해서 실제로 까놓고 드러내지는 않았던, 눈과 귀도 의심스러울 정도로 그로테스크하고, 그것과 그 이면의 질서와 통제, 그리고 촘촘한 그물눈 같은 관리와 '배려'와 자기 규제와 상호 감시와 무관심으로 뒷받침된 장대한 침묵과 망각이다. 그것들은 패전과 함께 완전히 청산되고 소실된 일본의 심리적 기제가 아니라 패전 뒤에도 거의 상처 입지 않고 살아남아 표면적으로는 아무렇지도 않은 척 가장하면서도 전혀 심상치 않은 현재와 미

---

* 忖度. 미루어 헤아린다는 뜻으로, 윗사람의 지시 없이도 이심전심으로 그 뜻을 미리 알아서 행한다는 뜻도 있다.

래를 만들어가고 있는 오래된 메카니즘이기도 하다. 따라서 지금과 지금이 향해 가고 있는 그 끝을 알기 위해 기억의 무덤을 파헤치지 않으면 안 된다.

4. 왜 '1★9★3★7'인가

그러면 왜 '1★9★3★7'인가. 몇 번이나 자문자답했다. '1★9★3★7'은 '1★9★3★1'이나 '1★9★4★1'이어서는 안 되는 것인가. 별달리 안 될 것은 없다. 하지만 이런 말을 해도 괜찮다면, 나는 솔직히 1937년에 마음이 계속 끌렸고, 이런저런 와중에 1937년은 내 속에서 다른 것보다 유별난 '1★9★3★7'('이쿠미나' 또는 '이쿠(征く)미나'[*])라는 불가사의한 표상이 되어 나를 고민에 빠뜨리고 계속 고통스럽게 만들었다. 그것은 단지 '1937년'이라고 사무적으로 기록하는 것만으로는 감당할 수 없을 정도로 일본과 일본인의 출신, 내력, 속성, 심층심리를 생각할 때 도저히 빠뜨릴 수 없는 사건들이 어지럽게 서로 충

---

[*] 〈1★9★3★7〉를 '이쿠미나'로 읽는 것은 난징 대학살이 자행된 1937년을 가리키는 이 숫자들의 일본어 읽기에 토대를 둔 것으로 1(이치), 9(쿠), 3(미츠), 7(나나)의 첫 글자들을 조합인 듯하다. 그리고 이쿠(いく=行く)는 '가다'는 뜻이고 미나(みな=皆)는 모두라는 뜻을 갖고 있어서 '모두 함께 가다' 내지는 '모두 함께 가자'는 의미로 읽을 수 있다. 또 이쿠(行く)는 유쿠로도 읽는데, 이쿠나 유쿠는 '征く'로도 쓸 수 있으며 이는 정복하다는 뜻이어서 '모두 정복하러 가다' 또는 '모두 정복하러 가자'로도 읽을 수 있다.

돌하면서 속출했던 해였다. 우리 아버지와 할아버지들은 '1★9★3★7'라는 이벤트 명칭의, 이른바 국가적 규모의 일대 난교 파티와 광란의 연회를 대원수 폐하의 '조칙詔勅'과 '천황의 마음(大御心)'이란 미명하에 중국에서 아무런 거리낌도 없이 저지르고, 이른바 '내지(內地. 일본 본토)'에서도 그들의 악행을 축하하는 전국 규모의 축제를 벌였다. 그런데 이제 와서 '1★9★3★7'는 야마노우치 바쿠가 전시 중에 쓴 시 「쥐」처럼 납작해져서 "그 죽음의 그림자조차 끝내 지워져" 버리려 하고 있다. 일찍이 그토록 부풀어 올랐던 시간이 납작해질 대로 납작해져 거의 없었던 것처럼 되어가고 있는 것이다. 본문 중에 썼듯이 '1★9★3★7'에는 엄청난 수의 사람들이 온갖 방식으로 살해당하고, 강간당하고, 약탈당했다. 아니 주어를 확실히 밝혀 이렇게 바꿔 말해야 할 것이다. 우리의 아버지와 할아버지들은 엄청난 수의 사람들을 실로 온갖 방식으로 죽이고, 강간하고, 약탈하고 철저히 모욕했다.『전쟁의 기억』의 저자 이안 부루마의 말을 빌리자면, 그해에 일어난 대학살 사건은 "인간 상상력의 한계가 시험대에 오른" 사건이었다. 같은 얘기들을『아시아의 전쟁 – 중일전쟁 기록』의 저자 에드거 스노 등 많은 사람들이 기록했고, "인간 상상력의 한계가 시험대에 올랐다"는 것은 예전에는 거의 상투어구처럼 회자됐다.

　다시 한 번 그 얘기를 해보자. 인간 상상력의 한계? 상상력의 한계가 시험대에 올랐다? 분명 그럴지도 모르겠다. 하지만 인간 상상력의 한도를 넘은 악행이란 단지 일본군들이 범한 학살과 강간, 때로는 '독창적'이기도 했던 양태만이 아니다.

'1★9★3★7'가 함축하고 있는 것보다 더 깊은 수수께끼는 사람의 상상력의 한계를 넘는 '악'과, 사람의 상상력의 한도 내에서 기분 좋게 자리 잡고 있을 '선'이 '1★9★3★7'로 표상되는 하나의 침상에 태연히 함께 드러누워 사이좋게 서로 껴안고 있는 것이다. 이거야말로 사람의 상상력의 한계를 넘는 모순임과 동시에, 아, 역시 그런 것인가……하고 나를 오히려 납득케 하고 심히 동요하게 만드는 배리背理, 즉 '자애慈愛와 수성獸性의 동거'인 것이다.

'1★9★3★7'에는 이 저주스러운 표상답지 않은, 사랑 넘치는 청정한 일도 있었다. 1937년 4월, 미국의 사회복지 사업가 헬렌 켈러가 처음 일본을 방문했다. 시청각 중복 장애자였던 헬렌 켈러는 대환영을 받았는데, 환영식 행사가 한창일 때 대합실에 놓아 둔 그녀의 지갑을 누가 훔쳐가는 사건이 일어났다. 이를 보도한 신문들의 기사 제목에, 당연하다면 너무 당연하겠지만, 나는 망연자실했다. "'성녀聖女'에 대든 자 — 현금과 주소록을 훔쳐" 며칠 뒤의 신문 기사 제목은 "도난당한 성녀에 사죄 — 편지와 돈이 쇄도" "도둑이여, 부끄러워하라" — . 도난 사실이 보도되자마자 전국에서 돈과 "일본이 이런 나라라고 생각하지 말아 주세요"라는 편지가 헬렌 켈러에게 쇄도했다고 한다. '대든 자' '도둑이여 부끄러워하라' '사죄'라는 활자에서 눈을 뗄 수 없었다. 후두부에 마비가 오는 듯했다. 왜냐면 그로부터 얼마 지나지 않아 "인간의 상상력의 한계가 시험대에 오른" 대학살 사건이 중국에서 일어났고, 신문에는 '백인참수百人斬首 경쟁' 기사가 '황군' 병사들의 자랑스러운 무용담으로 사

진까지 넣어 큼직큼직하게 실린 것을 나는 알고 있었기 때문
이다.

5. 자애와 수성의 포옹

　헬렌 켈러의 일본 방문을 기뻐하고 그녀가 일본 각지에서
행한 강연에 진심으로 감동한 다수의 사람들과, 중국 각지에서
제멋대로 사람들을 죽이고, 강간하고, 약탈하고, 방화한 다수
의 일본 장병들은 완전히 다른 사람들이었을까. 두 개의 서로
대립하는 별종의 인격을 지닌 인간 집단이었을까. 그렇지 않으
면 일본인의 심성은 1937년의 전반과 후반에 자애에서 수성
으로, 지킬 씨와 하이드 씨처럼 돌연 인격 변화를 일으킨 것인
가. 이것도 '1★9★3★7'에 파묻힌 테마의 하나다. 내 가설은
이렇다. '평범한 사람들'과 '평범하지 않은 사람들'은 아마도
동일한 사람들이었을 것이다. 헬렌 켈러의 강연에 감동한 사람
들이 군대 소집에 응해 중국에서 역겨운 만행에 가담한 예도
있지 않을까. 다만 제대 후에, 특히 전후에는 만행에 관여한 사
실을 그저 숨기기만 하고, 잊었거나 잊은 체하면서 '평범한 사
람들'의 중의 한 사람으로 행동하고 있었던 게 아닐까. 그러한
'평범한 사람들' 중에는 반전평화를 얘기하고 민주주의를 외
치며 일중日中 우호를 부르짖은 사람도 분명 있었을 것이다. 그
건 전혀 이상할 게 없다. 동시에 그건 전혀 이상할 게 없다고
별다른 감흥 없이 생각하는 내 발상이 졸지에 이상해지기도

한다. 가슴속 깊이 뭔가 저녁놀 같은 부끄러운 느낌이 점점 솟구쳐 오른다.

자애와 수성은 동일 인물 속에 공존할 수 있다―주제넘게 그렇게 말해본들 무슨 소용이 있을까. 전쟁이 인간의 감춰진 수성을 불러냈다. 따라서 전쟁을 해선 안 된다―그런 결론을 끌어낼 뿐이라면 이 책이 무슨 의미를 갖겠는가. '1★9★3★7'는 그런 아포리즘을 끌어내기 위해 쓴 것이 아니다. 그러면 무엇 때문에 이 책을 썼나. 그 이유는 이런 것이다. 나 자신을 '1★9★3★7'라는 상황(내지 그것과 유사한 풍경) 속에 세워 놓고, 너라면 어떻게 처신했을까(처신할 수 있었을까), 너라면 과연 죽이지 않았을까. 1937년의 중국에서 '황군' 병사인 너는 군도를 번쩍 빼어들고 사람을 베어 죽이고 싶은 한순간의 충동을 멈춘 채 제정신을 차리고 그 충동을 광기로 대상화함으로써 자신을 제지할 수 있었을까―그것을 캐묻기 위해서였다. 너는 상관의 명령을 홀로 거역할 수 있었을까, 다수가(마치 여행 중의 오락놀이처럼 즐겁게) 자행했던 부녀자 강간이나 여기저기에서의 약탈을, 어이, 너, 너 자신이었다면 절대로 하지 않았을 것이라고 확언할 수 있을까, 그런 짓을 하고 있는 동료들을 집단 속에서 그만두게 할 수 있었을까―하고 자책하기 위해서였다. 모두가 한목소리로 부르는 "저 노래"를 너만은 부르지 않을 수 있었을까, 모두가 눈물을 글썽이며 부른 저 노래들을 너만은 진심으로 혐오할 수 있었을까, 너는 '1★9★3★7' 상황 속에서 "천황 폐하 만세!"라는 소리 한 번 지르지 않고 있을 수 있었을까―하고 자문하기 위해서였다. 나아가 자세히 조사해 보면 너 속에도 너도 모르게 떠돌고 있던 황국사상이나 '정신적 기축機軸으로서의 무제한적인 내면적 동질화 기능'(마루야마 마사오『일본의 사상』)=‘국체’를 깨닫고 천황제 파시즘과의 관계에서 "넓디넓게 낀 두터운 구름층에 몇 겹이나 휩싸여 쉽게 그 핵심을 드러내지 않는"(마루야마 마사오) 그것들을 '1★9★3★7'의 실시간(실제상황)에서 가려낼 수 있었을까―그것을 물어보기 위해서였다. 어이, 너, 정직하게 말해, 느끼는 것도 해석하는 것도 전혀 불가능하지 않았겠냐고. 그럼에도 너는 ‘황군’ 병사였던 너의 부친을 그저 일방적으로 "뼛속 깊이 과거에 침식당한 타자"로서만 무감동하게 바라보고 있었을 거야―라고 추궁하기 위해서이기도 했다.

이런 질문에는 "전쟁이었으니까 어쩔 수 없었어"라는 말도 안 되는 (그럼에도 여전히 일반적으로 빈번하게 활용되는) 응답 외에 질문 그 자체의 무한한 무게를 성실하게 견딜 수 있는 답이 정말로 없는 것일까. 어이, 너, 잘 생각하고 답해……라는 소리로부터 나는 도망칠 수가 없다. 언제까지고 도망칠 수 없기에 이 책을 썼다. 그렇다고 해서 뭔가 해결되고 수습이 되는 것도 아니라는 건 알고 있다. 나는 이하의 글에서 결국 "알지 않고는 배길 수 없었던" 것 몇 가지를 묘를 파헤치듯 확인하려 했다. "알지 않고는 배길 수 없었던" 것은 알려고 하면 할수록, 조사하면 할수록 연쇄적으로 증식되어 심상치 않은 ‘지금‘이 되어 묘혈墓穴에서 일어섰다. 예전에 "히틀러도 선망하게 만들"(마루야마의 앞의 책) 정도의 일본 파시즘은 새로운 치장으로 오래고도 새로운 요사스러운 기운을 흩뿌리며 이제 다시 되살아나고 있다. "일본을 이런 나라라고 생각하지 말아주세요"…… 그러면 일본은 도대체 어떤 나라란 말인가.

제1장

되살아나는 망령

1. 불가사의한 풍경

　새삼스레 질문을 받지 않으면 어쩐지 알고 있었을 것 같은 것도, 갑자기 묻는 자가 있어서 막상 거기에 대답하려 하면 실은 별로 알고 있지 못하다는 것을 깨닫게 된다. 자신이든 타자든 묻는다는 건 대단한 일이다. 묻는다는 것은 때로 폭발적인 계기가 될지 모른다. 묻는다는 것은 종종 그것 자체 속에 이미 대답의 지난함과 거기에 동반되는 도탄의 고통을 상대에게 예상케 하며, 그럼에도 시간의 고층古層을 힘겹게 열어젖히듯 돌파하는 파괴적인 행위가 될 수도 있다. 묻는다는 것은 일종의 대답이다. 대답하려고 하는 것은 또 다른 질문이기도 하다. 시간이란 무엇인가, 라는 것만이 아니다. 거의 모든 일이 끝까지 파고들어가 보면 그러하다. 질문을 주저하게 만드는 무언가가 있다. 질문을 받는 자의 일을 이것저것 미루어 헤아리고 알아서 처신(忖度)한다. 손타쿠는 이 나라에서는 미덕으로 통한다. 질문하는 것을 결국 왠지 모르게 단념한다. 공중에 어두운 회색의 암묵暗默이 남는다. 그런 일이 흔히 있다. 질문 받은 쪽도 알고 있었겠지만 막상 정면으로 질문을 받고 보면 쉽게 대답할 수 없게 된다. 당황스럽다. 우물우물 말을 더듬으며 불쾌해지고 한심해진다. 그럴 바에야 차라리 묻지 말고, 질문당하지 않도록 하면 된다. 묻지 않고 질문당하지 않으면 대답하지 않아도 된다. 사람들은 캐묻지도 않고 나도 또한 대답하려고 애쓰며 발버둥치지 않는다. 자신에게도 타자에게도 힐문하지 않는다. 자신에게도 타자에게도 허둥대지 않으려고 한다. 낭패당하지 않도록 불문에 붙인다. 대부분은 그렇게 해서 질문하지 않으며, 하물며 날카롭게 따져 묻는 것은 더욱 삼가면서 지내왔다. 패전 뒤 70년의 시간은 대체로 그러했다. 책문責問을 피했다. 그렇게 해서 이 나라의 '암묵층'은 큰 동요 없이 퇴적을 계속했다. 그 70여 년이라는 세월의 흐름의 모태인 '전쟁'이라 총칭되는 인간의 어두운 소행의 한복판에 있으면서도 그러했다. 아버지와 할아버지들은 무슨 짓을 했던가. 무엇을 하지 않았던가. 무슨 일이 있었던가. 무엇이 없었던가. 무슨 생각을 했던가. 시간은 어떻게 흘러갔는가. 살이 빠질 정도의 추궁, 심문은 이뤄졌던가. 전쟁에 대해 알고 있다고 여긴 것도 생각해 보면 타자로부터 정면으로 질문을 받았을 때 자신 있게 설명할 수 있는 건 거의 없다. 그럼에도 수다스럽게 '전쟁'을 얘기하고 수다스럽게 '평화'를 얘기해 왔다. 얘기하는 건 좋은 일이다. 뭐든 숨김없이 얘기하는 게 좋다. 하지만 때로는 멈춰서 든지 고쳐 앉든지 해서 자타 모두 물어봐야만 한다. '지금'이란 게 뭔가? 현재라는 것은? 이 풍경은 무엇인가? 이것은 전쟁인 가. 이것이 평화라는 것인가……라고.

내가 아직 태어나지 않았던 1937년이라는 '과거'에 나는 각별한 관심을 가져 왔다. 때로는 1937년이 마치 '현재'인 것 처럼, 거꾸로 '현재'가 1937년인 것처럼 망상했고, 때로는 1937년에 대해 미친 듯이 떠들어대는 것을 무책임하게 즐기 기도 했다. 1937년이라는 시간은 실로 기복이 심하고 컬러풀 했다. 빛과 그림자가 격렬히 교차하고 시간의 오래된 층과 새 로운 층이 눈이 핑핑 돌 정도의 빠른 속도로 소용돌이쳤다. 1937년은 역사의 필연임과 동시에 미지의 역사의 시작이었다. 그해는 일본과 일본인이 뜻밖이라고 해야 할까, 결코 돌이킬 수 없는 형태로 노출되어 버린 잊을 수 없는 해이면서 동시에, 바로 그렇기 때문에 오히려 무의식중에 잊어버렸는지 잊어버 린 척하는 것인지, 적지 않은 자들에게는 기억해서는 안 될 암 묵의 시간이 됐다. 하지만 잊어버렸든 잊지 않았든 설사 누군 가가 기억을 위조해서라도, 1937년의 풍경을 어떻게 상상하고 어떻게 파악할 것인가 하는, 인간으로서의 의욕이 있느냐 없 느냐에 따라 지금 살아 있는 자들 하나하나의 몸짓이나 표정 도 영향을 받고 있다는 생각이 든다. 그해를 산 것도 아닌데 나 는 그해 때문에 상처를 입었다. 그렇게 생각하는 일이 가끔 있 다. 그 상처에 너무 신경을 쓴 탓일까, 1937년은 이미 내 속에 서 '이쿠미나'라는, 나 스스로도 불가사의하고 섬뜩한 표상과

암호가 되어 버렸다. 1★9★3★7. 이쿠미나. 이·쿠·미·나. 무리하게 한자를 쓰자면 이쿠(征)미나. 이쿠미나는 논리적 정합성을 결여한 기이한 풍경의 연속이다. 의미를 확실히 아는 풍경이라기보다 의미가 불분명한, 수수께끼의 풍경에 나는 끌리고 또 공포를 느낀다. 예전에 이런 글을 썼다.

풍경이 반역을 일으킨다. 생각해낼 수 있는 모든 의미라는 의미를 무참하게 배반한다. 구별이 안 되지만 풍경은 종종 강요당한 의미에서 정해진 격식의 옷을 싫어하듯 반역을 일으킨다. 찰나에 풍경은 상상력의 사정거리를 벗어난다. 또는 눈앞의 풍경이 세계의 의미 체계에서, 틀에서 벗어나듯 줄줄이 빠져나가 의미가 벗겨져 나간 특이하고 기묘한 춤을 춘다. 상식을 걷어차고 나나 당신을 헷갈리게 할 때가 있다.

도대체, 풍경들은 무엇에 대해 반역을 일으키는 것일까.

해석된 것에 대한 것이 아닐까. 의미화된 것에 대한 것이 아닐까. 풍경은 왠지 종종 해석과 의미를 넘어선다. 창자가 뒤틀릴 정도의 재미를 감춰 놓고 있기 때문이다. 반역을 일으키는 풍경들은 그러면 무슨 호소를 하고 싶은 걸까. 아마도 "이 세계에는 의미 없는 것도 있어"라는 것이리라.

(헨미 요 『반역하는 풍경』)

이 글을 썼을 때도 1937년은 어렴풋이 뇌리에 박혀 있었다. 그러나 **내 속의** 1★9★3★7 = 이쿠미나를 뒤집어 보려 했던 것은 아마도 똑바로 보기가 너무 무서웠기 때문일 텐데, 여태껏

한 번도 그러지 못했다. 1★9★3★7를 마음먹고 뒤집어 보려고 한 것은 젊었을 때 끝까지 다 읽지 못했던 홋타 요시에*의 소설『시간』을 최근에야 다시 읽고 나서라고 생각한다.『시간』은 난징에서 저지른 일본군의 죄업을 숨김없이 그리고 있다. 나는 첫 번째 베이징 특파원 시절인 1970년대에 주변의 중국인이나 일본인의 눈을 피해, 과장을 좀 하자면, 몰래『시간』의 문고판을 처음 읽었다. 난징 대학살 장면이 나오기에 주눅이 들었던 것이다. 그 소설의 전개가 나는 좀 불만이었다. 동시에 몸 깊숙한 곳에서 작품 속 풍경이 어렴풋이 계속 떠돌면서 언제까지고 사라지지 않았다. 작품 속 풍경은 전부라고 해도 좋을 '반역하는 풍경'이었다. 살아 있는 한 인간은 자신이 생각하던 것을 배반하는 풍경의 반역에 맞서 싸울 수밖에 없다. 특히 전쟁은 "이미 지난 일"이지만, 만일 과거가 있다면 그 과거는 "과거에 관한 현재"라고 얘기한다. 그럴듯하게 얘기하는 것이다. 1★9★3★7도 그렇다. 1★9★3★7는 1★9★3★7와 관련된 현재이기도 하다. 이쿠미나 자체는 이미 현존하지 않는 것임에도 불구하고, 그 "과거에 관한 현재"는 분명히 있었고, 지금도 있다고 나는 생각한다. 2016년 현재의 시간은 1★9★3★7를 우회도 단절도 거부도 하지 않고 1★9★3★7를 꿋꿋하게

---

* 屈田善衛(1918~98). 작가. 도야마현 출생. 게이오의숙대학 불문과 졸업. 상하이에서 패전을 맞은 뒤 중국 국민당 선전부에서 잠시 일했다. 1951년『광장의 고독』으로 아쿠타가와 상 수상. 1959년 아시아아프리카회의 일본협의회 사무장. 문명비평가로도 알려져 있다. 저서에『다리 위의 환상』『고야』『방장기사기方丈記私記』『상하이에서』 등이 있다.

편력해 온 것이기 때문에 이쿠미나를 어딘가에는 짙게, 또는 어딘가에는 옅게 짊어지고 있다.

2. 『시간』은 왜 사라졌는가

도대체 1★9★3★7는 무엇인가. 그것을 이제부터 써보려고 한다. 그러기 위해 소설 『시간』, 이 이야기의 날줄(經絲)의 역할을 살펴보자. 소설은 주인공인 중국의 어느 지식인('나' = 천잉디陳英諦)의 수기 형태로 시작된다. 여기서 먼저 주목해야 할 것은 홋타 요시에가 이 작품에서 대담하게도 '본다'는 것과 '보인다'는 것의, 이른바 '눈알 바꾸기'와 같은 것을 했다는 점이다. 대강 얘기하자면, 가해와 피해의 입장 전환이다. 일본(인)의 눈에 보이는 중국(인)이 아니라 37세의 중국인 천잉디의 눈으로 보고 생각한 1937년의 일본과 일본인 또는 중국과 중국인. 그들은 난징에서 어떻게 행동했던가. 거기에 대해 홋타 요시에의 눈이 피해자 쪽의 시선으로 바뀌어 정경을 스케치하면서 수난을 당한 쪽의 내면의 갈등과 부르짖음, 가해자 쪽을 훨씬 능가하는 큰 시간론과 우주관을 그려간다. 그 방법이 성공하고 있느냐 아니냐를 따지는 것은 이 책의 취지가 아니다. 홋타는 창작한 주인공에 의탁해서 자신의 생각을 얘기하고 있으므로, 엄밀하게 얘기하면 중국인의 눈으로 본 일본인이 아니라 작가가 작중의 '나' = 천잉디에 가탁해서 얘기하는 일본인의 모습이다. '나'는 또 난징을 침공한 '황군皇軍'의 대학살로 처자가 참살당하고 자신도 살해당하는 인물이라는 설정이다. 홋타 요시에는 무모하다고도 할 수 있는 이 방법으로 당시 일본인(병사)들의 행태와 그것이 유령처럼 집단으로 꿈틀대는 모습을 '중국인은 어떻게 봤을까'라는 관점에서 묘사하면서 대참극을 빚어낸 도도한 시간을 대상화하려고 했던 것이다.

『시간』은 잡지 〈세계〉에 샌프란시스코 강화조약*이 발효된 이듬해인 1953년 11월호부터 1955년 1월호까지 연재됐다.(도중에 일부는 〈세계〉만이 아니라 다른 잡지에도 나뉘어 실렸다) 홋타가 35세부터 36세에 걸쳐 집필 의욕에 가득 차 있던 시기다. 단행본은 1955년에 신조사新潮社에서 간행됐다. 그 책 띠지에 인쇄되어 있던 '저자의 말'에서, 작가는 약간 흥분한 어투로 자신의 생각을 밝혔다. "사상에 좌도 우도 있을 리 없다. 진보나 퇴보 따위가 있겠는가. 오늘을 살아가는 데 우리를 살아가게 해 주는 어머니인 사상— 그것을 나는 추구했다. 이 작품은 온 힘을 다 쏟아 부어서 썼다. 좋든 나쁘든 다 썼다." 여기에는 '난징 대학살'이라는 다섯 글자는 없다. 다소 당돌하게도 들리는 "사상에 좌도 우도 있을 리 없다"는 말은 1950년, GHQ(연합군 최고사령관 총사령부)의 기준에 따라 정부와 기업이 실시한 공산당원과 그 동조자들의 일방적 해고(레드 퍼지Red purge)

---

* 1951년 9월 조인되어 1952년 4월에 발효되었다. 연합국과 일본 사이에 벌어진 제2차 세계대전을 종결시키는 강화조약으로, 당사국은 45개국. 군사, 영토·영역, 배상 등에 대해 기록하고, 동시에 체결한 미일 안보조약과 함께 그 뒤 일본의 국제적 지위를 규정했다. 1965년 한일협정도 이 조약에 근거를 두고 있다.

와 그 여파로서의 사상 상황에 대한 반발이었을까. "온 힘을 다 쏟아 부어서 썼다"는 것은 어떤 '각오'조차 느끼게 하는, 훗타로서는 상당히 호기를 부린 말투다. 『시간』은 그러나 문고본으로도 출간되어 적지 않은 독자들에게 읽혔음에도 그다지 큰 화제가 되지는 못했다. 그 진가를 인정해 준 것은 극히 일부의 예외적인 독자들뿐이었다. 독자나 평자들의 시선을 끌었지만 작가가 던진 문제가 문단이나 사상계에서 활발히 논의된 형적은 없다. 『시간』이 스케치한 대학살에 세평이 크게 반응을 보인 흔적도 없다. 그것은 무엇 때문이었을까. '압살'이라는 명백한 형태가 아니라 무시 내지 묵살이라는, 너무나도 전후 일본적인 수법에 의해, 끝없는 수수께끼를 간직한 『시간』의 침묵과 외침, 어둠과 피의 바다는 그 모두가 들판에 내버려진 채 외면당했던 것이다.

이야기 『시간』의 묵살과 망각은 나에게는 난징의 학살 속을 흘러 온 '시간' 그 자체의 무시로도 여겨졌다. 망각과 무시는 인간의 꾸밈없는 몸짓이 결코 아니다. 무의식적이든 의식적이든 기억과 망각은 기억해야 할 것과 잊어야 할 것으로 정치적으로 선택되며, 그렇게 하도록 뭔가에 의해 내몰린다. 과거에 확실히 존재했던 시간을, 실은 없었다고 하는 것이 지금 유행하고 있다. 있었던 것을 없었다고 하고, 억지로 지운 시간의 구멍을 메우는 것처럼, 없었던 것을 있었다고 하는 '재주'가 중세의 괴이쩍은 마술처럼 인기를 끌고 있는 듯하다. 있었던 것을 없었다고 점점 열을 올려 말하는 집단은 있었던 것을 있었다고 주장하는 자들을 '적'으로 간주하고, '국적國賊'이라는 천박한 고어古語로 떠들어대기까지 하며 기세를 올리고 있다. 있었던 것을 없었다고 열을 올리며 떠들어대는 흐름은 격류가 되어, 있었던 것을 있었다고 하는 흐름을 곳곳에서 집어삼킬 정도로 기세를 올리고 있다. 거기에서 나는 되살아나서 그때마다 모습을 바꾸지만 집요하게 반복하면서 영속하는 '유령'들을 본다. 또다시 나타난 유령을 파시즘이라고 부를지, 천황제 파시즘이라고 부를지, 국가주의라고 부를지, 전체주의라고 불러야 할지에 대해서는 별로 관심이 없다. 다만 눈과 코와 입이 확실치 않은, 독자적인 얼굴과 제각각의 주체성을 결여한 유령들이 모두 서로 미리 짜고 하는 듯 똑같은 동작을 하고 있는 데에는 눈을 부릅뜨고 보지 않을 수 없다. 집요하게 역사의 색깔을 바꿔 칠하려 하고 있다.

3. 유령들의 '자랑스러운 얼굴'

유령들이 떠도는 이 풍경을 보고 있노라면, 나는 정말로 뿌옇게 흐린 집단적 에너지와 집단적 착시라는 것이 주는 공포를 느끼며 전율한다. "되살아나는 망령"이라는 제목이 붙은 기분 나쁜 에칭이 가까이에 있다. 새까만 바다에 잠수함인 듯한 기괴한 군함이 떠올라 오고 있다. 배후에 어렴풋이 수평선이 보인다. 군함 선루의 철판에는 하필이면 한쪽 눈을 뜬 거대한 사자死者의 머리가 매달려 있다. 이 작품(1956)에는 작가인 판화가이자 조각가 하마다 치메이*의 다음과 같은 말이 붙어 있다.

최근,

사면되어 형무소 문을 나온

일부 전범자들의

자랑스러운 얼굴과

진중하지 못한 말에

심한 분노를 느끼지 않을 수 없습니다.

재군비의 목소리는 거리에 높은데

그 눈에서 기괴한 빛줄기를 내뿜는 망령들이,

이제

어둡고 잠잠한 해면에서 떠오르고

있습니다

(하마다 치메이 작품집 『거래 · 군대 · 전장』)

망령들은 먼 옛날부터 '자랑스러운 얼굴'을 하고 활보하고 있었다. 하마다는 같은 해에 망령에 얽힌 간명한 사실을 기록하고 있다. "일본에서는 일본인의 손에 의한 전쟁 책임자 재판은 이뤄지지 않았습니다." 너무나 간단명료한 말에 나는 질렸

---

* 하마다 치메이(浜田知明, 1917~2018). 판화가, 조각가, 구마모토현 출생. 도쿄미술학교(지금의 도쿄예술대학) 졸업. 1940년 중국으로 출정. 전후에 자유미술가협회 회원. 전쟁 체험을 그린 판화 〈초년병 애가〉 시리즈가 국내외에서 주목받았다. 1983년 무렵부터 조각을 시작했다.

다. 그리고 아직도 간담이 서늘하다. 일본에서 일본인들은 전쟁 책임자들 재판이고 뭐고 간에 압도적 다수의 사람들이 실은 전범 수감자들의 '즉각 석방'을 바라고 있었던 것이다. 그것은 권력이나 매스컴 탓이라고 할 수 없으며, 민중의 명백한 '본심'이기도 했다. 1950년대 중반까지는 전범들의 즉시 석방을 청원하는 서명이 지방자치체와 각종 단체들이 각기 실시한 것을 종합하면 약 4천만 명에 달했다고 한다. 그 무렵의 총인구가 9천만 명이 채 되지 않았던 사실을 감안하면 성인 대다수가 전범의 석방을 요구한 셈이 된다. 전쟁범죄자, 전쟁 책임자들을 탄핵하는 소리는 극히 미약했다. 아니 '전쟁범죄' '전쟁 책임'이라는 개념과 자각 자체가 희박했다. 일본은 왜 그랬을까. 이 나라에는 무엇이 있고, 무엇이 없었던가. 일본이 한 일과 하지 않은 일. 그것을 염두에 두고 글을 쓴다.

이 책의 씨줄(緯絲)로는, 글을 쓰는 나 자신이 살아온 시간을, '사기私記'로서 삽입한다. '전쟁'―'중국'―'아버지'가 정체를 알 수 없는 얼음덩이가 되어 내면에서 부침하고 있는 나 자신의 사적 시간(기억)을 그때그때 플래시백처럼 끼워 넣겠다. 그렇게 함으로써 어떤 그림이 그려질지 지금은 알 수 없다. 나 자신의 시간은 지금, 사람은, 무엇을, 어떻게, 왜, 했을까……또는……사람은, 무엇을, 어떻게, 왜, 하지 않았을까……라는 의문으로 터질 듯 부풀어 오른 상태다. 그 '사람' 속에는 돌아가신 아버지가 있고, 내가 있다. 대답은 알 수 없다. 하지만 도저히 물어보지 않을 수 없다. 하다못해 물어볼 수만 있다면 물음 자체 속에 희미하게나마 대답의 실마리가 보일 것이다. 묻지 않는 것은 아마도 죄 이상의 죄가 될 것이다. 소설 『시간』의 말미에 다음과 같은 한 구절이 있다. 이 최후의 한 행을 굳이 모두冒頭에 앉혀서 1★9★3★7(이쿠미나) 여행을 시작하려 한다.

"구원이 있을지 없을지, 그것은 알 수 없다. 수확의 그것처럼 인생은 몇 번이라도 발견된다."

제2장

주검의 스펙터클

1. 그것에 대해 알고 있는 것

난징 대학살 또는 아버지도 가담했던 중일전쟁에 대해, 나는 무엇을 알고 있을까. 아무렇지도 않은 듯 나 자신에게 묻는다. 대답해, 라고. 바로 대답할 수는 없다. 물어볼 필요도 대답할 의무도 없다는 생각이 든다. 동시에 물어볼 필요도 대답할 의무도, 순수하게 개인적으로는 있다는 속삭임이 있지만…… 귀를 기울이면 내 목소리이긴 한데…… 가슴 밑바닥을 솔로 쓰는 듯 들려온다. 그렇지만 질문이 터무니없다고 생각한다. 왜 터무니없다고 생각하느냐고, 자신의 내심을 쫓아가다 보면 금방 피곤해진다. 어쩌면 아무것도 알 수 없을지도 모른다. 놀라운 일이다. 아무것도 모를지도 모를 가능성에 깜짝 놀란다. 하는 수 없이 사전을 찾는다. 있다. '난징(南京) 대학살' 항목이 있다. 사전은 "일중전쟁 중이던 1937년 12월부터 이듬해 1월에 걸쳐 난징을 점령한 일본군이 중국인들에게 자행한 대규모의 폭행 약탈 학살사건. 그때 살해당한 중국인 수는 극동군사재판에서는 20만 명 이상, 중국 쪽의 발표로는 30만~40만 명으로 되어 있다"고 한다. 간결하다. 그 사전의 신판은 "일중전쟁 중인 1937년 12월부터 이듬해 1월에 걸쳐 난징을 점령한 일본군이 중국인들에게 자행한 대규모의 폭행 약탈 학살사건. 그때 살해당한 중국인 수는 극동군사재판에서는 20만 명이 넘는 것으로 나와 있다"고만 되어 있고, 중국 쪽이 발표한 숫자를 삭제했다. 또 다른 사전은 "일중전쟁에서 난징이 점령당한 1937년 12월 전후에 난징 성 안팎에서 일본군이 중국군의 투항병·포로 및 일반 시민을 대량으로 학살하고, 아울러 방화·약탈·강간 등의 비행을 가한 사건"이라 정의하고, '비행'의 종류에 '강간'도 명기하고 있지만 학살당한 사람 수를 기재하지 않았다. 도대체 학살·방화·약탈·강간을 '비행'이라고만 해도 될까. 별로 가슴에 와닿지 않는다. 왜 그럴까. 사전의 기술은 대부분 아무것도 알려주지 않는다. 나는 실망했다. 아무것도 기대하지 않은 주제에, 숲속에서 너무나 궁상스럽게 박제된 사슴이라도 만난 듯 허망해진다.

나는 무엇을 알고 싶어 한 것일까. 아무것도 알고 싶지 않다는 것은 아니다. 죽음에 대해, 죽음에 붙여진 말에 대해 무리한 얘기일지 모르겠으나 하나하나의 죽음의 모습과 거기에 붙여진 말에 대해 알고 싶다. 나의 난징 대학살 기억에는 그것이, 말과 사자死者 한 사람 한 사람에 대한 시선이 특히 결여되어 있다. 그런 느낌이 드는 게 이상할까. 예컨대 "밤마다 일그러진다/ 꽃들의 입술"(파울 첼란,* 「밤마다 일그러진다」)이라고 한 말. "그들은 시각時刻을 재지 않는다/ 눈송이를 세지 않는다./ 강의 흐름을 둑까지 따라가지 않는다. (……)그들은 세계에 제각각 흩어져 있다./ 각자가 각자의 밤 곁에/ 각자가 각자의 죽음 곁에." 첼란의 시를 웅얼거리면서, 면도칼의 번뜩임처럼 깨닫는다. 난징의 그 일에 대해 기본적으로, 그리고 결정적으로 부족한 것은 데이터가 아니라, 한 사람 한 사람의 죽음에 대한 말이 아닐까. "한마디 말─너는 알고 있다─주검. (……) 우리는 그것을 씻어 주자,/ 우리는 그것을 빗어 주자./ 우리는 그 눈이/ 하늘을 향하게 해 주자."(「문턱에서 문턱으로」) 난징에서 몰살당한 이들을 다시 셀 뿐만 아니라, 한 사람 한 사람에게 시를 바치는 것은 어울리지 않을까. 그럴 리 없다.

　나는 이제 한 번, 그것에 대해 알고 있는 것, 생각나는 것을 나 자신에게 물어본다. 물론 나는 그것을 내 눈으로 본 적은 없다. 본 적 없는 스펙터클에 대해서는 누구도 말할 자격이 없을까. 하지만 본 적 없는 광경이(때로는 본 적 있는 풍경보다도) 마음 깊이 자리 잡을 때도 있다. 본 적 없는 광경이 기억되는 일도 있을 수 있다. 나는 아마도 그 광경을 기억하기로 마음먹은

---

* Paul Celan(1920~70). 시인. 옛 루마니아령, 지금의 우크라이나공화국의 체르노비츠에서 태어났다. 유대인 부모 아래 독일어를 모어로 해서 성장. 나치스 점령하에 노동수용소로 이송됐고 부모는 총살당했다. 전후 파리에서 본격적으로 시 창작을 시작했다. 시집으로 『양귀비와 기억』 『문턱에서 문턱으로』 『다가오는 빛』 등. 센 강에 투신자살.

것이리라. 본 적 없는 것에 관해서는 얘기할 자격이 전혀 없는 것이라면, 난징의 그 일에 관련되거나 목격한 사람들 중에 아직 살아 있는 사람은 이제 극히 적을 것이므로, 거의 누구도 말할 자격이 없는 셈이 된다. 누구에게도 말할 수 없다면, 일어난 일도 없었던 일이 되어버리지 않을까. 사실이, 정말 없었던 일이 되어버릴지도 모른다.

2. 불타는 사람기둥

생각난 것이 있다. 히토바시라(人柱, 사람기둥). 히토바시라는 다리나 제방, 성 등을 쌓을 때 공사의 성공을 기원하며 신들의 마음을 달래기 위해 희생물로 사람들을 물 밑바닥이나 땅속에 생매장하는 것을 말한다. 히토바시라는 통상 물이나 땅에 파묻혀 보이지 않게 된 희생제물이다. 그런데 난징에서는 지상에 활활 타는 히토바시라가 몇 개(몇 기基라고 해야 할까)나 서 있었다고 한다. 나는 언젠가 그것(전 일본 육군 하사의 증언)을 신문에서 읽었다. 일전에 기억을 확인해 보기 위해 그 신문 스크랩을 꺼내 봤더니 1984년 8월 7일의 〈마이니치신문〉이었다. 본 적이 있는 것처럼 생각하고 있었으나, 영상으로는 분명히 본 적이 없다. 기사가 언제나 뇌리에 영상화되어 있었을 것이다. 신문 제목은 "난징 포로 1만여 명 학살"로 되어 있다. "난징 대학살에 가담한 전 육군 하사(伍長)가 반세기 가까운 침묵을 깨고 당시 스케치, 메모류를 토대로 중국 병사 포로 1만여 명의 학살을 상세하게 증언했다. 문제의 포로 대량 사살 사건은 이제까지 상급 장교의 증인 등을 토대로 '석방 도중에 일어난 포로의 폭동에 대한 자위조치'로 간주되어 왔다. 이번의 증언은 이를 뒤엎는 것이다"라는 것이 기사의 리드다. 증언자는 전 제13사단 제65연대의 하사였던 K씨로, 증언 당시는 73세였다. K씨의 이야기는 난징의 쯔진산(紫金山) 동북쪽의 우룽산(烏龍山) 포대와 난징성 북쪽 무푸산(幕府山) 포대를 점령했을 때로부터 시작된다. 기사에 따르면, 포로들은 1937년 12월 17일부터 18일 밤에 걸쳐 일제히 살해당했다고 한다. 먼저 포로의 팔을 뒤로 해서 묶고 염주처럼 엮어서 수용소에서 4킬로미터 떨어진 양쯔강 변으로 연행했다.

포로는 1만 명이 넘는 많은 수였기 때문에, 전원이 강변에 집결했을 때는 해가 저물고 있었다. 돌연 "쏴!"라는 명령이 내렸고, 약 1시간 동안 일제사격. 다른 자료에 따르면 4열종대로 도보로 수용소에서 이동해 온 중국인 포로들은 저녁에 장강(양쯔강) 강변에 도착했다. 도중에 부대에서 살기를 느껴 도망가려고 수로로 뛰어든 포로는 즉각 사살당했다. 그것을 본 포로들은 두려움에 떨며 더는 도망치지 못했다. 일본군 부대는 장강을 향해 반원형으로 포로를 에워싸고 중기관총, 경기관총, 소총을 일제히 발사. 아비규환이라는 상투구를 무색케 하는 소리 아닌 소리, 비명 아닌 비명…… 〈마이니치신문〉의 기사로 돌아가면, "눈길 닿는 범위 내의 포로들은 필사적으로 도망치려 우왕좌왕하면서 수평으로 쏘아대는 총탄을 피하려고 시신 위에 기어올라 높이 3, 4미터의 사람기둥(히토바시라)이 만들어졌다." 사람기둥…… 취재기자가 그렇게 상상해서 쓴 것인지, K씨가 실제로 그렇게 묘사한 것인지는 확실하지 않다. 어쨌거나 상상조차 할 수 없었던 광경이 눈앞에 펼쳐졌다. 이것도 풍경의 반역이다. 손을 뒤로 묶인 남자들이 뛰기 시작했고 먼저 총탄에 맞아 벌렁 나자빠진 시체를 밟고 도망치려 갈팡질팡한다. 그런 그들을 향해 사정없이 총탄을 쏟아 붓는다. 또 쓰러진다. 시체가 쌓여 간다. 점차 주검의 산(屍山)이 된다. 3, 4미터라면 상당한 높이다. 그 산을 기어올라 필사적으로 도망치려는 자들도 총탄에 맞아 산은 더욱 높아지고, 글자 그대로 '사람기둥'이 된다. 다른 자료를 보면, 그 높이까지 가면 사람기둥이 우두둑 무너진다. 주검의 산 붕괴는 몇 번이고 계속된다. 우두둑 하는 거대한 바위처럼 무거운, 그러나 어딘가 육질의 둔중한 소리가 그 현장에 없었던 내 귀 안쪽에서도 들려온다. 장강은 이미 어두워지고 있었다.

3. 불꽃 속에서

솜을 넣어 누빈 겨울옷을 입은 시체에 불을 놓는다. 사람기둥이 여기저기서 타오르면서 시계가 밝아졌다. 불타는 사람기둥은 강 수면을 붉게 비췄을 것이다. 뜨거워 견디지 못하고 수족을 움직인 이는 다시 총탄을 맞거나 총검에 찔려 하나하나 확실히 죽임을 당했다. 죽음을 하나하나 확인했다. 병사들은 부지런히 그 작업을 했다. 집요하게 했다. 사람기둥—분명 주검의 산이었을 것이다. 그것이 혹시 아직 누군가가 살아 있지 않을까, 되살아나지 않을까 하고 세세하게 신경 쓰는 가운데 꼼꼼하게 죽임을 당했다. 숨을 헐떡이며 죽어가고 있는 사람이 불에 타고 총탄을 맞고 칼에 찔렸다. K씨의 메모. "(……)그날 밤은 닥치는 대로 찔러 죽이며 새벽까지, 그곳에 석유를 끼얹기도 했고, 버드나무 가지를 고리로 삼아 한 사람씩 끌고 가서 강물에 떠내려보냈다. 우리 부대가 죽인 것은 1만 3500명이었다. 지금 생각해도 상상할 수 없는 일이다." "석유를 끼얹기도 했고"라는 건 시체에 석유를 끼얹어 태웠고……라는 얘기일 것이다. 일본병의 군화, 각반이 피와 기름으로 끈적끈적했다. 그러고는 시체를 장강에 흘려보냈다. 엄청나다는 건 이런 경우를 두고 하는 말이다. 실로 엄청난 검은 그림자. 가라앉는다. 뜬다. 흘러간다. 떠내려보내도 떠내려보내도 끝이 없다. 날이 밝아 온다. 샤관(下關) 등 난징의 장강 기슭에는 버드나무가 많다. 다른 자료에는, 버드나무 가지로 고리를 만들어 중국인 시체를 걸어서 장강에 흘려보내는 까무러칠 듯한 작업이 결국 19일 점심 무렵까지 계속됐다고 한다. "적을 많이 죽일수록 이긴다" "전우의 원수다" "전우의 유족에게 보내는 전별(餞別)이다"라고 병사들은 마음먹었기 때문에 살육에 대한 의문 따위 생길 여지가 없었다. "이것으로 전우도 편히 잠들 수 있다"고 믿었다. 그리고 "증거를 남겨서는 안 된다"는 감정과 함께, 이것도 작전이며, 무엇보다도 난징 성내의 군사령부로부터 내려온 명령 "포로는 전원 신속하게 처치하라"를 염두에 두고 있었다.

본 적도 없는 이 '스펙터클'을 본 적이 있는 것처럼 생각하는 것은 왜일까. 기억이 사건에 의해 각인되는 대로 맡겨두는 수동성에 있다고 한다면, 불타는 사람기둥의 기억을 지우는 능동성 = 망각의 능력이 나는 어쩐지 결여되어 있는 것 같다. 기억력은 결코 좋지 않지만. 증언자가 얘기한 사람기둥에 대해 나는 몇 번이나 상상했다. 불타는 보타산*이나 운동회의 장대 쓰러뜨리기 같은…… 상상이란 건 제한이 없다. 상상의 그림을 그리고는 색이나 윤곽을 몇 번이고 수정했는데, 사람기둥이라는 내적인 상像과 거기에서 주검들이 우두둑, 지지직 하고 뼈가 굴러 떨어지는 내적 음音, 그리고 온갖 종류의 유기물이 뒤섞여 타오를 때의 내적 냄새는 짙든 옅든 아무리 해도 없어지지 않았다. 뚱딴지같이 생각한다. 역사란 개인에게, 특히 공공성, 전체성이라는 것에 서툰 뒤틀린 개인에게는 아마도 그런 것이 아닐까. 역사—내적 상—내적 음—내적 냄새. 하지만 역사와 숫자의 상관관계라는 의식은 내게는 전혀 없거나 매우 희박하다. 숫자는 내면화가 곤란한 기호다. 정확하든 부정확하든 인간 존재가 구성원수로 집약되고 수치화될 때 그 많고 적음에 따라 죽음의 의미가 증감하는 것이라면 사자를 세는 의미란 무엇인가. 불타는 사람기둥의 사람 수를 하나하나 공손하게 세지 않으면 안 된다. 애도하면서 세지 않으면 안 된다. 한 사람 한 사람을 영원히 계속 세지 않으면 안 된다. 하지만 그때 사자를 보는 '눈'은 어디에 있어야 하는가. 시공의 먼 바깥쪽에

---

* '보타'는 탄광에서 석탄이나 갈탄을 골라내고 버린 돌·저질탄 더미로, 규슈 지방 사투리.

서 불타오르는 사람기둥을 종교화의 업화業火라도 바라보듯 보면 된다는 것인가. 어기서도 상상은 아니다. 내 눈은 예전에 바깥쪽이 아니라 위의 사람기둥 속에 깊이 박혀서 벌겋게 타오르는 불꽃 속에서 실로 잠깐 동안이긴 했지만 붉고 검은 연기가 나는 임종의 시선을 엿본 적이 있다. 그래서 어쨌다는 얘기는 아니다. 역사적 상상력 속에서 '본다'와 '보인다'의 관계의 역전은 가능할까. 나(우리)의 입장은 무명無明의 어두운 연못에 그저 오연午然하게 또는 꼼짝 않고(凝然) 서서 타오르는 사람기둥이나 장강을 검은 통나무처럼 눕혀서 흘려보내는 엄청난 사자의 무리를 멍하니 바라보기만 해도 되는 걸까. 한 사람의 '보이는' 삶의 마지막 순간(末期)의 눈에서, 일방적으로 '보는' 자들, 또는 전혀 '보려고 하지 않는' 자들을 뒤돌아보는 상상력은 내적 역사상歷史像의 결상結像에는 절대 없어서는 안 되는 것이라고 나는 생각한다. 일본군 장병들 손에 죽임을 당한 이들의 삶의 마지막 순간의 눈은 희미해져 가는 의식 속에서 각자 무엇을 뇌리에 새겼을까. 대답은 들을 수 없을지라도 질문을 멈출 수는 없다.

4. '시체 더미'에 대하여

'그것'에 대해 내가 알고 있는 것은, 이제까지 말했듯이 실제 광경을 보지도 못했지만 기억하고 있는(있다고 생각하는) 몇 가지의 짧은 영상 쇼트나 파편 같은 많은 스틸 사진이나 특정한 사건과 얽힌, 다른 몇 가지의 말과 대강의 숫자다. 그러고 보니 밟아 본 적 없는 발바닥의 기억도 있다. 얕게 묻힌 몇 천 구의 시체 위를 걸어갈 때의, 젖은 두꺼운 양탄자를 밟는 듯한 뜨뜻미지근하게 질퍽거리는 발바닥의 기억. 그런 것들을 역사가 관여하는 개인의 기억이라고 부를 수 없을까. 그렇지 않으면 그런 것들은 경험한 것이 아닌 이상 '가짜 기억'으로 분류해야 할까. '가짜 기억'과는 다른 '진정한 기억'이 있다고 누군가가 소리 높여 얘기하고, 또 오직 '진정한 기억'만을 기억하라, 보지도 않은 것은 잊어버리라고 명령을 한다면 나는 그 '진정한 기억'을 심히 의심하면서 '진정한 기억' 또는 '공적 기억'을 기억하라고 강요당하는 것에 대해 거세게 저항할 것이다.

앞서 얘기한 사전의 난징 대학살 기술에는 어쨌든 내 마음을 끄는 게 아무것도 없었다. 그런 것들은 나라는 개인의 기억의 보강이 되지 않을 뿐만 아니라, 너무 피를 빼버려 완전히 표백된 것이기 때문에 사실이라기보다 나태하고 감정이 없으며 편의적인 부호와 같은 것으로밖에 보이지 않는다. 난징에서 벌어진 일은 점점 더 그런 식으로 '처리'되고 있다. '처리'라는 것은 내면에서 서서히 기억을 쫓아내는 것이다. 엄밀히 비교할 만한 것은 아니지만, 이에 대해 소설 『시간』은 '진정한 기억'도 '공적 기억'도 아닌 나의 개체적(個的) 기억을 어느 정도 자극하고 보완해 주었다. 픽션이 기억을 자극하고 보완한다는 것도 생각해 보면 기묘한 얘기다. 그러나 그것은 흔히 있을 수 있다. 예를 들면 나의 '사람기둥'에 대한 기억을 『시간』이라는 픽션은 '적시(積屍, 시체 더미)'라는 한자말로 떠받쳐 주었다. 『시간』

에는 '적시'라는 말이 몇 차례 나온다.

　마군(馬軍) 소학교에 가니 일본 병사는 바보 그 국기 게양탑에 붉은 원의 기(赤丸の旗)를 게양하고 있었다. 좀 얄궂은 느낌이 들었다. 하지만 교내에 들어가 250명 정도의 남녀 아동들 속에 섞여 들어가니 그런 느낌은 이미 사라졌다. 학교 뒤쪽 교정에는 시신이 쌓여 있고 쓰레기가 탈 때 나는 냄새, 그 특유의 냄새가 무참하게 코를 찔렀다. 적시積屍의 가장 앞쪽에 거의 알몸의 그것이 있었다. 그 시신은 몸통에는 거의 상처가 없고 팔다리도 온전했으며 어깨만이 고통으로 구부러져 있었다. 그런데 그 시신에는 머리가 없었다.

　양 어깨 사이에 피투성이의 검은 받침대 같은 것이 붙어 있었을 뿐. 조각의 토르소를 나는 이제 두 번 다시 보고 싶지 않다.

　'붉은 원의 기'는 일장기다. 토르소에 비유된 것은 일본도로 참수당한, 머리 없는 몸체다. 찬찬히 읽으면 풍경이 떠오른다. '적시'란 쌓인 시체들이란 걸 알 수 있다. 높은지 낮은지는 별 문제로 하고, 일본인 증언자 K씨의 기사에서 말한 '사람기둥'과 기본적으로 같은 것이다. '적시(시체 더미)'라는 말은 고지엔*에도 다이지린**에도 나오지 않는다. 가이즈카 시게키(貝塚茂樹) 등이 엮은 한화중사전漢和中辞典에는 나온다.【積屍】적시 ① 쌓여 있는 시체 ②별 이름─이라는 설명이 붙어 있다. 역시 그

* 廣辭苑, 이와나미출판사에서 발행하는 일본어 국어사전.
** 大辭林, 산세이도출판사에서 발행하는 일본어 국어사전.

런가, 하고 생각했지만 납득이 가는 듯하면서도 어쩐지 납득이 가지 않았다. '적시'라는 것을 난징을 비롯해 중국 각지에서 만든 것은 다름 아닌 '황군'이 아니었던가. 그런데도 그 형상을 단적으로 보여주는 말이 중국에는 예전부터 있었고 일본에는 아직도 없다. 이상하지 않은가. "일본 국토에 아톰(원자)탄이 단 두발밖에 떨어지지 않은 것, 그 때문에 살아남았다는 것, 그것이 일본인의 출발 조건이다. (……)그에 비하면 중국은 멸망에 대해, 훨씬 더 전적인 경험이 깊었을 것이다"(다케다 타이준*「멸망에 대하여」)라는 얘기가 느닷없이 생각난다. 주周의 동천**에서부터 진秦의 천하통일까지의 춘추전국시대에, 아니 그 이전과 그 이후에도 중국에는 도대체 얼마나 많은 멸망이 있었고, 얼마나 많은 '적시'가 만들어졌을까. 그야말로 별의 수만큼 많은 '주검(尸)'이 산야에 높이 쌓였을 것이다. 그렇다면 그 땅에서는 먼 옛날부터 준비되어 있었을 것은 당연하다. 무리하게 그렇게 나 자신을 납득시키려 해도 간단히 납득이 되지 않는다. 간토 대지진, 도쿄 대공습, 다케다 타이준이 '아톰탄'이라 부른 두 차례 원폭 투하, 동일본 대지진…… 이 땅에서도

---

* 武田泰淳(1912~76). 작가. 도쿄 출생, 아버지는 조센지(潮泉寺)의 주지. 도쿄대 지나(중국)문학과 중퇴. 1937년 군에 입대해 중국으로 감. 1944년 상하이 중일문화협회에 취직하고, 홋타 요시에와 교류. 전쟁·패전 체험을 토대로 한「살무사의 후예」「심판」, 문명의 멸망이나 원죄, 동양사상을 배경으로 한「풍매화(風媒花)」「반짝 이끼」등으로 전후문학에 큰 족적을 남겼다.

** 東遷. 주나라가 수도를 창안(長安. 지금의 시안西安)에서 동쪽인 뤄양(洛陽)으로 옮긴 것.

'적시'의 스펙터클은 적잖이 있었다. 가해의 결과로서의 '적시'도 피해 상태로서의 '적시'도. 하지만 시체의 산을 단 두 글자로 '적시'라고 거침없이 말할 수 있는 언어 감각이 이 땅에는 없다는 것인가. 바꿔 말하면 배짱이랄까 건조한 리얼리즘에 있어서는 저쪽 편에 도저히 따라갈 수 없는 게 아닐까. 일본인은 섬세하고 촉촉하다wet고 한다. 사자의 산을(여기저기 만들어놓으면서) 즉물적으로 '적시' 따위의 당치 않은 소리는 하지 마라. 그런 것인가.

5. 황운을 받들어 모시다

훗타 요시에는 예전에 전쟁에 대해 이런 글을 쓴 적이 있다. "전쟁이라는 방대한 사건은 그 거대하기까지 한 공허한 필연성 속에 무한한 우연성을 내포하고 있고, 사람들이 마주치는 그 하나하나의 우연성의 총체가 그런 사람 한 사람 한 사람의 장場에서 바라보는 전쟁 그 자체였다고 할 수 있는 것이었을지도 모른다. 그리하여 그 하나하나의 우연성에 그런 사람 한 사람 한 사람의 삶과 죽음이 걸려 있었다."(『방장기사기方丈記私記』) 몹시 에둘러서 하는 얘기이긴 하다. 『방장기사기』가 전후도 한참 지난 전후인 1971년에 간행된 것이라고는 하나 "사람들이 마주치는 그 하나하나의 우연성" "한 사람 한 사람의 장에서 바라보는 전쟁" "그 한 사람 한 사람의 삶과 죽음"이라는, "한 사람 한 사람"의 관점은 1918년 태생의 작가로서는 드문 것이다. "나는 (……) 메이지시대 민권자유운동 지지자인 할머니 손에서 자란, 타고난 일본 공화국론자이니까, 리퍼블리칸이니까"(다케다 타이준·홋타 요시에 『대화, 나는 이제 중국을 이야기하지 않는다』, 1973)라고 한다. 아무렇지도 않은 듯한, 어딘가 양성陽性적인 말투를 보더라도 역시 홋타라는 인물이 이미 '탈일본'적 자아의 소유자였다는 것을 알 수 있다. 따라서 중국인 인텔리의 눈으로 본 난징 대학살을 그려 보겠다는 대담하고 기발한 작업에 도전했을 것이고, 그래서 '적시'라는 다이나믹한 중국어를 망설임 없이 쓸 수 있지 않았을까.

말할 것도 없지만, 중국과 일본은 일반적으로 사생관이 다르다. 사생관이 다르면 시체에 대한 생각, 즉 '시관屍觀'도 다를 것이다. 홋타 요시에가 아직 19세로 게이오의숙대학 정치과 예과학생이었던 1937년이라는 해는 획기적인 해여서, 일본인의 사생관과 '시관'에 강한 영향을 끼쳤을 사건들이 잇따랐다. 그해에는 무엇보다도 중일전쟁의 발단이 되는 루거우차오(盧構橋) 사건*이 일어나, 그때까지 경험한 적 없는 규모로 인간과 물자와 '정신'을 위에서 아래까지 닥치는 대로 총동원하는 '국가 총력전'이 시작됐다. 국가 총력전의 정신적 지주는 '거국일치擧國一致'였다. 거국일치란 무엇이었던가. 산세이도 출판사

---

* 1937년 7월 7일, 베이징 교외의 루거우차오 근처에서 훈련 중이던 일본군에 대해 십여 발의 총이 발사된 것을 계기로 중일 양국군이 충돌. 전면전의 발단이 됐다. 이후 일본군은 전선을 확대해 12월에 수도 난징을 점령하기에 이르렀다.

의 사전 『다이지린』에는 그 말뜻으로 "나라 전체가 하나의 목적을 향해 동일한 태도를 취하는 것"이라는, 실로 놀라운 사상事象을, 놀라울 정도로 말끔하고 담박하게 기술해 놓았는데, 분명 그대로다. 홋타적인 '한 사람 한 사람'의 관점은 보기 좋게 압살당했다. 나라 전체가 하나의 목적을 향해 동일한 태도를 취하는 것……이라는 거국일치의 정의에는 그러나 중요한 것이 빠져 있다. 도대체 무엇을 위해, 가 없는 것이다. 루거우차오 사건 다음 달인 1937년 8월, 고노에 내각은 '국민정신 총동원 실시 요강'이라는 것을 각의閣議에서 결정한다. 국가 권력이 '정신'을 부르짖고 '동원'을 외치면서 그것을 제멋대로 '각의 결정'하는 것만큼 괴이쩍은 움직임은 없다. 하지만 역사의 실시간에 과연 몇 사람이나 그것을 틀림없는 위기로 느낄 수 있었을까. 나는 의아스럽다. 저항은 없는 거나 마찬가지였다. 각의 결정된 '국민정신 총동원 실시 요강'의 '취지'에는 무엇을 위한 거국일치인지가 마치 주문처럼 적혀 있다.

거국일치 견인불발堅忍不拔의 정신으로 현하現下 시국에 대처함과 동시에 향후 지속될 시간時艱을 극복해서 더욱더 황운皇運을 부익扶翼하기 위해, 지금의 시국에 관한 선전 방책 및 국민 교화 운동 방책을 실시해서 관민 일체가 되어 일대 국민 운동을 일으킨다.

일대 악문惡文이란 이런 걸 두고 하는 말일 것이다. 거국일치와 견인불발의 정신으로 현하 시국에 대처한다는, 근거도 증거도 없는, 거의 아무 내용도 없는, 옛날 체육회에서 하던 기합氣合 넣기의 목적은, 그러나 사람들의 행복을 위해서가 아니라 "황운을 떠받들기 위해서"라는 얘기다. 이를 군이 그대로 옮겨 보자. 시간時艱이란 시대가 직면하고 있는 곤란이라는 의미다. 그것을 극복하는 것이 최우선 과제인데, 말할 것도 없이 "한 사람 한 사람"의 관점 따위가 존재했을 리 없다. "한 사람 한 사람"의 관점은 거국일치 사상의 명확한 적이었다. 젊은 사람들은 아마 모를 것이다. 그런 시대가 실제로 있었다. 그런 시대와 닮은 시대가 다시 올지도(이미 와 있을지도) 모른다. 그러면 '황운'이란 무엇인가. 황실의 운명 또는 천황의 권위와 위신이라는 것이다. 일본이라는 나라는 황운 아래에 있었고 지금도 계속 그럴지도 모른다. '부익'이란 황운과 종종 하나의 세트를 이루는 말인데, 도와주고 지켜주는 것이다. 합치면 천황의 위세를 지켜드리기 위해 관민 일체가 되어 국민정신 총동원 운동이라는 일대 국민운동을 일으켜야 한다는 것이다. 황실―국가 권력―사회(라기보다 '세상')에는 난문難問도 긴장도 없이 세상 전체가 '황운'을 떠받들어야 하는 것이라고 a priori하게 (선험적으로) 간주되고 있다. 마루야마 마사오*의 말을 빌리면, 이거야말로 "'만세일계萬世一系'의 이데올로기적인 강점"이고

---

* 丸山眞男(1914~96). 정치학자. 오사카 태생, 1937년 도쿄대 법학부 졸업, 1950년 도쿄대 교수. 전쟁 중에는 군에 입대해 히로시마에서 피폭. 전후 일본정치사상사 분야에서 '마루야마 정치학'이라 불리는 학풍을 구축, 사상계를 주도했다. 저서에 『일본 정치사상사 연구』『현대정치의 사상과 행동』『일본의 사상』 등.

"(……)황실이 '귀종貴種' 중의 최고 귀종primus inter pares이라는 성격 때문에 '사회적'으로 떠받들여졌다"(「역사의식의 '고층古層'」, 『충성과 반역』)는 것이 아닌가. 지금도 그 기본 구조는 변함이 없고 그 흐름은 끊어지지 않고 있다.

6. 국민정신 총동원과 라디오

지금 읽어보면 실로 어리석다. 그럼에도 1937년의 국민정신 총동원 운동이라는 것이 얼마나 당시와 그 뒤의 일본 및 일본인의 의식, 발상법, 내면 그리고 신체를 쥐어짜고, 사회를 얼마나 거세게 견인했던가, 회고해 보는 것이 쓸데없는 일은 아닐 것이다. 그것은 '천황제 파시즘' 탓이라고 책망하기만 하면 될 정도로 단순한 게 아니다. 패전 뒤의 일본 사회가 거국일치나 정신 총동원이라는 사상을 근본적으로 타기하고, 깨끗이 내버리고, 청산하고, 죽을 정도의 각오로 총정리를 해서 두 번 다시 유령이 되살아나지 않도록 확실히 손을 썼던가……라고 반성을 해 볼 때, 이건 나의 지나친 생각인지 모르겠으나 1937년이 2016년인 현재와도 엉겁결에 오싹할 정도로 발상의 친화성, 근사성이 있다는 것을 깨달았다. 국민정신 총동원 실시 요강의 '지도 방침'에는 '거국일치' '진충보국盡忠保國' '견인불발' '국민의 결의'라는 말들이 열거되어 있고 '사상전' '선전전' '경제전' '국력전'이 국책 수행상 불가결하다고 되어 있다. 노골적으로 말하자면 너무 노골적이지만, 지금은 이런 국가 의사가 완전히 사라졌다고 가슴을 펴고 당당하게 얘기할 수 있을까. 국민정신 총동원의 '실시 기관'으로는 "정보위원회, 내무성 및 문부성을 계획 주무청으로 하고 각 성이 모두 달려들어 이를 실시하라"며, 어떻게 해서든 "모두 달려들어"를 외치고 있다. 주목해야 할 것은 '실시 방법'과 '실시상의 주의'다. 중앙 성청이나 도부현道府縣, 시정촌市町村, 회사, 은행, 공장, 상점 등 모든 조직이 국책에 대해 협력하도록 의무화되어 있었음은 말할 것도 없다. 덧붙여 "각종 언어 기관에 대해서는 본 운동의 취지를 간담懇談해서 그 적극적인 협력을 구할 것" "라디오 이용을 꾀할 것" "문예, 음악, 연예, 영화 등 관계자의 협력을 구할 것"으로 되어 있다. 괄목할 만한 게 여기 있다. '각종 언어 기관'이라니 참으로 이상야릇한 말이지만, 신문, 출판, 방송 등의 매스컴을 가리킨다. 재미있는 말이다. 매스컴에는 단지 강압적으로 명령을 내리는 방식이 아니라 국민정신 총동원 운동의 취지를 서로 얘기하며 설명해서 적극적인 협력을 구한다, 라는 부드러운 표현을 쓰고 있다. 매스컴의 역할이 총력전에서 얼마나 중요한지를 당국이 꿰뚫어 보고 있었다는 걸 말해 준다. '라디오의 이용'이 더욱 강조된 것도 까닭이 없지 않았다.

1930년대는 라디오라는 '뉴 미디어'의 극적인 보급기였다. 중대 뉴스는 라디오 속보로 전해져 수신자의 관심을 모았다. 그와 함께 수신기가 보급됐는데, 특히 베를린 올림픽(1936)과 루거우차오 사건이 라디오 청취 가입자들을 늘렸다. 실로 "전쟁이 미디어를 만들고, 미디어가 전쟁을 만든다"는 말이 나올 정도로 전쟁이나 올림픽과 미디어의 관계는 밀접하게 얽혀 따로 떼어낼 수 없다. 사단법인 도쿄방송국이 일본에서 처음으로 라디오 방송을 개시한 것이 얄궂게도 치안유지법*이 보통 선거법과 동시에 의회를 통과한 해인 1925년이었고, 이듬해에 일본방송협회NHK가 발족되어 본격적인 국책 전달 및 선전 기관이 된다. 1931년 9월 18일의 류타오후(柳條湖) 사건**(만주사변)이 일어나고 이듬해 2월에는 전국의 라디오 청취 가입자가 100만 명을 넘었고, 이누카이 츠요시(犬養毅) 총리가 살해된 그해(1932)의 5·15사건*** 직후에는 청취 가입자가 더 늘어났으며, 1936년의 2·26사건****과 베를린 올림픽 등으로 전국의

---

* 1925년 제정. 당초에는 주로 일본공산당을 중심으로 한 혁명운동의 진압을 표방했으나 두 번의 개정을 거쳐 노동조합, 프롤레타리아 문화운동, 종교단체, 학술그룹으로까지 탄압 대상을 넓혀 국민의 사상통제를 위한 무기로 남용됐다. 1945년 10월 15일 GHQ(연합국군 최고사령부)의 지령에 따라 폐지.

** 1931년 9월 18일, 일본 관동군의 모략에 의한 남만주철도 선로 폭파사건. 만주사변의 도화선이 됐다. 관동군은 폭파를 장쉐량(張學良)이 이끄는 중국군의 공작이라고 발표하고 군사행동을 개시했다. 그 뒤 몇 개월 만에 만주(지금의 중국 동북지방) 전체를 점령했다.

*** 1932년, 해군 청년 장교들을 중심으로 한 쿠데타. 총리 관저, 일본은행, 경시청 등을 습격해 이누카이 츠요시 총리 등을 사살했다. 이후 정당정치의 시대는 끝났고, 군부의 발언력이 증대됐다. 장교들이 심각한 불황에 시달리던 서민 구제를 내세웠으므로 급진적인 국가개조운동에 대한 여론의 공감대가 넓혀지는 계기가 되기도 했다.

**** 1936년, 육군 황도파皇道派 청년 장교들이 일으킨 쿠데타. 천황 친정親政에 의한 '쇼와(昭和) 유신'을 부르짖으며 1,500명이 총리·대장상大藏相 관저, 정부 수뇌의 사저, 신문사 등을 습격. 다카하시 코레키요(高橋是淸) 대장대신과 사이토 마코토(齋藤實) 내대신 등을 살해, 도쿄 중추부를 점거했다. 정부와 군은 '반란군'으로 규정하고 무력진압하기로 결정해 대다수 장교들이 투항. 사건 주모자들은 총살형에 처해졌다.

라디오 청취 가입자는 일거에 300만 명을 돌파한다. 신문도 라디오의 속보에 지지 않으려고 '호외'를 연발하면서 독자들을 점차 전쟁으로 몰아가게 된다. 그러나 정보 내용이 정말로 중대한 것이냐의 여부만이 신문이 호외를 발행하게 만든 기준은 아니었다. 1936년의 아베 사다(阿部定) 사건*에서는 사건 발각 뒤와 아베 사다 체포 뒤 두 번에 걸쳐 호외가 뿌려졌으며 신문, 잡지는 날개 돋친 듯 팔렸다. 육군의 청년 장교들이 '쇼와 유신 단행'을 부르짖으며 궐기한 쿠데타 미수 사건인 2·26 사건과 애인인 남성을 목 졸라 죽이고 국부를 절단한 엽기적 사건인 아베 사다 사건. 알려야 할 정보의 성질이 어느 것이 가볍고 무거운지는 명백했다. 그럼에도 사람들은 마치 악화되는 세상의 탈출구를 찾듯 아베 사다 사건 보도에 흥분해 신문·잡지를 탐독하고 라디오에 귀를 기울였다. 미디어도 사태의 경중輕重이 아니라 독자, 청취자의 열광에 조준해서 보도를 내보냈다. 1936년 5월 21일의 도쿄 아사히신문에는 '앙분昂奮하는 엽기의 거리'라는 요상한 제목이 춤추듯 달렸고, 아베 사다 열광을 재미있고도 우스꽝스럽게 전했다. 시대는 이미 요사스러운 기운이 떠돌고 있었다.

---

* 1936년 5월, 2·26 사건으로 계엄령이 내려진 도쿄에서 일어난 엽기살인 사건. 요리점에서 기식하던 여자 종업원 아베 사다가 애인이었던 가게의 경영자 이시다 기치조를 살해하고 국부를 잘라내 그것을 갖고 도주. 3일 뒤에 체포됐다. 사건의 선정성과 대중의 호기심을 부추기는 보도로 당시 큰 화제가 됐다.

7. 〈바다에 가면〉과 죽음에의 유혹

국민정신 총동원 운동을 '소리'로 크게 북돋운 것은 NHK였다. 총동원 운동의 일환으로 1937년 10월 13일, NHK는 〈국민창가〉 방송을 시작했는데, 그 제1회가 〈바다에 가면海ゆかば〉이었다. 이 노래는 그 뒤 태평양전쟁 중에 라디오가 일본군 부대의 '옥쇄玉碎'를 전할 때 흘려보내게 되는데, 마치 처음부터 그것을 예감하고 있었던 것 같은 처절한 '비가悲歌'의 울림이 있다. 이것을 아름다운 일본 노래로 여기는 경향이 있다. 확실하지는 않으나 아베 신조 씨도 그러하지 않을까. 하지만 내게는 늘 어떤 바닥조차 알 수 없는 어둠 같은 생각이 든다. 일본이란 무엇인가, 라는 정념과 관련된 의심과 "왜 〈바다에 가면〉이었을까……"라는 물어볼 것도 없는 의문, 망설임과 주저가 꼬이고 뒤엉킨 채 늘 나를 따라다닌다. 내 아버지도 중일전쟁 중의 난징에서 그 노래를 합창했다고 한다. 틀림없이 가슴 깊숙이에서 솟구쳐 오는 감동으로 눈물을 글썽이며 직립 부동의 자세로 불렀을 게 분명하다. 그 소리가 들려오는 것 같다.

　　바다에 가면 물에 잠긴 시체
　　산에 가면 풀이 자라는 송장
　　오오키미(大君, 천황)의
　　곁에서 죽으리라
　　뒤돌아보지 않으리라

아버지도 불렀다. 특공대원도 출격 전에 이것을 불렀다. 가사는 『만엽집萬葉集』에 나오는 오오토모노 야카모치(大伴家持)가 지은 장가長歌에서 따온 것인데, 여기에 작곡가 노부토키 키요시(信時潔)가 NHK 오사카방송국의 의뢰로 곡을 붙였다. 노부토키 키요시는 오사카의 목사 집안에서 태어나 어릴 적부터 교회음악에 익숙해져 있어서였는지, 〈바다에 가면〉에는 일종의 종교곡과 같은 장중함이랄까 비창감悲愴感이 있으며, 또 5757577의 음절 수 때문인지 〈기미가요〉와 그대로 겹쳐지는 곡상曲想이기도 하다. 악보에는 ♩=78-80과 '힘차게'라는 지시가 붙어 있는데, 나는 이 노래를 듣고 "힘차다"고 느낀 적이 한 번도 없다. 그러나 어쩐지 예삿일이 아닌 무거운 분위기의 울림과 떨림이 이 노래에는 있다. 그것이 뭔지 알고 싶기도 하고 그렇지 않기도 한, 휩쓸려서 땅 바닥에 질질 끌려가는 듯한 기분을 불러일으킨다. 그것을 제대로 설명할 수는 없지만 다분히 '죽음' 및 그 양태와 관련된 '일본 정신'이라고나 해야 할 심적 고층古層이 음의 밑바닥에서 수상쩍게, 우물거리듯 희미하게 울려 퍼지는 듯하다. 나는 그것을 소리 내어 부른 적은 없다. 합창해 본 적도 없다. 뭔가 사상적인 판단을 해서 내 의사로 그것을 부르지 않겠다고 스스로 금지한 것은 아니다. 그럴 기회가 없었을 뿐이다.

그러나 정직하게 말하면(이런 종류의 일은 자신에게 묻는 것이어서 어디까지나 정직하게 얘기하지 않으면 안 된다), 아무리 부정하고 혐오해도 〈바다에 가면〉에 어쩔 수 없이 감응해 버리는 먼 기억이 내 몸 안에는 있는 것 같다. 내 몸이 작은 소리로 부르고 있다고 할까. 왜 그럴까. 〈바다에 가면〉의 무엇에 내 몸 안의 그 무엇이 공진共振하는 깃일까. 젊었을 적에는 그런 생각을 한 적이 없다. 하지만 지금은 이따금 생각에 빠진다. 생각의 밑바닥에는 이런 제6감 같은 것이 부침浮沈한다. 만일 이 나라의 과거와 현재에서 눈에 잘 보이지 않는 태생적인 '생리' 같은 것이 있어서, 그것을 만일 "천황제 파시즘의 생리"라고 개괄적으로 부른다면, 그 숨겨진 테마송이라고 할까, 멜로디와 가사는 〈기미가요〉와 〈바다에 가면〉이 아닐까. 일본인의 몸에 무의식적으로 생리적으로 공통되게 흐르는 불안하고 두려운, 이의 제기를 모조리 비논리적으로 무효로 만들어버리는, 아니 논리라는 논리, 합리성 일체를 인정하지 않는, 조용하고 터무니없이 격식을 갖춘 '죽음의 찬가'…… 젖은 동아줄로 거세게 가슴을 동여매는 듯한 압박. 왠지 모르게 그렇게 생각된다. 1937년 9월에는 "이기고 오리라 용감하게……"로 시작되는 〈노영의 노래露営の歌〉가 발매되어 반년 만에 레코드 60만 장이 팔리는 대히트를 기록했으며, 출정 병사들을 환송하는 노래로서도 역이나 직장, 학교에서 빈번하게 불리게 된다. 〈바다에 가면〉은 그런 히트곡은 아니었지만, 그런 것들과는 차원을 달리해 NHK 전파를 타고 불가사의한 자력磁力으로 금방 일본에 뿌리를 내렸다. 그것은 천황―전쟁―죽음―무사無私……의 환상을 체내에서 끌어내 오오키미(천황)를 위한 죽음을 미화하고 그쪽으로 사람을 이끌어 가는 예고된 '조가弔歌'이기도 했던 것이다.

8. 살아 있는 〈바다에 가면〉

바다에 가면 물에 잠긴 시체가 되고, 산에 가면 풀이 자라는 송장이 되어 오오키미(천황) 곁에서 죽겠다. 뒤돌아보는 짓은 하지 않겠다…… 장가에서 이 구절만을 뽑아내면 목숨을 걸고 오오키미를 받들어 모시겠다는 게 될지 모르겠지만 그 앞뒤의 "……오오토모(大伴)는 먼 가무오야,* 그 이름을 오오쿠메누시(大久米主)라고 붙인 영예로운 직책, 바다에 가면 물에 잠긴 시체 산에 가면 풀이 자라는 송장 오오키미 곁에서 죽으리라 뒤돌아보지 않으리라고 맹세하고 대장부 더럽혀지지 않은 그 이름을 머나먼 옛날부터 지금까지 전해 내려 온 조상의 후예, 오오토모와 사에키우지(佐伯の氏)는 조상에게 맹세하고 자손은 조상의 이름이 끊어지지 않게 하고 오오키미를 받들어 모시겠다고 계속 맹세해 온……"운운한 것도 함께 생각해 보면 오오토모 야카모치 그 사람과 관련된 훼예포폄(毁譽褒貶, 추켜세움과 깎아내림)과 함께 무슨 까닭으로 일이 그렇게 된 것인지 잘 알 수가 없다. 그러나 나처럼 칙칙하게 푸념을 늘어놓지 않고 논지 명쾌하게 〈바다에 가면〉을 몽땅 걷어차버리는 사람도 있다. 그 것을 최근 인터넷에서 발견했다. 원고를 쓰려고 오랜만에 시험 삼아 들어보려고 아마존에서 CD를 찾고 있었는데, 〈바다에 가면〉이 젊은이들 사이에서도 꽤 인기가 있는 것 같았다. 그중

---

* 神祖, 일본 황실의 조상신인 아마테라스오오미카미天照大神를 가리킴.

에 〈바다에 가면의 모든 것〉이라는 CD가 있었고, '군가' 카테고리에서 베스트셀러 1위라고 했다. 〈바다에 가면〉이 군가인지에 대해서는 이론이 있겠지만, 그렇다면 〈기미가요〉도 군가로 분류해서 안 될 게 없지 않은가. 〈바다에 가면의 모든 것〉에는 〈바다에 가면〉의 독창이나 합창만이 아니라 '파이프오르간판' '현악4중주판' '출진학도 장행회壯行會 실황녹음판' '다케와키 쇼사쿠(竹脇昌作)의 해설판' '보육창가판 바다에 가면' '피아노 변주곡판' 등 모두 25곡이 있어, 글자 그대로 〈바다에 가면의 모든 것〉이었다. 압도당했다. 특히 '출진학도 장행회 실황녹음판'은 아득히 먼 사자死者들의 합창과 같아서 듣고 있으면 마음이 술렁거렸다. 그 CD는 아마존 추천 급수가 ★(별) 4개 반이어서 '커스터머 리뷰'라는 것과 합친 종합 평가가 높다. "최고!" "누구한테서도 책망을 듣는 것도 아닌데 듣기가 꺼려지는 기묘한 감각. 그리고 듣다가 혼이 나가 자신도 모르게 눈물을 흘리고 말았다"는 평가들이 많다. 〈바다에 가면〉은 전후 70여 년이 지난 지금도 당당히 살아 있는 것이다. 대다수가 감동, 절찬하는 가운데 단 한 건, 농담 아니네, 라는 투의 재미있는 리뷰가 있었다. 그것은 모두가 〈기미가요〉를 부를 때 자리에서 일어나 있는데 혼자만 앉은 채 가운데손가락을 세우고 있는 느낌이어서, 주목했다.

9. 부정과 잔향

　후학들을 위해 투고자의 양해도 얻지 않고 리뷰를 인용해 본다. 타이틀은 '일본의 순진한 젊은이들을 대량살육으로 내몰았던 광란의 향연의 서곡'이다. 적절한 표제가 아닐까. 나는 〈바다에 가면〉의 NHK 첫 방송이 1937년 10월이고, 그 2개월 뒤에 난징 대학살이라는 시계열時系列을 반사적으로 떠올렸는데, 리뷰어가 얘기하는 '대량살육'은 아마도 난징 사건에만 한정된 것은 아닐 것이다. 리뷰 본문은 "(……) 오오토모노 야카모치가 '천황을 위해서라면 언제라도 목숨을 버리겠습니다'라고 거듭 말할 뿐이다. 때는 쇼무(聖武) 천황이 도다이지(東大寺)의 대불 건립을 달성하고 그 절정에 도달했을 때, 작자의 아양 떠는 자세가 눈에 환히 들여다보인다. (……)정치적으로는 상당한 야심가로 권모술수를 좋아해서 평생 수많은 음모·반란 사건에 관여했다. 사후에도 후지와라 타네츠구(藤原種継) 암살 사건에 관여했다는 의심을 사 무덤 매장을 허락받지 못한 채 관적에서 제명됐다. 아들인 나가누시(永主)도 오키노쿠니(隱岐國)에 유배되었다. 사후 21년이 지나 다이도(大同) 원년(806)에 종3품에 복직됐다. 실로 후회막급의 생애였다. 당대 제일의 문학자로서 천황에게 립 서비스하는 게 장기였을 것이다. 『만엽집』에는 야카모치의 노래가 장가·단가 등 합쳐서 473수가 수록되어 있어서 전체의 1할이 넘으며, 『만엽집』의 편찬자로 추측되고 있다. 덧붙이자면, 그의 생애에 '목숨을 내던진' 일은 한 번도 없었고, 68세까지 살았다. 이성 있는 가신이라면 오오키미가 서툰 짓을 했다면 간언을 해야 한다. 명군으로 통치 기간을 완수할 수 있도록 천황 이상으로 면학에 힘쓰고 무예도 연마하며, 민백성民百姓이 풍족하게 살아갈 수 있는 방도를 생각하고, 조언을 올릴 준비를 절대 게을리해서는 안 되는 법이다. 죽음만을 생각하며 당신을 위해서라면 불속, 물속이라도 거리낌 없이 언제라도 죽겠습니다, 따위의 말을 할 수 있는 것은 서푼짜리 소설의 싸구려 대사이거나 야쿠자 영화를 너무 많이 본 말단 야쿠자 정도일 것이다. 이런 노래를 역사의 쓰레기통에서 끄집어내서 '나라를 위해' '천황을 위해' '성전을 위해' '대동아공영권을 위해' '팔굉일우八紘一宇를 위해'라며 청소년에게 '죽음을 각오하는 것이 마치 훌륭한 일'인 것처럼 생각하게 만든 당시의 군부·위정자·사회 상층부 사람들의 죄는 무겁다. 또 보도관계자들도 같은 죄를 짓지 않았는가."

동감이다. 어떤 사람이 이 리뷰를 투고했을까. 오오토모 야카모치 따위 대단한 인물이 아니다. 원래 노래도 온통 오오키미 예찬일 뿐 깊이가 없다. 오오키미를 위해 죽는 것을 미화해서 젊은이들에게 길을 잘못 들게 한 책임은 무겁다. 실로 지당한 말이다. 투고자는 이삼십대는 아니다. 사십대 이상일까. 나이를 물어봤자 소용없다. 다만 확실히 말할 수 있는 게 있다. 이 리뷰어는 아마도 다행스럽게도 몸속에 〈바다에 가면〉의 잔향殘響을 갖고 있지 않았을 것이다.

10. '주검'이란 무엇인가

　그런 식으로 이제 한 번 솔직히 말한다면, 나는 몸속 깊숙이 〈바다에 가면〉의 멀리 아련하게 들리는 잔향을 어쩔 수 없이 느끼는 남자다. 나는 전쟁 세대는 아니지만 전쟁의 반향음反響音이나 잔상殘像의 단편 같은 것을 어쩔 수 없이 몸에 지니고 있다. 그러나 나중에 이야기하겠지만, '국기 및 국가에 관한 법률' 같은 것이 존재하는 것에 대해서는 정말 기가 막히고 지금도 이상하기 짝이 없다. 나는 히노마루(日の丸), 〈기미가요〉를 보고 듣더라도 기립하거나 제창할 수 없다. 설사 수만 명의 사람들이 일제히 그렇게 하더라도, 그렇게 하지 않으면 체포당할지라도, 나는 기립도 제창도 하지 않을 것이다. 절대로 하지 않을 것이다. 할 수 없다. 왜냐면, 히노마루·기미가요는 아무리 생각해도 내 속에서, 그리고 일본이라는 나라에 가장 꺼려야 할(꺼려야 했던) 표상이기 때문이다. 지금, 기립해서 부르고 싶은 자는 부르는 게 좋다. 다만 나는 일어나지 않을 것이며, 결단코 부르지 않을 것이다. 예전에 본 난징 공략 관련 다큐멘터리 필름(1938, 도호(東寶) 문화영화부 작품 〈난징, 전선 후방 기록영화〉)에서는 많은 '히노마루'가 휘날리고 포학의 현장에서 장병들이 황거皇居를 향해 허리를 90도로 굽혀 깊숙이 '요배遙拜'를 하면서 감격에 찬 표정으로 〈기미가요〉를 부르며 "천황 폐하 만세!" "대원수 폐하 만세!"를 외쳤다. 어떻게 내가 그들과 같은 동작을 할 수 있겠는가. 그러나 같은 동작을 결단코 할 수 없다고 해서 〈기미가요〉나 〈바다에 가면〉에 생리적인 혐

오밖에 느낄 수 없는 것인가 하고 나 자신을 다그쳐 힐문하면 반드시 그렇지도 않다는 생각이 들었다. 저런 멜로디에 감응하도록 내 몸 안에서 미묘하게 연동蠢動하는 것이 없다고는 할 수 없는 것이다. 나는 그런 희미하고 미묘한 감각을 일본 특유의 약간 어둡고 습기 찬 파시즘과 관련지어 생각한다. "아시하라노미즈호노구니(葦原の瑞穂の國, 일본의 옛이름)는 신이 굳이 말을 하지 않는 나라이지만 굳이 말을 나는 한다"고 노래한 『만엽집』의 시대 이래의, 쉽게 말을 하지 않는 비의적인 파시즘을 이미지화한다. 그것은 지금도 전혀 소멸되지 않았다고 생각한다.

일본은 패전을 통해서도 전중戰中과 전전戰前을 불식시키지 못했다. 히노마루·〈기미가요〉만이 아니다. 전전, 전중의 율동과 몸동작, 사고방식, 선율, 발상법은 지금도 각처에 남아 있다. 일본인은 대개 부주의하지는 않다. 그저 잘 잊어버리기만 하는 것도 아니다. 잊어버린 척하며 '옛날'을 남겨두는데, 그런 식의 거동에 이골이 나 있다. 1943년 10월 21일 아침, 메이지 신궁 외원外苑 경기장에서 문부성·학교보국단 본부 주최의 출진 학도 장행회(이른바 '학도 출진')가 도조 히데키 총리 등이 참석한 가운데 거행됐는데, 비가 내리는 가운데 간토 지방 학생 등 7만 명이 참가했다. 그때도 〈기미가요〉가 연주되고 〈바다에 가면〉을 부르고 "천황 폐하 만세!"가 삼창됐음은 말할 것도 없었다. 그때의 음성과 영상을 유튜브로 시청한 독자들도 적지 않을 것이다. 어땠을까. 뭔가 기묘한 것을 눈치채지 않았을까. 착검한 소총을 어깨에 대고 비장한 표정으로 비에 젖은 트랙을 저벅저벅 행진하던, 그 뒤에 다수가 옥쇄한 '학도병'들. 그때 불렸던 행진곡을 들은 기억은 없을까. 그렇다, 지금 자위대나 방위대학교 등의 열병식에서 내보내고 있는 분열행진곡과 같다. 그것은 대일본 제국 육군의 공식 행진곡, 별명 〈발도대抜刀隊〉다. 원래 군가였고 "……적이 멸망하는 그때까지는 전진하라 전진하라 모두 다 함께 번쩍이는 검 뽑아 들고 죽을 각오로 전진해야……"라는 가사(작사 도야마 마사카즈外山正一, 작곡 샤를 르루)다. 1★9★3★7뿐만 아니라 학도 출진 때도 도입된 행진곡과 자위대·방위대학교의 열병식 행진곡이 같다는 것은 수상쩍다기보다 실로 이상하지 않은가. 전쟁에 대한 반성도 전혀 하지 않았다. 해도 너무한 무신경이 아닌가. 일본의 전전·전중·전후에는 정념의 기층부에서 동질의 율동이 있었고, 전후 70여 년이 지나도록 그것을 바꾸려는 기운이 없다. 이전보다도 훨씬 더 훨씬 더 없다.

'적시積屍' 이야기에서 너무 탈선해 버렸다. 하고 싶었던 것은 '시체' 얘기다. 난징 대학살의 시체 더미를 작가 홋타 요시에는 소설 『시간』 속에서 중국어를 써서 '적시'라고 표현했다. 그럴 경우의 '시屍'와 〈바다에 가면〉에서 불리는 "물에 잠긴 시체" "풀이 자라는 송장"의 시屍는 시는 시지만 다른 시가 아닐까 하는 것이 우선 제시하는 가설이다. '적시'의 시에는 내가 추리하기에 국적이 없다. 그것이 의식되고 있지 않다. 인종, 혈족, 민족이 전제되어 있지 않다. 한편 '물에 잠긴 시체(屍)' '풀이 자라는 송장(屍)' 쪽의 시屍는 오로지 '아시하라노미즈호노구니' 내지 '해가 뜨는 곳인 야마토(大和)의 나라'의 시체라는

것을 의미하는 것이 아닐까. 거꾸로 얘기하면, 중국에서 '황군'
이 죽인 엄청난 수의 중국인들은 물에 잠긴 것이든 풀이 자라
는 것이든, 일본병의 눈에는 (많은 예외도 있지만) 일반적으로
같은 인간의 시체로 대상화되지는 않았던 게 아닐까. 그런 시
체(屍)로는 의식되지 않았던 게 아닐까. 그래서 그런 엄청난 살
육이 가능했던 게 아닐까. 바로 그래서 그것들을 애도하지 않
았던 게 아닐까. 홋타는『시간』속에서 '황군'의 "저런 잔학 행
위도 저지를 수 있게 만드는 에너지 그 자체"에 대해 주인공인
중국인에게 한 번 사색을 하게 만든다. 하지만 그 과정에서 '오
오키미(천황)'에게 사고를 조준한 적은 여태까지 한 번도 없었
다. 작가의 고의인지 고의가 아닌지 가볍게 단정할 수는 없다.
하지만 '오오키미'―전쟁―죽음의 관계가 패전 뒤 70여 년,
일관되게 "뒤돌아보지 않으리"이고, 고의적으로 애매하게 놔
둔 채 방치해 왔다는 것이 2016년 현재 상황의 기초가 되어 있
다는 생각도 든다.

　중일전쟁에는 기괴한 일이 엄청 많았다. 첫째로 1★9★3★
7(이쿠미나)의 해에도 그 이후에도 '황군'은 중일전쟁을 중일전
쟁이라 부르려고 하지 않았다. 1938년에는 일본 총병력의 7할
이나 동원된 총력전 그 자체였는데 선전포고를 하지 않았을
뿐만 아니라, 틀림없는 전쟁인데도 무리하게 과소평가하듯 '북
지사변北支事變' '상하이사변'이라 공칭公稱했고, 그 뒤에 '지나
사변'으로 불렀다. 거기에 미디어도 충실히 따랐다. '사변'이란
소동, 소란, 분쟁을 말하는 것이며, 전면적인 교전 상태였던 당
시 사태의 총칭으로는 기이하다는 느낌을 갖지 않을 수 없다.

공공연하게 전쟁 얘기를 하게 된 것은 1941년 12월의 이른바 '대동아전쟁' 개시 때부터이며, 그것이 지금도 일본의 근대전쟁사관에 기묘한 편차를 안겨주고 있다.

한편 앞서 말한 "저런 잔학 행위도 저지를 수 있게 만드는 에너지"에 관해서인데, 메이지 이래의 중국 멸시 사상에 더해 일본 전국을 분노의 소용돌이 속으로 몰아넣기에, 이렇게 말해도 괜찮다면, '안성맞춤'인 사건이 일어난 것도 고려해야 한다. 1937년 7월 29일에 중국 퉁저우(通州, 베이징시 퉁저우구)에서 일본의 괴뢰 조직인 '지둥방공자치정부(冀東防共自治政府)'의 보안대(중국인 부대)가 반란을 일으켜 일본군 퉁저우 수비대와 일본인 및 조선인 거류민을 습격, 2백 수십 명을 참살한 이른바 '퉁저우 사건'이 그것이다. 배경에는 일본군의 보안대 숙사 오폭 사건과 점령자들에 대한 격렬한 증오와 반감이 있었는데, 일본 국내에서는 그것이 대대적이고 선동적으로, 때로는 엽기적으로 보도되었다. 잔혹 행위에 대한 상세한 사실이 전해짐에 따라 '폭지응징'(暴支膺懲, 포악한 중국을 응징하자) 여론이 일거에 끓어올라 사태가 점점 과열되어 갔다. '잔인한 중국인'과 '피해자 일본'이라는 구도가 순식간에 조성됐다.

〈도쿄일일신문〉이 7월 31일자 호외에서 "참담한 퉁저우 반란의 진상, 귀축鬼畜도 따라가지 못할 잔학을 극極한 폭행"이라는 제목으로 보도했고, 〈도쿄아사히신문〉도 이에 질세라 8월 2일자 호외에서 "약탈! 총살! 퉁저우 병변兵變의 전율, 밧줄로 우리나라 사람 여럿 엮어, 백귀百鬼 피에 미친 총銃 살상"이라고 센세이셔널하게 보도했으며, 그 뒤에도 "아, 이 무슨 포학

산비(暴虐酸鼻, 포악하고 무참함)인가, 우리 광휘에 빛나는 야마토(大和) 민족 역사상 이토록 모욕을 당한 적이 있었던가. 악하고 잔혹한 중국군의 짐승과 같은 포악은 도저히 끝까지 듣고 있을 수 없다" "마치 지옥도! 귀축의 잔학 말로 표현할 수 없어" "원한의 7월 29일을 잊지 마라" 등 최대급의 자극적인 표현으로 사건을 상세히 보도했다. 강간, 참수, 청룡도로 신체 각 부분 절단 등의 그로테스크한 정경이 순식간에 퍼져 나갔다. 그리하여 일본 전체가 분노의 도가니가 됐다. 어쨌든 사회주의자인 야마카와 히토시*까지도 발끈해서 "중국군의 귀축성"이라 제목을 단 글을 〈개조〉(그해 9월 특대호)에 기고해 "신문은 '귀축과 같다'는 말을 쓰고 있으나 귀축 이상이라는 게 맞다. 같은 귀축이라도 지금의 문화적 귀축은 이 정도까지의 잔인성을 보이지는 않을 테니까"라고 강조할 정도였으니 선전포고 없는 중국 침략의 부당성, 위법성 등을 논할 분위기도 (원래부터 없었지만 점점 더) 날아가 버렸다.

　루거우차오 사건에서 퉁저우 사건까지의 시간적 간격은 약 20일, 퉁저우 사건에서 난징 대학살까지의 간격은 4개월 남짓.

---

* 山川均(1880~1958). 사회주의자. 오카야마현 태생. 학제 개혁에 반대해 도시샤(同志社)대를 중퇴. 1906년 일본사회당에 입당, 고토쿠 슈스이의 부름으로 상경, 일간 〈평민신문〉의 편집에 종사. 러시아혁명 뒤 정력적으로 민본주의 비판 논진을 폈으며, 사회주의 이론가로 기반을 다졌다. 1922년 일본공산당의 창립에 참여, 그해 여름 발표한 「무산계급 운동의 방향 전환」은 당시의 운동에 획기적인 영향을 주었으며, 이른바 '야마카와이즘'으로 일세를 풍미했다.

살육의 규모는 전혀 다르지만 만주사변을 기점으로 한 3건의 연쇄적 사건은 '황군'의 모략, 미디어의 센세이셔널리즘, 일중 간의 반목과 일본 쪽의 대중국 징벌 의식 증폭과 함께 중일전 쟁에 유례없는 지옥도를 그려내게 하는 심리적인 요인이 되기 도 했다.

제3장

비도덕적 도덕국가의 소행

1. '잇따라 되어 가는 추세'

우리에게 '역사의식'이라는 특별한 심적 작용이 있는 것인지 매우 의문이다. 사람들은 역사 따위 별로 의식하지 않고 매일을 살아간다. 일상은 사람들이 만드는 것이 아니라 미디어가 만들며, 사람들은 미디어가 주문한 스케줄에 따라 일상이라는 것을 역사 없이, 이른바 '되어가는 형편'에 맡기고 살아가는 듯 보인다. 확실히 일본인에 대해 얘기하자면, 마루야마 마사오도 지적했지만, 기기신화記紀神話*에 나오는 것과 같은 '역사 인식'이 일본과 일본인의 발상을 크든 작든 규정해 왔다는 것은 부

---

*『고사기古事記』와 『일본서기日本書紀』에 나오는 신화.

정할 수 없다.

　'천지개벽'에서 '천손강림天孫降臨' 그리고 '인황人皇' = 진무(神武) 천황을 초대로 삼는 대대의 천황 = 이라는 일본인 독자의 신화적 시간의 계기를 그대로 현실의 역사에 연결시켜도 위화감을 느끼지 못하고 살아 온 습성에는 물론 주의해야 한다. 마루야마가 『충성과 반역 – 전형기轉形期 일본의 정신사적 위상』에 들어 있는 논문 「역사의식의 고층古層」에서 다루고 있는 일본인의 역사의식의 고층을 형성하는 특징적인 말은 '이어가기' '되다' '기세氣勢' 이 세 개였다. '되다'는 '만들다'의 반대 개념으로, 저절로 그렇게 된다(되었다)는 것. '이어가기'는 '잇따라'라는 부사가 되어 역사의 직선적인 연속성을 가리키는 시간 감각이 된다. '기세'는 "생장·증식·활동의 혼魂 또는 영력靈力에 대한 신앙을 매개로 해서 '되다'의 카테고리와 연동해서 한층 더 그 가치 서열을 높인다." 이들 '이어가기' '되다' '기세' 3개의 키워드를 합하면 '잇따라 되어 가는 추세'라는 게 된다. "(……)일본의 역사의식의 고층을 이루며, 또한 그 뒤의 역사 전개를 통해 집요한 지속저음持續低音으로 계속 울려 퍼져온 사유 양식 속에서 3개의 원기原基적인 범주를 추출"하면 "잇따라 되어 가는 추세"라는 게 된다고 한다. 이것은 내 식으로 말하면 주체와 책임의 소재가 결여된, 상황에 대한 무한한 적응 방법을 내부에 지닌 역사관이고, 마루야마 식으로 얘기하면 '옵티미즘'의 역사관이다.

　마루야마 마사오의 주장이 옳은지 그렇지 않은지에 대해서는 그다지 관심이 없다. 그저 일본의 쇼와 10년대(1935~45)

의 '열광'이라고밖에 표현할 길이 없는, 도무지 논리적 일관성이라고는 없는, 열에 들뜬, 발이 땅에 붙어 있지 않은 상태에서 명령에 따라 대거 집합하고 돌진하고 날뛰는 모습은 "잇따라 되어가는 추세" 그 자체가 아닌가 하는 생각도 한다. 또 지금 평화헌법을 내팽개치는 것과 같은 놀랄 만한 역사적 대전환점에 처해 있으면서도 이 나라에서는 토대부터 흔들릴 정도의 저항도 비탄도 없는 것은, 역사가 나(우리)라는 인간 주체가 관여해서 새롭게 태어나거나 변혁되어야 할 것이 아니라 자연재해처럼 "잇따라 되어가는 추세"로 나(우리)의 의사와는 아무런 관계도 없이, 어떻게 해 볼 수도 없이 외재外在하는 움직임으로 파악되고 있기 때문이 아닌가…… 그렇게 의심하지 않을 수 없다. 마루야마는 같은 논문에서 "'역사적 상대주의'의 꽃이 어느 곳보다 만발하는 토양이 일본에는 있었다"는 매우 중요한 지적을 했다. 그리고 "이 역사적 상대주의의 토양이 '저절로 되어가는 추세'라는 옵티미즘에서 배양되고 있다"는 점이 지닌 문제와 "우리의 역사적 옵티미즘은 [과거가 아니라] '지금'의 존중과 하나의 세트를 이루고 있다"는 일본적 사유 양식의 특수성을 설명하고 있는데, 이런 것들과 지금 휘몰아치고 있는 역사수정주의(역사의 전면적 개찬)의 폭풍이 서로 연관이 없다고는 도저히 생각할 수 없다.

2. 춤, 복종하는 사람들

생각건대, 역사의 대하를 이끄는 논리적인 정합성이나 개연성은 나중에 일이 지나간 뒤에야 설명을 들으면 아, 그런 것이구나 하고 생각하다가도 개개의 사건들이 연결되지 않거나 전혀 앞뒤가 맞지 않는 기복을 보면, '필연의 귀결'이라는 그럴싸한 얘기가 의심스러워지게 된다. 마루야마 마사오가 얘기하는 옵티미즘이 그런 것인지 아닌지 판단하기는 어렵지만, 거의 뒤죽박죽이다. 1936년의 2·26 사건과 아베 사다 사건 열풍의 기상천외한 조합도 그렇지만 난징 대학살이 벌어진 1937년은 4월에 헬렌 켈러가 일본을 방문해 신주쿠 교엔(御苑)의 벚꽃 놀이에서 쇼와 천황을 '배알'했고, 하야시 센주로(林銑十郎) 총리 등 500명이 참석한 대환영회가 열려 매스컴은 각지에서 장애자 복지를 호소하며 강연하는 헬렌 켈러를 '삼중고三重苦의 성녀聖女'라며 대대적으로 보도했다. 헬렌 켈러는 평화의 순례자였다. 그녀를 열광적으로 환영한 사람들에게는 물론 다른 뜻은 없었다. 거기서는 수렁에 빠진 중일전쟁 따위는 도무지 상상할 수 없었다. 다만 당시의 신문을 자세히 보면 헬렌 켈러 관련 기사 바로 옆에 "다치카와(立川)의 14기機, 하늘에서 위령, 야스쿠니 신사 대제에"라는 제목이 있는데, 도무지 나란히 놓일 수 없는 것이 나란히 놓이는 기묘한 행태가 분명히 있었다. 말할 것도 없이 헬렌 켈러 찬미 열풍과 난징 대학살은 이미지 상으로도 전혀 양립할 수 없다. 그럼에도 일본은 실제로 한편에서는 '삼중고의 성녀'에 감동하면서 또 한편으로는 헬렌 켈러 일본 방문 3개월 뒤에 침략 전쟁을 시작해 대량살육을 저질렀으며, 승전 제등행렬을 전국적으로 펼쳤나.

　도무지 일관된 게 없다. 일관된 것은 사람들이 사태를 바라보면서 매스미디어가 말하는 대로 춤추고 권력에 고분고분 복종한 것이다. 냉정하게 미래를 보려고 하지 않았던 것이다. 1937년 1월 아사쿠사(淺草) 6구는 엄청 흥청거렸는데, 1월 방문자는 일설에 따르면 1천만 명에 가까웠다. 2월에는 병역법 시행령이 개정되어, 징병검사의 신장 기준이 5센티미터 내려가고 시력과 청력 기준도 완화됐다. 병력 긁어모으기다. 병력 증강과 전쟁으로의 경사傾斜가 명백했다. 그러나 세상이 완전히 캄캄했느냐 하면 그렇지만도 않았다. 4월에는 도쿄-삿포로 간의 정기 항공노선이 개통됐고, 도쿄아사히신문사의 순국산 비행기 '가미카제(神風)호'가 런던 공항에 도착했는데, 1만 5천 킬로미터를 94시간 17분 56초에 날아가는 세계기록을 수립함으로써 대단한 화제가 됐다. 6월에 준공한 오사카대 국기관國技館에서 스모 대회(大相撲) 오사카 경기가 시작됐고 연승하던 후타바야마(双葉山)의 인기까지 가세해 연일 초만원을 이뤘다. 역사의 암전暗轉을 예감하고 있던 자는 결코 많지 않았다. 아사쿠사에는 동양 제일의 크기라는 국제극장이 개장되어 첫 공연으로 쇼치쿠(松竹) 소녀가극단의 〈국제 도쿄 무용〉이 올려졌다. 그 며칠 뒤에 '루거우차오 사건'이 터졌다.

　그 제1보(報)는 사건 이튿날 정오 뉴스에서 보도됐고 호외도 뿌려졌다. 주가는 대폭락했고, 내무성이 '군사기밀 보호법'을 개정·공포했으며 보도 통제가 강화됐다. 러일전쟁 무렵부터 시작된 '센닌바리(千人針, 출정하는 병사의 '무운장구'를 빌며 흰 천에 붉은 실을 꿰 바늘로 한 사람이 한 땀씩 1천 개의 땀으로 글자 등을 만들어 주는 캠페인)'가 그 무렵 부활되어 일거에 전국으로 번졌다. 그 수를 놓은 천에 5전, 10전짜리 동전을 넣어 복대 모양으로 만든 것을 출정 병사가 맨몸에 감고 있게 했다. 5전짜리 동전은 4전(죽을 고비를 뜻하는 한자 사선死線과 발음이 같다)을 넘는다는 의미로, 10전짜리 동전은 9전(한자 고전苦戰과 발음이 같다)을 넘는다는, 말하자면 '주술'인데, 매스컴은 모두 '센닌바리'를 '총후(銃後, 후방)의 참된 적성赤誠'이라는 미담으로 보도했다. '적성'이란 진심이라는 의미로, '센닌바리'나 병사에 대한 위문품 주머니가 장려되는 가운데 각 신문에는 "위문품은 어떤 것이 좋을까?"라는 특집기사가 실리게 된다.

3. 실시간

위문품 주머니에는 통조림류, 깡통에 든 얼음사탕, 캐러멜, 맛김, 짭짤하게 볶은 콩, 손수건, 타올, 훈도시,* 편지지, 봉투, 휴지, 연필, 수첩, 청량 구강약 등이 들어 있었는데, 점차 백화점 등에서 지금의 '방재 세트'처럼 기성 제품으로 구성된 '위문품 주머니 세트'를 판매하게 된다. 육군성은 '기사 게재 금지

---

* 국부를 가리는 남성용 천.

명령권'을 발동해 군대의 행동, 기밀 정보의 신문 게재를 금지하게 되고, 극장 상영 영화의 앞부분에 '거국일치' '총후를 지켜라' 등의 슬로건을 넣는 것이 의무화되면서 전시 색채가 점점 짙어지게 된다. "잇따라 되어 가는 추세"에 사람들도 매스컴도 대체로 정말 순종했다. 매스컴은 순종을 넘어 오히려 침략 전쟁의 깃발을 흔드는 역할을 했으며, 종종 군부의 생각을 넘어 전쟁을 부채질했다. 그러나 세태와 인심이 꼭 암울했던 것만은 아니었다. 일상은 적어도 그 표층은 완전히 부서지지는 않았을지도 모른다. 8월에 국철은 동화 열차 '미키마우스 트레인'을 취역시켜 큰 인기를 얻었다. 또 여성에게 글라이더의 인기가 높아져 일본 최초의 부인 글라이더 단체 '대일본 항공부인회'가 발족했고, 치바현 마츠도(松戶) 비행장에서 합숙을 했다. 도쿄 고이시카와(小石川)의 육군 포병공창 터에는 고라쿠엔(後樂園) 구장이 개장됐으며, 9월에 '낙성 기념 전일본 직업야구 선발 올스타 시합'이 관중들이 관람석을 꽉 채운 가운데 열렸다. 시합 뒤에는 10만 명을 모은 '군가 대합창 대회'와 '군국 불꽃놀이 대회'를 개최했다. 11월에는 구장에서 '일본 독일 이탈리아 방공협정 체결 봉축 국민대회'가 거행됐고, 이듬해 2월에는 스키 점프 대회까지 열렸으니, 지금 돌아보면 기묘하다는 생각마저 든다. 니가타현 이시우치(石打)에서 화물차 71량에 눈을 가득 싣고 와서 그라운드상의 특설 점프대에 눈을 깔았다. 시대는 도대체 어디로 가고 있는가, 총동원 체제가 무엇을 최종 목표로 삼고 있는가─그것은 아무도 논하지 않았다.

대일본 제국 육군은 중일전쟁기에도 태평양전쟁기에도 '관병식観兵式'이라는 대규모 군사 퍼레이드를 자주 벌였다. 주로 '천장절(天長節, 천황 탄생일)' 축일이나 '육군 하지메(始)'로 불린 육군 시무始務일(1월 8일) 등에 안팎으로 시위를 벌이거나 장병 및 자국민을 고무하기 위해 군대의 용맹스러운 행진과 무기를 과시했다. 지금 다시 보면 머리를 갸웃거릴 수밖에 없으나 패색이 짙었을 뿐만 아니라 비참한 패전이 확실해졌던 1945년 1월 8일에도 궁성 앞 광장에서 "황송하게도 대원수 폐하의 친림親臨을 받들어 모시고" "지극히 엄숙하게" 관병식이 거행됐다. 뉴스 영상에 따르면, 참가한 '황군의 정예'는 백마를 탄 쇼와 천황에게 "미·영 격멸을 굳게 맹세드렸다"고 한다. 그 전년도 11월부터 도쿄 공습이 시작됐으며, 전국戰局은 이미 어떤 속임수도 통하지 않을 정도로 막다른 골목으로 내몰리고 있었음에도 '황군'과 매스컴은 최후까지 기본 방침을 고수한 채 사람들을 계속 속였다.

그 '황군'이 총력전 첫해인 1937년에 한층 더 화려한 관병식을 벌이지 않았을 리가 없다. 신문도 라디오도 최대급의 표현을 관병식의 '위용'을 전했다. 당시 십대였던 야마시타 키요시*도 1937년에 색종이 모자이크 그림 〈관병식〉(이 책 원서의 표지)을 완성했다. 그러나 그것은 조금도 용맹스럽지 않았다.

---

* 山下淸(1922~71). 화가. 도쿄 출생. 이치카와(市川)시의 지적장애자 시설인 야하타(八幡) 학원에서 오려 붙이는 그림(貼り繪)을 배웠다. 그 작품들이 화제가 돼 1939년에 세이주샤전(靑樹社展)에 출품해 화단에서도 인정받았다. 1940년 학원을 탈주했고, 이후 그림 제작과 방랑 생활을 계속했다. 전후 '일본의 고흐'로 불렸다.

큰 길을 병사들을 태운 몇 대의 군용 트럭이나 야포가 달려간다. 연도의 군중이 작은 히노마루 깃발들을 흔들고 있다. 화면 중앙에 군용 차량보다 큰 일장기가 두 개 엇갈려 걸려 있고 사열대 같은 것과 천황인 듯한 사람의 얼굴도 보인다. 건너편 빌딩 안에도 몇 사람의 얼굴이 보인다. 그림의 구도로 판단하건대, 야마시타의 눈 위치는 군중과 거리를 두고 있거나 멀리 떨어져 있으며, 그런 곳에서 들뜬 분위기의 풍경을 바라보고 있었던 것 같다. 상상하건대 그 눈은 공포로 떨고 있었던 듯하다.

그림의 〈관병식〉에는 야마시타 키요시가 불꽃을 그렸을 때와 같은 고양감이나 희열은 없고, 1937년의 일반적 세상 모습과는 매우 달랐을 것으로 보이는 긴장과 허전함이 떠돈다. 군대는 완구처럼 작고 엉성하며, 군중의 모습은 너무 일률적이고, 건너편 창에서 바라보는 눈은 마치 감시자들의 그것처럼 날카로워 보인다. 키요시는 나중에 징병검사를 받을 수밖에 없게 됐지만 불합격했다. 거친 병사도 부화뇌동하는 군중도 되지 못한 채 조용히 1937년의 풍경을 오려냈던 야마시타 키요시의 눈이 전쟁 찬미 그림을 그려댄 화가들보다 미래를 더 올바르게 느끼고 있었을지도 모른다.

'실시간'이라는 것을 나는 곧잘 생각한다. 이런저런 생각에 괴롭다. 깜짝 놀란다. 1937년의 실시간에 내가 만일 살았다면 시대의 공기에 감염되지 않고 자신을 표현할 수 있었을까. '폭지응징暴支膺懲'이라는 슬로건을 심히 의심했을까. 중국을 침략한 '황군'의 일원이었다면 중국인을 한 사람도 죽이지 않을 수 있었을까. 난징 대학살에 전혀 관여하지 않을 수 있었을까. 강간도 약탈도 방화도 하지 않았을까. 주변의 모두가 그렇게 하더라도 나는 그것을 거절할 수 있었을까. 일이 지난 뒤에 하는 한가한 이야기가 아니다. 일이 지난 뒤라면 어떻게든 얘기할 수 있다. 역사가 거세게 흘러가는 한가운데의 실시간 속에서 과연 나는 어떻게 처신했을까. '잇따라 되어 가는 추세'에 홀로 저항하며 싸울 수 있었을까. 진심을 얘기하면, 일본이나 일본인이 어떻게 했을까 하는 건 '실시간의 나'라는 명제에 비하면 뒷전이다. 1937년에 발표된 다음의 시에 나는 매우 당황했다. 허둥댔다. 끙끙댈 수박에 없었다.

전쟁은 해야 한다
필연이기 때문에,
이겨야 한다
신념이기 때문에,

한 포기의 살랑대는 풀도
동원되어야 한다

여기에 있는 시간도
시시각각 대치다.

어쩌면 그것은
무시무시한 장관壯觀!

이것은 '반골의 문화인'으로 알려지고 사랑받은, 전쟁 중에도 반전의 입장을 버리지 않고 국가에 대한 불복종을 관철했다는 가네코 미츠하루*의 시편 「서정소곡 抒情小曲 灣」의 일부인데, 1937년 10월 잡지 〈문예〉(특집 〈전쟁을 노래하다〉)에 수록됐다. 나는 그것을 지금부터 약 20여 년 전에 사쿠라모토 토미오(櫻本富雄)의 『공백과 책임 – 전시하의 시인들』을 통해 알았고 복잡하게 상처를 입었다. 복잡하게 상처 입었다는 건 묘한 말투지만, 시간의 경과와 함께 상처받은 부위, 깊이가 변했기 때문에 역시 복잡하게 상처받았다고 하지 않을 수 없다. 처음 이 시를 알게 됐을 때는 "가네코 미츠하루여, 당신도 그랬단 말인가!"라는 충격과 실망이 나를 덮쳤다. 조금 지난 뒤 "설마"라는 의문이 솟아올랐다. 가네코는 당국의 눈으로부터 자신의 정체를 숨기기 위해 부러 이런 전쟁 찬미시를 써서 자신을 위장한 게 아닐까, 라고. 하지만 시를 위장할 수 있을까.

4. '시시각각 대치'

가네코 미츠하루의 진의를 결국 나는 알 수 없었다. 위의 시에는 '영원한 평화에 안주하는 백성이 있는가 그것은 그저 타

---

* 金子光晴(1895~1975). 시인. 아이치현 태생. 와세다대, 게이오대, 도쿄미술학교를 각각 중퇴. 다이쇼시대부터 쇼와 초기에 걸쳐 유럽과 동남아시아를 방랑했다. 시집으로 『상어』 『낙하산』 『개미』 등이 있다.

락일 뿐이다 ─ 헤겔'이라는 아포리즘이 부제처럼 덧붙여져 있다. 아마도 위장이 아닐까 하고 지금은 생각하고 있고, 동시에 20년 전의 직선적인 실망과 반감, 참기 어려운 배신감과 실의는 남아 있으나 어느 정도는 줄었다. 내가 1937년에 시인이었다면 무엇을 어떻게 썼을까, 하는 반문을 스스로 해 보니 대답 유보 상태로 알 수 없는 얘기를 우물거리는 지금 상태에 이르렀다. " 한 포기의 살랑대는 풀도/ 동원되어야 한다" "여기에 있는 시간도/ 시시각각 대치다"라는 절박한 구절만이 내 가슴을 찌른다. 종종 2016년 현재도 '시시각각 대치'가 아닌가 하는 생각을, 다분히 가네코의 글의 뜻과는 전혀 다른 맥락에서 할 때도 있다. 1937년과 같은 실시간에 내가 어떻게 처신하고, 무엇을 얘기하며, 무엇을 얘기하지 않고 살아갈 수 있을 것인가. 결국 이것만이 이 책의 테마다. 모든 것을 시대 탓으로 돌릴 수는 없다.

아무래도 쇼와 시대의 일본인은, 특히 10년대(1935~45)의 일본인은 세계 그리고 일본의 움직임이 확실하게 보이지 않았던 게 아닐까. 그렇게 생각하지 않을 수 없다. 즉 시대의 소용돌이 속에 있는 인간이라는 존재는 시대의 실상을 전혀 이해할 수 없는 게 아닐까, 하는 탄식이기도 하다. 특히 일개 시민으로서는 질풍노도의 시대에는 현실에 적응해서 열심히 살아갈 뿐, 국가가 전쟁 쪽으로 전쟁 쪽으로 계속 비탈길로 굴러떨어지고 있다고는 대다수 사람들은 생각하지 못했다. 이는 어느 시대나 마찬가지였을지도 모른다. 지금도 그러하지 않은

가. 신문이나 텔레비전이나 잡지 등 넘칠 정도로 풍부한 정보 속에서 실로 우리는 일본의 현재를 확실히 파악하고 있다고, 국가가 지금 맹렬한 힘과 스피드로 바뀌려 하고 있다는 것을 리얼 타임으로 실감하고 있다고 생각한다. 하지만 그것은 그 렇게 확신하고 있을 뿐, 실은 아무것도 모르는, 아무것도 보지 못하고 있는 것은 아닐까. 시대의 이면에서는 뭔가 훨씬 더 무 서운 거대한 무엇이 작동하고 있다, 하지만 지금은 '보려 해도 보이지 않으며', 수십 년이 지난 뒤에야 그것이 확실해질 것이 다. 역사는 어쩐지 그런 기분 나쁜 것을 간직하고 있다.

(『쇼와사 1926~1945』)

이렇게 쓴 이는 한도 카즈토시* 씨다. 움찔하게 만든다. 그 대로라고 생각한다. "뭔가 훨씬 더 무서운 거대한 것이 작동하 고 있다"는 것은 그러나 향후 수십 년이 지나지 않더라도 이미 역력하지 않은가. "역사를 배우고 역사를 보는 눈을 연마하라" 고도 한도 씨는 썼다. 평이한 표현이지만 오늘날의 특별히 중 대한 위기를 진지하게 호소하고 있다. 이는 시간을 거슬러 올 라가지 않으면 지금의 실상이 보이지 않는다는 말이기도 하 다. 1937년에는 2016년 현재의 진상을 꿰뚫어 볼 수 있게 해 주는 힌트가 잔뜩 담겨 있다. "역사의 의미는 미래를 통해서가

---

* 半藤一利(1930~). 작가. 도쿄 태생. 도쿄대 문학부 졸업, 문예춘추 입사. 〈주간문춘〉〈문예춘추〉 편집장과 임원 역임. 저서에 『일본의 가장 긴 하루』『노몬한의 여름』『막말사幕末史』『쇼와사』 등.

아니라 과거를 통해 길어올릴 수 있는 것이다." 이마무라 히토시(今村仁司)는 「벤야민 '역사철학 테제' 정독」에서 그렇게 말했다. 그리고 또 말했다. "현재라는 시대, 현재를 살아가고 있는 '우리'는 설사 자각하지 못하더라도 존재하는 것 자체가 그대로 '하나의 약속'이듯이, 과거의 구원자일 수밖에 없는 숙명을 안고 있다. 또는 그처럼 과거로부터 '기대를 받고' 있다"라고. 〈1★9★3★7〉는 현재에 의해 구원받아야 한다. 그럴 수 없다면 현재도 구원받을 수 없다.

5. 다른 동일한 시간

『시간』 얘기로 돌아가자. 『시간』은 1937년 11월부터 이듬해인 1938년 10월까지라는, 특정한 시간을 설정해서 일본군 점령하의 난징에서 기적적으로 학살을 모면한 한 사람의 중국 지식인이 그때 무엇을 보고, 무슨 생각을 했으며, 무슨 결심을 했던가, 라는 스토리다운 스토리도 없는, 이렇게 얘기하는 것이 허용된다면, '내면(內面) 소설'이다. 전후 문학사에 깊게 그 이름을 새긴 것도 아닌 이 소설에 나는 집착하고 있다. 그 이유는 많이 있지만, 이 소설이 지닌 어떤 것에도 구애받지 않는 자유분방하다고도 할 수 있는 비일본적인 '개인의 눈'에 끌렸기 때문이다. 그리고 소설의 후반에 나오는 "수십 수백만의 난민과 사망자들을 어떻게 할 것인가. 일본군이 저지른 난징 폭행을 인간의 또는 전쟁의 잔학성 일반 속에 해소해서는 절대 안 된다”는 주인공의 심정 토로가 사건의 가해와 피해의 관계를 뛰어넘어 나에게도 “절대 안 된다”는 생각을 불러일으킨다. 그럼에도 시간은 실로 헤아릴 수 없는 것이다.

12월 3일
난징은 완전히 포위되어 있다. 적은 이미 전장(鎭江), 단양(丹陽), 주룽(句容), 치산후(赤山湖), 리수이(溧水), 모링관(秣陵關) 등의 난징 주변 읍들을 점령했고, 지난 2일에는 공습이 있었다.

『시간』은 1937년 11월 30일의 수기로부터 시작하는데, 며칠분을 건너뛰면 바로 이 구절이 나온다. 그리고 “처음으로 공포가 간헐적으로 심장을 태우는 것을 느낀다”고 공격당하는 쪽의 전율이 적혀 있다. 살육의 카운트다운이 시작됐다. 적기(일본군 비행기)는 항복을 권고하는 전단(선전 삐라)을 뿌렸다. 이른바 “일군日軍 백만 이미 강남을 석권” “동아東亞 문화에 이르러 이를 보호 보존하는 것에 열의”. 이에 대해 주인공인 ‘나’는 “믿을 수 없다” “이런 걸 믿는 자가 바보다”라고 반발하면서 “나는 나 개인의 정신력으로 이 수동적인 자세에서 벗어나지 않으면 안 된다. 국가, 민족의 의지와 같은 헛된 거창한 것을 생각해선 안 된다”고 스스로를 경계한다. 총성이 다가온다. “어딘가에서 밤의 어두운 심연이 빨간 불꽃을 뿜어내고 있다.” ‘나’ = 천잉디(陳英諦)는 쓴다. “전혀 알 수 없다. 이제부터 무슨 일이 벌어질지 전혀 알 수 없는 것이다.” “두렵다”라고. 침공당하는 쪽이 침공해 오는, 아직 보이지 않는 대군을 상상하며 피도 얼어붙을 만큼 공포에 떨고 있다.

여기서 대거 밀고 들어오는 쪽과 뚫리는 쪽의 입장 전환과 시선 전환이 유린당하는 내면의 동요를 생생하게 묘사하는 데 중요하다는 걸 알 수 있다. 그것은 지극히 단순한 것이지만 지난한 일이기도 하다. 1937년 12월 3일, 그때 시간은 "어두운 심연이 빨간 불꽃을 뿜어내듯이" 흘러갔다.

고전역학의 '절대시간'은 두 가지 사상事象 사이의 시간 경과가 관측자의 위치와 상관없이 일정하다고 얘기한다. 거기에 따르면 1937년의 시간 흐름은, 곧 난징에서도 도쿄에서도 변함이 없다. 그럴지도 모르겠지만, 시간 흐름의 어느 한 점에서 다른 한 점까지라는 기계적인 계측에 시간이라는 것이 과연 유효할지 나는 의심한다. 1945년 8월 6일 오전 8시 15분을 기점으로 한 히로시마의 시간 계기繼起가 시간 흐름 그 자체와는 전혀 다르다는 이치를 도무지 받아들이기 어렵다고 생각하는 것과 그것은 닮았다. 시간이란 물질의 근본적인 존재(운동) 형식으로서의 객관적인 실재일까 아닐까. 시간은 어디에 있더라도 공간과 함께 세계를 성립하게 만드는 기본 형식인가 아닌가. 예컨대 '신'이라는 초시간적 여건은 정말로 시간에서 배제해도 좋은 것일까.

6. 그때의 도쿄와 난징

시험 삼아 난징의 1937년 12월 3일을 도쿄의 1937년 12월

3일의 시간과 비교해 보자.『시간』은 픽션이기 때문에 말할 것도 없이 객관적인 비교는 되지 않지만, 그럼에도 인용해 보면 도깨비에 홀린 듯한 느낌을 부정할 수 없을 것이다.

> 12월 초사흘. 맑고 바람이 불다. 낙엽을 태우다. 저녁에 긴자 후지아이스에서 밥을 먹다. 처음으로 시라야나기 슈코(白柳秀湖, 소설가) 씨를 만나다. 그 식당 지하실에 가니 다카하시 구니타로, 안도, 오다 씨 등이 있었다. 다시 다마노이(玉の井) 규슈테이(九州亭)에서 술을 좀 마신 뒤 돌아오다. 분명 내 생일이니까.
>
> (『단장정일승斷腸亭日乘』)

그날은 나가이 카후*의 생일이었다. 마당에 모닥불을 피우고 저녁에 긴자 레스토랑으로 간다. '후지 아이스(不二アイス)'는 일본에서 처음으로 아이스크림 생산 판매를 시작한 유명한 회사인데, 긴자의 점포는 레스토랑도 겸하고 있었던 듯하다. 카후는 생일 기념회 때문인지 거기서 지인들과 만나 다시 히가시무코지마(東向島)에 있던 사창가 '다마노이(玉の井)'의 가게에서 한잔했다. 그해 봄부터 도쿄와 오사카의 아사히신문에 연재

---

* 永井荷風(1879~1959). 작가, 수필가. 도쿄 태생. 메이지기에 외유. 귀국 뒤『아메리카 이야기』,『프랑스 이야기』등을 발표. 1910년 게이오대 교수 취임. 기타『장마 전후』『묵동기담濹東綺譚』등.『단장정일승斷腸亭日乘』은 1917년부터 사망 때까지의 일기. 1952년 문화훈장 수장.

하고 있던 『묵동기담濹東綺譚』은 6월에 35회로 완결됐고, 9월에 모친이 세상을 떠났지만 가후의 1937년 12월 3일의 시간은 느긋하게 흘러가고 있었다. 당연한 얘기지만, 카후가 중일전쟁을 모르고 있었을 리가 없다. 10월의 일기에는 "미노와(三ノ輪) 행 버스를 타고 환상선 도로를 지나 데라시마초(寺嶋町)의 요츠츠지에 도착했다. 걸어서 다마노이에 갔는데, 내리는 빗속에서 악대의 음악을 앞세우고 깃발을 내건 채 걸어가는 일군의 사람들을 만났다. 골목 입구들에는 창부 네댓 명씩 모여서서 그들을 전송하며 만세를 부르기도 했다. 생각건대 창부집 주인이 징집을 당해 전장으로 가는 것 같았다"라고 썼는데, 출정 병사를 환송하는 풍경을 스케치한 것이 분명하다. 그러나 카후 특유의 세계관이라고는 하나 마치 남의 일 같은 필치다.

그러면 1930년대 일본의 대표적 코미디언으로 '희극왕'이라는 칭호까지 얻었던 후루카와 로파*는 같은 날 무엇을 하고 있었을까.

12월 3일(금요일)

11시 무렵에 일어났다. 식사에는 또 낫토. 연두부 탕. 주간부 공연도 8할 정도가 찼고, 미나미자(南座)의 공연 배우 무대

---

* 古川綠波(1903~61). 희극배우. 도쿄 태생. 와세다대 중퇴. 1933년 도쿠가와 무세이 등과 '웃음의 왕국'을 결성, 아사쿠사를 본거지로 삼아 인기를 얻었다. 1935년에 도호(東寶)에 입사, 후루카와 로파 일좌一座를 결성, 무대 외에 영화에도 다수 출연했다.

인사도 전원 참석은 첫날에만 한 모양이다. 주간부 공연이 끝난 뒤 나루세(鳴瀬)에 가서 새발(鳥足)과 산골 튀김을 먹고 이발소에 들렀다가 이가라시(伍十嵐) 손국수집에 들어서니 "대중식과 고급식이 있습니다만, 어느 쪽으로 할까요"라고 해 당혹스러웠다. 공연장에 돌아가니 다시 8~9할 관객. 팬으로부터 내 노래가 없는 건 말도 안 된다는 항의가 있어서, 막간에라도 해 달라는 쪽지가 와서, 아 그렇군. 가토 코조가 내방했고, 스즈키 케이스케도 와서 기루비이에서 위스키를 마신 뒤, 초밥집 하나카와도(花川戸)에서 흰살 생선초밥을 잔뜩 먹고 집으로 갔다. 춥다.

(『후루카와 로파 쇼와 일기 전전戰前편』)

여기서도 기묘하게 무사태평한 시간이 흐르고 있다. 평일 낮이라는데 연예장 관객이 80퍼센트나 들어찼다니 거리의 활기는 여전했음이 분명하다. 다음 날인 토요일 일기에는 "거의 만원이다"라고 되어 있어, 도무지 '전시하'라고는 생각되지 않는다. '전시하'란 국가 쪽에서 규정한 공식 연표적인 시간 인식인데, 아마도 연표의 시간과 살아 있는 개인들이 보내는 시간은 거의 다른 차원의 강처럼 다를 것이다. 시간은 필시 좌표계(원점)에 따라 운동 방식이 달라지는 게 아닐까. 그것은 역사와 개인의 시간이 딱 맞아떨어지게 겹치는 적이 없듯이 오히려 당연한 게 아닐까.

7. 세발 솥 = 우주의 원점

일본군은 12월 10일 난징으로 총공격을 시작했다. 그달 13일, 난징 함락.『시간』의 주인공은 완전히 파괴된 시가를 걸어 포격으로 무너진 작은 사당 정원에서 한 기의 세발 솥(鼎)을 발견하고 빨려들 듯이 그것을 응시했다. 솥은 고대 중국의 밥 짓는 용기인데, 일반적으로 원형에 세 발을 달고 있으며, 양쪽에 귀가 있다. 은殷주周 시대에는 청동제 솥이 제기祭器로 사용됐다. 폐허 속의 솥은 마치 우주의 원점처럼 보였다.

정지된 시간 속에, 소리 없는 진공 속에 그 솥이 존재하는 한 점에서 하루살이 같은 것들이 하늘로 날아올랐다. 솥이 끓는 것처럼 거기에서만 무언가가 부글부글 끓으며 타올랐다. (……) 솥은 옛사람들이 우주를 모방해서 만든 것이라고 한다. 그 우주를 덥히기 위해 수탄(獸炭, 짐승의 뼈·피·털 따위를 말려 만든 탄)을 썼다고 한다. 세 개의 큰 발 옆에 시신 두 구가 나뒹굴어져 있었다.

두 구의 시체를 탄으로 삼아 우주가 데워지고 있다. 하루살이처럼 사람의 피와 기름이 증기가 되어 하늘로 날아올라 간다. 마치 이 순간의, 세계 속의 난징을 상징하듯이.

이상한 환상에 사로잡힌 순간, 눈에서 얇은 막이 스르륵 소리를 내며 떨어지는 것 같았다.

우리는 역사상 모든 사건들이 그러했던 것처럼, 지금 이 난징이라는 솥이 피워 올리고 있는 증기의 의미를 제대로 철저히 알 수는 없을 것이다.

중국과 일본은 일반적으로 시공간을 파악하는 방법이 다르다. 그렇다고들 한다. 시간 틀과 공간인식도 다를 것이다. 홋타는 그것을 1937년, 참화 속의 난징에서 "하루살이 같은 것을" 하늘로 피워 올리던 솥으로 표상하려 했다. Nanking Massacre(난징 대학살)이나 The Rape of Nanking(난징 강간 사건), Nanking Atrocities(난징 잔혹 행위)라고 불리는 사건의 의미와 심도, 범위를 한 기의 솥으로 표상함으로써 일상화된 인간의 사고 용량이나 흔해빠진 원근법이 아니라 일거에 우주 규모로 확대하려 했다. 적어도 그렇게 하려고 시도했다. 그러기위해서는 무엇을 먹고, 무엇을 마셨느냐는 일상화된 일본인의 눈이 아니라 '천잉디(陳英諦)'라는 홋타가 만들어낸 수난당한 중국인의 눈이 필요했다. 난징이라는 지옥은 그렇게라도 하지 않으면 도저히 묘사할 방도가 없다는 판단을 홋타 요시에는 했을 것이다. 망상에 지나지 않을지 모르겠으나, 그 끓어오른 솥의 형상과 학살당한 중국인들 주검의 산 = '적시積屍' 모습을 결국 나는 겹쳐서 떠올렸다. "하루살이처럼 사람의 피와 기름이 증기가 되어 하늘로 날아 올라간다. 마치 이 순간의, 세계 속의 난징을 상징하듯이"라는 구절을 무기無機적인 솥이 아니라 유기有機적인 시체 더미의 모습이 아닌가 착각했다. 작가는 여기에서 거의 단언하는 듯한 중대한 예언을 주인공의 입을 통해 발설한다. "우리는 역사상 모든 사건이 그러했던 것처럼, 지금 이 난징이라는 솥이 피워 올리는 증기의 의미를 제대로 철저히 알 수는 없을 것이다." 솥을 시체 더미로 바꿔 놓아도 상관없을 것이다. 그렇다. 예언대로다. 우리는 난징 대학살의 사실도 그 의미도 여전히 "제대로 알지 못하고" 있다.

눈에 가득 찬 이 지옥의 의미와 이유를 충분히 알기란 아마도 누구에게나 어려울 것이다. 대학살에 대해서는 중국 쪽은 난징 군사법정의 희생자 30만 명 설에 그 근거를 두고 있고, 일본에서는 희생자 십수만 설에서부터 학살은 애초에 없었다는 '환상'설까지 여러 설이 있는데, '환상'설이 최근 대두되고 있는 것은 주지하는 바와 같다.『시간』은 이런 논쟁 이전에 쓰인 소설로, 난징 대학살을 틀림없는 사실로 여기면서도 희생자 수의 많고 적음에 구애받지 않는다. 대학살이 '환상'이냐 아니냐 따위의 주장과 같은 반발backlash은『시간』집필 당시에는 없었다. 관심은 다른 데에 있었다. 훗타는 오히려 참화의 "난징이라는 솥이 피워 올리는 증기의 의미"를 생각했다. 그리고 "우리는 의도한다면 그 의미를 알기 위한 질문자로서, 대화자의 한편이 될 수는 있다"고 훗타의 분신 천잉디에게 말하게 한다. 이의 없다. 만일 진지하게 바란다면, 곧바로 대답을 들을 수는 없겠지만 영원한 질문자나 대화자일 수는 있다.

8 살·략·간

문화대혁명기에 중국어를 배운 나는 '살殺·략掠·간姦'이나 '삼광작전三光作戰'(살광殺光·소광燒光·창광搶光 ＝다 죽이고, 다 태우고, 다 빼앗는다)이라는 말을 흔히(라기보다는 듣기 싫을 만큼) 보고 들었다. 그것은 중국에서는 말하자면 일본군의 대명사라고도 할 수 있었는데, 난징 침공 부대만을 특정하는 것이 아니라 일본 제국주의 군대의, 새삼스레 설명할 것도 없는 자명한 악업을 가리키는 말이 되어 있었다. 그런 사정도 있어서, 젊었던 나는 '살·략·간'에 대해 오히려 현실감도 생리적 혐오감도 별로 갖고 있지 않았다는 사실을 자백하지 않을 수 없다. 특히 '간'에 대해서는 그 정경을 상상조차 할 수 없었다. '살·략·간'은 항일 프로파간다의 하나로 얘기하고 있을 것이라는 정도로 생각하고 있었을지도 모르겠다. 그래서인지 '일본 제국주의 군대 = 자명한 악'이라는 큰 틀로 역사를 적당히 받아넘기면서 '살·략·간'을 내 나름대로 검증해 보려고 하지는 않았다. 그러나 그 뒤의 독서나 베이징 특파원 경험을 통해 난징에 침공한 일본군은 다수의 중국인들에게 단지 외국인 부대 일반이 아니라 '살·략·간'이라는 집단적 행동 양식을 제멋대로 저지르고 병사들 개개인도 그런 신체 동작을 전문으로 하는 자들로 간주되고, 또한 그처럼 난징만이 아니라 중국 전역에서 최대한의 공포와 증오와 경멸로 그렇게 이미지화하고 있다는 사실을 알게 됐다. 중국공산당 청년 조직 기관지인 〈중국청년보〉가 중일 국교회복 25주년 전해(1996)에 실시한 청년들의 의식 조사에서 "일본이라는 말을 듣고 연상되는 것은" 무엇인가 라는 질문에 '난징 대학살'이라고 답한 이들이 10만이 넘었던 응답자의 83.9퍼센트로 수위를 점했다는 뉴스에 깜짝 놀랐다. 당황했다. 대량살육 사건 뒤 약 60년의 세월이 흘렀는데도 일본 = 난징 대학살(중국어로는 '난징 대도살'이라고도 한다)로 이미지화한 젊은이들이 그토록 많았던 것이다. 피아彼我의 기억과 기억 속의 표상에 묻을 수 없는 갭이 있다. 그것은 전후 70여 년이 지난 지금 다시 변용되고 있겠지만, 중국(인)이 바라보는 난징과 일본(인)이 바라보는 난징은 갈래갈래 뻗어 있는 샛강들과 장강 강변을 검붉게 메운 엄청난 시체들이 있는 풍경과, 그런 것들이 깨끗하게 청소된 아름다운 그림엽서의 옛 도시 풍경만큼이나 간극이 있는 게 아닐까.

9. 기억의 실루엣

아무리 예전 제국주의 군대라고 해도, 병사들뿐만 아니라 민간인까지도 죽이고, 약탈하고, 마음대로 강간(게다가 방화도 했다)을 자행하는 인간 집단으로 간주되어, '리번구이즈(日本鬼子)'라는 말까지 듣는 것, 그리고 지금도 그런 기억의 그림자가 꿈실거리고 있는 것은 얼마나 불행한 일인가. 그럼에도 우리는 이렇게 선량하고 평화를 존중하는 인간이라고 지금 자기 주장을 하고 자기 신고를 해도, "당신들의 과거는 살·략·간투성이였다"고 퇴박당해 버리면 자기 주장도 자기 신고도 그대로 통하지는 않는다. 현재의 몸짓과 과거로부터 드리워진 그림자, 나아가 그런 몸짓과 그림자의 합체는 상당히 주의를 기울이지 않으면 스스로는 좀처럼 알아채기 어렵고 오히려 타자의 눈에 띄기도 한다. 자기상이란 자기 인식과 자기 신고가 주관적으로 결정하는 것이 아니라, 타자에게 자신이 어떻게 보이는가에 따라 확정적으로 그 윤곽이 그려지는 것이다. 어떻게 보일지, 어떻게 보였는지는 자신이 어떻게 해 볼 수 없는 것이기도 하다. 하지만 어쩐지 아귀가 맞지 않는다는 생각도 들지 않는 것은 아니다. 살·략·간은 내가 저지른 것은 아니다. 내가 저지르지 않은 것이어서, 그 때문에 예전에는 별로 신경 쓰지 않았는데, 지금은 몹시 신경이 쓰인다.

왜 예전에는 별로 신경 쓰지 않았던 살·략·간을 이제 허둥대며 신경 쓰고 있을까. 그렇다, 나는 왠지 모르게 허둥대고 있다. 왜 요즘 허둥대고 있는 것일까. 잘 모르겠다. 잘 모르겠지만 어쨌든 『시간』과 관련이 있다는 것은 알고 있다. 홋타 요시에는 『시간』을 씀으로써 난징 대학살과 중국이라는 시공간에 '일본'이 아니라 '개인(個)'으로서 대치對峙하려고 했다. 그것이 내게도 대학살을 연표적 사실로서가 아니라 '개'로서 새롭게 보려는 마음을 불러일으킨 게 아닐까. '개'로서 새롭게 본다는 것은 나 개인과 관련된 기억을 난징 대학살에 관한 기록이나 작품과 겹치거나 합쳐서 보는 것이다. 거듭 얘기하지만, 난징에서의 살·략·간은 내가 저지른 일이 아니다. 하지만 그렇다고 해서 내가 그것과 어떤 관련도 없다고 할 수 있을까. 나는 타자의 기억과 전혀 무관하다고 단언할 수 있을까. 모르겠다. 잘 모르겠지만, 나는 타자의 기억을 알고 싶고, 물어보고 싶다. 그렇게 생각하는 것 자체가 타자의 기억과 서로 얽히는 게 아닐까. 남자들의 끔찍한 동작은 내 상념 속에서 어렴풋하지만 실루엣처럼 보인다. 실루엣은 무섭다. 실루엣은 감춰진 내면의 기억이 스며나온 것이다.

10. 〈전진훈〉과 강간

난징 사건이 미국 등에서는 Massacre(대학살)나 Atroci-
ties(잔혹 행위)뿐만 아니라 The Rape of Nanking(난징 강간)
등으로, 그것이 범상한 현상이 아니었다는 점이 어마어마하게
보도된 것은 전쟁 일반의 현상과도 한 단계 양상을 달리하는
저주스러운 광경이 여기저기서 벌어졌다는 것을 의미할 것이
다. 남성이 폭력이나 협박, 또는 정신장애 등을 통해 여성의 의
사에 반해 성교하는 것을 강간이라고 한다. 논의의 여지가 없
는 큰 범죄다. 이 강간과 관련해 후지 마사하루*의 소설을 읽
고 귀에 익지 않은 말 또는 개념이 있다는 것을 알았다. '전시
戰時 강간'이다. 자전적 소설「동정童貞」(1952) 속에서 이등병인
후지가 처음으로 야전에 나갈 때 스스로 맹세한 전장에서의
생활신조를 읊조리는 장면이 있다. 그 첫 번째가 "전시 강간은
하지 않겠다"는 것이었다. "그 전시 강간을 하지 않겠다는 결
심은 (……) 나의 결론이긴 하지만, 결코 윤리적인 문제가 아니

---

* 富士正晴(1913~87). 시인·작가. 도쿠시마현 태생. 1944년에 입대, 중국
전선 파병. 1946년 제대. 저서에『거짓 구사카 요코 전기贋·久坂葉子伝』
『제국군대에서의 학습·서序』『가츠라 하루단지桂春團治』『오코우치 덴
지로大河內傳次郎』등.

었다. 오히려 취향과 같은 것이었을 것이다. 나는 그 자신의 결심과 규정을 어느 정도 지켰다." 후지 마사하루가 맹세한 것은 그 외에 "반드시 살아서 돌아갈 것" "밥을 많이 먹을 것" "따귀를 맞더라도 무리한 일은 피할 것" 등이었다. '전시 강간'을 하지 않는 것은 '윤리'가 아니라 '취향'이라는, 머리를 갸웃거리지 않을 수 없는 결심도 있지만, 굳이 강간은 하지 않겠다고 서약한 것 자체가 중일전쟁에서는 '전시 강간'이 명확한 범죄로 간주되지 않았고, 얼마나 흔히 자행됐는지를 분명하게 보여준다. 인간이 인간으로서 지켜야 할 최저한의 도리가 중국 침략 전쟁에서는 뒤집혀 있었다. 이렇게 쓰면서도 아직 뭔가가 걸리는 게 있다. 일본이라는 나라가 일찍이 '전시 강간'이라는 놀랄 만한 합성어로 용납하기 어려운 형사 범죄인 '평시 강간'과 구별하면서 전자를 묵인하고 있었던 것으로 보이는 것은, 전쟁 일반에 뒤따르는 나쁜 짓의 하나로 치부하기에는 아무래도 무리가 있을 것이다. 그런데 후지 마사하루는 그 소설 속의 군의에게 이렇게 말하게 한다.

> 나는 전쟁에 나가서 전보다 더 니힐리스트가 됐어. 왜냐고? 아시아의 맹주인지 형인지, 그건 윗사람이 어떻게 생각하든 내 알 바 아니지만, 신의 군대(神兵)도 뭣도 아니고, 현실의 부대는 강도가 되어 사람을 죽이고 불 지르고 강간하기만 했어.
> (『제국군대에서의 학습 – 서序』 1961)

후지 마사하루가 입대한 것은 내 아버지보다 1년 뒤인

1944년이다. 자칭 육군 '삼등병' 후지는 부대와 함께 난징, 구이린(桂林), 광저우(廣州) 등으로 이동하면서 '황군'인 '신의 군대(神兵)'의 행동을 자세히 보고 들었다. 중국에서 저지른 일본 제국군대 장병들의 강도, 살인, 방화, 강간은 '1★9★3★7'만이 아니라 패전 때까지 계속 이어졌다. 강도, 살인, 방화, 강간 중에서 아버지는 무엇을, 또는 무엇과 무엇을 저질렀는지 자세한 건 알 수 없다. 아버지와 '전시 강간' 얘기를 해 본 적도 없다. 다만 아버지가 후지 마사하루처럼 "반드시 살아 돌아올 것"을 스스로 맹세하지는 않았던 것은 귀향한 뒤에 들은 얘기로 보건대 확실하다. 그가 '진충보국(盡忠報國)'을 의심하고 있었던 흔적은 거의 없다.

살아 돌아간다는, 지극히 당연한 발상조차 1941년에 육군상 도조 히데키(東條英機)의 이름으로 전장에서의 도의·전의를 고취하기 위해 전 육군에 시달한 훈유(訓諭)인 〈전진훈(戰陣訓)〉에 정면으로 위배되는 신조였다. "삶과 죽음(死生)을 하나로 잇는 것은 숭고한 헌신봉공의 정신이다. 생사를 초월해 1억 임무의 완수에 매진해야 한다. 심신 일체의 힘을 다해 차분히 유구한 대의를 위해 살아가는 것을 기쁨으로 여겨야 한다."(〈본훈 2, 제7 사생관〉) 생환이 아니라 '차분히 유구한 대의를 위해 살아간다', 즉 '죽음'이 늘 전제로 되어 있었다. 전시 강간은 하지 않겠다고 후지가 맹세하기 이전에 〈전진훈〉에는 "전진(戰陣), 만일 주색에 마음을 빼앗기거나 욕정에 사로잡혀 본심을 잃고 황군의 위신을 훼손해서 봉공의 몸을 그르치는 것과 같은 일을 해서는 안 된다. 깊이 경계하고 결단코 무인(武人)의 청절(清節)을 더럽혀서는 안 된다"(〈본훈 3, 제1 전진戰陣의 계戒〉)는 훈유가 있었다. 그럼에도 후지 마사하루가 '전시 강간'을 하지 않겠다고 맹세한 것은 왜일까. 그 답은 간단하다. 〈군인칙유〉나 〈전진훈〉이 있었음에도 중국을 침공한 '황군'은 난징뿐만 아니라 대륙 곳곳에서 강간이라는 중대한 범죄를 거듭 저질렀고 피해자만이 아니라 가해자 쪽의 '대원수 폐하'를 제외한 중추세력에서도 '황군의 위신을 훼손'하고 있다는 사실을 알고 있었다는 것이다.

11. '비도적적 도덕국가'

"우리나라 군대는 대대로 천황이 통솔하신다"로 시작되는 〈군인칙유勅諭〉('육해군 군인에게 내리는 칙유')는 1882년(메이지 15) 메이지 천황이 육해군 군인들에게 내려준 말인데, '교육 칙어'와 함께 전전戰前, 전중戰中을 통해 일본 사회의 정신적, 도덕적 규범이 되어, 사람들은 종종 그것을 통째로 암기해야 했다. 〈군인칙유〉 전문前文의 뒷부분에는 "짐은 너희들 군인의 대원수니라. 짐은 너희들을 고굉股肱으로 의지하고 너희들은 짐을 두수頭首로 받드는데 그 친밀함이 특히 깊어야 하느니, 짐이 국가를 보호하고 상천上天의 은혜에 부응하며 조종祖宗의 은혜에 보답할 수 있는지의 여부도 너희 군인들이 그 직職을 다하느냐 다하지 못하느냐에 달렸느니라. 우리나라가 능위稜威를 떨치지 못한다면 너희들이 능히 짐과 그 걱정을 함께 하라. 우리가 무력을 키워 그 영광을 빛낸다면 짐은 너희들과 그 영예를 함께할 것이다. 너희들 모두 그 직을 지켜 짐과 일심으로 국가 보호에 진력한다면 우리나라의 창생蒼生은 영구 태평의 복을 누리고 우리나라의 위열威烈은 크게 세상의 광화光華가 될 것이니라"라는 구절이 있다.

모어母語와 비슷한 언어에 하나하나 번역이 필요한 것도 이상하지만, 구어체로 번역하면 "짐은 너희 군인들의 대원수다. 짐은 너희들을 수족으로 여겨 의지하고 너희들은 짐을 우두머리로 받드는데, 그 관계는 특히 깊어야 한다. 짐이 국가를 지키고, 하늘의 은혜에 부응하며 조상의 은혜에 보답할 수 있느냐 없느냐 하는 것도 너희들 군인이 그 직분을 다하느냐 아니냐에 달렸다. 나라가 위신과 영광을 떨치지 못하면 너희들은 짐과 걱정을 함께 하라. 우리 무위武威가 발양되어 영광에 빛난다면 짐은 너희들과 그 영예를 함께 할 것이다. 너희들이 모두 직분을 지키고 짐과 한마음이 되어 국가 보호에 힘을 다한다면 우리나라 백성은 영구히 태평을 누릴 것이고, 우리나라의 위신은 크게 세계에 빛날 것이다"라는 정도가 될 것이다. '능위'라는 건 천황의 위광, 이른바 '미이츠(みいつ, 천황의 위세)'다. 이츠(いつ)는 '엄숙(嚴)'의 존경어로 위광威光을 뜻한다.

이는 쉬르레알리즘(초현실주의)이다. 일본 고유의 국가 사회 구조라는 천황제는 참으로 불가사의한데, 그것은 이 〈군인칙유〉에서도 찾아볼 수 있다. "짐은 너희들을 수족으로 여겨 의지하고 너희들은 짐을 우두머리로 받든다"는 것은 인체의 다리와 팔, 거기에 머리까지를 천황과 장병들 간의 관계로 엮어

'어르신네는 머리고 너희들은 다리고 팔이다'라는 식으로 비유하는데, '우리나라의 능위'는 천황이 국가 그 자체(또는 국가는 짐 그 자체)인 이상 '짐의 능위'가 되는 것이니, 너희들 신민은 인간 개체들로 구성되는 국가 사회를 위해서가 아니라 오로지 짐 = 대원수 폐하 = 현인신 = 천황을 위해서만 진력하라고 하는 것이다. 국가는 '짐'이라는 환상에 빠져 있을 뿐만 아니라 동시에 천황과 하나로 합쳐져 국민 주체(인간 개체)는 사라지고 없다. 그런 공동체의 장병들에 의한 전쟁범죄가 천황(제)과 전혀 관계가 없었다는 게 말이 되겠는가.

> 예전의 천황제에서는 '아래에서 위로의' 욕망의 '정직'한 고백이 천황을 정점으로 하는 '위에서 아래로의' 온성의 '하사품'이 되어 서로 연결되어 있었으므로 실질상 최대의 비도덕과 형식상 최고의 도덕이 보기 좋게 상호 보완함으로써 비도덕적 도덕국가를 형성하고 있었다. 지금 여기서 보는 천황제의 모습은 그 형식상의 도덕과 실질적인 욕망자연주의 간의 완전한 괴리를 보여주고 있다. 양자는 동일인 속에 공존하면서 각기 자신들을 순수화(!)했다.
>
> (「천황제와 파시즘」『천황제 국가의 지배원리』)

1957년에 이렇게 쓴 이는 후지타 쇼조*였다. 중일전쟁이라는 대범죄를 저지르게 한 것도 일본이라는 '비도덕적 도덕국가'의 사상이었던 것이 아닌가 하는 의심을 떨쳐버릴 수가 없다.

나는 '난징 대학살의 환상'보다도 영적·상징적·정신적으로 날조되고 장식된 '천황제의 환상'과 난징 대학살이 서로 관계가 있느냐 없느냐에 실은 큰 관심을 갖고 있다. '황군'의 전사들은 그때 어떤 정신 상태에서 죽이고, 약탈하고, 강간했을까. 왜 그렇게까지, 그토록 잔인해질 수 있었던가. '실질상 최대의 비도덕과 형식상 최고의 도덕'의 '보기 좋은 상호 보완'에 의한 '비도덕적 도덕국가'라는 논술 속에 수수께끼를 풀 수 있는 열쇠가 있는 게 아닐까. 후지타 쇼조를 다시 읽는다. 그렇다 해도 〈군인칙유〉가 패전 뒤인 1948년의 국회 결의로 교육 칙어 등과 함께 '효력 상실'로 확인되기까지 음으로 양으로 계속 살아 있었다는 건 꽤나 놀라운 일이다. 〈군인칙유〉나 〈전진훈〉이 다시 유령처럼 되살아나 그 모습을 바꿔 반복적으로 영속하는 것은 아닐까. 한숨이 나온다. "적의 물건과 재산의 보호에 유의할 필요가 있다. 징발, 압수, 물자의 진멸盡滅 등은 모두 규정에 따라 반드시 지휘관의 명에 따라야 하며" "황군의 본의에 비춰 보면서 인서仁恕의 마음으로 무고한 주민을 사랑하고 지켜줘야 한다"고 말은 잘도 했다. '황군'은 중국에서 대체로 그 말과는 정반대의 짓을 했다. 그 〈전진훈〉이 난징 참화 뒤의 태평양전

---

* 藤田省三(1927~2003). 사상사가. 에히메현 태생. 도쿄대 법학부에서 마루야마 마사오에게 사사. 호세이대 교수 등으로 근무.『천황제 국가의 지배원리』『유신의 정신』등으로 천황제의 정신 구조, 메이지 국가체제의 원리 등을 분석, 비판했다. 그 밖에 츠루미 슌스케(鶴見俊輔), 구노 오사무(久野收)와의 공저『전후 일본의 사상』, 사상의과학연구회 편『공동연구 전향轉向』등.

쟁이 시작된 해에 통고됐다는 것은, '전장에서의 도의·전의를 높이기 위해서'가 아니라 그때 이미 '진장에서의 도의'가 부너져 전쟁의 패배가 일찍부터 예감되고 있었기 때문이 아니었을까 하는 생각조차 든다.

12. 살육과 노동

집으로 돌아가는 도중에 악기인지 생황笙篁 소리 비슷한 새 울음소리를 들었다. 시신을 먹는 새인가.

나중에 알았지만, 그때 길게 이어졌던 총성은 성 바깥에서 붙잡은 동포 4만 명 중 약 1만 명을 기관총으로 죽일 때의 그 소리였던 듯하다. 나머지 3만 명도 또한……

그들은 포로를 양쯔강 변 샤관(下關)에 집결시켜 기관총으로 처리했던 것이다. 1천 명씩 한 조로 엮어 쏘아 죽이고, 그 뒤의 다른 조에게 시체를 양쯔강에 버리게 하는 노동을 시켰으며, 그 노동이 끝나면 쏘아 죽이는 수법을 썼던 것이다. 그 노동이 어떤 것이었는지 이제 나는 알고 있다.

(『시간』)

이런 이야기는 몇 번이나 읽고 들었다. 하지만 아무리 그래도 '익숙해지지' 않았다. 그리고 몇 번이나 읽고 들어도 나는 '알고 있다'고 생각하기가 꺼려진다. 나는 무엇을 알고 있는가. 소설 『시간』에서는 일본군이 엄청난 '포로'들을 죽여 강물에 띄워 보낼 목적으로 양쯔강 변에 그들을 집결시켜 1천 명 정도씩 그룹을 짜게 해서 기관총으로 쏘아 죽이고 후속 그룹에게 시체들을 강물에 떠내려 보내도록 시켰다고 한다. 가사하라 토쿠시(笠原十九司)가 쓴 『난징 사건』의 225쪽 '표1 일본군이 집단학살한 중국 군민의 수'에 따르면, 1937년 12월 13일에만 제16사단 보병 38연대가 양쯔강 도강 탈출을 시도하던 사람들 5천 내지 6천 명을 죽였다. 같은 사단의 보병 33연대 또한 양쯔강을 건너던 군민 약 2천 명을 속사포 등으로 살해했다. 역시 같은 사단 보병 사사키 지대支隊는 '패잔병'을 1만 수천 명, 그리고 '투항 포로'를 수천 명 죽였다고 한다. 그 외에 제13사단, 제9사단, 제114사단, 제5사단 등도 대량살육을 자행했다. 가사하라 토쿠시가 쓴 『난징 사건』은 이렇게 기술한다. "패잔병에 대한 집단 살육은 장강 연안의 샤관 지구 일대에서 가장 대규모로 벌어졌다. 거기에는 전날 오후부터 시작된 난징방위군 붕괴와 함께 장강을 도하해서 탈출할 수 있다고 생각한 수만 명이나 되는 중국군과, 거기에 뒤섞여 있던 난민 무리가 난징성 내를 탈출해 구름처럼 모여 있었다. 헤이그 육전陸戰 조약에 따르면, 이미 군대의 형태를 잃어버리고 전의를 상실한 그런 패잔병 대군에 대해서는 투항을 권고하고 포로로 대우해 줄 필요가 있었다. 그러나 일본군이 자행한 것은 섬멸 = 모두 죽이기였다." 『난징 사건』은 또 어느 (일본군) 병사의 진중일기를 인용했다. "지나병支那兵 일부 5천 명을 양쯔강 변에 데리고 나가 기관총으로 사살했다. 그 뒤 총검으로 마구 찔렀다. 나도 그때만큼은 증오에 차서 지나병을 30명은 찔렀을 것이다. 산을 이루고 있는 주검 위에 올라가 찌르는 기분은 귀신도 내뺄 용기가 솟구쳐 있는 힘껏 찔러댔다. 으윽, 으윽, 하는 지나병 신음소리, 나이 든 축도 있고 아이들도 있었다. 한 사람도 남김 없이 죽였다. 칼을 빌려 목도 잘라 봤다. 그런 건 그때까지 없던 드문 일이었다. 돌아올 때는 오후 8시가 됐고, 팔은 꽤나 지쳐 있었다." 나는 거듭 생각한다. 사람이 어떻게 이렇게까지 될 수 있는 걸까. 이런 지경이 됐을까. 그때 그 자리에 있었다면 나도 같은 짓을 했을까. 미치지 않고 할 수 있었을까.

13. 시간의 충돌

장강은 피로 물들었고, 처참한 광경은 차마 볼 수 없을 지경이었지만, 군함 위의 일본 병사들 가운데는 표류하는 무기력한 자들을 죽이고는 박수를 치고 즐거워하는 모습도 있었다고 한다. 한숨이 나온다. 몇 번이나 읽어도 "견딜 수 없다"는 생각뿐이다. 읽을 때마다 견딜 수가 없다. 그 무렵 난징의 하늘에는 '가느다란 달'이 걸려 있었다고 몇 가지 자료에 적혀 있다. 나는 눈을 돌려 즈진산(紫金山) 위의 달 떠 있는 밤하늘에 의지하려 한다. 소설 『시간』에는 "예리한 낫과 같은 달"이라 묘사된 달. 샤갈의 초승달 그림을 떠올린다. 하지만 샤갈의 달 밑에는 눈 덮인 마을에서 얼싸안은 한 쌍의 사랑하는 남녀가 있었다. 홋타가 쓴 것과 같은, 그리고 역사적 사실이 증거하고 있는 그런 '난작(亂斫)'당한 인체의 산이 아니다. 난작은 마구 잘게 베어

버리는 걸 뜻한다. 어려운 한자를 군이 써서 견디기 어려운 대학살의 리얼리티를 완화시키려는 의도가 홋타에게는 있었는지도 모르겠다.

> 인간의 시간, 역사의 시간이 농도를 더해 가고, 흐름이 빨라지면서 다른 나라의 이질적인 시간이 침입해 와서 충돌할 때 순식간에 사랑하는 이들과의 영원한 이별을 강요한다……
>
> (『시간』)

여기에서 작가는 시간이라는 것이 문화와 같은 것이고, 경우에 따라 그 성질을 달리하며 "다른 나라의 이질적인 시간"의 폭력적인 침입으로 사람들의 생활이 얼마나 파괴당하는지에 대해 침입당한 우리의 시간 위에 서 본 뒤 얘기하고 있다. 패전 뒤 70년간 중일전쟁을 생각할 때 일본에 가장 결여되어 있었던 것이 이 관점이었다. 이 원고를 쓰고 있는 중에도 아베 총리는 2015년 8월에 발표한 전후 70년 담화에서 "일본에서는 전후에 태어난 세대가 지금 인구의 8할을 넘었습니다. 저 전쟁과는 아무런 관련이 없는 우리의 아들 손자, 그리고 그 뒷세대의 아이들에게 사죄를 계속할 운명을 지워서는 안 됩니다. 그러나 그럼에도 우리 일본인은 세대를 넘어서 과거의 역사를 정면으로 마주하지 않으면 안 됩니다. 겸허한 마음으로 과거를 이어받아 미래로 건네줄 책임이 있습니다"라고 말했다. 무라야마 총리의 전후 50년 담화*는 사실상 부정당했다. "인간의 시간, 역사의 시간이 농도를 더해가고, 흐름이 빨라지면서" 분류奔流

가 되어 다른 나라의 이질적인 시간을 유린한 과거와 거기에 뒤엉킨 기억을 바꾸려 하는 것이리라. '이슬람 국가'에 인질로 잡힌 일본인이 살해당했다는 정보가 아베 총리의 발언과 교차하면서 신구新舊의 시간이 때 아닌 기세로 소용돌이치기 시작했다. 아베라는 사람에게는 애당초 인질을 어떻게든 방책을 강구해서 도와주려는 생각이 없었던 것처럼 보인다. 중국에 대한 침략 전쟁의 잘못을 솔직하게 인정하려고 하지 않는 그에게는 일본의 고층古層이 띠고 있던 어딘가 처참한 그림자가 아른거린다. 기우에 지나지 않는 것일까.

14. 복수하라! 복수하라! 복수하라!

중국인 입장에서 일본군의 만행을 그린 홋타 요시에의 소설『시간』은 그것 자체만으로 용기가 있다, 그럼에도 매우 드문 시도이긴 하지만, 고통을 당한 쪽의 그야말로 오장육부가 끓어오를 만한 분노의 표현은 아무래도 완화된 듯 보인다. 거친 것을 좋아하지 않는 고상한 지식인을 주인공으로 설정했기 때문인지, 아니면 작자가 일본인이어서 그런 것인지, '황군' 장

* 무라야마 총리의 전후 50년 담화. 1995년 8월에 당시 무라야마 도미이치 (村山富市) 총리가 이끌던 일본 정부가 발표했다. 지난 전쟁을 일본의 '식민지배' '침략'으로 단정하고, 아시아 근린 제국 사람들에게 '통절한 반성'을 표명했다.

병에 대한 증오와 경멸은 있지만 대항적 폭력의 충동이나 복수, 보복을 떠올리게 하는 감정 표현은 조금 약하고, 리얼리티가 결여되어 있는지도 모르겠다. 일본인이 『시간』을 읽는 것과, 1930년대의 실시간에 일본군의 폭력을 보고 듣고 직접 경험도 한 당사자들인 중국인들이 이 소설을 읽는 것은 당연히 그 인상이 다를 것이라는 데에는 의심의 여지가 없다. 그렇지만 고통을 가한 쪽도 고통을 당한 쪽도 세대가 바뀌면서 직접적인 당사자들이 격감하고 기억도 점차 희미해져 갈 뿐인가.

소설 『낙타 샹즈駱駝祥子』, 『사세동당四世同堂』 등으로 유명한 라오서*는 지성도 유머도 풍부한 지식인 중의 지식인이었으나 침략해 온 일본군에 대한 분노는 그저 그렇고 그런 것이 아니었는데, 『시간』의 주인공처럼 이것저것 도회(韜晦. 감추고 숨김)하지도 않았고 연약하지도 않았다. 루거우차오 사건 이듬해인 1938년 7월에 아동용으로 쓴 단문 「아동의 최대 적을 격퇴하라」를 읽으면, 이것이 과연 저 라오서가 쓴 것인지 주춤거리게 된다. 라오서는 일본군을 "금수禽獸 또는 미친 개"로 불러야 한다며 보복과 일본 군인 살해를 분명히 외치고 있다. 라오서가

---

* 老舍(1899~1966). 중국의 소설가, 극작가. 독자적인 유머와 풍자의 작풍으로 유명. 대표작 『낙타 샹즈』 『잉하이지櫻海集』 『하자오지蛤藻集』 등이 유명. 항일전쟁 중에는 중화전국문예계 항적협회의 책임자가 됐고, 기관지 〈항전문예〉 간행과 항일 대중문예 창작 등으로 활약. 또 일본군 점령하의 베이징을 묘사한 3부작의 대작 『사세동당』을 썼다. 1966년 8월 24일, 문화대혁명이 시작되고 얼마 뒤 베이징시 문련文連 주석으로, 홍위병의 박해 속에 생을 스스로 마감했다.

당시 난징 대학살에 관해 어느 정도의 정보를 입수하고 있었는지 확실히 알 수는 없다. 그는 1937년, 항일운동의 중심이었던 우한(武漢)에 가 있었기 때문에 어떻게든 정보를 접하고 있었을 것이고, 영자지 매체를 읽어 알고 있었을 가능성도 있다. 하지만 그렇게 드러낸 분노에 지리적 경계는 없었다. 난징의 포학을 몰랐을지라도, 일본군 점령하의 어디에 있든 치솟아 오르는 충분한 이유가 있었다는 것은 다음의 글로도 알 수 있다.

> ……일본 군인들은 그대들의 최대 원수다. 천연두보다 더 지독한 원수다. 일본인들은 총검으로 중국 아동들의 배를 가르고, 중국 아동의 허리를 꿰뚫었으며, 창자가 쏟아져 나오는 것을 보고 손뼉 치며 웃었다, 이 무슨 세상인가. 그대들의 작은 주먹을 쥐고 작은 심장으로 결의를 다져라. 복수하라! 복수하라! 복수하라! 나는 그대들에게 잔혹한 살인자가 되라고 권하고 있는 게 아니다. 일본 군인들이 너무나도 증오스럽고 비인간적이기 때문에, 다 죽이는 수밖에 없는 것이다. 모기나 빈대에게 인도人道를 얘기하는 것은 소용없는 일이다. 반대로 모기나 빈대를 근절하는 것이야말로 병에 걸리지 않게 해 준다. 일본 군인들도 마찬가지다. 아버지 어머니가 죽었는가. 울지 마라! 신체를 단련하고 마음을 분기시켜 일본 병사들을 죽이는 거다.

심하다. 심상치 않다. 전혀 용서가 없다. 이치는 간단하다면 간단하다. '황군'은 중국에서 너무나도 심했고, 심상치 않았고,

용서 없었기 때문에 라오서도 용서할 수 없었던 것이다. 죽이지 않으면 죽는다—라오서는 그렇게 생각했다. 이 글에서 라오서는 "일본 군인들은 사람을 보면 죽이고 피를 흘리게 하는 일에서 쾌락을 느낀다"는 얘기까지 하면서 '왜노倭奴'라는 일본 멸칭까지 써가면서, '왜노'가 '금수'가 된 것은 그 교육에 원인이 있다고 했다. "중국인은 돼지나 개보다 못하다면서, 마구 죽이거나 두들겨 패지 않으면 안 된다고 한다. 중국인을 죽여 두려움에 떨게 하고, 무릎을 꿇고 일본에 머리를 숙이게 해야 천하태평이 된다. 따라서 일본인은 침략하면서 동시에 그것이 동아시아의 평화를 위한 것이라고 얘기한다"는 엉터리 교육이 일본군 '금수'화의 원인이라 설파하면서 "일본 병사들을 죽이는 거다"라고 외치고 있다. 원래 유머 작가로 출발해 쓴맛 단맛 다 보고 가릴 줄 아는 나이가 된 라오서를 이토록 격렬한 분노에 휩싸이게 만든 까닭을 나는 충분히 알고 있다고는 할 수 없어도 그것을 알 만한 지식을 어느 정도는 갖고 있다.

"일본 군인들은 평화와 참살을 같은 것이라 생각하고, 야만과 용기를 같은 것이라 생각한다" "가는 곳마다 방자하게 살인을 저지른다"는 말도 라오서는 했다. 반론이고 뭐고 간에 '황군'은 그렇게 보이고 있었던 것이다. 그처럼 간주되고 있던, 어찌해 볼 수도 없었던 대열 속에, 시간은 다르지만, 내 아버지도 있었다. 문제는 부자지간인 나의 관계다. 아버지가 있었던 과거의 시간과 내가 있는 현재의 시간은 아무런 관계가 없는 것일까.

15. 격렬함의 척도

아버지가 『낙타 샹즈』를 읽었는지는 알 수 없다. 읽은 적 있는 내 생각에 라오서는 애국자였지만 일본군을 "다 죽이는 수밖에 없다"는 말만 천편일률로 해대는 인물은 아니었다. 그의 인간 통찰은 특히 탁월했으며, 슬픔을 가득 담은 미소로 한결같이 냉정하게 가난한 민중의 생활을 응시했다. 예컨대 농촌 출신 인력거꾼 샹즈가 3년간 고생을 해서 마침내 자신의 인력거를 손에 넣었으나, 결국 그 인력거를 빼앗기고 빈털터리가 되는 이야기를 축으로, 역사에 농락당하는 샹즈 등 베이징 뒷골목 주민들의 애환을 선명하게 그려낸 『낙타 샹즈』는 탈속적이면서도 심각한 명작이다. 라오서의 유머(중국어로 요우모幽默)가 유위전변有為轉變하는 운명도 감싸 안는 강인함으로 품이 깊은 것임을 그 작품은 차분하게 보여준다. 라오서에게 서민은 역사라는 커다란 상황의 흐름과 반드시 일치되는 것은 아니며, 기쁠 때나 슬플 때나 각자가 개성적으로 매우 활발하게 궤도 없이 움직이는 모나드(單子)이다.

항일전쟁기의 대표적 장편인 『사세동당』도 그런데, 라오서가 그리는 민중이 반드시 선량한 사람들인 건 아니다. 마음씨 좋은 할아버지(好好爺)도 있고, "힘 앞에는 굴복해라"는 식의 인생관을 지닌 사람들, 그리고 '한간漢奸'도 있고 스파이도 섞여 든다. '한간'이란 적과 내통하는 자로, 이른바 매국노, 배신자인데, 주로 친일 부역자를 가리킨다. 일본어의 매국노나 배신자보다 상당히 강한 증오가 들어 있는, '죽어 마땅한 놈'이라는 뉘앙스까지 내포된 중국어다. 라오서는 물론 한간은 아니었다. 하지만 1966년에 문화대혁명이 시작되자 한간이란 오명까지 쓴 것은 아니지만 '반혁명분자' '자산 계급의 권위' '늙은 반공주의자' '봉건 귀족의 자손'이라는, 당시로서는 최악의 딱지가 붙여졌고, 베이징대학의 홍위병 그룹 등에게 호되게 두들겨 맞아 중상을 입었고, 철저히 모욕당했으며, 결국 자살로 내몰렸다. 괴롭혀서 죽게 만든 것이다.

나중에 그것을 알게 된 나는 독물이라도 마신 것처럼 쓰라렸다. 참을 수 없었다. 그때 중국어 리하이(厲害)라는 형용사가 목구멍까지 치밀고 올라왔다. 당치않다, 터무니없다, 심하다, 대단하다, 버겁다, 엄청나다, (지금 식으로 얘기하면 좋은 의미에서든 나쁜 의미에서든) 위태롭다……라는 의미인데, 나로서는 리하이가 번역 불가능한 '무서움'이고, 까닭도 뭐도 없는, 바로 그래서 모든 것을 후려쳐서 쓰러뜨리는, 뼛속까지 파고드는 격렬함이다. 격렬함의 척도가 아마도 일본과 중국은 전혀 다른 것 같다. 그것이 두 나라의 역사관의 아마도 근원적인 차이로 영원히 남을 것이라는 체념 같은 감정이 내게는 있다.

라오서는 문화대혁명 전의 '반우파反右派 투쟁'(1957) 때는 중국공산당의 정책에 비판적인 지식인을 적발하는 운동에 관여했으며, (호의적으로 보면 다분히 본의 아니게) 당을 지지하고 딩링* 등 다른 작가들을 공개비판했다. 그렇게 하지 않으면 자신이 '우파'로 낙인 찍혀 문예계에서 추방당할 가능성이 있었다는 배경도 있지만, 반우파 투쟁에서 '가해자'였던 라오서가 문혁 때는 거꾸로 피해자가 되어버린 비극에는 중국 역전역학

逆轉力學의 황당함, 압도적인 역사의 불가항력성, 곧 리하이한 불합리를 목도할 수밖에 없다. 무모한 홍위병들에게 두들겨 맞고 비방당하면서 라오서가 느꼈던 게 무엇일까…… 나로선 알 수 없다. 다만 지금도 문명文名을 날리는 이 사람이 예전에 일본 군인을 다 죽이라고 쓴 것은 사실이다. 일본은 예전에 중국에 대해 너무나도 리하이한 짓을 했다. 그렇게 당한 중국도 어떤 의미에서는 일본 이상으로, 훨씬 더 리하이했다.

그러니까 서로 상쇄된다는 얘기가 아니다. 역사적 사실에 상쇄는 없다. 있어서는 안 된다. 전쟁과 혁명 주변에서 그런 엄청난 상황들의 다이내미즘과는 무관하게 살아가는 민중을 그린 사람이 라오서였다. 전쟁의 대의명분이나 혁명, 정치 운동의 공수표보다 뒷골목의 구체적인 생활이야말로 사람들에게는 중요한 것이라는 리얼리즘도 실은 리하이였다. 1★9★3★7는 중일 간에 서로 다른 의미에서 엄청 리하이했다. 그렇다면 리하이라는 것을 가장 잘 알고 있는 일본인은 누구일지 생각해 본다. 가이코 타케시(開高健), 미즈카미 츠토무(水上勉), 이노우에 야스시(井上靖), 아리요시 사와코(有吉左和子) 등 라오서와 면식이 있던 작가들은 적지 않다. 하지만 리하이라는 것을 뼈

---

* 丁玲(1904~86). 중국의 여류작가. 무정부주의의 영향을 받아 소외된 자기 실현의 고뇌를 주제로 삼아 쓴 소설『샤페이莎菲 여사의 일기』등을 차례로 발표, 〈해방일보〉 문예란 주편主編 역임. 항일운동에 나서는 인물상을 그린『내가 안개마을에 있었을 때』등의 작품이 있다. 베이다황(北大荒)의 농장에 하방下方됐고, 다시 문화대혁명 중에 투옥도 됐으나 1979년에 명예를 회복. 중국작가협회 부주석을 역임했다.

에 사무치게 느낀 작가는 다케다 타이준(武田泰淳)을 빼고는 없을 것이다.

제4장

사라진 '왜?'

1. 최초의 중국인

다케다 타이준은 내가 좋아하는 작가다. 왜 좋은가 하면, 안심하고 읽을 수 있기 때문이다. 안심하고 읽을 수 있는 까닭은 그의 소설에는 '구원'이 거의 없기 때문이다. 구원이 없는 소설에서 나는 구원을 받는다. 구원이 없는 세상인데, 구원이 있는 글을 읽게 되면 몹시 불안해진다. 그 타이준이 전쟁에 사로잡힌 것은 1937년이다. 1937년은 정말 대단한 해였다. '이쿠미나(征くみな. 모두 정복하러 가다)' 전쟁으로 간 해였다. 다케다 타이준이라는, 어디를 어떻게 보더라도 싸움에는 도무지 도움이 안 될 것 같은 인간까지 끌어냈으니, 1937년이라는 해의 거대한 동원력, 흡인력을 알 수 있을 것이다. 전쟁은 타이준에게 지옥의 고통을 맛보게 했을 뿐만 아니라, 오해를 무릅쓰고 얘기

한다면, 투철한 안력眼力을 갖게 만들었고 그 문학을 풍성하게 키웠다. 그해 10월, 타이준은 근위보병 제2연대에 입대했고, 그대로 상하이로 파병되어 상하이 공방전, 항저우(杭州) 공략전, 쉬저우(徐州)와 우한(武漢) 회전會戰에도 참가했다. "(……) 전쟁이라는 게 어떤 것이냐, 하는 것, 우선 그것부터 얘기해야겠죠, 내게는 몹시 부끄럽고 아픈, 하기 싫은 얘기지만 역시 먼저 고백해 두지 않으면 안 될 게 있어요." 이처럼 예사롭지 않은 서론으로 타이준은 훗타 요시에와의 대화『나는 이제 중국 얘기를 하지 않겠다』(1973)에서 더듬더듬 전쟁 경험을 얘기하기 시작했다. 말을 더듬거린 것은 뇌혈전이 발병한 뒤였기 때문만은 아니었다. 말로 과거의 정경과 신체적 경험을 재현하려 하면 어쩔 수 없이 깊이 간직되어 있던 기억의 무게와 묵직한 통증이 호출되면서 작가의 말투를 더듬거리게 만들 수밖에 없을 것이다. 타이준은 "뭐, 우리가 난징 대학살에 직접 가담한 건 아니지만(……)"이라면서도 중국에서 '황군'이 저지른 살인 행위에 대해 흥미 깊은 표현으로 언급하고 있다. "그러고요, 중국 전역에서 그런 것은 아니라는 문제 말이죠. 점을 따라 또는 가는 선을 따라 일본군이 진군했으니 중국 전역에서 살인을 했을 리 없다고들 얘기하지만요, 그 점과 선 사이에서는 했다는 거죠." 난징 대학살 외에도 중국 각지에서 크고 작은 학살 사건이 벌어졌다. 난징은 예외가 아니었다는 것이리라.

도쿄제국대학 문학부 지나支那문학과에 다닌 적이 있는 타이준이 1937년, 중국에 상륙해서 최초로 마주친 사람은 "송장이 된 중국인"이었다. "나는 부대를 따라 화물선을 타고 상하이 근처의 우쑹(嗚淞)항에 상륙했죠. (……) 거기에 상륙해 처음으로 만난 중국인은 살아 있는 중국인이 아니었어요. 송장이 된 중국인이었어요. 그리고 그때부터 죽, 아마도 반년 정도는 매일 송장을 봤어요. 식사를 할 때도, 잠잘 때도, 우물 속에도, 강 속에도, 언덕 위에도 보이는 건 모두 송장이었으니까요. 싫어도 그 사이를 누비며 걸어갈 수밖에 없었지요. 어디를 가든 송장 냄새가 났어요. 항저우는요, 거기는 무혈점령이었지만, 다른 곳, 내가 간 곳은 전부 불타거나 부서져 완전히 파괴되어 있었어요. 거기에 가서, 아직 불타고 있는 그 공기를 마시며 나아간 거죠." 타이준은 여기서 갑자기 문맥상의 '비약'으로 보이는 논리를 전개한다.

그러니까 말이죠, 중국 쪽으로서는 현재 일본의 군국주의가 부활하는 것을 경계하는 심리가 강하지요. 윤리적으로나 도덕적으로 옳지 않다는 의미에서 하는 얘기가 아니라, 중국인으로서는 생리적으로 견디기 어려운 거예요. 뭐든 군국주의와 관련된 것은 도무지 참을 수 없다. 따라서 그건 일본인의 감각과는 크게 다른 게 당연하고, 또 달라도 괜찮다고 생각해요. 다만 그 차이는 중요해질 거라고 생각하는 겁니다.

(『대화, 나는 이제 중국 얘기를 하지 않겠다』)

2. '기분'과 '생리' 헤아리기

지금으로부터 40년도 더 전인 일중 국교 회복 무렵의 대담이다. 그때로부터 시간은 흘러 정세는 크게 바뀌었다. 중일전쟁으로 참담하게 파괴된 중국은 이제 경제적으로도 군사적으로도 초대국 반열에 들게 됐고, '사회주의 인민공화국'이라는 건국이념을 내팽개쳐 버렸다. 그렇게 보인다. 국내적으로는 부패한 공산당 일당독재, 배금사상이 만연하고 격차의 무한 확대, 인권 무시, 민주화 탄압, 소수민족에 대한 강권적 억압, 대외적으로는 군사력을 배경으로 한 해양 진출을 활발하게 벌이면서 누가 봐도 중화대국주의 또는 패권주의적이라고 해도 좋을 정도의 확장세. 아니 그 이전에 대약진정책(1958~1960)*의 실패로 2천만 명 또는 5천만 명이라는 아사자를 냈고 설상가상으로 이른바 '프롤레타리아 문화대혁명'**으로 수백만 명에서 1천만 명에 이르는 살육이 자행된 것으로 보인다. '황군'

---

* 마오쩌둥이 주도한 농업과 공업 동시개발 계획. 1958년부터 시작된 제2차 5개년 계획은 높은 할당 목표를 정해 놓고 최저 생활수준으로 농민과 공업 노동자들을 혹사시켰다. 기후 불순과 일손 부족으로 식량난에 시달린 지방에서는 2천만에서 5천만이나 되는 사람들이 굶어 죽었다.

** 1966년에 시작된 마오쩌둥 최후의 정치 투쟁. 마오 사상에 선동당한 급진적인 학생들이 학교를 공격해 점거하고 반마오파의 당 간부들을 비난하며 "타도 부르주아"를 외치면서 학자나 예술가들을 공격했다. 십대의 홍위병들도 조직됐다. 마오는 경제 개혁을 추진하던 실권파 덩샤오핑(鄧小平), 류사오치(劉少奇) 등을 추방했다. 마오가 사망한 1976년까지 각지에서 살육과 탄압이 자행됐다고 한다.

의 중국인 살육이 흐릿해질 정도의 폭풍이 중일전쟁 전에도 뒤에도 대륙에서는 몇 번이고 휘몰아치지 않았던가. 중국 4천 년 역사를 조감해 보면 중일전쟁 따위는 그 축에 끼지도 못하는 것 아닌가. 다케다 타이준의 얘기는 지금은 통용될 수 없는 게 아닌가. 그렇게 생각하는 사람도 적지 않으리라는 생각이 든다.

문제는 거기에 있다. 타이준은 자신의 눈으로 본 침략당한 중국의 무참하기 짝이 없는 파노라마에서 일본 군국주의 부활을 경계하는 중국 쪽의 '기분'과 '생리'를 정치·외교적 견지에서가 아니라 어디까지나 개인적, 신체적으로 미루어 헤아렸던 것이다. 층층이 쌓인 송장들과 불타고 파괴당한 도시와 마을. 그곳을 걸어가는 젊은 다케나 타이준. 송장 냄새에 뭔가가 불타면서 내는 이상한 냄새. 그것은 타이준의 기억에서 평생 떠나지 않았던 죽음과 파멸의 재료matière가 됐을 것이다. 전쟁과 군국주의를 둘러싼 일본과 중국인들 간의 감각의 차이. "그 차이는 중요해질 것이라고 생각한다"고 예언한 타이준. 읽으면서 도무지 어찌할 수 없다는 것을 나는 느꼈고, 그 까닭을 이도 저도 아니라고 상상한 시기도 있었다. 그러던 중에 2004년, 장년에 걸친 어지러운 생활로 탈이 나면서 나도 뇌출혈로 쓰러졌다. 이듬해에는 암에 걸렸고, 당연히 죽음을 각오했다. 사생관이라고 할 정도의 깊은 생각을 한 적은 없지만 병상에서 타이준의 「반짝이끼ひかりごけ」와 「심판」 등을 읽으면서 타자의 죽음과 자신의 죽음, 죽이는 자와 죽임을 당하는 자의 관계를 생각했지만 결국 결론을 내리지 못했다. 2006년이 됐다. 나는

반신마비 상태로 아직 살아 있었다. 그해 1월, 신문의 어느 에세이를 읽고 공감했다.

3. 전쟁과 살인

그것은 1월 12일의 아사히신문 석간 문화면에 실린 문예평론가 가와니시 마사아키(川西政明) 씨의 글이었다. 큰 제목은 "고통의 근원 드러나"였고, 부제는 '다케다 타이준의 일기를 읽다'. 하나하나 핥듯이 읽었다. 일본 근대문학관에 기증된 타이준의 자료에 '종군 수첩'이 있고, 그 속에 "놀라운 기술"이 있다는 걸 알았다고 했다. 1938년의 '종군 수첩'에는 타이준이 속해 있던 분대가 화이허(淮河) 근처에서 지낼 무렵의 일이 적혀 있고, 그곳의 'K촌'에서 다케다 타이준 자신이 가담한 "일제사격과 개인적 발포" 사실이 기술되어 있었다. 그 기술이 단편소설 「심판」(1947)의 스토리와 일치한다는 것이다. 「심판」은 잊을 수 없는 단편이다. 그 전경의 무대는 종전 직후의 상하이고, 뒷무대는 쉬저우 회전* 무렵의 'A성의 시골 마을'이다. 주인공인 스기가 그 시골 마을에 가본 적이 있는 전 일본군 병사

---

* 쉬저우(徐州) 회전. 1938년 4월, 중국에 진군했던 일본의 북지(北支) 방면군과 중지 방면군이 장쑤(江蘇)성 쉬저우를 포위하고, 그곳에 포진하고 있던 중국군 주력을 섬멸하고자 했다. 하지만 중국군은 퇴각에 성공했고, 일본군은 우한(漢)·광둥(廣東) 방면으로 전선을 확대해 중일전쟁이 수렁에 빠져드는 계기가 됐다.

지로와 알게 되고, 어느 날 지로가 보낸 '쓸데없는 살인'을 고백한 편지를 받게 된다. 그 편지 내용이 「심판」이라는 소설의 모든 것이라고 해도 좋다. 지로를 포함한 '우리' 병사들은 전투도 없이 권태로운 나날이 이어지고 있던 어느 날 마을 바깥에서 분대장의 변덕스러운 명령에 따라 두 명의 농민을 이유도 없이 일제사격으로 사살했고, 이어서 누구도 보는 사람이 없는 곳에서 지로 혼자 눈이 먼 농민을 사살했다. 지로는 그 뒤 그 살인을 거의 잊었고 죽인 농민의 얼굴도 떠올릴 수 없는 상태에서 "나는 나를 잔인한 인간이라고는 생각하지 않았습니다" "벌을 받지 않는 죄라면 인간은 태연히 저지를 겁니다"라고 고백한다.

전장에서 상병들이 적국 사람을 죽이는 것은 당연할지도 모르겠다. 그러면 무엇이 문제란 말인가. 가와니시 씨도 썼다. "전장에서는 장병들은 적국 사람을 죽인다. 그건 피할 수 없다. 전쟁이기 때문이다. 하지만 그 사실을 고백하는 작가는 별로 없다. 타이준은 그 사실을 고백한 흔치 않은 작가다." 그런데 가와니시 씨의 에세이를 「심판」과도 대조해 가면서 자세히 읽어 갈 때 몇 가지 원초적인 발견을 하게 된다. 그것은 '전쟁'과 '살인'이라는 두 개의 보통명사의 관계성과 관련된, 보통은 금방 잊기 쉬운 '동일성과 동일하지 않은 것(異同)'이라고 할 수 있을지 모르겠는데, 개념의 맹점이다. 만일 '전쟁'을 '조직적인 상호 살인 행위'라는 식으로 추상명사적으로 파악한다면, 개별 '살인'이라는 보통명사는 '전쟁'이라는 광의의 추상적 명사에 삼켜지고 만다. 사실대로 말하면, '살인'은 '전쟁'에 의해 지워지고 사면되어 버린다. '평화'란 그 속에 있을 비평화적 사상_{事象}까지 포함하는 큰 추상명사이기 때문에 그 대립 개념인 '전쟁'도 덩치가 큰 추상명사다.

4. 부감과 응시

큰 추상명사 '전쟁'(또는 '성전聖戰')으로 인해, 사람이 본래 지녀야 할 개별 윤리를 간단하게 내던진다. 그것이 전쟁 특히 중일전쟁의 특징 가운데 하나였다.

"그건 전쟁이었으니까……"라는 구실로 많은 범죄가 지워지고 잊혀졌다. 소설「심판」속에서 지로는 이런 고백을 한다. "고향에서는 처자도 있고 잘 살았을 텐데, 전장에는 자신들을 이끌어 줄 윤리 도덕을 지니고 있지 못한 사람들이 많았습니다. 주민을 모욕하고, 구타하고, 물건을 훔치고, 여자를 강간하고, 집을 불태우고, 밭을 망가뜨립니다. 그런 짓들을 자연스럽게, 아무런 거리낌도 없이 저질렀습니다. 나는 주민들을 구타하거나 여자를 강간할 수는 없었습니다. 하지만 돼지나 닭을 마음대로 잡아 간 적은 여러 번 있습니다. 무모한 살인 현장도 여러 번 봤습니다." 이는 지로의, 아니 그보다는 타이준 자신의 체험 고백이다. 젊었을 때 처음「심판」을 읽었을 때도 나는 그렇게 생각했다. 이건 일종의 참회나 고해가 아닐까 라고. 별로 놀라지는 않았다. 놀라지 않도록 마음의 준비를 하고 있었다. 아마도 나는 전쟁이나 전장을 책이나 영화로 추체험할 때

정경을 멀찍이서 바라보는 버릇이 들어 있었던 게 아닐까. 자기 방어를 위해 무서운 장면에 눈을 바싹 들이대고 응시하는 것이 아니라, 하늘 높은 곳에서 부감俯瞰하거나 조감하는 심정이었는지도 모른다. 왜냐하면, 사람들을 억지로 등쳐먹는 자들 속에서 예전 '황군'의 일원이었던 아버지의 자취를 보고 싶지 않았기 때문일 것이다.

그러나 지금은 망부亡父의 자취를 소설이나 영상에서 찾아보게 됐다. 왜 그런지는 잘 모르겠다. 「심판」이 묘사한 전혀 "쓸데없는 살인" 현장에서도 타이준의 모습만이 아니라 아버지의 자취를 찾아보려 했다. 아니, 타이준에 아버지를 겹쳐서보거나 상상 속에서 두 사람을 비교해 보기도 했다. 자세히 보면 그곳은 전장이라고 하기 어려운 장소였다. "전투도 없고 병참 일도 없이 권태로운 나날이 이어졌습니다. (……) 비가 그친 계절에 거리에는 흰 먼지가 쌓이고, 말이나 소 시체 등의 냄새가 떠돌았습니다." 그럴 때 20명 정도의 분대가 "식량을 구하러" 출동하자 농민 같은 남자 두 사람이 다가온다. 한 사람은 작은 종이에 그린 히노마루(일장기) 깃발을 갖고 있었다. 한 사람이 분대장에게 일본군에 대들지 않는 '양민'임을 보여주는 증명서를 제시했고, 분대장이 "좋아 좋아"라며 통과를 허가하자 중국인 두 사람은 몇 번이나 고개를 숙이며 기쁜 듯이 걸어간다. 그러자 분대장은 히쭉 웃으며 "해치워 버리자"고 속삭이며 병사들에게 "쪼그려 앉아!"라고 명했다. '쪼그려 앉아'는 예전 일본군에서 오른쪽 무릎을 구부리고 앉아 왼쪽 무릎을 세우고 총을 겨누는 동작이었다. "병사들은 쓴웃음을 짓거나 얼굴을 찡그리며 표적 쏘기 놀이라도 하는 것처럼 발사 명령을 기다렸습니다." 그 병사들 속에 지로＝타이준도 있었다. 발사 명령. 한 사람은 장대가 쓰러지듯 고꾸라졌고, 한 사람은 여전히 손발을 실룩거리고 있었는데, 몸에 총구를 들이대고 발사해 숨통을 끊었다.

5. 납과 같은 무신경

지로는 일제사격 때 자신이 쏜 총탄이 농민의 몸을 꿰뚫은 것을 느꼈으나, "대충 생각 같은 건 모조리 지워버렸고", "이젠 인정도 도덕도 아무것도 없는 진공 상태와 같은, 납처럼 무신경한 것"이 남았다고 얘기한다. 나중에 들으니, 병사들 중에 네댓 명은 발사하지 않았거나, 발사하더라도 부러 표적을 피했으나, 지로는 쏘아 맞혔다. 그리고 그것을 깨끗이 잊어버렸다. 또 어느 날 지로는 다른 장소의 타다 남은 작은 집 앞에 노부부가 바싹 붙어 쪼그리고 있는 것을 발견한다. "어차피 죽겠지"라고 생각했고, 다시 내면이 "진공 상태"가 되고 "납처럼 무신경한 상태"에 빠져 서서 쏴 자세로 남편을 사살한다. 하사(伍長) 외에는 누구도 보고 있지 않았고, 그 하사도 병사해, 지구상에서 "그 살인 행위"를 알고 있는 건 자기 한 사람밖에 없게 된다. 그 범죄의 "단 하나의 흔적"은 "내가 살아 있다는 것뿐"이고, "문제는 내 속에만 있다"고 지로는 술회하면서 "죄의 자각, 끊임없이 달라붙는 죄의 자각만이 나의 구원"이라고 골똘히 생각하다 결국 사귀고 있던 피앙세와의 약혼을 파기하고 귀국하지 않은 채 자신이 살인을 저지른 장소, 중국에 머물기로 결심한다.「심판」은 그런 대강의 줄거리다.

"그(다케다 타이준)는 입 다물고 있으면 자신의 죄가 발각되지 않을 것이라는 걸 알면서도 군이 고백했다. 그 〈종군 수첩〉도 파기했다면 흔적을 지울 수 있었을 텐데, 파기할 생각이 없었다"고 가와니시 마사아키 씨는 썼다. 타이준이 그렇게 하도록 만든 것은 윤리관이었을지도 모른다. 아니면 "과거가 없다면 존재도 없는 거죠"(홋타 요시에와의 대화)라는 철학이 그에게 고백을 하게 만들었을지도 모른다. 나 개인의 얘기를 하자면, 그런 류의 고백을 3년 남짓 화중華中 지방의 전장에 가 있었던 아버지한테서 들어본 적이 없다. 아버지가 말기 암으로 피골이 상접한 채 엎드려 있을 때 나는 메모를 하면서 몇 가지를 물어봤다. 하지만 "당신은 중국인을 죽인 적이 있는가?"라는 궁극적인 질문은 준비하고는 있었지만, 생의 종말을 앞둔 눈이 애처로워 끝내 그 질문을 할 수 없었다. 그것을 지금까지도 후회하고 있다.

중일전쟁기에는 일시적 기분으로 대수롭지 않게, 대체로 아무 이유도 없이, 교전 결과도 아닌데, 비무장 민간인들에 대한 일방적인 살인이 일상적으로 자행됐다. 많은 일본인들이 그런 살인을 '전쟁'이라는 미명 아래 은폐하고 깨끗하게 잊어버렸다. 그것을「심판」은 가르쳐 주고 있다. 그것은 "국가가 자기 의지를 관철하기 위해 타국과 벌이는 무력 투쟁"이라는 '전쟁'의 정의를 넘어서는, 실로 '전쟁'이라 하기도 꺼려지는 '비대칭

성 침략 행위'였던 것은 아닌가. 그렇게 나는 의심한다. '납과 같은 무신경' 이라는 말이 가슴을 무겁게 짓누른다.

6. 헤아릴 수 없는 세부

다케다 타이준이 〈종군 수첩〉이나 소설 「심판」에서 할 수 있었던 살인의 고백은 개인 윤리나 문학의 영역에 머물지 않고, 한 사람의 '개個'가 순수하게 그 신체의 주체적 관련 속에서 중일전쟁을 어떻게 살아냈던가, 좀 더 얘기하자면, 살인의 경험을 '개'로서 어떻게 받아들였던가—라는 '자기 점검'의 관점에서 매우 큰 의미를 갖는다. 왜냐하면 「심판」의 지로, 즉 타이준은 두 건의 변덕스러운 살인에 대해 전쟁 일반 탓으로 돌려버려도 문제될 게 없었기 때문이다. 두 건 가운데 한 건은 상관의 명령에 따라 이뤄진 일제사격 탓으로, "하급자가 상관의 명에 따르는 것은 실은 곧 짐의 명에 따르는 것으로 알라"(군인칙유)고 철저히 주입받은 예전 일본군으로서는, 무고한 민간인에 대한 발포 명령이 명백히 인도에 반하는 것이라 하더라도 명령에 따를 수밖에 없었다고 하면 그만이다. 또 한 건의 '개인적 발포'도 "전쟁 상태에 있는 적지에서의 발포"로서 얼마든지 구실을 붙일 수 있었을 것이다. "어차피 죽겠지"라고 생각했거나 마음이 "진공 상태"가 되어 "납처럼 무신경한 상태"에서 노인을 사살했다는 건 카뮈의 『이방인』에 나오는 뫼르소의 아랍인 살해처럼 그 동기를 참으로 알기 어렵다. 이유나 동기가 없는

데도 살인이 자행된 혐의가 있다. 하지만 확실히 얘기할 수 있는 것은, 타이준이 그런 살인 행위를 전시에 일어나기 쉬운 부조리한 행동이라는 전경全景 속에 녹여 넣지 않고 자신이라는 주체를 분명히 드러내 그 죄업을 '개個'의 눈으로 응시하면서 죄를 '개'로서 짊어지는 자세를 보여준 것이다.

생각건대, 타이준의 행위―살인의 고백―는 이 나라에서는 일반적이지 않다. 일본인은 예전에 중국인을 흔히 죽였지만 그것을 있는 그대로 숨김없이 털어놓은 예는 죽인 수에 비해 너무나도 적다. 거의 없다고 해도 좋을 정도 아닐까. 전쟁 중이든 전후든 그런 자기 점검만큼 어려운 일은 없다. 전시에는 특히 집단 속에서의 자기 행위를 하나하나 윤리적으로 되돌아보는 일은 전투에 방해만 될 뿐 전투의 승리에 보탬이 되지 않는 것으로 간주됐을 것이므로 오히려 해서는 안 될 금지 행위였을 것이다. 〈군인칙유〉나 〈전진훈〉에는 마치 전장에 도의가 있는 듯한 구절이 거듭 적혀 있지만, 본질적으로 전쟁에는 윤리가 없다. 그럼에도 「심판」에서 살인에 관한 점묘點描를 찬찬히 살펴보면, 한마디로 중일전쟁이라는 긴 시간 속에 거론되지 않은 세부적인 사실들이 무수히 묻혀 있으며, 동시에 그런 것들은 우리 아버지나 할아버지들이 모두 암묵리에 입을 다물었고 결국엔 잊혀 버린, 기록도 기억도 남아 있지 않은 헤아릴 수 없이 많은 발자취로, 실로 그 장기간에 걸친 침략 행동이 너무나도 편파적이고 왜곡된 특징을 지니고 있다는 사실을 뒷받침해 주고 있는 것으로 생각된다. 중국 쪽의 주장에 따르면, 중일전쟁 때의 '중국 군민 사상자' 총수는 3500만 명 이상으로, '중국 인민 희생자'가 2000만 명이라고 한다. 이에 비해 일본군은 총계 약 45만 명이 사망한 것으로 되어 있다. 이런 수치들이 올바른지, '군민軍民'과 '인민人民'의 차이는 무엇인지, 어떤 근거가 있는지, 숫자가 무엇을 의미하는지를 따져 밝힐 능력을 나는 갖고 있지 못하다.

7. 슬픈 듯 일그러진 '멍한 얼굴'

숫자를 음미할 능력이 없다는 것은, 하지만 중일전쟁을 상상하고 얘기할 자격이 없다는 것을 의미하지는 않는다. 숫자라는 것은 리얼하고 구체적으로 보여 그만큼 무색투명하고 추상적인 기호도 없다. 기껏 이해할 수 있는 것은 그 선전포고 없는 장기 침략 전쟁의 희생자 수가 양국 간에 전혀 비교도 되지 않을 정도로 까마득한 차이가 있다는 막막한 사실이다. 난징 대학살을 포함한 중일전쟁 전체의 희생자라는 '매크로macro 숫자'는 중요하며, 앞으로도 그 객관적 타당성이 검증되어야 한다. 그러나 동시에 사소하고 주변적인 얘기로 내버려질지도 모를 풍경이 말없이 보여주고 있는 깊은 내면의, 그리고 근원의 외침에도 세심한 주의를 기울일 필요가 있다. 타이준이 「심판」에서 보여준 살인 장면은 중일전쟁 전체상으로 보면 실로 사소하고 주변적인 광경일지도 모른다. 하지만 앞서 얘기한 '쓸데없는 살인' 스케치는 막대한 숫자보다도 내 가슴에 더 깊이 새겨진다. 풍경이 바로 조금 전에 목격한 것처럼 몸에 꽂히듯

다가온다. 왜 그런가. 곰곰이 생각한다. 지로는 분대장 명령으로 다른 병사들과 함께 죄 없는 농민 두 사람을 향해 총을 쏜다.

> (……) 한 사람은 장대가 쓰러지듯 고꾸라졌습니다. 또 한 사람은 한쪽 무릎을 접고 쓰러졌는데 으악, 비명을 지르며 우리 쪽을 돌아봤습니다. 멍한 얼굴이 슬픈 듯 일그러져 보였습니다만 곧 상반신이 엎어졌습니다. 병사들이 우르르 달려갔습니다. 나는 내가 쏜 탄환이 분명 한 사람의 육체를 관통했다고 느꼈습니다. 한 사람은 여전히 손발을 움찔거리고 있었습니다. 총알은 들어간 구멍은 작게 오므라져 있고 나간 출구 쪽은 크게 벌어져 있었습니다. 가슴과 다리에 맞은 총알은 비스듬히 몸을 파고들어 총구의 몇 배나 되는 생채기가 붉그스름하게 보였습니다. 쓰러진 몸에 총구를 들이대고 다시 두세 발을 쏴 숨통을 끊었습니다.
>
> (「심판」)

슬로 모션 영상을 보고 있는 듯한 이 몇 줄의 글을 읽었을 때, 아, 타이준도 그랬구나, 하고 나는 별반 놀라지도 않은 채 직관하면서, 놀라지도 않는 자신에게 멈칫했다. 배후에서 불의의 총격을 당한 농민이 "으악" 하고 비명을 지르고 쓰러지면서 몸을 틀어 뒤돌아봤을 때의 슬픔으로 일그러진 '멍한 얼굴'. 그 표현에 움찔했는데, 그 현장에서 죽어가는 자가 뜻밖에도 뒤돌아보는 순간, 그 최후의 눈을 응시한 사람이 아니면 도저히 쓸 수 없는 글이라고 생각했다. 그것은 퇴고推敲를 통해 오직 문학을 하기 위해 선택된 말이 아니라 그때 현장에서 순간적으로 떠오른 다듬지 않은 말을 시간이 지난 뒤 그대로 사용한 것이리라. 죽인 자(지로＝타이준)가 죽임을 당한 자(죄 없는 중국 농민)의 시선을 받았다. 여기에는 쌍방향의 절대로 분리될 수 없는 동작이 하나의 시점으로 묘사되어 있다. 지로는 그러나 그 뒤 "내가 죽인 남자의 얼굴은커녕 죽인 사실 자체까지 잊어버렸습니다"라고 했다. 그처럼 잊어버린 이들이 얼마나 많았을까. 일본의 전후는 약간 단정적으로 얘기한다면, 전시의 가해와 피해의 관계와 그것들의 책임 소재에 대해 잊었거나 잊은 척함으로써 성립된 토대 위에 구축되어 있었던 것이다.

8. 전쟁의 '개인화'

죽인 자가 죽임을 당한 자의 시선을 받았다―는 것은 이른바 '역사 인식'이라는, 종종 국가 권력에 악용되는 큰 개념과 특별한 관계는 없다. 죽인 자는 죽임을 당한 자의 시선을 실제로 받지는 않았을지도 모른다. 어차피 "죽은 자는 말이 없다"이니까. 하지만 타이준은 죽어가는 자가 뒤돌아보며 자신의 뭔가를 일순간 봐 버렸을지 모르는 지극히 작은 가능성을 완전히 배제하지는 않았다. 그러기는커녕 그 시선을 받았을지도 모르는 '여지'를 군이 남겨 둔 혐의조차 있다. 왜 그랬을까. 다케다 타이준은 자신이 가담한 중일전쟁을 거시적인 게 아니라 군이 미시적으로 다시 돌아보면서 자신과 타자의 한 동작 한 동작을 일단 정지시켜 응시하고는, 다시 재생시켜 찬찬히 응시하는 작업을 계속했다. 그렇게 해서 전쟁이라는 망막하고 끝이 없는 거대한 성난 파도 전체 속에서는 어떻게든 발뺌할 수 있는 악순환에 군이 개인 윤리의 원형을 들고 들어감으로써 발뺌의 퇴로를 차단한 것이 아닐까.

'뒤돌아보다' '뒤돌아보는 대상이 되다'라는 몸짓과 마음의 연관성은 인간 존재의 아득한 연원과 이어져 있는 실존 되찾기나 그 단서가 될 것이라고 나는 생각한다. 더욱 줄기차게 상상의 나래를 펼쳐 보자면, 그런 동작들은 인간이라는 역겹고 어리석은 존재에게는 '원죄의 되비침(返照)'이라고나 해야 할 불가사의한 영성을 띠고 있으며, 또 극한적인 개인성을 갖고 있다. 우리는 집단으로서는 뒤돌아보거나 뒤돌아보는 대상이 됐다고 느낄 때가 없기 때문이다. 총알을 맞은 농민이 맥없이 쓰러지면서 이쪽을 뒤돌아본 것은 사실일 것이다. 그러나 그것이 사실인지 아닌지는 중요한 게 아니다. 군이 말하자면, 타이준은 실제로는 '뒤돌아보지 않았을지도 모르는' 농민을 어떻게든 '돌아보게 하는' 내적 충동과 강박을 윤리적으로 억누를 수 없었던 것이다. 상반신을 이쪽으로 비튼 농민에게 자신의 내면 밑바닥이 살짝 드러났다. 그게 아니었다고 할지라도 어떻게든 그럴 필요가 윤리적으로 있었다. 그런 게 아닐까. 즉 전쟁을 전쟁으로 얘기하는 것이 아니라 전쟁을 철저히 '개인화'함으로써 악과 그 책임을 전쟁 일반 또는 전쟁의 메커니즘 탓으로 돌리는 길을 차단하고, 어디까지나 자신의 내면에서 엄중한 심판을 자기 자신이 내렸다. 그렇게 얘기할 수는 없을까. 다만 그런 가열찬 자기 대치對峙(자기 대상화)는 이 나라에서는 완전히 예외적인 것이며, 대다수는 개별의 책임을 전쟁 일반으로 해소해 왔다.

그렇다 해도 기가 죽는다. 가슴이 막힌다. 마음이 답답하고 뭐가 뭔지 알 수가 없다. 인간이 도대체 이럴 수가 있단 말인가. 인간은 이토록 비인간적으로 전락할 수 있는 생물인가. 도대체 이것을 '전쟁'이라고 부를 수 있는 것인가. 중일전쟁은 정말로 '전쟁'이라고 할 수 있는 사건이었나. 의심의 가짓수는 세월과 함께 점점 늘어나기만 할 뿐 조금도 줄지 않았다. 『시간』이나 「심판」을 읽기 전에 나는 이시카와 타츠조*의 『살아 있는 군대生きてゐる兵隊』나 히노 아시헤이**의 『보리와 군대麦と兵隊』, 『땅과 군대土と兵隊』, 다무라 타이지로(田村泰次郎)의 『춘부전春婦傳』 등 이른바 '전쟁 소설'을 홀린 듯이 탐독한 시기가 있다. 그런 것들의 풍경 깊숙한 곳에서 아버지의 모습을 찾아 헤맸는

---

* 石川達三(1905~1985). 작가. 아키타현 태생. 와세다대 영문과 중퇴. 1930년 이민선으로 브라질로 건너갔다가 금방 귀국. 「창맹(蒼氓)」으로 제1회 아쿠타가와 상 수상. 중국전선을 취재한 『살아 있는 군대』는 신문지법 위반 혐의로 발매 금지됨. 그 밖에 『바람에 흔들리는 갈대』 『인간의 벽』 등. 일본문예가협회 이사장, 일본 펜클럽 회장을 역임.

** 火野葦平(1907~1960). 작가. 후쿠오카현 태생. 와세다대 영문과 중퇴. 1937년에 입대, 출정 전에 쓴 「분뇨담」으로 아쿠타가와 상 수상. 『보리와 군대』 『땅과 군대』 『꽃과 군대』 등의 군대 3부작은 베스트셀러가 됐다. 1948~1950년 공직 추방. 추방 해제 뒤 자전적 장편 『꽃과 용』 『혁명 전후』 등을 발표했다.

지 모르겠다. 읽은 뒤에 한숨을 쉬었다. 어이없었고 실망했다. 자타自他를 돌아본다, 자타가 돌아보는 내상이 된다―는 내면의 시선이 어디에도 거의 없든지, 있더라도 너무 시력이 약했다.

9. 참기 어려운 『살아 있는 군대』

　이시카와 타츠조는 1935년에 「창맹蒼氓」으로 제1회 아쿠타가와 상을 받은 작가다. 다케다 타이준이 소집영장을 받고 화중 전선으로 파병된 1937년, 이시카와는 중앙공론中央公論 특파원으로 종군하며 상하이를 경유해 이듬해 1월, 난징을 취재한다. 일본군이 난징을 공략한 것은 1937년 12월 13일이고, 『살아 있는 군대』의 해설(한도 카즈토시)에 따르면, 이시카와는 "도쿄재판에서 말한 포학 사건을 목격하지는 못했으나 역시 피비린내 나는 생생한 사건 뒤의 상황을 견문할 수는 있었으며, 거기에서 일본군의 실태를 접하고 깊은 충격을 받았다"고 했다. 귀국 뒤 그는 330매의 『살아 있는 군대』를 단 10일 만에 일거에 완성해 1938년 3월호 〈중앙공론〉에 발표했지만 곧 발매 금지당했고, 작가는 경시청에 연행되어 "사회의 안녕 질서를 문란케 한다"는 '신문지법' 위반죄로 기소당한다. 판결은 1939년에 내려져, 이시카와는 금고 4개월, 집행유예 3년에 처해졌다. 그 이유로 "황군 병사의 비전투원 살육, 약탈, 군규軍規 이완 상황을 기술해," 일본 국민의 일본 군인에 대한 신뢰를 손상시켰다는 것 등을 들었다.

사건의 경위는 한도 카즈토시의 해설에 자세히 나와 있으나, 내 관심은 오히려 『살아 있는 군대』의 본문에 있다. 복자복원판*인 『살아 있는 군대』(2013)의 표지 문구 중에는 "학살이 **있었다고 하는** 난징공략전을 묘사한 르포르타주 문학의 걸작"이라 되어 있다. 한도 씨가 해설에서 군이 "전후 처음으로 밝혀진 사실에 난징 학살이 있다. 피해자 30여 만이라는 건 허구라 하더라도 수만 명의 중국인들이 희생당한 것은 부정할 수 없다"고 밝히고 있음에도 불구하고 "있었다고 하는"이라며 사실성을 깎아내린다고 할까, 뭔가 남의 일처럼 거론되는 것이 그 심각한 사건의, 말하자면 '현재성'이다. 그러나 소설 본문을 읽어 보면 난징 대학살 또는 난징 학살이라는 중대 사건이 결코 장소와 시간을 좁게, 짧게 한정할 수 있는 일회성 사건이 아니라 광대한 기슭을 지닌 사건이었다는 걸 알 수 있다. 만일 이 책의 젊은 독자 중에 『살아 있는 군대』를 아직 읽지 못한 사람이 있다면 꼭 이를 선입관 없이 읽어 보기 바란다. 소설의 '전기前記'에 "이 원고는 실전의 충실한 기록이 아니며, 작가는 대단히 자유로운 창작을 시도한 것이다"라는 안내문이 있다. 쓰여 있는 내용이 "자유로운 창작"의 산물로 새빨간 거짓말이거나, 사실 자체, 또는 사실만이 아니라 그에 가까운 이야기이거나 간에 그것은 독자가 판단하면 된다.

---

* 伏字復元版. 검열 등으로 지우거나 넣지 않은 글자를 채워 넣어 다시 찍은 판.

『살아 있는 군대』도 전쟁을 커다란 파노라마로 묘사하고 있는 것은 아니다. 타이준의 「심판」과는 전혀 다른 의미에서 전쟁과 거기에 부수附隨한 인간들의 몸짓, 말투를 자세히 도려내서 미시적으로 바라보고 있기는 하다. 이것을 읽는 일은, 그러나 나로서는 참기 어려울 만큼 불쾌한 경험이었다. 왜 이토록 불쾌한가, 바로 설명할 수는 없다. 기껏 얘기할 수 있는 것은, 이것이 전쟁소설이 안겨주는 일반적 불쾌감과는 매우 다른 것 같다는 점이다. 일본인의 과거 행장行狀과 그것을 애매하게 만들어버린 현재에 뿌리박은 어쩐지 기분 나쁜 공기. 납과 같은 무신경. 그런 것들에 대한 혐오와 아무래도 뗄 수 없다는 점이다.

10. 선명한 참수 장면

난징 공략을 추진한 '황군'이 행군을 가볍고 신속하게 진행하기 위해 군인과 말의 식량을 미리 따로 마련해 가지 않고 '징발'이라는 이름의 현지 조달 즉 약탈을 공공연히 자행한 것은 많은 자료들이 보여주고 있는 사실이다. 그것은 중국 민중이 '황군'의 행동양식을 '살(살인), 략(약탈), 간(강간)' 세 글자로 대표하게 했던 것으로도 알 수 있다. '황군'은 또 중국어의 '황' 발음이 메뚜기 '황蝗'과 같은 huang이어서 메뚜기 대군이 습격해 모든 걸 먹어 치우고 황폐화하는 모습에 비유되면서 '황쥔(蝗軍)'이라는 멸칭으로 불리고 있었던 사실도 학생 시절 중국어를 공부할 때 배웠다. '황쿼'은 그래도 인간 집단인데 '살, 략, 간'이라는 최악의 행동양식으로 이미지화되는 건 참을 수 없는 일이라고 예전부터 느꼈고, 지금도 왜 이런 말까지 들어야만 했는지 찝찝한 기분을 떨칠 수 없다. 설마 그 정도까지 당했을까, 아니 저질렀을까…… 내심 그렇게 웅얼거렸다. 그렇지만 어떤 전쟁소설을 읽어도 '살, 략, 간'에 대한 납득할 수 있는 반증反証은 없었다.

『살아 있는 군대』는 부대 본부 근처에 불을 질렀다는 혐의를 받은 중국인 청년의 머리를 일본군 하사가 재판이고 뭐고 아무 확인 절차도 없이 일본도로 갑자기 잘라 버리는 장면으로 시작된다. "'에잇!' 일순 청년의 외침은 멈췄고, 들판은 괴괴한 정적의 저녁 경치로 돌아갔다. 머리는 떨어지지 않았으나 상처는 충분히 깊었다. 그의 몸은 쓰러지기 전에 벌컥 벌컥 피가 어깨로 넘쳐 흘렀다. 몸은 오른쪽으로 기울어져 제방의 들국화 속으로 쓰러져 한 번을 굴렀다. 텀벙 하고 둔중한 물소리가 났고 말 엉덩이와 함께 반신半身이 샛강으로 떨어졌다. 진흙투성이 맨발의 발바닥이 둘 나란히 하늘을 향하고 있었다." 역시 슬로 모션 영상과 같다. 풍경의 대국大局이 아니라 이 또한 전쟁의 세부細部라면 세부이다. 그러나 「심판」의 스케치와는 근본적으로 다른 화법이다. 참수 전에 하사는 혼잣말을 한다. "저쪽을 봐!…… 그렇게 말해도 모르겠나. 딱한 놈." 하사는 "하는 수 없이" 청년 뒤로 돌아가 "주르륵 **일본도**(방점은 복자伏字, 이하 같음)를 칼집에서 뽑아냈다." 그것을 본 "이 야윈 까마귀 같은 청년"은 진흙 속에 무릎을 꿇고 빠른 말로 부르짖으며 하사에게 손을 모아 절을 하기 시작했다. 살려 달라는 애원이다. 하사는 사정없이 칼을 내리쳤다.

이 묘사는 일본군의 잔학무도함을 보여주려고 앞부분에 배치된 것일까. 아마도 그렇지 않을 것이라 생각한다. 머리가 잘려나간 몸뚱이가 피를 뿜어내며 무리지어 피어 있는 제방의 들국화 속을 굴러 샛강으로 떨어졌다. 돌연 붉게 물든 수면에 맨발바닥 두 개가 하늘을 향해 떠올랐다. 주변에는 죽은 말 엉덩이가 있다. 작가는 그 너무나 활극영화 같은 '움직임(動)'과 '고요(靜)'의 시퀀스sequence를 색과 소리를 섞어 선명하게 묘사해 보고 싶었을 뿐이었던 게 아닐까. 그 필치에서 나는 작가의 절망이라기보다 감춰진 득의양양한 얼굴을 봤다. 거기에는 「심판」에 있던 '뒤돌아본다' '뒤돌아본 대상이 된다'는 내적 몸짓과 수치심이 없다.

11. '생고기(生肉) 징발'

문학론을 얘기하고 있는 게 아니니까 전혀 상관없는 일이지만, 『살아 있는 군대』에 문학적 관점에서 끌리는 것은 없다. 한도 카즈토시 씨가 문고본 해설에 쓴 이시카와 타츠조의 '우국지정憂國至情' '전쟁에 대한 리얼리스틱한 인식'에 대해서도 과연 그럴까 하고 고개를 갸웃거렸다. 하물며 '반군' '반전' 분위기 같은 건 이 작품에서는 읽어낼 수 없다. 하지만 이것을 중일전쟁의 '기억 자료' 부류의 하나로 볼 때 관심을 끌 만한 것이 많다. 지겹도록 엉겨 붙는 풍경과 비명과 몸짓, 분류하기 곤란한 육성, 오장육부의 소리, 뼛소리, 쇳소리, 바람소리, 흙소리. 그런 것들이 버무려지고 부서지고 서로 부딪치며 내는 소리. 피 냄새. 그리고 낯선 말…… 그런 것들을 통해 '역사 인식'이라는 엉성한 개념의 그물망에서 푸슬푸슬 새어 나가 떨어지고 잊혀지는 인간의 동작―본래는 끝까지 견지해야 할 몸짓―의 자세한 내용을 알 수 있다. 그것은 오래된 토사물을 보듯 역겨운 일이다. 하지만 현대 역사의 심층에는 실로 오래된 역사의 토사물과 연대물年代物의 배설물들이 가라앉아 있다. '지금'을 아는 데에는 그런 것들을 봐 두는 것만큼 좋은 게 없다.

"근무가 없는 병사들은 희희낙락 야영지를 나왔다. 근무 때문에 나올 수 없는 병사가 어디 가느냐고 물으면 그들은 야채 징발 나갔다 올 것이라든가 생고기 징발 간다고 대답했다." "이윽고 징발은 그들의 외출 구실이 됐다. 그 다음에는 은어처럼 사용되기도 했다. 특히 **생고기 징발**이라는 말은 쿠냥(姑娘, 아가씨)를 구하러 간다는 의미로 쓰였다. 그들은 젊은 여성을 찾고 싶었다." 무엇 때문에? "얼굴을 보기만 해도 좋아. 뒷모습만 봐도 좋아" 등으로 적혀 있지만, 강간하기 위해서다.

"서너 명씩 작은 무리를 지은 전우들은 담배를 물고 **쿠냥**을 찾으러 나갔다(……) 불타서 문드러진 거리들은 어슬렁거리는 그런 병사들 천지였다." 이 '생고기 징발'이라는 말은 이시카와가 말하는 "자유로운 창작"의 산물이 아니다. 이시카와가 취재한 부대에서는 실제로 '희희낙락' 그렇게 얘기들을 했을 것이다. 징발하러 가는 것은 병사들에겐 아무래도 즐거운 일이었던 듯하다. 특히 '생고기 징발'은 이 소설에 따르면, 거의 습관화된 오락이었던 것 같다. "북지北支에서는 전후의 선무공작을 위해 어떤 사소한 징발이라도 일일이 돈을 주게 되어 있었으나 남방 전선에서는 자유로운 징발을 하는 수밖에 없었다." 그렇게 이시카와는 쓰고 있는데, 이건 복자伏字로 되어 있지도 않다. '자유로운 징발'이라는 것을 아버지를 포함한 '황군' 장병도 종군작가도 편집자도 일상적으로 하고, 보고, 듣고 하면서 감각이 마비되어 있었다는 혐의가 짙다. '자유로운 징발'의 일종인 '생고기 징발'은 결국 어떻게 손을 쓸 수도 없는 도둑이나 변태적 범죄자들이 천박하게 웃으며 입에 올리는 최악의 은어다.

12. 은가락지

그러면 '생고기 징발'을 실행하고, 희희낙락 웃으며 그 말을 쓰던 장병들에 대한 경멸, 실망, 생리적 혐오를 아무리 감추려 해도 문장 속이나 행간 어딘가에 스며 나오는 게 자연스럽지 않을까. 추악한 실태를 주관을 섞지 않고 리얼하게 있는 그대로 담담하게 쓰려 해도 쓰는 손이 부르르 떨리고 망설여지는 게 어딘지 모르게 드러나는 법이다. 『살아 있는 군대』에서는 그것을 별로 느낄 수 없다. 이 소설에 따르면, '생고기 징발'을 계속하던 병사들은 "거리에서 목적을 달성할 수 없을 때는 멀리성 바깥 **민가까지** 나가기도 했다. (……) 그렇게 해서 병사는 **왼손 새끼손가락에 은가락지를 끼고 돌아오는 것이었다.**" "어디서 받아 온 거야?"하고 전우가 물으면, 그들은 웃으며 대답했다. "**죽은 마누라 유품**이야." 적지 않은 병사들이 으레 왼손 새끼손가락에 은가락지를 끼고 있었다고 한다. 어느 날 "어디서 갖고 왔느냐"고 소위가 은가락지를 끼고 있던 하사에게 물었다. 그러자 하사는 "이건 말이죠, 소위님, 쿠냥이 줬어요!"라고 대답했고 주변 병사들은 왁자지껄 웃으며 "권총 탄환과 맞바꿨을 걸요"라며 떠든다. "그래 맞아! (……) 나는 필요 없어서 거절했는데도"라고 하사가 응수한다. 작가는 여기서 가락지에 관한 설명을 조금 끼워 넣는다. "지나의 여자들은 결혼반지에 은을 쓰는 것 같다. 어떤 여자든 모두 은가락지를 끼고 있었다. 어떤 것은 가느다란 선을 새겨 넣거나 이름을 새긴 것도 있었다." 하사들의 얘기를 듣고 소위가 야단을 치는가 했더니 그게 아니라 웃으며 말한다. "나도 하나 기념으로 갖고 싶네." 그러자 하사가 익살맞게 말한다. "그거야 소대장님이 직접 받아 오시면 누가 뭐라겠어요. (……) 아하하하하"……

젊은 독자들 중에는 혹시 일본 병사들이 은가락지를 중국 여성들로부터 선물 받았을 것이라고 오해하는 사람도 있을지 모르겠다. 그런 게 아니다. 병사들은 '생고기 징발'이라 칭하며 외출을 나가 여성을 한없이 찾아다니다가 발견하면 집단으로 강간하고, 그런 다음 많은 경우 살해하고 '기념으로' 은가락지를 빼앗아 자신의 새끼손가락에 끼고는 의기양양하게 병영으로 돌아왔던 것이다. 시간은 1937년 11월 무렵. 장소는 장강

(양쯔강)의 남서안으로 장쑤(江蘇)성 동남부 창수(常熟) 부근이었던 것으로 생각된다. 난징뿐만 아니라 다른 지역들에서도 '황군'은 믿기 어려운 난폭 낭자한 만행을 저질렀다.

13. 기억의 강

창수(常熟)라는 글자에 시선이 못 박힌다. 심장이 뛴다. 그곳은 내 아버지도 1937년 그 몇 년 뒤에 제국 육군 소위로 부임했던 곳이기 때문이다. 1937년보다 훨씬 나중의 일이니까, 하며 스스로를 달래 보지만 마음이 진정되지 않는다. 패전 뒤 아버지가 쓴 일련의 글에서 '창수'라는 지명을 읽은 적이 있다. 그것을 발견한 것은 실은 극히 최근의 일이다. 아버지의 전쟁 체험을 반드시 알아 둬야 한다고 생각하면서도 나는 오랫동안 망설여 왔다. 1921년에 태어나 1999년에 세상을 떠난 아버지의 기억의 강과, 1944년에 태어난 내 기억의 강은 두 갈래의 다른 흐름이다, 라고 늘 생각하고 있었다. 그러는 편이 좋다. 두 갈래 기억의 강을 하나로 합류시켜서는 안 된다. 무의식적으로 사고를 그쪽 방향으로 제어해 왔을지도 모르겠다. 그가 전쟁 체험에 대해 기록한 원고나 전장(이라기보다 '침략한 땅')에서 어머니에게 써 보낸 군사편지를 정독하는 일을 나는 애매하게 피해 왔다. 그렇게 함으로써 나는 전쟁을 나의 내부에는 없는 것으로 외재화하면서 어디까지나 '타자의 악행'이라 비난할 수 있었다. 이 책을 집필하는 지금에 이르러서도 나는 아버지의 기억을 당당하게 정면으로 바라볼 수 없는 구석이 있다. 주뼛주뼛하며 아버지가 살았던 과거를 들여다본다. 그러면 그의 기억의 강이 모르는 사이에 아직 살아 있는 내 기억의 복류伏流에 흘러들어오는 느낌이 든다. 그것은 수면이 어묵처럼 부풀어 오른 강이다. 장강일지도 모르겠다. 낫과 같은 달이 걸려 있는데 너무 어둡다. 뭔가 검은 것이 흘러간다. 그것은 시체인지 아닌지 단정하기 어려운 기억의 '응어리'와 같은 것이다. 어쨌거나 아버지는 일본의 무조건 항복을 창수에서 알게 됐다. 말할 것도 없는 일이지만, '생고기 징발' 이야기를 아버지와 나눈 적은 없다. 그런 이야기 하는 것을 '황군' 장병들은 제대 뒤에 모두 피했다. 식구나 친척들도 '집안의 수치'를 파헤치려 하지 않았다. 그러면서 '있었던 일'이 잊혀졌다. 잊혀지면서 '있었던 일'은 서서히 '없었던 일'로 되어 갔다. 나는 '황군'이 온갖 형태의 강간을 수없이 저질렀다는 사실을 예전부터 글로 읽어서 알고는 있었으나, '생고기 징발'이라는, 이 세상에서 가장 역겨운 말은 『살아 있는 군대』로 처음 알게 됐다. 모르고 넘어갈 수 없는 일이라 생각한다.

14. 자유감 · 무도덕감 · 잔혹성

난징 도착 전부터 『살아 있는 군대』의 부대는 여기저기서 살육을 계속 저지르고 있었다. 이런 글이 있다. "이런 추격전에서는 어떤 부대라도 **포로** 처리는 난처한 문제였다. 앞으로 필사적인 전투를 벌여야 하는데 경비를 해 가면서 포로를 데리고 다닐 수는 없다. 가장 간단하게 **처치하는 방법은 죽이는 것이다.** 그러나 일단 데리고 오면 죽이는 것도 심신이 피곤해지니까 안 된다. '포로는 붙잡으면 그 자리에서 죽여라', 그것은 **특별히 명령** 이라고 할 수는 없었지만, 대체로 그런 **방침이 상부에서** 내려왔 다." 그다음에 몇 명씩 묶어 엮은 중국인 포로 13명을 하사가 칼로 "**한쪽 끝에서부터 차례차례 베어**" 가는 장면이 마치 해변에 서 수박 자르기 게임 같은 것처럼 묘사됐으며, 그 뒤 부대가 숙 영하기 위한 민가를 일등병 두 사람이 물색하는 장면이 나온 다. 두 사람은 이런 얘기를 주고받는다. "**쿠냥**이 있다면 내 몫 이야" "바보, 가위바위보야" ─. 이시카와는 쓴다. "그들은 한 사람 한 사람이 **제왕처럼, 폭군**처럼 오만방자한 기분으로 들떠 있었다. (……) 자신들보다 강한 것은 세상에 없는 듯한 기분들 이었다. 말할 것도 없이, 그런 감정에 사로잡히면 **도덕도 법률도 반성도 인정도 모조리 그 힘을** 잃어 버렸다."

작가는 창수 총공세에서 중대장의 전사를 목격한 소위의 심 경을 적었다. "중대장의 전사를 눈앞에서 봤을 때부터 그 공포 는 이미 일정 정도를 넘어섰다. 그것은 일종의 실감의 비약이 고 또한 함락이었다. 또는 자기 붕괴를 본능적으로 피하려는 일종의 적응 과정에서 감성이 무디어지고 마비된 것이었는지 도 모르겠다. 그래서 그는 마음이 가벼워지는 걸 느꼈으며 그 런 생활 속에서 즐거움을 느끼기 시작했다. (……) 그리고 그는 마음이 편안해지기 시작했다. 그것은 일종의 자유감이고 무도 덕감이기도 했다. 바꿔 말하면 그것은 무반성적인 잔혹성의 자각이었다. 그는 이미 어떤 참담한 살육에도 가담할 수 있는 성격을 키워가기 시작했던 것이다." 기이한 일이다. 원래 복자伏字투성이였던 이 작품에서 이 단락에는 복자가 없다. '무반성적인 잔혹성의 자각'이든 '어떤 참담한 살육에도 가담할 수 있는 성격'이든, '황군'의 유례없는 야만성을 묻지도 않는데 자백하고 있는 것으로 간주해서 복자로 해도 이상할 것 없는 구절이다. 복자는 구 헌법하의 인쇄물에서 공개할 경우 당국에 규제당하는 것을 피하려고 문제 부분을 공백으로 두거나 O나 X 기호를 넣기도 했는데, 주의 부족 탓인지 기술적인 잘못 때문인지 장병들이 '무반성적인 잔혹성의 자각'에 의해 '어떤 참담한 살육에도 가담할 수 있는 성격'이 되어 가는 과정을 체크하지 않았다. 이 대목은 대체로 내면의 표백이 부족한 『살아 있는 군대』 중에서 이른바 '보통 사람常人'을 내몰아간 심적 프로세스가 어떠했는지를 비교적 길게 묘사한 드문 부분이다. 그 사고의 천박성이나 비논리성과의 관련성을 논하기는 쉽다. 그렇게 논한다면 대對중국 침략 전쟁 전체가 엉터리였다고 잘라내 버릴 수도 있다. 그러나 주목해야 할 것은 역시 '왜'냐는 것이다. 이 "르포르타주 문학의 걸작"은 '왜'의 깊이에 다가가기는커녕 애초에 '왜' 그러한지 질문도 하지 않는다.

15. 흥분과 고조

주로 사념의 폭이 좁아서 도저히 이해하기 어려운 이 글은,

그러나 '황군' 살육자들의 심리·행동 패턴의 도식적 설명일 것이라고 애써 관대하게 받아들이면 뭐는 참고가 되지 않을까. '실감의 비약·함락'→'감성의 마비와 무뎌짐'→'자유감·무도덕감'→'살육 가담'. 아니 이건 얘기가 안 된다. 이 설명은 대단히 불충분하며, 중대한 간과와 사고상의 결함을 갖고 있다. 그 이전에 무엇이 그들을 이토록 심각한 참극으로 치달리게 했을까라는 질문을 받는 것 자체를 거부하는 경향이 최근 일본에는 있다. 하지만 역시 과거와 대면하지 않으면 안 된다. "일본군의 정체를 서구인들이 파악하기 어려운 것은", 하고 에드거 스노는 『아시아의 전쟁』(1941) 속의 한 구절에서 잘라 내 인종차별적이라고도 할 수 있는 놀라운 결론을 끌어내고 있다. 중국 침략 일본군의 지나친 만행 때문에 분노가 치민 스노는 독살스럽게 말했다. "일본인 중에 인종적으로 관련이 있는 이고로트Igorot인의 경우와 마찬가지로 의사와 '머리 사냥인(首狩人)'이 지금도 여전히 병존하고 있기 때문이다." 예전에 '머리 사냥족'이라고 불린 필리핀의 이고로트족은 폭격기 따위는 갖고 있지 않았지만 일본군은 '머리 사냥 시대의 전통'을 유지하면서 근대 의학 기술과 전쟁 '과학'을 마스터했다고 가차 없이 비판했다. 스노에 따르면 메이지 유신은 진짜 혁명이 아니고 '신권정치神權政治 국가'의 부활이며, "많은 봉건적 의식과 미신이 보존되어 있을 뿐만 아니라 부활해 개량됐다"며 "오늘날 대중은 천황이 글자 그대로 신이라고 믿도록 교육받아 수백만 명이 그것을 입증하려고 다른 신들을 지닌 인간을 죽이려 한다"는 말까지 하며 열을 올리는데, 일본군이 그토록 미움을 받았다는 것은 알겠는데 만행의 '왜'가 선뜻 납득이 되는 건 아니다.

당돌하지만, 일본이라는 나라의 근대 전쟁을 생각할 때 나는 스노의 말보다 '모모타로(桃太郎)'라는, 예전의 '심상소학 창가(尋常小學 唱歌)'가 어쩔 수 없이 머리에 떠오른다.

1. 모모타로 씨 모모타로 씨 허리에 찬 수수경단 하나 나한테 주세요
2. 합시다 합시다 이제부터 도깨비 정벌에 따라가면 합시다
3. 갑시다 갑시다 당신을 따라 어디라도 하인이 되어 갑시다
4. 자 가자 자 가자 단번에 쳐서 쳐부수고 부숴버려라 도깨비 섬
5. 재미있다 재미있다 남김없이 도깨비를 때려눕히고 노획물을 이영차차
6. 만만세 만만세 따라 온 개와 원숭이 꿩은 힘차게 수레를 이영차차

이 창가에도 '왜'는 없다. 있는 것은 마루야마 마사오가 얘기한 것과 같은 비합리적인 '기세'뿐이다. 이유고 뭐고 없었다. "난폭한 중국을 응징하자" "폭지暴支 응징!" "포악한 지나를 응징하라!" 1937년 7월의 루거우차오(盧溝橋) 사건 뒤에 연일 신문의 헤드라인에는 이런 구호들이 춤을 추었다. 각지에서 '폭지 응징 국민대회'가 열려 분위기가 크게 달아올랐다. 사람들

은 끝도 없이 고양됐다. 도처에서 '센닌바리(千人針)'를 만들어 출정 병사들에게 보냈다. 매스컴은 전쟁 열기를 끊임없이 부추겼다. 중국에서 특파원들이 보낸 기사에는 "닥치는 대로 적을 베어 넘기고⋯⋯" 등의 '모모타로' 같은 단순하고 저열한 문장들이 넘쳐났다. "간적奸賊들이여, 어서 오라" "오랜만에 애도愛刀가 피의 진수성찬"과 같은 큰 제목을 달고 중국인 패잔병을 "팔이 들썩거리는 대로⋯⋯ 거침없이 마구 베었다." 어느 영관급 장교의 수기 나부랭이가 연일 신문 지면을 장식했고, 사람들은 그것을 탐독했다. "40명까지는 헤아렸지만 그 뒤는 기억 못해. 1천 명 베기 수훈 와치(和知) 부대장의 야습, 아라키 마타에몬* 이상으로⋯⋯"라는 헤드라인을 붙인 것은 1937년 9월 2일 〈도쿄일일신문〉. "전통의 보검을 휘두르며 닥치는 대로 마구 베고⋯⋯"와 같은 강담**조로, '황군'의 "용맹과감"한 공격을 '이래도 안 볼 테냐'는 식의 미담으로 본문을 꾸민 신문들은 앞다퉈 신문 판매 경쟁을 벌였다. 중국에서의 만행 그 모두가 '내지'인들에게 모조리 은폐됐던 것은 아니다. "100인 참수 경쟁" 등 중국 각지에서 벌어진 군도로 사람 베기 경쟁(전투에서 죽인 것보다 포로 등 무저항 상태의 사람들을 참살한 경우가 더 많았다고 한다)은 '있을 수 없는 일' '부끄러워해야 할 일'로 숨겨지기는커녕 매우 득의양양 당당하게 전해졌다. '대원수 폐하'

---

* 荒木又右衛門. 에도시대 초기의 이름난 무사.
** 講談. 사람을 불러 모아 돈을 받고 재담·만담·야담을 들려주는 대중 연예.

(쇼와 천황)가 그런 뉴스를 몰랐을 리 없다. 몰라서는 안 된다. 전시하의 신문 미디어에 미약하긴 했지만 그래도 예전에는 있었던 군부와 정부에 대한 비판적 논조는 순식간에 사라져 버리고 명실 공히 '거국일치' 상태가 완성되어 갔다. 전쟁 뉴스를 상영하는 영화관은 만원이었고, 관객은 스크린의 일본군에게 박수를 쳐 주었다. "자 가자 자 가자 단번에 쳐서 쳐부수고 부숴버려라 도깨비 섬." "폭지 응징"에는 제멋대로인 '도깨비 섬 정벌'식의 사고를 찾아볼 수 있다. 중국에서는 마치 대연회 때 지위·신분 고하를 막론하고 마음껏 즐기듯 '황군'의 만행이 이어졌다. 거기에 '왜'는 없었다.

제5장

정밀靜謐과 신경질(癇症)

1. 〈모모타로〉

어릴 적에 불렀을 때는 전혀 이상하다고 생각하지 않았는데, 〈모모타로〉는 정말 이상한 노래다. 어쩐지 너무 일방적이고 난폭하다. 4번과 5번이 특히 그렇다. "자 가자 자 가자 단번에 쳐서 쳐부수고 부숴버려라 도깨비 섬" "재미있다 재미있다 남김없이 도깨비를 때려눕히고 노획물을 이영차차" 도깨비의 어디가 그렇게 나쁘다는 것인가. 왜 정벌해야만 하는가. '쳐부수고 노획물'을 싣고 온다는 것은 그야말로 도둑질과 같은 악행이 아닌가. 그 어디가 '재미있다'는 것인가…… 그렇다면 '일렬담판(一列談判, 이치레츠단판)'이라는 데마리우타*(오테다마お手玉라고도 불렸다)도 지금 한자를 넣은 가사를 읽어 보면 고개를 갸웃거리게 된다.

一(이치) 이치레츠단판(一列談判) 파열되어서

二(니) 니치로센소(日露戰爭) 시작됐다

三(산) 삿사토(さっさと, 재빨리) 도망치는 건 러시아군

四(시) 신데모(死んでも, 죽어도)(시누마데 死ぬまで, 죽을 때까지) 있는 힘 다하는 건 일본군

伍(고) 고만노헤이(伍万の兵, 5만의 병사)(미카도노 헤이 御門の兵, 천황의 병사)를 이끌고

六(로쿠) 로쿠닌(六人) 남기고 모두 죽여서

七(시치) 시치가츠 요카(七月八日, 7월 8일)의 싸움에

八(하치) 하얼빈까지도 공격해 들어가(쳐들어가)

九(쿠) 쿠로밧킨(쿠로파트킨)[**]의 머리를 잘라

十(도) 도고[***] 원수(대장) 만만세(十로 마침내 대승리)

괄호 안은 그렇게도 부른다는 얘기. 노래나 동화라는 것에는 내용이 아무리 어처구니없더라도 잘 생각해 보면, 일률적으로 경시할 수 없는 심층심리의 씨앗이 숨어 있거나, 그 심층의 감각이 함께 노래하는 이들에게 전파되는 것이다. 베네딕트 앤더슨은 『상상의 공동체』에서 '제창齊唱 이미지'를 중시했

---

[*] 手まり歌, 손으로 공을 치면서 부르는 노래.

[**] 알렉세이 니콜라예비치 쿠로파트킨. 러일전쟁 때 러시아 극동군 총사령관을 맡았으나 선양 전투에서 일본 육군에 패배했다.

[***] 도고 헤이하치로(東鄕平八郎). 청일전쟁 때 순양함 '나니와'의 함장, 러일전쟁 때 일본 연합함대 사령장관.

다. 특히 국가國歌는 "설사 아무리 그 가사가 진부하고 곡이 범용해도 그 가창에는 동시성의 경험이 들어 있다"면서 "상상의 공동체를 물리적 공명 속에서 지금 체현하는 기회가 된다"며, '제창'의 연장선상에 "국민을, 역사적 숙명성 그리고 언어를 통해 상상된 공동체로 본다면, 국민은 동시에 열리고 닫힌 존재로 나타난다"는 논리를 전개한다. 제창되는 것이 〈라 마르세예즈〉나 〈기미가요〉가 아니라 〈모모타로〉나 〈이치레츠단판〉이라도 대차 없다. 어떤 면으로 보든 〈기미가요〉가 〈모모타로〉나 〈이치레츠단판〉보다 더 뛰어나다고 말하기는 어렵기 때문이다. 〈기미가요〉는 오히려 〈모모타로〉나 〈이치레츠단판〉의 기저부에도 흐르고 있는 일본 특유의 '집요한 지속 저음basso ostinato'이며, 우리 개인의 제6감으로 얘기하면 그것들은 상상의 공동체를 만들어 종종 비일본인에 대한 '이유 없는 폭력'과 차별을 꼬드겨 온 곡이요 가사다. 그것들은 어린이들에게 최초로 '우리' = '최강·영원의 공동체'를 상상하게 하고 최초로 '타자' = '도깨비, 도깨비 섬, 추한 것, 꼴사나운 것'의 존재를 상상(이미지)하게 만들 것이다. 전자에는 "죽어도 있는 힘 다하고" 후자에는 적대하고 업신여기며, 때로는 무자비한 '정벌'의 대상으로 삼도록 가르치지 않는 듯이 가르친다.

그럼에도 〈모모타로〉나 〈이치레츠단판〉의 밑바닥을 흐르는 근대 일본 정신의 위험성에 나는 옛날부터 그다지 민감하지 못했다. 참으로 부끄럽게도, 이 나라에는 모모타로의 창가나 옛날이야기뿐만 아니라 '모모타로주의'라는 정말 이상한 말과 이데올로기가 있었다는 사실을 알게 된 것은 멍청하게도 이 책을 쓰기 시작하고 나서의 일이다. 젊은 벗이 가미시마 지로(神島二郎)의 명저 『근대 일본의 정신 구조』(1961)에 '모모타로주의'에 대한 상세한 기술이 있다고 내게 가르쳐 주었던 것이다. 학창 시절 나는 그것을 건너뛰고 읽었는지 그 중대성을 깨닫지 못했다.

2. 모모타로주의와 팽창주의

글자 그대로 근대 일본의 심성에 초점을 맞춘 그 책에서는 '천황제 파시즘과 서민의식'의 관련성 등에 대해서 젊었을 때 많은 시사를 받았다. 지금도 강렬하게 기억하고 있는 것은 가미시마가 지적하는 '일본인의 대외 의식'에서의 불균형 문제다. 즉 그것은 '배외(排外, 외부 배척)'와 '배외(拜外, 외부 숭배)'가 "서로 대응하면서 풀기 어렵게 얽혀 있는 의식"이라고 한다. "그 현상 형태는 완전히 외계의 사정에 의존하면서 그것과의 균형을 통해 어떤 때는 배외(排外)가 되고 어떤 때는 배외(拜外)가 된다."(제3부 일본의 근대화와 '집家' 의식의 문제) 기본적 사정은 혐한혐중(嫌韓嫌中)·재일 조선인 공격·대미 맹종이 뚜렷한 지금과 대차가 없다. 배외(排外)와 배외(拜外). 이 모순에 나는 여전히 큰 관심을 갖고 있는데, 기억의 기관에서 빠져 버린 '모모타로주의'로 얘기를 되돌려야겠다. '모모타로주의'도 예전에는 일본인의 대외 의식을 떠받치고 있던 것이었다.

『근대 일본의 정신 구조』의 제2부('중간층'의 형성 과정)에는

"닫힌 '소우주'의 팽창"이라는 항목이 있는데, 그 제목 자체에 일본 근대 동태動態의 수수께끼가 숨겨져 있는 것으로 보여 눈이 번쩍 뜨인다. 가미시마는 일본에는 "서구 근대의 개인주의의 자리를 차지하는(代位) 것"으로서의 "욕망 자연주의"가 있다고 한다. "(……)그것은 욕망에 대한 정직正直이라는 형태인데, 헌신의 도덕에 의한 규제를 받는다. (……)거기에는 욕망 상호간에 일어나는 그때그때의 어울림 외에 본래 내재적인 억제의 원리가 없다. 따라서 하나의 욕망의 해방은 일파가 만파를 부르듯 무차별적으로 이런저런 욕망의 해방에 영향을 끼칠 수밖에 없으며, 이런 욕망의 총화적인 충족은 필연적으로 팽창주의로 향하지 않을 수 없다"고 한다. 요약하면 '욕망 자연주의'의 필연적 귀결로서의 국가의 '팽창주의'가 있었다는 시각이다.

가미시마는 나아가 "팽창주의는 어떤 형태로, 어떻게 전개됐는가?"라고 묻고 '팽창주의의 원형'으로서의 모모타로 설화라는 의외의 단면에서 근대 일본 대외 팽창 정책의 정신적 계기가 어떤 것이었는지를 찾아내려 한다. 그 이미지와 논리는 대담하고 난해해서 주의 깊게 읽어도 확연히 머리에 들어오지 않는다. 하지만 나치와는 완전히 다른 별종의 일본 군국주의와 그 팽창주의를 떠받친 아시아적 정신의 내력을 알아보려 할 때 가미시마의 발견은 매우 자극적이다. 일종의 '순진함'이기도 하고, 거꾸로 분명히 잔인하기도 했던 '천황의 군대'의 행동거지의 이중성을 이어주는 힌트가 여기에 있지 않을까.

생각건대 팽창주의의 원형은 1910년 개정된 국정 국어독본 이래 게재되어 온 '모모타로' 설화에서 출발해, 이 설화를 둘러싼 논의가 이어지던 가운데 1915년 동화작가 이와야 사자나미*가 제창한 '모모타로주의'에서 찾을 수 있다.

그는 할머니 할아버지에서 시작해 모모타로에 이르는 행동 계열 속에서 '욕망의 정직한 발로'를 찾아내고 이를 상찬하면서, 한편으로는 모모타로를 이런 욕망 자연주의의 화신으로 간주하면서 또 한편으로는 개, 원숭이, 꿩을 각각 지智·인仁·용勇이라는 무사적 에토스의 화신으로 보았다. 또한 모모타로와 그들 간의 관계에서 수수경단을 주고 종군 서약을 하는 계약 사상(봉건적 및 근대적 양쪽 모두)을 배격하고 이를 무조건적인 의기투합의 소산으로 보면서 자연 그대로(天眞)의 개발과 발휘를 통해 유교주의적, 가족주의적, 충효주의적 상식을 초월해 '무조작無造作의 묘妙'와 그 포용력으로 지·인·용의 조절을 꾀하면서 동시에 무사적 에토스를 욕망 자연주의에 종속시켜 접합한다. 나아가 이 설화를 관통하는 '젊디젊은 원기元氣'와 '적극적＋주의'를 강조함으로써 이를 팽창주의로 향하게 하는데, 거기에서 일본을 세계의 일본으로 만들어 줄 기동력起動力을 기대했다.

---

* 이와야 사자나미(巖谷小波, 1870~1933). 메이지시대의 동화작가, 소설가. 도쿄 태생. 독일학협회학교 졸업. 오자키 코요(尾崎紅葉) 등의 겐유샤(硯友社)에 들어가 아동문학의 제1인자가 됐다. 1895년 〈소년세계〉를 창간, 많은 옛날이야기를 발표했으며, 또 『일본 옛이야기』 등도 간행했다. 1900년에 유럽으로 갔고, 귀국 뒤에는 문부성의 각종 위원이 됐다.

(『근대 일본의 정신 구조』 제2부 '중간층'의 형성 과정 3장 팽창하는 '소우주'의 문제)

3. '천진'한 잔인

'돈부라콧코 스콧코 돈부라콧코 스콧코'*의, 기껏해야 옛 동화인 모모타로 이야기가 이토록 확장되는 건 놀라운 일이다. 이와야 사자나미는 제1차 세계대전이 발발한 이듬해인 1915년에 간행된 『모모타로주의 교육』에서 "일본 장래의 국민 교육은 바로 모모타로주의여야 한다"며 딴은 진지하게 주창하고 있다. 가미시마 지로는 이에 비견할 만한 것으로 서구 근대에서 대니얼 디포의 『로빈슨 크루소』를 들면서, 모모타로 설화는 "우리나라 근대의 사회 만들기의 전형적 이미지를 제공한 것이라 생각한다"고 그 정신 역사상의 중요성을 강조하고 있다. 『모모타로주의 교육』은 태평양전쟁 중인 1943년에 제목을 바꿔 『모모타로주의 교육 신론』으로 재간된 것으로만 따져도 오랫동안 전쟁을 계속 짊어져 왔다고도 할 수 있을 것이다.

모모타로가 군국 소년 영웅으로 칭송되고 전의戰意 고양에 이용된 것은 잘 알려져 있다. 〈모모타로 바다 독수리〉나 〈모모

---

* 모모타로 얘기에서 복숭아(桃)가 냇물에 흘러가는 모습을 이렇게 묘사했다.

타로 바다의 신병(神兵)〉 등의 국책 애니메이션 영화도 만들어져 모모타로가 제로센 전투기를 타고 진주만을 공격하거나 양키(洋鬼) 섬으로 가서 '귀축미영鬼畜米英'을 퇴치하는 스토리는 아동에서부터 어른에 이르기까지 아무런 저항도 없이 받아들여졌다. 그러면 패전과 동시에 모모타로의 표상이 무너지고 영웅에서 '침략자 모모타로'의 악역으로 일변했는가 하면, 그런 얘기는 들려오지 않는다. 모모타로는 의외로 강인한 존재이고 그 정신은 오늘날에도 여전히 사라지지 않고 있는 것으로 생각된다.

가미시마 지로의 모모타로주의 분석 가운데서 내가 특히 주목한 것은 '무사적 에토스' '천진' '무조작의 묘' '젊디젊은 원기'라는 요소들이다. 모모타로는 사무라이 기풍을 지니고 천진난만하며, 사사로운 일에 구애받지 않으며 대범하고 생기발랄하니 젊은이는 모름지기 그래야 한다는 것이다. 확실히 이와야 사자나미는 흥미롭게도 모모타로 설화를 '적극' '진취' '대담' '낙천'이라 치켜세우는 한편으로, 「카치카치 산」* 「꽃피는 할아버지」** 「혀 잘린 참새」*** 등은 "모조리 소극적이고, 고식姑息적이고, 소심하고, 매우 진부한 교훈"이라며 잘라내 버렸는데, 특

---

* カチカチ山. 노파를 잔혹하게 살해한 너구리를 토끼가 물리쳐 대신 복수해 준다는 일본 민화.

** 花咲か爺. 마음씨 좋은 노부부와 고약한 이웃 부부가 신비로운 개의 출현을 계기로 전자는 행복하게 후자는 불행하게 된다는 일본 민화의 하나.

*** 舌切り雀. 풀을 핥아먹었다가 심통 사나운 할머니에게 혀가 잘린 참새 이야기로 우리나라의 「흥부와 놀부」와 유사하다.

히 「카치카치 산」과 같은 것은 "오늘날의 문명사상적 관점에서 생각하면 대단히 잔인한 것……"이라고 하는데, 읽고 있노라면 배에서 경련이 인다.

이 책에서 거듭 묻고 있는 몇 가지 의문 가운데 하나는, '황군'은 어떻게 저토록(「카치카치 산」보다 훨씬 더) 잔인하면서 동시에 소풍 가는 아이들처럼, 말하자면 '천진난만'할 수 있었던가, 라는 것이다. 그리고 또 한편으로 자신들의 수성獸性에는 어떻게 그토록 무자각적일 수 있었던가, 라는 것이다. 병사들이 중국의 부인들을 강간하면서 이동해 가는 부대의 전우들에게 즐거운 듯 손을 흔들어 주는 풍경(제6장 15 '손을 흔드는 남자들' 참조)이 어떻게 나올 수 있는 것인가. '무사적 에토스' '천진' '부조작의 묘' '젊디젊은 원기' '적극' '진취' '대범' '낙천'이라면서 끝낼 얘기가 아니다. 하지만 수수께끼를 푸는 힌트의 하나가 모모타로주의에 숨겨져 있다는 느낌이 든다.

4. 담백하라!

모모타로 같은 것에 어찌 이토록 많은 지면을 할애하느냐는 질책을 받을 것 같다. 하지만 내게는 하나하나 마음에 짚이는 게 있다. 패전 뒤에도 '무사적 에토스' '천진' '무조작의 묘' '젊디젊은 원기'는 똑같은 언어로 전해진 것은 아니지만, 어느 때는 아버지를 통해, 또 어느 때는 교사를 통해 남자다운 모습으로 이식됐고, 철들 때까지 내게도 이렇다 할 저항은 없었다. 편견 탓인지, 지금도 고시엔(甲子園)의 고교야구대회 등에서 모모타로주의의 단편을 느끼기도 한다. 지금도 생각해 보면 참담한 패전은 일본 근대의 정신을 산산조각 내버린 것이 아니라 참으로 '낙천적'으로 근대의 에토스를 전후에 연속시켰을 뿐인 게 아닌가 하는 생각이 든다. 할아버지와 아버지들이 전쟁을 '가해자'로서 반성한 예는 실로 드물고, 대개는 자신들이 전쟁 내지 국가 또는 운명의 '피해자'라고 느끼며, 지금의 젊은이들도 어쩐지 그런 의식을 자연스레 계승하고 있는 듯하다. 할아버지와 아버지들이 살육자나 강간자, 약탈자였을 가능성은 이제 점점 불문에 붙여지고 있다.

그런데 모모타로의 '남자다움'은 이와야 사자나미만이 상찬한 건 결코 아니다. 니토베 이나조* 등 많은 지식인이나 국수주의자들이 모모타로를 애국 교육의 지침으로 삼으려 했다. 『모모타로주의 교육』에서 재인용하는 것이지만, 니토베 이나조는 1916년 모모타로 설화의 "주안점은 민족 발전의 잠재력의 발현이라고 본다"면서 "아마도 야마토(大和) 민족의 교육에서, 위대한 세력을 지닌 것은 이것 외에는 없을 것이다"라고 유독 진

---

* 니토베 이나조(新渡戶稻造, 1862~1933). 농학박사·법학박사, 교육자. 이와테현 태생. 삿포로 농학교 재학 중에 기독교 세례를 받았고, 졸업 뒤 도쿄대학을 거쳐 미국 존스 홉킨스대학에 유학, 퀘이커 교도가 된다. 삿포로 농학교, 교토제국대, 도쿄제국대 등의 교수를 역임. 도쿄제일고등학교 교장, 도쿄여자대학 초대학장으로도 근무. 일본의 고등교육에 자유주의적, 인격주의적 교육주의 학풍을 일으키는 데 공헌했다. 그 뒤 국제연맹 사무차장, 귀족원 의원으로도 활약했다. 저서에 『무사도』 등이 있다.

지한 글을 써서 남겼다고 한다. 그 니토베가 한 말에 "청년은 그 특성으로서 담백simple해야 한다"는 것이 있는데, 뜨끔하게 만든다. 나도 제대한 아버지로부터 영어를 뺀 "담백하라"는 말을 들은 기억이 있다. 후술하겠지만, 중국에서 어머니에게 써 보낸 아버지의 편지에는 아직 갓난아기였던 내가 "담백한 마음의, 튼튼한 소년"이 되라는 바람이 적혀 있었다. 모모타로는 아버지의 무의식 속에 들어갔고, 내 무의식에도 모모타로가 주입되게 되었다. 모모타로에게서 싫은 것, 이상한 것을 느낀 것은 고교에 들어가고 난 뒤였다.

나는 철저히 일본인이어야만 하는 모모타로에게서 뒤늦게 나마 파시즘과 우생優生 사상의 냄새를 맡기 시작했다.

5. 필링 하이

이 책의 타이틀은 〈1★9★3★7〉인데, 그것은 1937년이란 해가 이 나라가 돌연 야로지다이*가 되어 타국에 "말할 수 없는 폭력"을 휘두르는 제국주의 국가가 된 기점이었다는 것을 의미하지 않는다. 메이지의 일본에 대해서는 극구 칭찬하면서 1931년('만주사변') 이후의 전쟁이 잘못됐다고 하는 이른바 '15년 전쟁사관'에 나는 전혀 찬성할 수 없다. 중일전쟁 전

---

* 夜郎自大. 제 분수도 모르고 우쭐대는 사람.

에는 청일, 러일 전쟁이 있었고, 이 나라의 야로지다이와 유아
독존과 '열강 의식'은 훨씬 더 옛날부터 이미 손댈 수 없을 지
경이 되어 있었다. '모모타로'도 한국병합 이듬해인 1911년의
〈심상소학 창가〉에 등장했다. 1937년 악귀의 스펙터클은 크게
보면 19세기 또는 그 이전부터의 역사와 역사심리의 결과임에
도 만행의 빈도, 그 양태, 원인이 아직까지도 전혀 해명되어 있
지 않을 뿐만 아니라 해명의 의욕조차 뭔가에 의해 저지당해
쇠퇴하고 있다. 거꾸로 얘기하면 그런 한계 속에서 1★9★3★
7는 아무것도 청산하지 못한 채 보이지 않는 원령怨靈으로 지
금도, 그리고 이후의 미래에도 계속 살아 있을 수밖에 없다. 그
것은 그렇다 치고 『살아 있는 군대』에 대해 이제 약간 얘기해
보기로 하자. 이 작품에서도 '모모타로'의 냄새가 난다.

그들은 컴컴한 집 안으로 들어갔다. 포탄에 부서진 창에서
별빛이 비치는 바닥에서 울부짖는 **여인의 모습**(방점 부분은 복
자伏字)은 저녁 무렵 그대로 웅크리고 있었다. (⋯⋯) **여인은 모
친의 시체**를 껴안은 채 놓지 았았다. 한 병사가 **그녀의 팔을 비틀
어 올려 모친의 시체**를 떼어 놓았고, 그들은 그대로 질질 여인의
하반신을 바닥에 끌면서 출입구 바깥까지 끌고 왔다./"에이, 에
이, 에잇!" 마치 미쳐버린 듯 새된 고함을 지르며 히라오는 **총
검으로 여인의 가슴** 근처를 세 번 찔렀다. 다른 병사들도 각자 **단
검으로 머리든 배든 가리지 않고 마구 찔렀다.** 10초쯤 지나자. 여인
은 **살아 있지 않았다.** 그녀는 평평한 한 장의 이불처럼 흐물흐물
흙 위에 가로누웠고, 흥분한 병사들의 달아오른 얼굴에서 **생생한**

피 냄새가 후텁지근하게 풍겨 나왔다./ (……) 흥분한 병사들이 침을 뱉고 뱉으며 참호로 놀아왔을 때 가사하라 하사는 참호 바닥 쪽에 책상다리를 하고 앉아 담배를 피면서 웃음 머금은 소리로 지껄였다. "쓸데없는 짓을 했구나, 정말!" 그 한마디가 얼마나 구라타 소위의 고통을 덜어주었는지 모른다.

살해당한 여인의 딸 울음소리에 안절부절못하며 맨 먼저 총검으로 찌른 일등병의 심경을 이시카와 타츠조는 문학어를 빌려 이렇게 썼다. 딸을 찌른 것은 "고통에서 도망치려는 필사의 본능적인 노력이고 유일한 혈로임과 동시에 로맨틱한 **기학**(嗜虐)**적 심리**이기도 했다. 다만 한 가지, 그가 가장 기뻤던 것은 4, 5명의 병사들이 그와 함께 **여인을 죽여** 준 것이었다. 그는 눈물이 나도록 그 병사들을 고맙게 생각했다." 인용이 길어졌다. 옮겨 쓰는 일이 정말 싫다. 참을 수 없다. 하지만 뭔가 마음에 걸려 어쩔 수 없다. 말이 너무 많은지도 모르겠다. 나는 작가가 이것을 열심히 쓰면서 이른바 '필링 하이' 상태가 되어 있었다는 생각이 든다. 마약이라도 한 것처럼. 자기도취감이 없지도 않다. 열흘간 "밤잠도 자지 않고"(문고 해설) 이시카와로 하여금 쓰게 만든 격정은 반전反戰의 정의감에서 나왔을까. 나는 크게 의심스럽다. 작가도 또한 침략 전쟁의 '기세'에 눌리고 악귀의 미친 잔치에 홀려 있었던 게 아닐까.

6. 인마 모두 멸시

　이런 얘기도 있다. "일본 병사들이 가장 평화로운 마음의 안정을 느끼는 것은 그렇게 해서 지나인과 떠듬떠듬 얘기를 나눌 때였다. 그러나 그런 평화로운 시간에도 지나인을 경멸하는 마음이 좀체 없어지지 않고 완강하고 깊은 뿌리를 그들의 마음속 깊은 곳에 남기고 있었다." 여기에도 '왜'는 없다. 아 프리오리한 경멸이다. 그것은 사람만이 아니라 '지나 말(馬)'에 대해서도 그랬다. "키가 작고 다리의 털이 더부룩한, 정말 땅딸막하고 볼품없는 우둔한 모습이었는데, 병사들은 얼마나 큰 도움이 됐는지 알 수 없었다. 그리고 적국의 말에 그들은 역시 애정을 품을 수 없는 것 같았다. 지나 말에 대해서는 얼마든지 학대를 하고 쓰러지면 그대로 버린 뒤 돌아보지 않았다." 그렇다면 유명한 군가 〈토비행討匪行〉(야기누마 다케오八木沼丈夫 작사, 후지와라 요시에藤原義江 작곡)의 2절 "우는 소리도 아주 끊어져/ 쓰러진 말의 갈기를/ 유품이라 지금은 헤어질 수 없네/ 유품이라 지금은 헤어질 수 없네"의 '쓰러진 말'은 중국의 말이 아니라, 물론 일본의 군마였을 것이다. 일본의 말이면 행군 중에 지쳐 쓰러져서 숨을 거두면 정성스레 묻고 갈기를 잘라 유품으로 삼는다는 것을 상정하고 이 가사는 만들어졌다. 〈토비행〉에는 중국의 말도 나오지만 '지나 말'로도 불리지 않는다. 그러면 무엇으로 불리고 있었을까. '적마賊馬'다. 〈토비행〉 8절은 "오늘 산골짜기의 여명/ 가늘고 희미하게 솟는 연기/ 적마가 풀을 먹는 게 보인다/ 적마가 풀을 먹는 게 보인다"라고 되어 있다.

중국의 대지에서 느긋하게 풀을 뜯어 먹는 것은 중국의 말이든 일본의 말이든 말은 말이니, 그냥 '말'이라 해도 좋지 않은가. 나는 어렴풋이 그런 생각이 든다.

하지만 그건 안 된다. 쳐들어 온 강도처럼 대거 침략해 온 일본군에 대해 중국의 항일 게릴라가 저항하는 것은 당연한 일이지만, 게릴라나 유격대는 '황군'에 의해 '비적匪賊'이라 불렸고, 그들의 말(또는 그들과 말)은 '적마'라는 멸칭으로 불렸다. 11절은 "메아리치는 포 소리/ 홀연히 울리는 함성/ 들판의 풀을 붉게 물들인다/ 들판의 풀을 붉게 물들인다"로, 용감한 전투 장면이다. 그리고 12절은 "적마와 함께 쓰러져 누웠네/ 불타오르는 산골 집/ 비치는 해 찬란한 오늘 아침/ 비치는 해 찬란한 오늘 아침"이다. 이 경우의 '적마'는 중국 유격대원과 그 '지나 말'을 가리킨다. 일본군의 공격으로 '적마'와 함께 쓰러져 중국의 대지가 피로 물드는데, '황군' 장병의 기분은 상쾌하고 하늘은 맑아 "비치는 해 찬란한 오늘 아침"인 것이다. 어떻게 이렇게 됐는가. 어쩌다가 이렇게도 일본이라는 것은 단지 일본일 수밖에 없는가. 왜 이토록 제멋대로인가.

7. 도착적인 우월 민족 관념

덧붙여서 5절은 "어쨌든 해 뜨는 곳(日の本)의/ 나는 예전부터 무사/ 풀 자라는 주검 후회 없다/ 풀 자라는 주검 후회 없다." 왜 죽어도 후회 없는가. 일본이고 일본인ㅅ인 것, 그것 자

체의 이유 없는 카타르시스. 그것은 그러나 반드시 죽음을 감수해야 했다. 일본은 하나로 뭉친다. "우러러 보는 미이츠(御稜威)의 깃발 아래"(13절)로 뭉친다. '미이츠'를 위해 풀 자라는 주검이 된다. 미이츠(御稜威)는 천황의 위광威光이다. 그 깃발 아래 예외 없이 복종한다. 그 주변에서 죽어야 한다고 한다. 왜인가. 왜 뿔뿔이 흩어지지 않는가. 왜 거기서 도망치지 않는가. 대의 없는 침략을 왜 거부하지 않았는가. 왜 이토록 예외가 없는가. 14절 "적에게는 어김없이 유해에/ 꽃을 바치네 정성스레/ 싱안링(興安嶺)이여 그럼 안녕/ 싱안링이여 그럼 안녕." 거짓말 좀 작작해, 라고 하고 싶어진다. 항일 게릴라의 시체에도 꽃을 바치고 정성스레 묻었던가. 그런 일이 전혀 없었던 것은 아닐지도 모르겠다. 하지만 중국 침략 일본군의 극히 일반적인 행위로 약탈, 강간은 지겹도록 알려져 있지만 전투원과 비전투원 구별 없이 중국인 희생자들에게 헌화하고 정성껏 애도했다는 얘기는 과문한 탓인지 들어 본 적이 없다. 싱안링은 중국 동북부의 산맥으로, 일반적으로는 남북으로 달리는 대싱안링(大興安嶺)을 가리킨다. '고안레이'*라고 편하게 부르지만 이건 외국의 산이지 일본의 산이 아니다. 야로지다이와 도착적倒着的인 우월 민족 관념은 15절에서 다시 한 번 명명백백해진다. "아시아에 나라를 세우는 우리 일본/ 왕사王師 한번 건너가면/ 만몽滿蒙의 어둠 활짝 갠다/ 만몽의 어둠 활짝 갠다." 왕사란

---

* 싱안링의 일본식 발음.

천황의 군대다. 만몽은 예전에 중국의 만주와 내몽골을 가리키는 말이었다. 아시아의 패자는 우리 일본이고, 그 '황군'이 가면 '만몽'의 혼미는 일거에 해결된다고 우쭐해 하는 게 역력하다.

〈토비행〉은 중국의 항일 게릴라 토벌에 동원된 일본군 부대의 행군과 전투를 노래한 군가다. 곡조가 어딘가 애조를 띠고 있지만 본질적으로 반전도 염전도 아니며, 적과 우리 편('우리'와 '타자')을 확연히 나누고, 우리 편은 인마人馬 모두 미화하며 적은 인마 모두 증오하고 깔본다. 관동군 소령이었던 야기누마 다케오가 만든 가사에 "우리의 테너"로 절대적인 인기를 끌었던 오페라 가수 후지와라 요시에가 홀딱 반해서, 만주사변 이듬해인 1932년에 관동군 위촉으로 기꺼이 삭곡했을 뿐만 아니라 레코딩에서도 후지와라 자신이 직접 노래해 큰 화제가 됐다. 전주前奏에는 〈기미가요〉를 섞어 넣었는데, 후지와라는 눈물샘을 자극하는 기막히게 고운 목소리로 불렀다. 독자들도 한 번 후지와라 요시에의 〈토비행〉을 들어보기 바란다. 거기에는 안타까울 정도로 이루 말할 수 없는, 굳이 말하자면 일본 밀리터리즘의 사타구니에서 나는 냄새 같은 것이 떠돈다. 남자의 '오르가즘'까지 상기시키는 후지와라의 그 목소리는 예전에 마르크스주의자들조차 삼켜버린 일본 군국주의의 거짓 외피, 그리고 천황제 지배를 축으로 한 '죽음과 폭력'의 내실―"실질적인 최대의 비도덕과 형식적인 최고의 도덕"(후지타 쇼조)이 멋진 상호보완을 통해 '비도적적 도덕국가'(후지타 쇼조)를 형성한 시대의 산물이었다. 그러나 관동군은 어땠을지 모르겠으나, 후지와라로서는 '선의'였지 '악의'는 추호도 없었을 것이다. 후지와라에게는 또한 〈토비행〉의 가사에 대한 '왜'도 절망적이게도 없었다.

8. 왜·왜·왜

그런데 옛날이야기 「모모타로」는 도깨비 퇴치의 영웅이지만 아쿠타가와 류노스케의 단편 「모모타로」(1924)는 그렇지 않다. 갈데없는 악당이다. 하인이 된 개, 원숭이, 꿩도 서로 경멸하며 정말 사이가 좋지 않다. 그들이 정벌하러 간 도깨비 섬은 세간에서 생각하고 있는 험악한 곳이 아니라 실은 아름다운 '천연의 낙토'로, 도깨비들은 평화를 더할 나위 없이 사랑하면서 살고 있었다. 모모타로는 그럼에도 '히노마루 부채'를 흔들며 개, 원숭이, 꿩에게 호령한다. "전진! 전진! 도깨비란 도깨비는 찾아내는 대로 하나도 남김없이 죽여 버려!" '모모타로 부대'는 평화로운 도깨비 섬을 일방적으로 침략해서 도망치려고 우왕좌왕하는 도깨비들을 뒤쫓아가 개는 젊은 도깨비들을 물어서 죽이고, 꿩은 날카로운 부리로 도깨비 아이들을 쪼아서 죽인다. 원숭이는 원숭이대로 "우리 인간과 친척 동지 사이인 만큼"이라고 아쿠타가와는 비꼬듯 서론을 늘어놓으며 "도깨비 아가씨를 교살하기 전에 반드시 능욕을 자행했다"는 것이다. 이 작품이 쓰인 것은 난징 대학살보다 13년이나 더 전의 일이다. 아쿠타가와는 13년 뒤를 예감한 것일까. 나는 아니라고 생각한다. 난징 대학살의 '원형'은 1937년보다 훨씬 더 전에 있었을 것이다.

도처에 도깨비 주검들이 흩어져 있는 도깨비 섬에서 모모타로 일행은 꽃도 바치지 않고 정성스레 묻지도 않고 도깨비 추장에게 엄숙하게 말한다. 보물은 모두 헌상하라. 아이들을 인질로 내어 놔라. 도깨비 추장은 말도 안 되는 요구를 받아들일 수밖에 없었으나 평화로운 섬이 왜 침략을 당하고 이토록 포악하기 짝이 없는 일을 당했는지 납득이 가지 않아, 벌벌 떨며 모모타로에게 그 '왜'를 묻는다. 당연하다. "우리는 여러분에게 뭔가 무례한 짓을 했기 때문에 정벌을 당한 것이라고 알고 있습니다. (……) 그것이 무례인 까닭에 대해 가르쳐 주실 수 없겠습니까?" 모모타로는 느긋하게 고개를 끄덕이며 말한다. "일본 제일의 모모타로는 개, 원숭이, 꿩 세 마리의 충성스럽고 의로운 자들을 부하로 삼았기 때문에 도깨비 섬을 정벌하러 온 것이다." 이건 대답이 아니다. 내게는 이런 뒤틀린 비합리가 흥미롭다. 과연 아쿠타가와다. 모모타로(일본)에게는 애초에 정벌을 정당화할 수 있는 이유가 없었고, 또한 합리적인 설명을 할 필요도 느끼지 못하기 때문에 살아남은 도깨비들(타자)의 '왜?' 자체를 전혀 이해할 수 없는 것이다. 모모타로는 다시 질문한 도깨비들에게 말한다. "그래도 아직 모르겠다면, 너희들도 모조리 죽여 버리겠다."

아쿠타가와에 따르면, "그러나 모모타로가 반드시 행복하게 일생을 보낸 것은 아닌 듯"하다. 도깨비 아이들은 자라서 제 몫을 하게 되자 망을 보는 꿩을 물어 죽이고 도깨비 섬으로 도망쳤을 뿐만 아니라 도깨비 섬에서 살아남은 도깨비들이 종종 바다를 건너와 모모타로 집에 불을 지르거나 자고 있는 그의 목을 베려고 했다. 테러 사건이 잇따르게 된 것이다. "고요한 도깨비 섬 해변에는 아름다운 열대의 달빛을 받으며 젊은 도깨비 대여섯이 도깨비 섬의 독립을 꾀하기 위해 야자열매에 폭탄을 설치하고 있었다. (……) 묵묵히, 그러나 기쁜 듯이 찻잔만한 눈동자를 빛내면서"라는 등, 아쿠타가와 판 「모모타로」의 종반에는 내 눈을 의심할 만한 장면, 즉 폭탄 테러를 준비하는 모습을 묘사하고 있다. 게다가 새로운 모모타로가 잇따라 복숭아 열매에서 태어나는 것을 마지막으로 암시하면서 그 암담한 이야기는 끝난다.

시대가 다르다. 작가도 다르다. 하지만, 어떨까, 아쿠타가와의 「모모타로」에는 어이없는 감정의 고양이나 역겨운 자기도취 등은 없다. 거꾸로 유린당한 자(타자)의 슬픈 '눈'과 그것을 통해 보이는 세상이 있다. 오히려 그것을 전제로 이야기가 짜여 있다. 이시카와 타츠조 판 '모모타로'=『살아 있는 군대』와는, 말할 것도 없이, 천양지차가 있다. 아쿠타가와에게는 어떻게 그것이 가능했을까. 곰곰이 생각해 보니 잊고 있던 말이 떠올랐다. "아, 모두가 적의 악, 전쟁의 악 탓이라고 단정할 수 있다면 얼마나 좋을까." 이게 누구의 말이었던가.

9. 참새

어릴 때 몇 번인가 참새를 먹은 적이 있다. 내가 털을 뽑은 기억도 있다. 털을 뽑고 나면 털 뽑기 전의 절반 정도밖에 되지 않는 야윈 포도색의 초라한 새의 피부가 눅눅한 흙냄새와 함께 드러난다. 등 뒤로 철썩 철썩 삼복철 파도소리를 들으며 칼로 참새의 배를 가른다. 루비나 비취 조각과 같은 작은 내장이 반짝이며 제각각 쏟아져 나온다. 풍로를 돌려 구웠다. 설탕을 넣은 간장을 발라 거의 뼈밖에 남지 않은 참새를 입에 넣고 핥았다. 하늘에서 솔개 소리가 들려온다. 쪼끄만 고기는 흙 묻은 생쌀 맛이 났다. 정신을 차리고 보니 조금 전까지 있던 아버지가 거기에 없었다. 아버지가 참새를 처리하거나 먹고 있는 것을 본 적이 없다. 참새는 단층집 주택 지붕이나 전선에 앉아 있는 것을 공기총으로 쏜다. 나는 한 번도 맞힌 적이 없다. "이리 줘……" 하고 아버지가 저음으로 말했고, 총을 건넨 순간 아버지의 얼굴이 납빛으로 변했다. 서서쏘기였다. 사격자세 때는 얼굴의 반밖에 보이지 않는다. 광대뼈를 총신 뒤쪽에 대고 조준간을 들여다보는 그 남자는 전혀 낯선 얼굴이었다. 남자는 어깨에서 스윽 힘을 빼고는 어느새 숨결을 파충류처럼 누르고 쥐색 공기 속으로 몸을 녹여 넣었다. 가늠쇠 앞을 노려본다기보다 너무 무표정할 정도로 조용히 보고 있다. 남자의 표적이 된 참새는 맞기를 기다리고 있는 듯 움직임을 멈췄다. 남자는 표적을 놓친 적이 거의 없었다.

납탄을 맞은 참새는 솜털을 요란하게 흩뿌리며 부리를 반쯤 벌리고 기와지붕을 데굴데굴 굴러 떨어진다. 아버지는 죽은 참새를 쳐다보지도 않고 진득하고 무거운 공기를 뒤로 한 채 말없이 어디론가 사라졌다. 머리나 목, 눈이 꿰뚫린 참새도 있었다. 나는 참새를 주워 복잡한 심정으로 털을 뽑았다. 구워서 생쌀 냄새나는 그것을 먹었다. 그 사람, 아버지는 가늠쇠 앞의 무엇을 실제로 보고 있었을까. 예전에 총을 조준한 적이 있는 과거의 '표적'을 보고 있었던 게 아닐까. 그 남자가 쏜 참새를 먹고 나는 아버지의 과거와 연결됐다―어른이 되고 나서 그렇게 생각했다. 아버지와는 냇가나 하구에서 곧잘 낚시를 했다. 남자의 낚시에는 어이없는 특징이 있었다. 그는 그 특징을 한 번도 바꾸려고 하지 않았다. 전혀 물고기를 낚지 못하더라도 낚는 장소를 바꿔 보려 하지 않았던 것이다. 여기에는 물고기가 없다. 장소를 바꾸자. 그렇게 제안을 해도 아버지는 수면을 내려다본 채 대답도 하지 않았다. 곁눈질로 보면 얼굴이 굳어 있었다. 노기를 품은 채, 또는 뭔가에 홀린 표정으로 그의 몸과 그의 시간은 낚싯대를 쥔 채 주변 공기와 함께 얼어붙어 있었다. 몇 시간이나 낚지 못하는 낚시를 하고 납처럼 언짢은 기분으로 남자와 나는 자전거 페달을 저으며 집으로 돌아갔다. 아버지는 시선을 고정한 채 물끄러미 보고 있었다. 파친코에서도 마찬가지였다. 아버지는 곧잘 파친코를 했다. 제대 뒤의 인생, 믿을 수 없을 만큼 긴 시간을 아버지는 파친코 가게에서 보냈다. 아무리 쳐도 구슬이 나오지 않는 파친코대臺에서 구슬이 잘 나올지 모르는 다른 대로 옮기려고 하지 않았다.

10. 따귀 때리기와 참수

  그는 상당한 빚을 졌다. 당시의 말로 '사라킨'(샐러리맨 금융)에서도 돈을 빌렸다. 그러고는 구슬이 나오지 않는 대로 파친코를 계속했다. 그에게는 파친코로 돈을 따겠다는 생각 따위는 전혀 없었던 것 같다. 아주 드물게 구슬을 많이 따기라도 하면 아버지는 그것으로 빚에 전혀 어울리지 않는 동물 봉제인형 등을 받아와 어머니를 기쁘게 했다. 나는 가끔 옆에서 그를 지켜봤다. 남자는 파친코대의 유리 너머 바쁘게 돌아가는 구슬의 움직임이 아니라 뭔가를 멍하니 바라보다가 유리에 뭔가 비쳤는지 가끔 놀란 듯 숨을 삼켰다. 혈관에 납이라도 흐르고 있는 것처럼 옆얼굴이 굳어지고 언제나 말이 없었다. 나는 말을 걸 수 없었다. 그는 필로폰은 별로 하지 않은 것 같다. 따라서 필로폰에 취해 날뛴 적은 없었다. 하지만 그 남자는 어머니를 자주 때렸다. 이유는 잘 모르겠다. 나도 자주 맞았다. 얼굴을 자주 맞았다. 홋타 요시에의 『시간』에 이런 구절이 있다. 주인공인 중국인의 '황군' 장병 관찰이다.

  "일본군은 그들 상호간에도 그렇지만 왜 그렇게 머리, 그리고 특히 얼굴 때리는 걸 좋아하는 걸까. (……) 일본군이 난폭한 이유는 그들이 병사로서의 정당한 명예심이나 타고난 용기를 정당하게 평가받지 못하고, 밤낮 조직적으로 모욕당하고 있기 때문인 것으로 생각된다""현관에서 당번병을 데리고 중위가 나왔다. (……) 일어나서 깊이 머리를 숙인다. 안 그러면 당번병이 누구랄 것도 없이 얼굴을 때린다. 일본인은 얼굴 때리기를 정말 좋아했다." 이건 따귀 때리기다. 주먹을 꽉 쥔 뜻밖의 펀치는 아니다. 끊임없는 손바닥 때리기다. 처음 그 글을 읽었을 때, 지극히 단순한 묘사고 아무런 의외성도 없는데 얼굴이 화끈거리고 가슴이 두근거렸다. 나는 일본인 일반, 일본병 일반이 아니라 반사적으로 아버지를 생각했던 것이다. 하지만 『시간』이 얘기하는 따귀의 이유는 아버지의 따귀나 천황제와 마찬가지로 충분히 납득이 가지 않는다. 살육, 약탈, 강간, 방화…… 등에 비하면 따귀 정도는 별것도 아닐 것이다. 그렇다면 그럴 수 있을지도 모르겠다. 하지만 참수만이 아니라 아무렇지도 않게 따귀에 주목하는 것이 훗타의 뛰어난 시력이라고 나는 생각한다.

『시간』은 주인공을 중국인으로 설정해서 일본병을 관찰하게 함으로써 일본인을 용서 없이 대자화對自化했던(하게 만든) 것이다. 일본인 앞에 거대한 거울을 세워 놓고 자신들의 과거를 응시하게 한 것이다. 『시간』이 일본에서 그다지 높은 평가를 받지 못한 것은 평자들도 거울 속의 자신이나 아버지들의 명백한 부끄러움을 보고 싶지 않았기 때문일지도 모른다. 용기를 내서 『시간』의 거울을 응시해 본다. 그러자 베어진 머리만이 아니다. 이런 장면도 나온다. 강간이나 약탈을 위해 빼앗은 난징 저택의, 아마도 아름다운 융단 위에서 일본병 두 사람이 나란히 똥을 눈다. 두 사람 모두 하반신을 벗은 상태. 무시무시한 악취. 바깥에는 '예리한 낫과 같은 달'이 걸려 있다. 훗타는 똥을 누는 이유도 그 지독한 야만도 자세히 쓰지 않고 "일본군의 별 휘장이 '짐승의 휘장'으로 보였다"고만 썼다. 그것으로 충분하다. 제대하고 온 아버지는 고국의 파친코대 유리에서 도 내체 무엇을 보고 있었을까. 아버지가 쏘아 죽인 참새를 먹은 나는 병사로 중국에 가 있던 아버지에 관한 상상을 스스로 강 하게 억누르고 있었는데, 어쩔 수 없이 몇 번이나 그 금지선을 넘어 상상을 하고 말았다.

11. 불가촉의 절대광경

어렸을 때 저 남자를, 아버지를, 죽이고 싶었던 적이 있다. 더 정확하게 얘기하면, 아버지를 **죽여드리려고** 생각한 적이 있 다. 아무도 없는 강 하구에서 영원히 낚을 수 없는 낚시를 하고 있었을 때도 한순간 살의가 솟구쳤다. 그도 그렇게 되기를 바 라지 않는 듯 바라고 있었던 것 같은 느낌도 든다. 그러나 죽이 지 않았다. 그는 이미 (적어도 부분적으로는) 죽어 있었기 때문 이다. 아버지는 가끔 중병에 걸린 개와 같은 눈을 하고 있었다. 눈을 부릅뜬 채 옆으로 쓰러져 하수구를 떠내려가는 죽은 짐 승 같은 얼굴. 그런 눈은 전쟁의 시간을 살아가야 했던 인간으 로서 어쩐지 있는 그대로의 모습이라는 생각도 들어 무서웠으 나 반드시 싫지는 않았다. 이 사람은 도대체 무슨 짓을 하고 온 것인가. 무엇을 보고 온 것인가. 그런 의문들에 대해 결국 질문 을 던지지 못했던 내게도, 그것을 불문에 붙임으로써 상처를 피하려는 교활한 의도가 어딘가에 있었던 것이고, 끝내 말하지 않았던 아버지와 끝내 직접 물어보지 않았던 나는 아마도 같은 죄를 지은 것이리라. 묻지 않은 것―말하지 않은 것. 많은 경우 거기에서 전후 정신의 괴이쩍은 균형이 유지되고 있었다. 내친김에 얘기하자면, 그것은 그 정도로도 상관없었으나, 저 사람의 입에서 분명 '인간성'이라는, 패전 뒤 매우 조심성 없이 사용된 그 말을 한 번도 들은 적이 없다. 말할 수 있는 사이가 아니라고 생각했는지 아닌지는 알 수 없다. 다만 나로서는 '인간성' 같은 말을 전쟁이 끝난 뒤 돌아온 그로부터 듣지 않아서 좋았다고 내심 생각하고 있다. '인간성' 같은 말을 무심코 입밖에 내지 않는 '기억'과 '절조' 정도는 그도 가까스로 지키고 있었다. 나는 그렇게 생각하고 싶었다.

출정하고 나서 계속, 전후까지 포함해서 모든 게 망가져 있었다……고 하는 듯한 의미의 말을 죽기 며칠 전에 아버지는 내게 했다. 즐거웠던 건 학생 시절 보트부 동아리의 부원으로 스미다 강에서 보트를 젓고 있었을 때뿐. 제대 뒤 40년 이상 근무했던 지방지 기자 시절 일들에 대해서는 한마디도 하지 않았다. 전시 중만이 아니라 전후에도 실은 아무것도 즐거울 게 없었다. 그런 얘기를 띄엄띄엄 신음하듯 쏟아냈다. 다시 물었다. 전후에도 즐겁지 않았다고? 미이라처럼 야윈 그는 간신히 고개를 끄덕였다. 역시 그랬단 말인가…… 패전한 지 이미 반세기 넘는 세월이 지났기 때문에 나는 약간 의아하게 행각하면서도 동시에 막연히 납득하기도 했다. 나라에는 전후가 있었으나 그의 몸과 기억에는 완전한 전후는 없었을 것이다. "스누데, 스누데……" 아버지는 쉰 목청으로 헛소리를 했다. "스누데……" 처음엔 무슨 소린지 알지 못했다. 어머니가 부탁인데, 제발 그런 소리 하지 말라고 아버지에게 울먹이는 소리로 간청했다. "스누데……" 옛날 이시노마키 사투리로 "죽고 싶다"였다. 그는 이미 곧 떠나야 한다는 것을 알고 있었기에 "스누데……"를 되풀이했다. 병들고 나서부터가 아니라 제대하고 온 뒤부터 늘 간헐적으로 "스누데……"를 계속 중얼거리고 있었는지도 모른다. 병원에서 돌아오는 길에 어떤 말이 문득 튀어나왔다. "아, 모든 것이 적의 악, 전쟁의 악 때문이라고 잘라 말할 수 있다면 얼마나 좋을까." 땅거미가 지는 가운데 심호흡을 하면서 그 말을 더듬거렸다. 그 말의 밑바탕에 봐서는 안 될, 알아서는 안 될 광경이 펼쳐져 있다는 것을 그 무렵에 나는 알고 있었다. 그것은 누구도 손댈 수 없는 절대적 광경이었다. 나는 잔혹하게도 거기로 아버지를 몰아세워 보기도 했다.

12. "츠오 리 마!"

실은 그 광경에도 어렴풋한 기시감이 있다. 왜 그럴까. 본 것이 아니라 같은 종류의 장면에 관해 언젠가 얻어 들었던 것이 있기 때문인가. 중일전쟁 때의 몹시 더웠던 어느 여름 보리밭이 펼쳐진 중국의 시골 마을에서 방화로도 의심되는 불이 잇따라 일어났다. 거기에 주둔하고 있던 일본군 부대가 '밀정' 혐의로 모자 두 사람을 붙잡아 왔다. 품위 있는 용모의 사십대 어머니와 이십대 나이의 아들이었다. 두 사람은 농민이라 주장하지만 출산한 지 사흘도 지나지 않은 산모를 강간한 적도 있는 '강간쟁이' 상등병이 하나의 간계를 부대장에게 제안했다. 모자에게 성교를 하게 해보자는 것이었다. 부대장이 동의했다. 병사들이 총검을 들이대고 옷을 벗으라고 윽박질렀다. 아들은 명령에 따르면 석방해 줄 거냐고 필사적으로 대장에게 물었고, 부대장은 한다면 허락해 주겠다며 고개를 끄덕였다. 일본군 병사들이 에워싸고 있는 가운데 어머니는 아들의 목숨을, 아들은 어머니의 목숨을 구해주고 싶다는 일념으로 성교를 실연할 수밖에 없었으나, 결국 일본군은 그들을 방화범으로 불태워 죽였다─이것은 다케다 타이준의 단편「니 에미를!」(1956)의 얘기다. 실화일 것이다. 봤다면 눈동자가 찌부러져 버릴 듯한 그 광경은 타이준 자신인 '나'의 눈으로 묘사된다. 두 사람이 연행되어 왔을 때 '나'는 자문한다. "'누군가가 그녀를 강간하겠지' 하고 나는 생각했다. '할까? 하고 싶어 하는 놈이 있을 거야. 하지만 아들이 있는데, 설마 할 수는 없을 거야. 그런데, 하고 싶어 하는 놈이 너무 많아, 오히려 하기 어려울까. 어쨌든 하지 않더라도 그냥 총을 쏴서 죽이는 건, 그렇게 간단하게 끝나지 않을 거야. 절대로, 천재일우의 기회니까.'"

부대장은 "내지의 농촌에서 관청 서기를 했던, 매우 옹졸한 남자"였다. '강간쟁이' 상등병 외에 "부대에서 가장 무능한 숯쟁이 출신 병사"와 "대원들의 물건을 태연하게 훔치는, 막일꾼 출신 병사", 그리고 오륙 명의 병사들이 모자를 에워쌌다. 옷을 벗긴 뒤의 광경을 '나'는 보지 못했다. "전혀 보지 않은 것은 아니지만, 거의 보지 않았다"고 하나 귀에는 동료들의 소란스러운 소리들이 들려오고 있었으므로 사태 진행은 싫지만 알 수 있었다. 푸줏간 출신의 '강간쟁이' 상등병은 "어쩐지 기분 나쁜, 상당히 악에 숙달된 악마일시라도, 깜박 잊어버린 듯 웃으며, 너무나 건강해 보이는 붉은 뺨의 근육을 풀었고" 자작농 출신의 이등병은 "잘 될 리 없어. 엄마야. 정말 심하네. 하라고 하는 게 무리야"라고 중얼거렸다. 공포와 굴욕감이 실연을 강요당하고 있는 모자로부터 '카키색 사람 울타리'에도 옮겨 붙었고, 두 사람을 중심으로 한 손댈 수 없는 절대광경이 쥐죽은 듯 조용해졌다. 돌연 그 상등병이 모자에게 욕을 퍼부었다. "츠오 리 마!"

13. 절망적인 질문

타이준에 따르면, '츠오 리 마'는 가장 일반적인 중국의 욕인 '타마더!(他媽的!)'의 상하이어판이라고 한다. '강간쟁이' 상등병 등은 상하이어권에 있었기 때문일 것이고, 상하이어로 모자를 욕하려 했을 것이다. 다케다 타이준은 피해야 할 본말전도와 벌린 입이 다물어지지 않는 그 몰염치에 대해 독자들에게 아무렇지도 않은 듯 주의를 촉구하고 있다. "그 무식한 푸줏간 출신 상병이 '츠오 리 마'의 진짜 의미를 알고 있었을 리가 없다. 가장 심한 욕이라는 건 알고 있었을 것이다. 그는 그저 '바카야로(바보 자식)'를 중국어로 내뱉을 작정이었던 것이다." 단편의 제목 「니 에미를!」은 여기서 따온 것이다. 다만 이건 너무 심한 말이어서 '니 에미를' 이하의 '범해라!'라는 비어를 생략했다. 그렇다 해도 '황군' 병사들이 총검을 들이대고, 세상에 이런 짓을 하다니, 모자 상간相姦을 강요하고, 오로지 서로의 목숨을 걱정해 거기에 따랐음에도 분신 살해를 당한 두 사람에 대해 '츠오 리 마'라고 욕하는 건 도대체 무슨 짓인가. 독자는 그런 생각을 할 것이다. 나도 그렇게 생각한다. 타이준은 여기에 주목해 추찰推察한다. 모자에게는 욕이 들렸을 것이다. 그런 생각을 하자 "차가운 것과 뜨거운 것이 내 등줄기에 스며들어 꿰뚫고 지나갔다"고 썼다. 이어서 "그들 모자야말로 일본병사들 조상 대대로의 어머니들을 더럽혀 줄 권리를 갖게 되지 않았는가. 그런데도 두 사람은 그 일본병들 중의 한 사람으로부터 '니 에미를!'이란 욕을 들었고 또 자신들이 글자 그대로 그 짓을 적의 눈앞에서 실행해야만 했던 것이다. 어찌해서 그런 역설적인 역전이 일어났을까"라고 누구에게라고도 할 것 없이 절망적인 질문을 던진다.

모자 상간의 강제와 두 사람의 분신 살해는 부대장의 명령으로 일어났다. '나'까지도 포함해서 병사들 중 누구도 명령을 거역하지 않았다. 거역할 수가 없었다. 그럴 생각도 하지 못했을 것이다. 왜냐하면 모두가 암기해야 했던 사실상의 성전聖典인 〈군인칙유〉가 이렇게 얘기하고 있기 때문이다. "하급자가 상관의 명을 받드는 것은 실은 바로 짐의 명을 받드는 것과 같다고 생각하라." 즉 모자 상간의 강제와 분신 살해도 결국 형식적 책임을 묻는다면 '바로 짐의 명을 받드는 것과 같은 것'으로 실행된 것이다. 단적으로 얘기해서, 천인공노할 이런 범죄는 논리적으로 보면 〈군인칙유〉가 최고의 '혼'이었던 구 일본군에게는 천황의 명령이었다고도 할 수 있다. 따라서 공동정범共同正犯자들과 그 윤리적 최고책임자가 누구인지는 불을 보듯 뻔하다. 그러나 작가는 「니 에미를!」에서 책임론은 한 줄도 쓰지 않았다.

14. '하늘의 테이프레코더'

책임론 대신에 "타오르는 뜨거운 태양 아래 하반신을 벗고 흙먼지투성이가 된 상태에서 두 사람의 내심에서 오간, 아무도 (그들 두 사람 자신들조차) 들을 수 없었던 대화"가 만일에 있었다면 '하늘의 테이프레코더'니 '신의 레이더'에는 어떻게 기록됐을까…… 하고 타이준은 추측하면서 무언의 모자에게 말하게 한다. 예컨대 어머니의 말, "우리는 무서운 어둠 속으로 잠겨들고 있다. 모든 사람의 도리, 사람의 가르침, 사람의 구원이 얼굴을 돌릴 수밖에 없는, 영원히 걷히지 않을 어둠의 밑바닥으로 굴러 떨어지려 하고 있다." 예컨대 아들의 말, "어머니, 나는 우리를 에워싸고 우리를 내려다보고 있는, 이 적들을 증오합니다. 그들을 살려 두고, 지상에 두는 관대함을 증오합니다."

여기서 나는 알아차린다. 인간의 모든 죄 중에서 가장 어두운 심연이 무엇인지에 대해 정신 똑바로 차리고 생각해야 한다. 전쟁·침략·살육·강간·약탈·방화·폭행·폭언…… 등의 검은 단어들이 한바탕 악귀의 원무圓舞처럼 가슴에서 소용돌이친다. 그런데 금방, 악귀가 짊어지고 있는 그 검은 단어들에는 살아 있는 개인 ―나― 의 가슴 깊숙한 곳까지, 예전에는 쪼개고 들어왔던 푸른빛의 도끼와 같은 충격력이 이젠 완전히 약해져 있다는 것을 느낀다. 검은 단어들에는 낡아빠진 나머지 이미 바람이 들어, 그것 자체로서는 윤리의 근원에 다가갈 수도 없게 되어 있다. 그 때문에 '하늘의 테이프레코더'가 녹음했을 것이라고 타이준이 가정한 어머니의 거짓이 아닌 내심의 말에 그 밖의 모든 허풍스러운 단어들이 나가떨어지게 되는 것이다. 어머니의 말, "아, 모든 것이 적의 악, 전쟁의 악 때문이라고 잘라 말할 수 있다면 얼마나 좋을까."

　여기서 우리는 이제까지 가장 쉽게 뛰어들 수 있었던 사상이나 정신의 피난처를 잃게 된다. 모든 것을 '전쟁' 탓으로 돌려 온 논법의 맹점에 노출된다. 전쟁이라는 명사가 아니어도 좋다. 천황제 파시즘, 군국주의, 국가주의, 전체주의……라는 말들의 실질적 내용 내지 레벨도 같은 것이다. "모든 것이 적의 악, 전쟁의 악 때문이라고 잘라 말할 수 있다면 얼마나 좋을까." 그대로다. 그러면 적의 악, 전쟁의 악 이외에 어떤 악의 심연이 있다는 것인가.「니 에미!」은 그것을 생각해 보도록 독자들이라기보다는 타이준 자신에게 촉구한다. '츠오 리 마'라는 가장 저열한 욕은 모자 상간을 강제당한 두 사람이 아니라 '대원수 폐하' 이하 일본 장병과 후방의 일본인들이야말로 그것을 들어야만 했다―라는, 말하자면 알기 쉬운 완결 방식을, 그러나, 나더러 얘기하라면, 세계적 걸작이라고 해야 할 단편은 그렇게 하지 않았다.

15. 아버지여, 당신은 어땠는가?

아, 실수했구나. 나는 그렇게 생각하고 있다. 나는 「니 에미를!」 이야기를 아버지와 한 적이 없다. 했어야 하는데. 내가 먼저 느긋하게 그리고 조용하게 「니 에미를!」에 대해 얘기를 꺼내고 함께 얘기했어야 했다. 나는 계속 그것을 피했다. 그는 도쿄외국어학교 지나어학과를 졸업하고 국책 통신사인 도메이(同盟)통신사에 입사한 뒤 출정해 화중華中의 전장으로 파병됐다. '츠오 리 마'의 정확한 발음도, 그것이 얼마나 악의에 찬 강렬한 욕인지도 나보다는 피부로 알고 있었을 것이다. 무엇보다 모자에게 성교를 강요하고, 게다가 그 뒤 연료를 끼얹어 불태워 죽인, 그보다 더한 것이 있을 수 없는 악마적 폭거 중의 폭거는 타이준이 있던 부대 이외에서도 자행했을 수 있는지 물었어야 했다. 아버지, 어때요, 당신은 들은 적이 있습니까. 본 적은 있습니까. 가담한 적이 있습니까. 그런 짓을 하게 한 것은 '전쟁'이라는 두 글자로 정리할 수 있는 것입니까. 당신은 저 역겨운 카키색 군복 울타리의 일원이었던 것은 아닙니까— 나는 결국 아무 질문도 하지 못했다. 만일에, 만일에 만의 만에 하나, 당신이 카키색 울타리를 친 병사들 중의 한 사람이었다면 당신은 울타리 안의 두 사람에게 무슨 짓을 하고, 무슨 생각을 하고, 무엇을 외쳤는가. 울타리를 무너뜨리고 해산하려 했는가. 만행을 그만두게 만들려고 어떻게든 고심했는가. 천박한 소리로 더 해, 더 해라며 떠들어댔는가. 내내 서서 웃는 척하면서 실은 소리를 죽이고 흐느껴 울었는가. 소리 내어 통곡했는가. "아, 모든 것이 적의 악, 전쟁의 악 때문이라고 잘라 말할 수 있다면 얼마나 좋을까"라는 어머니의 내심은 그것, 즉 전쟁 일반의 사태가 아니라 악의 심연에 실시간으로 내던져진 주체의, 뒤늦은 깨달음이 아닌 세밀한 모습을, 나나 당신 한 사람 한 사람의 몸짓과 음성 떨고 있는 모습을 매섭고 냉엄하게 묻고 있다. 거창한 말이 아니다. 자신이라는 세밀한 부분이야말로 중요하다. 나는 그렇게 생각한다. 그렇지 않으면 설사 지금이 표면적으로는 평화롭게 보이더라도 평화롭게 보이는 것만큼 우리 눈에는 결국 '캄캄한 밤'조차 보이지 않을 것이다.

여담이지만, 「니 에미를!」도 훗타의 『시간』과 마찬가지로, 이 나라에서는 특별히 높은 평가를 받았을 리 없다. 타이준의 대표작에는 『사마천』 「풍매화」 「반짝 이끼」가 반드시 거론되지만 「니 에미를!」은 마치 존재하지 않는 것 같은 취급을 받는다. 아니면 보되 보지 않는 척하거나 묵살한다. 일본의 치부가 적나라하게 드러나 있는 텍스트는 권력이 발매금지 처분을 하지 않더라도 뭔가 보이지 않는 힘이 작용해 상대하지 않거나 슬며시 무시하거나 논급을 회피하는 '방법'을 비권력자들도 습득하고 있다. 웬만한 일은 눈썹 하나 까딱 않는 가이코 타케시(開高健)조차 「니 에미를!」에 대해서는 돌연 엉거주춤하면서 "(……)거기에 쓰여 있는 사실의 절대성, 이계異界성에 대해서는 그저 침묵할 수밖에 없다. 문학의 '해설' 대상으로 취급하기에는 세 번이고 열 번이고 망설여진다. '풍요로움' '다양성' '광대함'의 다케다 타이준 씨는 사실이지만, 그 사실을 가리고 어떤 말을 생각해 내는 것은 피하고 싶어진다"(〈다케다 타이준 전집 제5권〉권말 해설)라며, 글자 그대로 난삽해지는 것이다. "사실의 절대성, 이계성" "문학의 '해설' 대상으로 취급하기에는 세 번이고 열 번이고 망설여진다"라고 말을 끝내면 얘기가 안 된다. 해설하는 데에도 망설여진다는 '이계성'은 타이준의 작품 이전에 일본 제국의 군대가 아시아 각지에서 전개한 사실이다. 그것이 문학의 해설에 어울리지 않는다면, 이 나라의 문학이라는 건 자신들이 열어젖힌 이계의 사실에 이미 물어 뜯겼다는 얘기가 아닐까.

16. 책임의 동심원

원이 무섭다. 예컨대 '카고메 카고메'*라는 유희에는 원이라는 것이 관계할 것이다. 어떻게 말해야 좋을지 모를 전율이 있다. 원에는 사람을 끌어들이는 자력磁力이 있는 걸까. 한 평면상에 정해진 한 점(중심)에서 일정한 거리에 있는 점 전체로 이뤄지는 도형(원주) 또는 거기에 에워싸인 평면의 부분에는 반드시 어떤 낌새가 있다. 원주에 둘러싸인 중심부의 공간에는 뭔가가 놓여 있는 것 같은 생각이 든다. 특히 사람들이 만드는 '울타리' 구도에는 아무래도 신경이 쓰인다. 사람이 마음에 들

---

* 아이들의 놀이로, 눈을 가리고 앉아 있는 술래 주위를 여러 명이 에워싸고 노래하며 돌다가 노래가 끝나 멈춰 섰을 때, 술래에게 자기 등 뒤에 있는 사람이 누구인지 알아맞히게 하는 놀이.

게 되면 속을 들여다보고 싶어 안달하게 된다. 그 극대의 예는 콜로세움(원형 투기장)일 것이고, 극소의 예는 '카고메 카고메'일까. 스트리트 파이트나 사고 내지 병으로 쓰러진 사람을 에워싸는 사람 울타리도 있을 것이다. 사람 울타리에는 그 중심(점)을 **응시하는** 원주와 **바라보이는** 점이 있다. 점이 원주를 뒤돌아보는 것은 보통 상정되어 있지 않다. 울타리는 매우 기이한 구도다. 일반적으로 원주를 형성하는 사람들 = '보는 사람들'은 그 '장場'의 사상事象의 주체로는 간주되지 않으며, 중심(점)에 있는 자 = '바라보이는 사람(사람들)'만이 그 '장'의 사상의 책임자 내지 당사자, 또는 '주역'이나 '주범'으로 간주될 듯하다. 하지만 이것은 원이나 울타리가 종종 사람들에게 안겨주는 부당한 착각일 뿐이다. 그 착각 때문에 중심(점)의 재난에 관여하고 싶지 않으면, 될 수 있는 한 바깥 둘레(외연)에 서서 중심(점)이 어찌 되어 가는지를 다른 사람 어깨 너머로라도 보지 않는 듯 말없이 바라보면 된다―라는 얄은 지혜를 발휘하기 쉽다. 하지만 책임의 원 구조는 '보는 사람들'이 중심(점)에서 아무리 멀리 떨어진 외연에 서 있더라도 죄와 책임을 물어야 할 서클 안에서 절대로 이탈할 수 없게 만든다. 상상할 수 없을 만큼 탄탄한 '책임의 동심원'을 구상한다면, 그 원은 사념思念의 깊이에 비례해서 확장되어 갈 것인데, 예컨대 「니 에미를!」에서는 모자 상간을 강제당한 두 사람을 빼고 억울한 자는 원 안에는 한 사람도 없게 된다.

그것을 다케다 타이준은 그 사건과 조우했을 때도, 그 체험을 「니 에미를!」로 작품화했을 때도 무겁게 의식할 수밖에 없지 않았을까. 그는 일본 병사들의 "카키색 사람 울타리" 속에 있었던 듯하다. 중심(점)에 가련한 모자를 둔 원주에 서 있으면서 타이준은 이런저런 생각을 했다. "카키색 사람 울타리"라는 말에 나는 눈이 간다. 제국육군의 군복 색이다. 기억이 혼란스럽다. 내 어머니는 그 색을 카키색이라고는 하지 않았지. 아버지도 어머니도 늘 그 색을 '국방색國防色'이라고 불렀지. 그것을 배워서 아이였던 나도 카키색은 '국방색'이라고 아무런 위화감도 없이 굳게 믿고 있었다. 솔직히 조금도 이상하다는 생각은 없었다. 언제부터 카키색이 국방색이 됐을까? 여기서 갑자기 생각이 도약한다. 사고가 튀어 오른다. 그런데 나와 어머니는 저 원주의 중심(점)이었던 적은 없지. 그런 일은 한순간이라도 상상한 적도 없다. 어머니와 나는 중인환시衆人環視리에 성교를 강요당한 적은 없으며, 그 뒤에 분신 살해당한 적도 없지. 당연한 일이다! 하지만 그게 당연한 것일까. 그렇지만도 않다는 것을 군이 확인하거나, 만일 그렇다면, 하고 가정하거나 하는 것은 이상한 짓일까. 그러나 사실의 한쪽 끝에서 모자 상간을 강제당한 뒤 분신 살해당한 어머니와 아들이 있고, 그 일과 관련이 있는 사람도 오늘날 아직 있을지도 모르는데, 성교를 강요당하지 않고 분신 살해당하지도 않는 것을 "당연하다!"고 정색하면서 모든 가설이나 연상을 거미줄 걷어내듯 깨끗하게 치워버리는 것은 어쩐지 이상하지 않은가.

17. 카고메 카고메

'카고메 카고메'의 원주 중심(점)에는 눈을 가린 '술래'(鬼, 귀신)가 웅크리고 있다. 울타리(를 만든 사람들)는 손을 잡고 노래를 부르면서 술래 주위를 돈다. "카고메 카고메 새장 속의 새는 언제 나가나 새벽에 두루미와 거북이 지친 뒤 정면이다 어렵쇼?" 노래가 끝나는 순간 울타리는 딱 움직임을 멈추고 술래는 자신의 바로 뒤에 누가 있는지를 알아맞히는 것이다. 제대로 지목당한 아이는, 내 기억으로는, 새 술래로 울타리 중심에 웅크리고 앉아 눈을 가려야 한다. 앞서 술래였던 아이를 포함한 울타리는 새 술래 주변을 다시 노래하며 돌기 시작한다. 원주의 누군가는 언젠가 중심(점)이 될 수 있고, 중심(점)도 언젠가는 다수자로서의 원주가 될 수 있다. 보는 자는 바라보이는 자로, 사람은 귀신(술래)으로, 귀신은 사람으로 바뀔 수 있다. 운명은 돌고 돈다…… 「니 에미를!」을 읽으면서 그런 것들이 뇌리를 스쳐간 적이 있다. 울타리는 그때 전원이 국방색 제복을 입고 있었다. 국방색 울타리는 그러나 누군가가 중심(점)의 술래와 교대하지도 않고 중심(점) 그 자체를 태워 버린다. 울타리는 암묵 속에 기억의 중심(점)을 없었던 것으로 한다. 깨끗이 잊어버린다.

그것이 오히려 더 무섭다. 마음에 걸린다. 「니 에미를!」을 몇 번이나 다시 읽는다. 모자 두 사람이 끌려 나왔을 때, 다케다 타이준에 따르면, 병사들은 "어떻게 죽일까" 하고 "부대장의 영단"이 어디로 튈지 상상했는데, "죽이지 말고 둘 것이라는, 또 하나의 예감 따위는 아무도 떠올리지 못했던" 상황이었다고 한다. 왜 그런지는 설명되어 있지 않다. 말은 하지 않았지만, 이제까지도 그러했으므로 이번에도 그렇겠지 ─ 라는 경험칙과 '상식'이 암시되고 있었을 뿐이다. 부대장이 병사들에게 더듬거리며 명령한다. "자, 누구냐. 그 두 사람에게 사이코 사이코 시켜. 재미있어. 누구냐 빨리, 자, 그 두 사람에게 사이코 사이코 시켜. 정말 재미있어." 사이코 사이코가 무엇인가. 모르겠다. 모르지만, 알겠다. 그 부대장의 인격과 말투는 창작할 방법도 없어 이렇게밖에는 쓸 수가 없었다. 그것은 "그 부대장"에게 고유한 것이었을까. 거기에 대해서도 작가는 언급하지는 않는다. 다만 타이준 자신도 가담한 국방색 울타리에는 객관적으로 봐서 '선한 예외'를 찾으려 했으나 하나도 없었고, 그럼에도 그들의 언동이 전체적으로 '악'으로도 의식되고 있지 않았던 사실이, 과부족 없이, 오히려 악마적이라고까지 할 수 있는 숙달된 필치로 그려져 있다. 그 이상의 설명을 하는 것은 사족일 것이다. 독자들은 말문이 막히고, 목구멍 깊숙이 땅벌레처럼 울 수밖에 없다.

18. 절망의 제자리걸음

그 사건 15년 뒤, 작가는 「니 에미를!」 속에서 회상한다. "그들이 만일 유격대원이었다면 체포한 자를 바로 살해하는, 일본병의 수법을 잘 알고 있었을 것이다." 여기에는 "죽이지 않고 둘 것이라는, 또 하나의 예감 따위는 아무도 떠올리지 못했다"는 서술과 함께 '황군'의 일반적인 관습에 관한 중대한 정보가 아무렇지도 않게 적시되어 있다. '황군'은 붙잡은 자를 곧잘 죽인다는 관습이다. 타이준은 하지만 그것에 구애받지 않고, 성교를 강요당한 모자에 대한 기억을 다른 각도에서 제거해 보려 한다. "만일 그렇다면, 왜, 결정된 죽음을 앞두고 그 하기 어려운 행위를 할 필요가 있었을까." 일본병의 수법을 잘 알고 있는 중국의 유격대원이었다면, 모자 상간을 해 보이면서까지 목숨을 구걸했을까? 아무래도 이건 잔혹한 의문일 것이다. 성교를 하든 않든, 어쨌든 두 사람은 죽임을 당한다. 그렇다면 왜 금기를 범했을까―이것은 현장의, 저 국방색 울타리에 함께 있으면서 동료들의 용납하기 어려운 범죄를 그만두게 하려고도 하지 않았던 자에게는 애초에 물을 자격이 없는 의문이었을 뿐이다. 작가는 제자리를 맴돈 결과 "그렇다면 그들은 다만 어찌할 바를 몰랐던 가련한 농민들이었을지도 모른다"는, 아마도 처음부터 그렇게 직감하고 몇 번이나 거기로 돌아갔을 절망적 결론으로 다시 돌아간다.

하지만 잘 생각해 봐야 한다. 여기서의 조건이 케이스 A '항일 게릴라 모자'이거나, 케이스 B '어찌 할 바를 몰랐던(항일 게릴라가 아니라 다만) 가련한 농민 모자'이거나, 인간의 조건으로서 본질적인 차이는 없다. 타이준도 그것을 모를 리 없다. 케이스 A라면 모자 상간을 시키고 태워 죽여도 좋다. 국방색 울타리에도 약간은 할 말이 있다. 케이스 B라면 전시라고는 하나 불쌍한 짓을 한 것이다―그런 얘기가 아니다. 완전히 잘못

됐다. 케이스 A든 B든 "츠오 리 마(니 에미를 범해라!)"라고 욕할 충분한 권리도 자격도 가진 이는 그 원 안에서는 죽임을 당한 모자뿐이었는데, 울타리가 되어 구경하고 있던 야비한 일본 병사 한 사람한테서 하필 "츠 오 리 마"라는 욕을 듣는 건 얘기가 완전히 거꾸로 가는 것이다. "어떻게 이런 역설적인 역전이 일어났을까"라고 작가는 개탄하면서, 그 "어떻게"를, 실제로는 할 수 없었던 모자의 내심의 대화를 가정해서 그 속에서 어떻게 사고해야 할지 그 방도를 찾는다. 「니 에미를!」이 모두 실화냐, 사실의 핵심 내용을 토대로 한 창작이냐는 관점에 대해서는 나는 별로 관심이 없다. 다만 그런 상황 아래서 상등병에게 "츠오 리 마"라는 욕을 하게 하는 당돌하고 뒤틀린 줄거리의 세세한 부분은 그 현장에 있던 자가 아니면 제대로 쓸 수도 없다는 것 정도는 나도 알고 있다.

19. "전쟁이니까"라는 합리화를 부정

　「니 에미를!」은 일견 단순한 구조인 듯하지만, 실은 매우 어려운 플롯을 갖추고 독자들이 가슴 답답할 정도로 끝없는 상상을 재촉한다. 왜 어려운가 하면, 강제적 모자 상간도 분신 살해도 '이것이 전쟁이라는 거야' '전쟁이 인간성을 일그러뜨렸다' '일본 군국주의가 그랬다' '따라서 전쟁은 안 돼'—라는 패전 뒤에 만연했던 손바닥 뒤집기 식의 값싼 판단 원리와 논리 전개를 이 단편이 완강하게 거부하고 있기 때문이다. 실제로는 발성이 되지 않았던 어머니의 말―"아, 모든 것이 적의 악, 전쟁의 악 때문이라고 잘라 말할 수 있다면 얼마나 좋을까"―은 타이준 자신이 품고 있던 매우 주체적인 아포리아이기도 했다. 모든 것을 전쟁의 악 탓(또는 시스템이나 집단 또는 시대의 탓)으로 돌릴 수 있다면 「니 에미를!」의 결말은 더 간단히 마무리됐을 것이다. 하지만 그런 알기 쉬운, 그래서 어딘가 어정쩡한 결말은 작가 자신에게도 독자들에게도 용납할 수 없어서, 「니 에미를!」은 양자 모두를 아무리 가도 출구가 없는 미궁으로 끌고 간다. 내게는 이 미궁이 전시에서 전후로 오래도록 끊어진 틈도 단절도 없이 계속되고 있는 이 나라의 사상의, 타고난 '버릇(癖)'처럼 느껴진다. 미궁은 '미로'와는 아무래도 다른 것 같다. 버릇은 되풀이된다. 미궁labyrinth에서 중심을 탈출하려 할 때는 어떻게든 왔을 때와 같은 길을 되밟아가지 않으면 안 된다고 한다. '같은 길'이란 무엇인가. 나는 전율한다. 별것 아니지만 빠뜨릴 수 없는 기술이 두 군데 있다.

① "빙 둘러선 사람 울타리를 만든 병사들은 개구리를 짓밟아 죽이거나 새끼 고양이를 도랑에 던져 넣기도 하는, 아이들이 장난치는 기분으로, 오만하게 억지로 시키는 재미를 즐기고 있었음이 분명하다. 어떤 난폭한 부대일지라도 정말로 악마적인 남자는 서너 명 있을까 말까다."

② "많은 젊은 병사들은 나와 마찬가지로, 모두 자기 자신이 피투성이의 사형 집행인이거나 집행인이고 싶다는 생각을 딱히 한 것은 아니며, 그저 구경꾼, 입회인으로서 그 일에 임

하고 있었다."

　그렇게 말한다면 그럴 것이다. 그들 중 다수는 '아이들 장난치는 기분'이었을지도 모른다. 병사들 대다수는 '카고메 카고메'의 국방색 울타리였으나 '구경꾼' '입회인' 정도로 여겼을지도 모른다. 그런데(바로 그래서) 울타리 중심에 놓인 모자는 억지로 성교를 강요당했고, 결국 분신 살해당했다.

20. '진짜 악마적인 사내'

　책임은 누구에게 있을까. 어디에 있는 걸까. 그들은 "오만하게 억지로 시키는 재미를 즐기고 있었음이 분명했다"고 해도, 개개인이 책임을 면할 수 있을까. 책임을 묻지 않는다 해도 그것을 봤다는 기억에서 도망칠 수 있을까. 그렇지, 개개의 사건에 대해서는 공식적인 기록이 없지. 「니 에미를!」은 소설이고, 증언자도 없어. 가와니시 마사아키(川西正明)가 쓴 『다케다 타이준 전기』에 따르면, "타이준은 중일전쟁이 시작되자 곧 소집되어 상하이로 갔다. 1937년 가을에 상하이에 들어갔다는 것은, 상하이 공방전, 난징 공략전, 쉬저우 회전, 우한 회전 등 잇따른 전쟁에 참가했다는 걸 의미한다. 그 네 개의 작전은 근대 일본인이 싸운 최대의 전쟁이었다. 타이준은 그 가혹한 전쟁을 체험했다." 그리고 소집 해제는 1939년 가을. 지금까지 77년이라는 시간이 흘렀다. 이젠 된 것 아닌가. 시효가 끝나지 않왔나. 그렇게 받아넘기는 쪽도 틀림없이 적지 않을 것이다. 중국인 모자에게 성교를 강요하고 분신 살해한 사건은 연표에는 실리지 않는다. 실려 있지 않다. "근대의 일본인이 싸운 최대의 전쟁"에 대해서는 어느 정도의 기록이 있다. 그러나 "자, 누구냐. 그 두 사람에게 사이코 사이코 시켜. 재미있어. 누구냐 빨리, 자, 그 두 사람에게 사이코 시켜. 정말 재미있어"라고 병사들에게 명했던 "내지의 농촌에서 관청 서기를 했던, 매우 옹졸한" 부대장의 언동에 관해서는 전 세계에서 겨우 「니 에미를!」에만 실려 있을 뿐이다. 그러나 이 고서의 얼룩처럼 하찮은 기술이 상하이 공방전 등 "근대의 일본인이 싸운 최대의 전쟁"이라는 큰 기록보다도 내 가슴을 더 깊이 찌르고 들어 온 것은 왜일까. 골똘히 생각한다.

그 범죄의 책임을 만일 지금 굳이 묻는다 해도 "어떤 난폭한 부대일지라도 정말로 악마적인 남자는 서너 명 있을까 말까" 하다는 그 정말 악마적인 서너 명에게만 있을까. 단편에서는 '부대에서 가장 무능한 숯쟁이 출신 병사', 푸줏간 출신의 '강간쟁이 상등병', '대원의 물품을 태연하게 훔치는 날품팔이 일꾼 출신 병사'등이 그 서너 명에 해당할까. '나' = 타이준의 행동거지는 애매하다. 바지를 벗기는 데까지는 보고 있지만 눈을 돌린 걸까, 그 뒤는 모든 걸 보지는 않았다. 병사들의 소리가 들려왔을 테니 일이 어찌 되어 가는지는 알았을 것이다. 타이준은 진짜 악마적인 서너 명과 자신을 구별하면서 자신의 죄를 묻어버리고 싶었던 걸까. 그렇지는 않다. 만일 그랬다면 "모든 것이 적의 악, 전쟁의 악 때문이라고 잘라 말할 수 있다면,

얼마나 좋을까"라고 죽임을 당한 어머니에게 굳이 독백을 하게 하지는 않았을 것이다.

21. 공과 사사라

　제4장에서 "전장에서는 장병들은 적국 사람을 죽인다. 그것은 피할 수 없다. 전쟁이기 때문이다. 하지만 그 사실을 고백하는 작가는 별로 없다. 타이준은 그 사실을 고백한 흔치 않은 작가다"라는 문예평론가 가와니시 마사아키 씨의 말을 인용했다. '흔치 않은 작가' 중에는 다케다 타이준 외에, 역시 1937년에 입대한 히노 아시히라(日野葦平)도 있다는 사실도 기록해 둬야 한다. 아버지의 서가에는 다케다 타이준도 있었지만, 히노 아시히라의 책이 더 많았다. 『보리와 군대』『땅과 군대』『꽃과 군대』라는, 이른바 '군대 3부작' 외에 『꽃과 용』『슬픈 군대』 등이 타이준의 책과는 좀 떨어진 곳에 나란히 꽂혀 있었다. 그들 책의 서명과 숨 막힐 듯한 책 냄새를 결코 짙지는 않았던 아버지의 체취와 함께 지금까지도 기억하고 있다. 아버지는 타이준에게도 아시히라에게도 탐닉했던 것 같지는 않지만 글 중의 무언가를 찾고 있던 흔적이 있다. 고교생 무렵 아버지의 서가에서 쉬저우 회전으로 제목을 단 서간체의 전기戰記소설 『보리와 군대』(1938)를 꺼내 무심코 말미를 읽었을 때의 충격을 지금도 잊을 수 없다. '공'과 '사사라(籭)'가 눈에 확 들어왔다. 아래에 인용한 것은 아버지가 읽고 있던 단행본과는 다른,

1964년에 엮인 전집에 수록된 것이다.

안쪽의 벽돌담에 염주처럼 엮여 있던 세 명의 지나병을 네 댓 명의 일본 병사들이 위생소 바깥으로 데리고 나갔다. 패잔병은 한 명은 사십 정도로 보이는 병사였으나, 나머지 두 사람은 아직 스무 살도 되지 않은 걸로 보이는 젊은 병사들이었다. 물어보니 끝까지 항일에 힘쓸 뿐만 아니라 이쪽이 묻는 데에 아무 대답도 하지 않았고, 어깨를 으쓱 추켜올리고 다리를 들어 걷어차려고 했다. 심하게는 이쪽 병사에게 침을 뱉는 자도 있었다. 그래서 처분하겠다고 했다. 따라가 보니 마을에서 떨어진 넓은 보리밭이 나왔다. 여기는 어디로 가더라도 온통 보리밭이다. 전부터 준비해 두었던 듯, 보리를 베어내 약간 광장처럼 되어 있는 곳에 옆으로 길고 깊게 호가 파여져 있었다. 묶인 세 명의 지나병은 그 호 앞에 앉혀졌다. 뒤로 돌아간 한 명의 중사(曹長)가 군도를 빼들었다. 구호와 함께 내려치자 머리는 공처럼 튀었고 피가 사사라처럼 뿜어 올랐다. 세 사람의 지나병은 차례차례 죽어갔다.

나는 눈을 딴 데로 돌렸다. 나는 악마가 되어 있지는 않았다. 나는 그것을 알고 깊이 안도했다.

사사라는 가늘게 쪼갠 대 등을 큰 붓처럼 묶은 것으로, 냄비나 솥을 씻는데 사용한다. 공이든 사사라든 본 사람이 아니면 쉽게 묘사할 수 없는 말이긴 하다. 나는 어린 마음에 사사라의 형상은 곧 피가 머리에서 불꽃처럼 위로 기세 좋게 뿜어져 나오는 것이구나 하고 상상했다. 참수한 중사에 다시 아버지의 모습을 겹쳐 생각했다. 글 속의 '나'는 세 사람의 중국 병사 참수 광경에서 눈을 돌렸고, 그렇게 함으로써 "악마가 되어 있지는 않았다"고 흡족해 하면서 "깊이 안도했다"고 했으나, 내면의 그런 사정은 나로서는 도무지 이해하기 어려웠다. 아니 그렇다기보다 너무 제멋대로가 아닌가 생각했다. 눈을 돌렸으니 악마가 되지는 않았다는 논리에 감당하기 어려운 천박함을 느꼈으며, 그런 천박함이 이 나라에는 만연해 이 사회를 떠받치고 있는 게 아닌가 하는 안타까움을 느꼈다. 작중의 '나'는 히노 아시히라 그 사람이지만 내 망상 속에서는 아버지이기도 했는데, 두 사람을 확실히 구별하기는 어려웠고 마음은 복잡할 뿐이었다.

아시히라가 "나는 악마가 되지는 않았다"고 쓴 것은 『보리와 군대』 속의 5월 20일 일기에서 "나는 감정을 잃어버린 건가. 나는 악마가 된 것인가"라고 쓴 것을 토대로 한 기술이다. "지나병 주검이 산처럼 쌓여" 있는 곳을 행군해 와서 "내가 이 인간의 참상에 대해 잠시 애처로운 기분을 전혀 느끼지 못한 채 바라보고 있었다는 사실을 깨달았다. 나는 깜짝 놀랐다. 나는 감정을 잃어버린 걸까. 나는 악마가 된 것인가"라는 것이다. 이것에 뒤이은 술회에 눈이 간다. "나는 전장에서 몇 번이나 지나병을 내 손으로 쏘고, 베고 싶다고 생각했다. 또한 종종 내 손으로 쏘고, 베었다"고 적혀 있다. 히노 아시히라도 죽였던 것이다. 바로 이어서 "그러면 적국의 병사들 주검에 대해 애처롭다고 생각하는 것이 감상이다"라고 열을 올리며 말하기도 한다. 잘 알 수 없는 심정이지만, 아버지를 알려고 하지 않았던 것처럼 아시히라를 진지하게 이해하려는 생각도 없이 나는 아시히라를 내 기억에서 몰아내 잊어버렸고, 아시히라는 1960년 안보의 해 1월에 죽었다. 그 뒤 상당히 세월이 지나고 나서 그의 죽음이 자살이었다는 사실을 알고, 나는 다시 아버지와 아시히라를 겹쳐서 생각했다.

아버지는 1999년에 암이 간장으로 전이되어 세상을 떠났다. 숨을 거둔 날 밤 나는 지금이 아니라 나중에 아버지의 죽음이 무겁게 덮쳐오지 않을까 하고 예감했는데, 그것이 기억에 관한 것이라고는 생각지도 못했다. 이듬해, 가쿠토샤(學燈社)의 〈국문학〉(2000년 11월호, 제45권 13호)에 '히노 아시히라의 편지 – 1937년 12월 15일, 난징에서'라는 하나다 토시노리(花田俊典) 씨의 기사와 아시히라가 난징에서 부친 앞으로 보낸 편지가 실려 있다는 걸 알고 탐독했다. 아시히라(본명 다마이 카츠노리玉井勝則)는 난징 대학살이 한창일 때 육군 하사로, 다름 아닌 난징에 있었다. 하나다 씨의 기사에 따르면 "히노 아시히라가 난징을 떠난 지 보름 정도 뒤에 중앙공론사 특파원으로 이시카와 타츠조가 난징을 찾아가 현지의 부대들을 취재하고 다음 해, 『살아 있는 군대』(〈중앙공론〉 1938년 3월)를 발표했다(……)"고 되어 있어, 난징이라는 자장磁場에 두 사람의 작가가 거의 같은 시기에 끌려들어가 있었다는 것을 알 수 있다. 편지 후반에는 "(……) 1천 수백 리를 돌파해, (1937년 12월) 14일 난징에 들어갔습니다. 정식 입성식은 17일에 거행됐습니다" "우리 부대(18사단)는 17일 입성식 종료 뒤, 곧바로 출발, 광더(廣德)를 거쳐 항저우로 공략 진군을 시작하게 되어 있습니다. 원래 걸어서 가는 것입니다. 지긋지긋합니다. 난징은 상당히 큰 격전지였던 것 같습니다. 성 바깥에는 지나병의 주검이 산을 이루고 있습니다. (……) 지나의 수도도 지금은 폐허입니다. 이제부터 좀 시내라도 견학해 볼까 생각하고 있습니다"라고 적혀 있다. 아시히라는 난징에서의 전투에 직접 참가한 것은 아니었던 것 같은데, 난징 근교에서 중국병 주검의 산, 그야말로 '적시積屍'를 목격한 것이었다.

그 편지에는 난징까지의 진군 도중에 아시히라가 소속된 부대가 저장성 자산(嘉善) 교외에서 중국군 토치카를 공격하는 장면도 소개되어 있다. 토치카에 수류탄을 던져 넣어 폭파하면 중국병 다수가 밖으로 나온다. "턱이 없는 자나 눈이 박살난 자, 숨이 막 끊어질 듯한 자가 나와 손을 모아 굽실굽실거렸는데, 24~25명(32명을 살해했다는 기술도 있어서 그 수는 일치하지 않는다 = 저자주)이나 나왔습니다"라고 아시히라는 썼다. 그들을 아시히라 등 일본 병사들은 처음에 어떻게 했는고 하니, '염주 엮기'를 했다고 한다. 포로들을 줄줄이 묶어 '염주 엮기'를 했다는 것이다. 그런 뒤에 이런 살육 장면을 아시히라는 적었다. 살육에 히노 아시히라 자신도 가담했다.

(……) 줄줄이 묶여 오는 지나 병사들을 보고 모두는 속이 상하는 듯, 네놈들 때문에 전우가 당했다, 개자식들, 속상하네, 어쩌고 하면서 걷어차고 때리고 했습니다. 누군가가 갑자기 총검으로 푹 찔렀습니다. 8명 정도를 순식간에 찔렀습니다. 지

나병들이 아주 체념한 듯한 모습에 놀랐습니다. 두들겨 맞아
도 일언반구 대꾸도 없었습니다. 찔려도 아무런 고함 소리도
내지 않고 쓰러집니다. 중대장이 오라고 해서 그곳 초가집에
들어갔고, 마침 점심때여서 밥을 먹은 뒤 바깥으로 나와 보니
이미 32명 전부 죽여 물이 고여 있는 산병호散兵壕에 빠뜨려
났습니다. 야마자키 소위도 한 명 베었는데 머리가 날아갔습
니다. 산병호의 물은 새빨갛게 물들어 저 너머까지 이어졌습
니다. 내가 호 옆으로 가니 나이 든 지나병 한 명이 완전히 숨
이 끊어지지 않은 상태였는데, 나를 보고 쏘아 달라며 눈짓으
로 가슴을 가리키기에 나는 한 발 가슴을 쏘았고, 그는 곧 죽
었습니다. 그러자 또 한 사람이 경련을 일으키며 붉은 물 위에
상반신을 드러내 움직이고 있기에 한 발 등을 쏘았고, 그도 물
속에 잠겨 죽었습니다. 울부짖던 소년병도 쓰러져 있습니다.
호 옆에 지나병 소지품이 버려져 있었는데, 일기장 등을 보니
고향 얘기랑 부모, 형제 얘기, 아내 얘기 등이 쓰여 있고 사진
등도 있었습니다. 전쟁은 비참하다고 곰곰이 생각했습니다.

　　(「히노 아시히라의 편지 ‒ 1937년 12월 15일, 난징에서」 〈국문
학〉 2000년 11월호 수록)

　아버지에게 보낸 이 편지에 대해, 하나다 토시노리 씨는
"(……) 1937~38년 당시의 검열은 아직 전쟁 말기만큼은 히스
테릭하지 않았던 것으로 알려져 있다"고 해설했다. 분명 전쟁
말기에 출정해 난징에도 가 있었던 적이 있는 내 아버지가 어
머니나 친족에게 이런 피비린내 나는 내용의 편지를 써 보낸

흔적은 없다. 그것은 아버지가 검열을 의식했기 때문이라는 이유만은 아닐 것이고, 아버지가 살육에 가담하지 않았다는 것을 의미하는 바도 아니다. 전쟁 말기의 아버지들에게는 아마도 1937년의 아시히라와 같은 흥분은 없었던 것 같다. 아시히라의 편지에는 전승자의 무신경, 우월민족 의식이 어쩌다가 드러나 있는 부분이 있다. 이런 얘기도 있다.

지나 토민들은 묘한 일본기를 만들어 환영하고 있습니다. 토민들을 징발해서 사역을 시키는데, 지나 쿨리(苦力, 하층 인부)만으로도 1개 사단은 될까요. 지나인들은 정말 재미있습니다. 부대도 약한 부대는 지나인들에게 배낭을 메게 하거나 식료품을 운반하게 하는데, 몇 십리나 함께 걸어도 따라옵니다. 지나병들이 당하건 말건 아무 생각 없이 일본군 비위를 맞춥니다.

'지나 토민'이란 말은 당시 당연한 듯 사용됐지만 그 뒤에 이어지는 글을 읽으면, 아시히라의(그뿐만 아니라 일본인 전체도 그랬지만) 중국인에 대한 뿌리 깊은 차별과 편견이 구제 불능 상태였다는 사실을 알 수 있다. "전쟁은 비참하다고 곰곰이 생각했습니다"라는 히노 아시히라의 말이 주는 울림은 별로 깊은 것이 아니며, 1★9★3★7에서는 그것이 정복자의 정신적 고양감(흥분)과 표리일체가 되어 구분되지 않는 경박함과 교만을 느끼지 않을 수 없다.

그런데 1937년 하반기의 제6회 아쿠타가와 상은 히노 아시히라가 출정 전에 발표한 「분뇨담糞尿譚」으로 결정됐고, 그 '진중 수여식'이 1938년 3월에 아시히라 부대의 주둔지였던 항저우에서 열렸다는 사실은 신문, 라디오를 통해 크게 전해졌다. 아쿠타가와(芥川)·나오키(直木)상에는 지금도 눈이 휘둥그레지게 할 정도의 '흥행' 비즈니스성이 있지만, 그 '진중 수여식'이야말로 일본에서는 문학상 흥행화의 선구였다. 난징 공략 전승 축하 기분에 들뜬 일본 '내지'에서는 그 '진중 수여식'을 끔찍한 참극을 가리는 '문화적 화장'이라고는 누구도 생각하지 않은 것 같다. 어쨌거나 군이 항저우까지 가서 아쿠타가와 상 수여식에서 인사를 하고 그 상인 회중시계를 아시히라에게 건네준 것은 문예춘추文藝春秋사에서 특파된 고바야시 히데오(小林秀雄)였기 때문이다. 고바야시는 당시 이미 요지부동의 버젓한 문예평론가로서의 지위를 확립하고 있었다. "고바야시 히데오는 특별히 전쟁에 협력하는 듯한 선동적인 글은 한 줄도 쓰지 않았다"고 사카구치 안고(坂口安吾)는 전후에 지적(「통속과 변모와」 1947)하고 있는데, 과연 그럴까. 너무나 부자연스러운 '진중 수여식' 거행이 침략 전쟁의 본질을 은폐하는 문화적 연출이었던 것은 명백하지 않은가. 후술하겠지만, 고바야시에게는 사람을 오로지 전쟁으로 내모는 '선동적인 문장'도 있다. 고바야시 히데오는 수여식에서 아시히라와의 만남에 대해 다음과 같이 쓰고 있다. 이상하게도 고바야시의 글에는 군대가 정렬하는 침략지에서의 문학상 수여식 모양새에 대한 생리적인 혐오가 보이지 않으며, 이례적인 수여식의 목적에 의아해하는 모습도 전혀 없다.

히노 군이 있는 부대는 내가 묵고 있는 보도부가 비스듬히 마주보는 곳에 있다. 낮부터 빨리 만나러 가기로 했다. 빠른 쪽이 좋다고 해서 바로 아쿠타가와 상 수여식을 했다. S부대장을 비롯해 M부대장, 보도부에서는 S소위 등이 특별히 열석해 준 가운데 부대 전체가 본부 안마당에 정렬했다. "열중, 주목" 하고 호령이 떨어졌을 때는 가슴이 철렁했으나, 눈 딱 감고 호령하는 듯한 인사를 했다. 이어서 히노 하사, S부대장의 인사가 있었고, 식은 끝났다. 참으로 진중陣中다운 진지하고 소박한 수여식이었다. 나는 황송했지만 기뻤다. 히노 군도 매우 기뻐했다. 두 사람은 금방 오래전부터 친구였던 것 같은 사이가 됐다.

(「항저우」 1938년 4월 〈고바야시 히데오 전집〉 제4권 수록)

간명한 글이다. 한데 장식도 없는 간결함 속에(아마 지금까지도 충분하게 해명되지는 않은) 거대한 문제가 숨겨져 있다. 후각이 예민하다면 수상자의 몸에서는 아직도 피 냄새가 났을 것이다. 난징 대학살은 실은 '진중 수여식'이 벌어졌던 해의 1월까지 이어지고 있었다. 그것은 히노는 물론 고바야시 히데오도 "난징은 별로 마음이 내키지 않았다. 이런저런 얘기를 듣고 내가 보고 싶어 한 것이 없다는 느낌이 들었기 때문이다. 가서 보니 과연 그러했다"(「항저우에서 난징」 1938년 4월)라고 쓴 것을 보더라도 어렴풋이 눈치채고 있었던 것으로 보인다. 설사 대학살을 몰랐다 하더라도 군사 점령지의 문학상 수여식에 대해 초일류 문예평론가가 "참으로 진중다운 진지하고 소박한 수여식이었다. 나는 황송했지만 기뻤다"고 한 조각 냉소도 약간의 꺼림칙함도 자조도 없이 쓸 수 있는 경박한 감각에는 지금도 놀라지 않을 수 없다. '평소'의 도쿄에서도 그 상 수여식의, 솔직히 말해서, 참을 수 없을 정도의 요란함, 어리석음은 상을 받는 자신을 저주하며 죽이고 싶을 정도라는 것은, 나도 경험상 속속들이 알고 있다. 목하 '황군'이 침략 중인 중국에서, 그것은 더 말할 필요도 없을 것이다. 아시히라는 아직 그렇지 않았겠지만, 고바야시 정도의 형안을 지닌 사람에게 그토록 드러내 놓고 쓰게 만든 것은 도대체 무엇이었을까. 그것이 전쟁이라는 것인가. 고바야시 히데오는 기껏 그 정도의 문학자였다는 얘긴가. 내게 명확한 대답은 없다. 다만 확실히 얘기할 수 있는 것은 있다. 당시에는 그 이벤트를 비판하고 그 '이면'을 읽는 자가 절망적으로 적었거나 전혀 없는 거나 마찬가지였다는 것. 문학을 저당 잡힌 전지戰地에서의 세리머니 거행과 그 보도는 실은 잔혹하기 그지없었던 난징 사건을 일으켜, 육군성 일부 수뇌들이 우려하고 있던 현지 부대에게도 바라마지 않았던 일이었을 것이다. 즉 출판사와 군의 이해관계와 계산이 우연히 일치했다는 얘기다. 배후에는 침략 전쟁도 출판 비즈니스에 이용한 문예춘추 창업자 기쿠치 칸(菊池寬)이 있었다. 그의 놀라운 '기획력'에 비하면 고바야시 히데오의 행동거지 정도는 '소박'한 것에 지나지 않는 것으로 보일 지경이다. 고바야시도 아시히라도 기쿠치와 군부의 손아귀에서 춤추고 있었다고 해도 좋을 것이다. 기쿠치는 '진중 수여식' 뒤에도 내각 정보부의 요청을 받아 전쟁 선전을 위한 종군 리포트를 쓰는 문예가 그룹

'펜 부대' 결성에 중요한 역할을 하게 된다. '펜 부대'는 문학자들이 국가와 전쟁을 위해 수행한 직역봉공職域奉公이라 불렸는데, 고바야시의 항저우 활동도 일종의 '직역봉공'이었던 것이고, 그에게는 그것을 싫어한 기색이 없었다.

22. '도깨비'

다시 아버지를 생각한다. 어머니는 언젠가 불쑥 말했다. "그 사람은 완전히 변해서 돌아왔다." 도깨비처럼 변해서……라고 했던가 아닌가, 그다지 분명하게 기억나지는 않는다. 다만 그런 말투였다. 나는 제대 전의 아버지를 모른다. 제대 후의 아버지 모습은 녹아내린 납 조각처럼 윤곽이 흐릿하고 언제까지나 알 수 없는 그림자였다. 그는 뭔가에 의식을 집중하고 있다는 기색이 없었다. 마음이 여기에 있지 않았다. 마음이 집중되어 있었다면 그것은 지금이 아니라 과거의 정경을 향하고 있었던 것 같다. 지금은 적당히 맞춰주고 있을 뿐인 것처럼 여겨졌다. 나는 어릴 적에 어른 남자는 그런 자들이라고 생각했다. 그런 자―과묵하고 어쩐지 기분 나쁘고, 종종 소름끼칠 정도로 온순하며, 문득 어딘가 먼 곳을 바라보거나, 대체로 늘 신경질을 내고 발작적으로 격노하거나, 반사적으로 고함치고 때리고, 그런가 하고 생각하면 라흐마니노프에 빠지고, 한나절이나 전혀 구슬이 나오지 않는 파친코를 계속하기도 하는―뭔가 일관되지 않은 '도깨비'와 같은 존재로 간주했다. 어머니는 남편이

'도깨비'가 된 것은 전쟁 탓이다, 중국에서 무슨 일이 있었다, 라고 결론지었다. 나는 실은 아무 근거도 없었지만, 전쟁이 그 '도깨비'를 만들었다는 의견에 내심 크게 반발했다. 왜 그토록 반발했는지, 지금도 모르겠다. 모든 것을 전쟁 탓으로 돌리는 논법이 싫었던 것일까. 어머니로서는 '도깨비'가 된 까닭을 전쟁 탓으로라도 돌리지 않으면 수습이 되지 않았을 것이다. 그런 의미에서는 '전쟁'이라는 압도적인 개념은 세세한 부분을 지우고 모든 것을 일거에 삼켜버리는 일종의 편리한 물건이라고 생각한다.

아마도 그 반동일까, 내게는 거대한 개념을 좋아하지 않는, 이라고 해야 할까, 믿지 않는 버릇이 생겼다. 거꾸로 얘기하면, 사물의 세세한 부분을 편애하는 버릇. 「니 에미를!」을 절찬하며 늘 생각하는 것도 이 '세부주의'에 그 원인이 있을지 모른다. 아버지의 '도깨비화'의 원인을 전쟁으로 돌리는 것은 확실히 설득력이 있고, 관념적으로 납득하기 쉬운 방법이긴 하지만, 전후의 민주주의와 마찬가지로 척추 없는 동물을 척추동물이라 우기는 수상쩍은 사고방식이라 생각할 수밖에 없다. 역시 세세한 부분을 알아차리는 수밖에 없다. 어느 날 나는 봤다. '도깨비'가 거실에 있었다. 아버지는 직립부동으로 경례를 하고 있었다. 색 바랜 국방색의 낡은 전투모를 쓰고 "……입니다!"라며 뭔가를 보고하고 있었다.

23. 경례와 답례

거실의 공기가 긴장했다. 경례하는 아버지는 파친코 가게에 있을 때와는 돌변해, 모든 신경을 시선 끝에 모으고 그것 외의 사물 따위는 이 세상에 존재하지 않는 것처럼 한순간의 곁눈질도 없이 약간 뒤로 젖힌 오른손 집게손가락과 가운데손가락을 모자 차양에 대고 팔꿈치를 어깨 높이까지 올린 채 잔뜩 긴장해 있었다. 옆얼굴이 홍조를 띠고 있었다. 입아귀를 꽉 조이고 눈은 주인을 바라보는 투견 경기 개시 직전의 아키타견(秋田犬)처럼 필사적이고 애달프게 한 발자국도 물러서지 않는 기합이랄까 살기 같은 것을 내뿜고 있었다. "⋯⋯입니닷!" 아마도 아버지의 소대가 어딘가 순찰 임무를 끝내고 주둔지로 전원 무사히 귀환하는 듯했다. 그것을 보고하고 있었다. 어떻게 한 걸까. 이상하다. 미친 걸까. 어머니는 겁이 나 부엌에 숨어 있었다. 1950년대, 나는 초등학생이었다. 전쟁은 벌써 끝나 있었다. 바닷바람이 피웅피웅 보리밭을 세게 때리고 있었다. 툇마루 밑에서 교미 중인 들고양이가 요란하게 울어댔다. 아버지가 직립부동으로 경례를 하고 있는데 갱충맞게도. 고양이는 점점 더 방자하게 목구멍 깊숙이에서 발정음을 쏟아냈다. 어쩐지 익살맞았다. 한데, 그런 느낌이 내게는 없었다. 아버지의 고독한 진정성이 거실의 공기를 짓누르고 있었고, 조금이라도 웃거나 농담이라도 했다가는 그가 분사憤死하거나 거실이 폭발하거나 할 정도로 긴박감이 있었다.

거실 밥상에 맥주병이 있었다. 마시고 있던 중에 전시戰時가 되돌아온 건지도 모르겠다. 아버지의 경례에는 상대가 있었다. 아버지보다 연장인 사노 씨였다. 사노 씨는 전투모를 쓰고 있지 않았다. 사노 씨는 이와나미 신서(岩波新書)를 나오는 순서대로 다 사서 독파하고 있는 독서가라고 아버지는 말했다. 한 번 사노 씨 댁에 나를 데려가 서가에 가득 찬 이와나미 신서를 보여주었는데, 그것이 무엇을 의미하는지 알지 못했고, 내게는 아무런 관심도 생겨나지 않았다. 사노 씨는 거실에 서서 아버지와 마주 보고 격식 차린 경례를 받고 있는 것이 거북해서인지, 그렇게 생각해서 그런 건지 난처한 얼굴로, 하지만 유연하고 익숙한 모습으로 답례를 했다. 옅은 쓴웃음을 짓고 있었다. 쓴웃음의 실로 잠깐 사이에 눈이 냉혹하게 빛났다 흐려졌다 했다. 아버지는 너무나도 진지했고 광기가 서려 있었으며, 계급이 사노 씨보다 낮은 것에 철저하려 했지만 그 눈이 잔인하다는 느낌은 들지 않았다. 사노 씨는 '군대 흉내 놀이'의 그 연기에서 아마도 이미 깨어 있었던 것 같다. 답례하는 오른손 손가락이 아버지처럼 단단하게 빈틈없이 붙어 있지 않고 새끼손가락이 약손가락에서 벌어져 거드름 피듯 구부러져 있었다. 아버지는 분명 여전히 깨어나지 못하고 있었다. 사노 씨는 나를 힐끔 보면서, 이거, 난처한데요……라고나 하듯 잔혹하게 히죽 웃었다. 중국에서 가져온 전투모를 쓰고 일심으로 경례를 하는 아버지에게서 왠지 한심한 모습을 보는 한편으로, 사노 씨에게서는 아버지한테는 없는 잔인한 늪을 느꼈다. 왜 그런지는 모르겠다. 그때도 몰랐고 지금도 모른다. 사노 씨가 부드럽게 "쉬엇" 또는 "바로"라고 했다. 아버지의 자세가 물엿처럼 허물어지고 '군대놀이'는 끝났다. 들고양이가 울고 있었다.

24. 〈꽁치의 맛〉

군대를 다녀온 사람들이 전후 얼마쯤 지난 뒤부터 군대식 경례를 하는 장면을 텔레비전이나 영화에서 몇 번 봤는데, 대체로 두 가지 타입이 있는 것 같았다. 하나는 패전 뒤에도 30년 가까이 필리핀 루손섬에 잠복해서 "전투를 계속"하다가 1974년에 귀국한 오노다 히로오* 전 육군 소위(1922~2014) 타입. 그의 경례를 텔레비전으로 본 적이 있다. 제국 육군 예식령에 규정되어 있는 '거수 주목擧手注目의 경례'대로 손가락, 손등, 팔꿈치 각도를 유지하면서 상대를 쏘아보듯 하는 안광眼光. 전시하의 그것처럼 기합이 들어간 경례다. 아버지는 오노다 씨와 경력은 전혀 달랐지만 생년이 같아서 경례의 긴장감도 오노다 씨의 그것과 어딘지 비슷했다. 아무래도 장난치듯 '군대놀이'를 연기하지 못하고, 몸속을 흐르고 있는 전쟁의 심적 시간에 신체를 반사적으로 또 주저 없이 맞춰 버린 듯했다.

이와는 완전히 대조적인 것이 오즈 야스지로(小津安二郎) 감

---

* 오노다 히로오(小野田寬郎, 1922~2014). 전 육군 군인. 와카야마현 태생. 1942년에 입대, 1944년 필리핀 루손섬에서 게릴라전을 지휘. 적지에 남겨진 스파이(殘置諜者)로 배속되어 종전 뒤에도 정글에서 잠복 생활을 했다. 1974년 일본인 청년이 발견해 30년 만에 귀국했다.

독의 영화에 나오는 전후의 경례 장면이다. 오즈도 다케다 타이준과 마찬가지로 1937년에 입대해 오사카에서 화중 지방으로 가서 함락 뒤의 난징을 거쳐 이듬해에는 하사에서 중사로 승진해서 한커우(漢口) 작전에 참가했으며, 그 뒤에도 각지를 전전하다가 1939년 여름에 제대했다. 중국 침략 전쟁이 어떤 것이었는지 모를 리 없다. 오즈는 그 전 생애에 걸쳐 전쟁영화를 만든 적은 없다는 말을 듣는다. 극중에 군대식 경례 장면이 나오는 것도 내가 본 것 중에는 유작이 된 〈꽁치의 맛〉(1962)뿐이다. 그러나 애초 오즈가 태어난 1903년의 다음 해에는 러일전쟁이 있었고, 1914년에는 제1차 세계대전이 발발했으며, 1931년에는 '만주사변', 1936년에는 2·26사건, 1937년에는 루거우차오사건, 1941년에는 태평양전쟁…… 등 오즈의 반생 기간에는 국가 규모의 폭력이 거칠게 몰아쳤다. 그럼에도 오즈는 파괴나 살육이나 폭력을 영상에 담으려 하지 않았다. 아내에게 퇴짜를 맞고 딸과 살고 있는 초로의 아버지가 시집가는 딸을 보면서 느끼는 늙음과 고독―〈꽁치의 맛〉에는 다른 오즈의 작품들과 마찬가지로 세계에 대한 분노도 이의 제기도 없고 늙어가는 몸의 적막과 운명의 '어쩔 수 없음'이 담담하게 그려진다.

다만 아무래도 불가사의한 광경이 하나 있다. '경례 놀이'다. 류 치슈(笠智衆)가 연기하는 주인공인 전 구축함 함장과 가토 다이스케(加東大介)가 연기하는 전 수병이 우연히 재회해 기시다 쿄코(岸田今日子)가 마담 역을 맡은 트리스바에서 술을 마신다. 대체로 이런 대화를 나눈다.

전 수병 "그런데 함장님, 왜 일본은 졌지요?"

전 함장 "으음, 글쎄……"

전 수병 "그런데 함장님, 만일 일본이 이겼다면 어떻게 됐을까요."

전 함장 "글쎄, 뭐……"

전 수병 "……이겼다면 함장님, 지금쯤 함장님도 나도 뉴욕이죠, 뉴욕! 파친코 가게가 아니에요, 진짜 뉴욕, 아메리카의."

전 함장 "그랬을까."

전 수병 "그렇죠."

전 함장 (생글생글 웃으며) "그래도 져서 다행이 아닌가……"

전 수병 "그런가요. 으음, 그럴지도 모르죠. 바보 같은 자식들이 으스대지 않게 된 것만 해도 말이죠. 함장님, 당신 얘기가 아니에요. 당신은 달라요."

전 함장 "아니 아니……"

마담이 "자, 저것 걸까요?"라며 〈군함 마치〉 음반을 건다. 그리하여 '경례 놀이'가 시작된다. 전 수병이 〈군함 마치〉에 맞춰 거수경례를 하면서 가게 안을 홀로 '행진'한다. 전 함장도 기쁜 듯 그것을 바라보며 스툴에 앉은 채 경례하고, 젊은 기시다 쿄코도 자못 행복한 듯 웃으며 오른손으로 경례한다. 전 함장 역인 류 치슈의 왼쪽 팔꿈치는 전 함장답지 않게 바 카운터 위에 올려져 있다. 경례라고 해도 손가락을 똑바로 펴서 가지런히 붙인 게 아니고, "머리를 돌려 예를 받는 자의 눈 또는 경례를 받아야 할 자에 주목"(제국 해군 예식령)하지도 않는다. 표정이 묘하게 밝다. 세 사람 모두 한 점 그늘도 긴장도 없이 〈군함 마치〉가 흘러나오는 운동회의 흉내인지 뭔지, 부자연스러울 정도로 밝고 즐거운 듯했다. 왜 그럴까.

25. 껍질 뒤의 광기

　그 장면에는 어떤 메시지가 들어 있는 것일까. 전쟁 노스탤지어인가. 반전反戰인가. 전시戰時에 대한 아이러니인가. '그 무렵은 좋았다' 식의 시시한 회고 취미적 놀이인가. 나는 그 어느 것도 아니라고 생각한다. 다만 그 장면은 '전쟁'이라는 큰 테마에 관해서 자리를 고쳐 앉아 (진지하게) 토론하는 것을 의식적으로 철저히 배제한 토대 위에 짜여진 것이 분명하다. "으음, 글쎄……" "글쎄, 뭐……" "그럴까요" "아니 아니……"—라는 전 함장의 애매모호한 대답은 그만큼 큰 테마임에도 불구하고 전혀 책임 있는 응답을 하지 않고 "그래도 져서 다행이 아닌가……"라는 혼자 하는 독백 같은 대사는 있지만 그것조차 어딘가 남의 일 같다. 오즈 야스지로 감독은 그러나 그 장면에 심혈을 기울였고, 그런 흔적이 대화의 가락과 영상에 남아 있다. 몇 번이나 배우에게 주문을 했을 것이다. 절대로 성난 기색을 드러내지 말 것. 대화를 의논조로 하지 말 것. 화를 내지 말 것. 너무 나가지 않는다는 걸 분명히 할 것…… 그런 지시가 들려오는 것 같다. 아시아 국가들에서 2천만 명 이상, 자국에도 3백만이라는 희생자를 낸 수렁에 빠진 전쟁, 게다가 오즈 자신이 전선에서 싸웠던 전쟁(그는 야전 가스부대의 일원으로 독가스를 사용한 전투에도 참가했다)에 대한 대화로서는 아무리 사정이 있어도 너무 경박하지 않은가. 그렇게 생각하지 않는 것은 아니다. 그렇기는커녕 상당히 이상하다고 생각한다. 하지만 남의 일 쳐다보듯 하는 그런 수작이야말로 일본의 전후 정신이라는 것의 일면 현실이기도 하고, 또 다른 면으로는 비현실적인 유희 회로이기도 했던 것이 아닐까.

오즈의 영화 세계를 '정밀靜謐'이라고 보는 평자가 일본 안팎에 적지 않다. 과연 그럴까. 나는 로 포지션low position에서 촬영된 저 일본적 영상미에서 너무 평범해서 오히려 전혀 평범하지 않은, 굳이 말하자면 '피부 안쪽(皮裏)의 광기'를 느낄 때가 있다. 밥상과 장지(障子)와 벽시계가 있는 거실에서 전장의 음과 무음―포성, 총성, 전차가 달리는 소리, 소리가 지워진 최후의 외침이나 함성, 일본도로 참수하는 소리(젖은 수건을 휙 아래로 내리는 소리와 닮았다고 한다)―이 들려오기도 한다. 아버지는 오즈의 열렬한 팬이었다. 걸핏하면 마음이 떠나 있었던 아버지가 오즈의 영화에는 완전히 홀린 듯 빠져 있었다. 나는 부모 손에 이끌려 자주 오즈의 영화를 보러 갔다. 따분했다. 금방 잠이 들었다. 그런데 옆에서 아버지가 스크린에 혼을 빼앗기고 있다는 것을 알았다. 그것이 이상하지는 않았다. 오즈의 영화에는 큰 테마가 없다. 격론이 없다. 이웃의 소리가 없다. 귀싸대기 때리는 일이 없다. 군복이 없다. 노호怒號가 없다.

신체적 구속이 없다. 견디기 어려운 빈곤이 없다. 읍소가 없다. 저항도 없다. 흉악한 얼굴이 없다. 서로 때리기가 없다. 바닥 모를 악의도 함정도 없다. 서로 쏘는 일이 없다. 독가스탄 발사도 없다. 살육이 없다. 살기도 없다. 강간도 없다. "으음, 글쎄……" "글쎄요, 뭐……" "그럴까요" "아니 아니"―의 판단 정지. 판단 보류. 상태를 예전부터 있어 온 그대로, 그리고 지금 이대로 멈춰 세워 두는 무의사無意思의 의사意思. 변화에 대한 무언의 복종. 녹은 납의 강처럼 언제까지고 느릿한 시간의 흐름. 하지만 때로 영상이 나뉘고 오싹하는 것이 다가오기도 한다. 리얼과 언리얼을 오가는 시간은 내게 오즈의 영상세계만이 아니라, 틈새로 살짝 엿보이는 전쟁의 환영이며, 아버지라는 사람의 수수께끼이기도 했다.

26. '칼을 빼는 동시에 베어 버린다'

오즈는 일본의 전중, 전후의 정신사(특히 그 심층)와 뭔가 관련이 있는 것으로 느껴진다. 주의 깊게 살펴보면 오즈는 현실에는 보통 있을 수 있는 것 같지만 있을 수 없었던 것, 지금도 역시 지천으로 있지만 기실 있을 수 없는 시간을 엄선해서 촬영을 계속한 듯하다. 일본 여기저기 가장 있을 법하지만 실제로는 분명 있기도 하고 한 꺼풀 벗기면 있을 수 없는 공기의 일부를 촬영한다기보다는 영상에서 안개처럼 생성해 갔다. 정밀, 안온, 과묵, 원만, 온화, 온후, 배려, 하여튼 말하지 않는 데서 나오는 그윽한 정취…… 장 뤽 고다르나 압바스 키아로스타미나 빔 벤더스, 허우 사오시엔 등 외국의 영화감독도 오즈의 작품을 높이 평가하고 경애했다. 알 수 있을 것 같다. 그러나 그들은 오즈 야스지로 그 사람의 내면의 전쟁, 흐릿한 광기, 침잠한 폭력을 알아차렸을까. 그렇게 생각되지는 않는다. 최근 나는 이런 글을 읽었다.

▲지나의 노파가 부대장한테 와서 말한다. '내 딸이 일본의 당신 부하에게 강간당했다' 부대장 '무슨 증거라도 있는가.' 노파 천을 내민다.

'전원 집합'. 부대장은 일동을 모아 천을 꺼내 보이며 '이 천을 본 기억이 있는가' '없습니다' '다음' '없습니다' 한 사람씩 돌아가며 물었다. 마지막 한 사람까지 다 듣자 고요하게 노파에게 다가가 '이 부대에는 보시는 대로 없다' 노파는 고개를 끄덕였다.

칼을 빼는 동시에 노파를 베어 버린다. 천천히 칼을 닦고 칼집에 넣는다. 전원 해산.

당황했다. 정말 당황했다. 동시에 이제까지 조각조각 흩어져 알 수 없었던 단편들일 뿐이던 기억과 그 흔들리는 그림자들이 이 글을 매개로 해서 한 줄로 정리된다는 생각도 들었다. 그것은 오즈가 중국의 전장에서 썼던 '촬영에 대한 〈노트〉'인데, 다나카 마스미(田中眞澄) 저 『오즈 야스지로와 전쟁』의 Ⅱ '오즈 야스지로 진중 일기'에 수록되어 있다. 오해를 무릅쓰고 얘기하면, 이 시놉시스는 어떤 의미에서 '걸작'이다. 영상으로서도 하나의 동작으로서도 각각의 마음의 움직임으로서도 실로 산뜻하다. 정靜과 동動 — 천과 튀는 피 — 제정신과 광기 — 조리와 부조리……가 생간을 쥐어짜듯 뒤섞여 있다. 딸이 일본병에게 강간당한 중국의 늙은 어머니가 항의하려고 병영에 나타난다. 아마도 체면이고 뭐고 없이 절망적으로 울부짖었을 것이다. 부대장이 조용하고 정중하게 대응한다. 노부인이 말할 동안 흠흠하고 귀를 기울인다. 부대원을 집결시켜 천을 치켜들고 한 사람 한 사람 조사한다. 너, 했나, 라고. 〈노트〉에는 배우의 동작을 지시하는 지문은 없다. 하지만 노부인이 등장한 시점에 노부인을 제외한 모두가 이미 사태가 어떻게 돌아갈지 알고 있었을 것으로 추정된다. 병사들이 천을 본 기억이 없다, 하지 않았다고 대답하는 것도, 노부인을 뺀 그곳의 모두가 잘 알고 있었을 것이다. 부대장은 뻔한 일을 잘 알면서도 태연히 처리한 뒤 노부인에게 천천히 다가가, 범인은 여기 없다는 뜻을 공손하게 고한다. 그렇습니까. 그녀가 고개를 끄덕인 순간 부대장은 번쩍 군도를 빼들고 벼락같이 한쪽 어깨에서 다른쪽 어깨로 비스듬히, 아니면 정수리를 내리쳐 가른다. 피가 분출한다. 그것을 힐끗 보면서 부대장은 무표정하게 끈적끈적한 피를 닦으면서 병사들에게 해산을 명한다. 나는 그렇게 읽었다.

27. 오즈의 미학과 병든 정신

처음부터 베어 죽일 작정이었다면 뭣 때문에 병사들을 소집해서 강간을 했는지 여부를 묻고 그 결과를 군이 노부인에게 보고할 필요가 있었을까. 왜 그런 군이 하지 않아도 될 '절차' 같은 것을 굳이 한 것일까. 〈노트〉는 거기에 대해서는 한마디도 언급하지 않는다. 고다르나 키아로스타미, 벤더스나 허우샤오시엔은 이 시퀀스에 숨겨진 마물魔物을 알까. 섣불리 단정할 수는 없지만, 이 풍경이야말로 〈꽁치의 맛〉에 나오는 뭔가 화려한 '경례 놀이'의 정념과 함께 순수하게 받아들일 수 없는, 특히 '황군'의 실상을 모르는 외국인은 극히 이해하기 어려울, 표리부동의 '황군적, 너무나 황군적인' 것이 아닐까. 『오즈 야스지로와 전쟁』의 저자 다나카 마스미의 해설에 따르면, '촬영에 대한 〈노트〉'는 "장래의 영화 제작을 위한 자료수첩"이며, "병사의 한 사람으로 오즈가 전선에서 채집한 에피소드들로, 실제의 견문을 적어 두었을 것"이고, 부대장이 노파를 베어 버리는 장면은 "이 자료 수첩의 성질상 픽션일 수 없으며, 당시의 일본군 행동 양태의 일단이 여기에서 좋든 싫든 사실로서 기록되어 버렸다"고 지적했다. 거기에 대해 나는 놀라지 않는다. 틀림없이 그랬을 것이라고 생각한다. 문제는 그때 오즈의 위치가 어디에 있었던가 하는 것이다.

예를 들면, 「심판」이나 「니 에미를!」을 쓰게 된 원체험을 지닌 다케다 타이준과 비교했을 때 오즈의 위치는 어떠했던가. 살육을 목격하고 관여도 한 자기 존재를 전쟁 일반의 불운과 연결시켜 통째로 녹여 넣어 버리지 않고 평생 동안 '죄'와 '부끄러움'으로 자신에게 각인한 타이준과 비교할 경우 오즈의 심성은 어떠했을까. 정과 동—천과 튀는 피—제정신과 광기—조리와 부조리……는 과연 오즈의 내면에서 영화 제작의 동기 이전에 그것들을 분명히 대상화하고, 충분히 혐오하고, 충분히 고뇌했을까. 성급한 결론을 내릴 수는 없다. 다만 중국의 노부인이 참살당하는 풍경의 기술에 대해서만 얘기하자면, 거기에 오즈의 윤리적 고뇌가 있었을까. 실은 전혀 없었던 게 아닐까……라는 의문을 금할 수 없다. 부대장이 병사 한 사람한 사람에게 묻고 그 결과를 노부인에게 고하고 그녀가 고개를 끄덕일 때까지의, 약간 성가신 시퀀스는 노부인이 한순간에 일도양단 당하는 장면을 끌어내기 위해, 어쩌면 단지 영상미학상 필요하다고만 생각했던 것은 아닐까. '황군'과 그것을 낳은 천황제 파시즘의 바닥 모를 미학. 위험한 정밀靜謐과 병적 결벽증, 저토록 잔인한 담즙질胆汁質의 정동情動—그러한 것들의 병적인 특성을 오즈 작품의 음화면陰畫面에서 느끼는 것은 터무니없는 잘못일까. 아버지는 바로 그래서 영화관의 어둠 속에서 오즈 작품에 저토록 빠져들지 않았을까. 곰곰이 생각한다. 일본에는 "저질러진 무서운 잔학 행위를 모른 채 지나갈 수 없는 자들이 얼마나 있을까."(프리모 레비 『익사하는 자와 구원받는 자』) 참으로 의심스럽다.

제6장

마오쩌둥과 미시마 유키오와 아버지와 나

1. 1963년

'혁명'이라는 것을 몰랐다. 한 번도, 조금이라도 알고 있었던 적이 없다. 이미지가 떠오른 적도 없다. 그럼에도 '혁명'을 입에 올린 적은 있다. 1★9★3★7(이쿠미나)로부터 26년이 지난 1963년에 나는 '혁명'이니 '혁명적'이니 하는 말을 처음으로 뜻도 모르고 떠들었고, 주위에서도 '혁명'이니 '반혁명'이니 '반혁명적'이니 '반동적'이니 하는 말을 흔히 들었다. 1963년은 존 F. 케네디 미국 대통령이 암살당하고, 역도산*이 폭력단원의 칼에 찔려 죽었으며, 내가 고향에서 도쿄로 나온 잊을 수 없는 해다. 다타미 3장 너비의 단칸방 하숙집에서 매일 먹는 둥 마는 둥하며 생활했다. 방값을 낼 수 없어 야반도주도 했다. 하루 한 끼밖에 못 먹는 날도 수두룩했다. 그런 학생이 널려 있었기 때문에 별로 신경 쓰지 않았다. 빈곤 학생이라면 아르바이트를 하면 되는데, 일하는 게 싫어서 아르바이트를 오래 계속하지 않았다. 친구들을 만나기만 하면 돈 좀 달라고 졸랐다. 푼돈 사기나 공갈 같은 것이었는데, 부모로부터 생활비를 받고 있는 학생은 빌려준다기보다 그다지 싫은 표정도 짓지 않고 돈을 베풀어 줬다. 돈을 당시에는 '겔Gel'이나 '겔트'**라고 했다. 겔을 빌리는 것에 별로 심리적 부담은 없었다. 이상하게도 겔빈***인 자신의 앞날이 어떻게 될지 걱정한 적도 없었다. 장래를 불안해 한다는 습관이 그 무렵에는 별로 없었다.

1963년부터 지독한 골초가 되어 있었다. 술은 거의 마시지 않았다. 싸구려 담배를 닥치는 대로 피웠다. 니코틴이 강한 '히카리(光)'를 들이마셨다. '신세이(新生)'도 '이코이(憩)'도 피웠다. 필터 따위는 붙어 있지 않았다. 손가락이 담뱃진으로 누렇게 변했다. 돈도 담배도 떨어지면 아르바이트를 하는 게 아니라 길거리에 떨어져 있는 타인이 피우다 버린 꽁초를 주워 피웠다. 꽁초를 모아서 풀어헤친 뒤 도서관의 영일사전 종이를 찢어 그것으로 말아서 피웠다. 라이터가 아니라 성냥으로 불을

---

* 力道山(1924~1963). 조선 태생의 프로 레슬러. 일본 국적 취득 뒤의 본명은 모모타 미츠히로(百田光浩). 스모 역사力士로 세키와케(關脇)까지 승진했으며, 나중에 프로 레슬러로 전향. 가라데(空手) 촙으로 큰 인기를 얻어 시대의 영웅이 됐다. 1963년 12월 9일 폭력단원의 칼에 찔려 그 상처로 사망.
** Geld. 학생들이 돈을 가리키는 속어로 사용한 독일어.
*** Gel貧. 돈 없는 가난뱅이.

붙였다. 성냥을 긋는 순간과 긋는 동작이 좋았다. 화장실이 멀어서 하숙의 디타미 세 장짜리 단칸방에서 가끔 창밖으로 오줌을 누었다. 나는 자신도 놀랄 정도로 공중도덕심이나 공공심이라는 게 없었다. 그런 것들에 아예 관심이 없었다. 음식물에서 책까지 흔히 슬쩍 훔쳤다. 왼쪽 주머니 안쪽 바닥을 찢은 더스터 코트duster coat를 입고 옷으로 손을 싹 감추고 책을 훔쳤다. 방범 카메라 같은 건 없었다. 커피와 담배와 라면 또는 라면 라이스와 책이 있으면 거의 흡족한 기분이 될 수 있었다. 그게 1964년이었던가, 다케다 타이준의 『사마천 – 사기의 세계』를 훔쳤을 때 서점 점원에게 들켜 경찰에 끌려갔다. 그런데 다행이라고 해야 할까, 경범죄로 석방됐다. 책은 "사마천은 죽지 못해 수모를 당한 남자다"라는 한 구절에 끌렸다. 다음 날 같은 서점에서 같은 책을 이번에는 샀다. 꼴사납게 죽지 못해 수모를 당하고 염치없이 살아가는 삶에 대해 한동안 생각했다.

데모에는 곧잘 참가했다. 당시로서는 몸집이 큰 편이었기 때문에 데모대의 선두를 걷든지 달렸고, 때로는 호루라기를 물고 지휘를 하기도 했다. 어쩌다 그렇게 됐다. 실은 무서웠지만 무서워하거나 무서워하는 것으로 보이는 게 싫었다. 경찰관에게 늘 맞고 차였으며, 두랄루민으로 만든 방패 모서리에 머리나 배를 찔리기도 했다. 몸 어딘가에는 항상 타박상이 있었다. 사복경관에게 "너, 언제까지고 허세 부릴 수 있는 게 아냐. 겁쟁이 주제에 까불어"라는 얘기를 귓전에 들으면서 기가 막혀 멍하니 있다가 정신을 잃을 정도로 두들겨 맞은 적도 있었다. 선동 연설은 정말 형편없었다. 확신이 없는 얘기를 외쳐대기란 어렵다. 나도 무엇을 외쳐대고 있는지 몰랐다. 부끄러웠다. 영웅심리에 들뜬 적도 비장감에 잠긴 적도 별로 없었다. 1963년에 미국 대통령이 된 린든 존슨의 얼굴이 싫었다. 2002년에 노엄 촘스키*를 인터뷰했을 때 거리낌 없이 들었던 대로, 케네디가 존슨보다 좋았다는 확실한 근거도 없었지만, 존슨의 악상惡相과 베트남전쟁의 조합은 다소 참아낸다 해도 데모에 가담할 충분한 이유가 됐다.

2. '부질없는 정열'

그렇다 해도 1963년, 64년에 도쿄에서 거리 시위에 참가하는 반일공(反日共, 일본공산당 반대)계 전학련(全學連, 전일본학생자치회총연합) 학생은 정말 적었다. 기껏해야 수백 명이었고, 많아야 3, 4천 명이나 됐을까. 1960년 안보투쟁과 1970년 안보투쟁의 '단경기端境期'랄까 골짜기랄까, 기동대에 에워싸이면 데모대가 어디에 있는지 보이지도 않을 정도였다. 경관들은 1960년 안보투쟁의 앙갚음으로 데모 학생들을 곧잘 때렸다.

---

* 노엄 촘스키(Avram Noam Chomsky, 1928~). 미국의 언어학자. 매사추세츠 공과대학 교수. 구조주의 언어학의 한계를 지적하고, 어린이의 언어 습득 능력의 해명이야말로 언어이론의 궁극적인 목표라고 본다. 촘스키의 영향력은 언어학계뿐만 아니라 철학, 컴퓨터 과학, 심리학, 사회학 등 광범위한 분야에 걸쳐 있으며, 반전운동, 기타 시민운동에도 적극적이고, 사상가로서도 널리 알려져 있다.

얼마 안 있어 나는 공안조례 위반으로 붙잡혔다. 취조 때는 묵비권을 행사했다. 그다지 고통스럽지는 않았다. "묵비권 따위는 이제 없어졌어"라며 형사는 협박했지만 숨기지 않으면 안 될 정도의 조직상의 비밀을 알고 있는 게 애초에 없었으므로 묵비라기보다는 유구무언이었을 뿐이다. 내게는 지금도 그렇지만, 공중도덕심이나 공공심이 부족할 뿐만 아니라 단결심이나 충성심이라는 것도 결여되어 있었다. 왜 그런지 모르겠다. 조직에 대한 충성심이나 단결심이 있어서 묵비를 관철한 게 아니다. 자백할 정도의 것을 알지 못했고, 자백이나 밀고한다는 것이 단지 개인적 취미에 맞지 않아서 묵비했을 뿐이었다. 공중도덕심이나 공공심이나 충성심, 단결심이라는 것은 '연대'라는 것도 그렇지만, 내게는 의심스러운 것, 의심스러운 일의 허울 좋은 대체어로 생각됐다.

폭력적인 것이 정말 싫었다. 그럼에도 폭력을 부정하지 않았고, 데모할 때는 사실 종종 폭력적이었던 탓일까, 나는 동료들로부터 '블랑키즘'*이나 '블랑키스트'라는 비판을 당한 적도 있다. 살이 부딪치는 둔탁한 소리나 머리에서 뿜어져 나오는 피의 뜨뜻미지근함, 마구 두들겨맞는 남자의 때로는 교성 같이 들리기도 하는 비명이 너무 싫었다. 나를 '아나키스트'라 부르는 자도 있었다. 아무래도 좋았다. L. A. 블랑키는 19세기에 소

---

* Blanquisme. 프랑스 사회주의자 루이 오귀스트 블랑키Louis Auguste Blanqui의 이름에서 따온 것으로, 혁명전위(엘리트)들의 봉기를 통해 자본주의 체제를 타도하고 프롤레타리아 독재를 실시해야 한다는 주장.

수자의 무장봉기에 의한 프롤레타리아 독재정권 수립을 꾀했지만, 나는 '프롤레타리아 독재'라는 것의 이미지도 솔직히 잘 몰랐다. 데모에 나가기는 나갔고, 좀 난폭하게 굴기도 했지만 실은 아파서 싫었다. 조용해지고 싶었다. 스크럼도 노래도 슈프레히코르*도 삐라 뿌리기도 점점 싫어졌다. 외치는 것도, 노래하는 것도, 소리는 모두 나와 괴리되어 있었다. 일본공산당계의, 소리 맞춰 "노래하는 집단"을 경멸하거나 증오했다. 기동대나 사복형사들은 언제나 무서웠다. 하지만 '적'이라 생각한 적은 없다. 진짜 적은 누구일지, 진짜 적이라는 것이 있는지의 여부도 몰랐다. 우리 편이 누구인지도 몰랐다. 세상이 어떻게 되면 좋을지, 특별한 아이디어도 없었다. 나는 내가 무엇을 추구하고 있는지도 몰랐다. 아마도 아무것도 추구하지 않았을 것이다. 생각도 말끔하게 일관되어 있지 않았다. 무슨 일이든 간에 건설적이지 않고 협조적이지도 생산적이지도 않았다. 언제나 배를 곯았고 뻔뻔스러웠으며, 낯 두껍게 살고 있었다.

무엇인가를 한다면 소란스럽게 하지 말고 조용히 혼자서 해보고 싶다, 그렇게 생각한 적이 있다. 오직 혼자서 조용히 세계를 파괴한다. 마주치는 순간 후우 하고 눈송이에 숨을 내뿜듯이 해서 가볍고 심술궂게 세계를 전 인류와 함께 요절을 낸다. 쌈빡하게 사라진다. 그 방법은 알고 있었다. 내가 사라지면 되는 것이다. 그렇게 하지 않았을 뿐이다. 언제라도 할 수 있다고

---

* Sprechchor. 구호의 합창, 외침을 뜻하는 독일어.

우습게 보고 있었다. 하숙집의 백열전구 밑에서 처음으로 시이나 린조*를 읽었다. 우메모토 가츠미**를 읽었다. 왜 그런지 모르겠지만 줄을 그어가며 되풀이해서 읽었다. 앙리 르페브르나 마르쿠제를 읽었다. 우메자키 하루오(梅崎春夫)를 읽었다. 오오카 쇼헤이***를 읽었다. 슈테판 츠바이크를 읽었다. 뭐든 손에 잡히는 대로 많이 읽었다. 미시마 유키오(三島由紀夫)는 별로 읽지 않았다. 초절超絶적인 (것을 구하는) 사람, 장식적인 말, 기교적인 줄거리, 눈부시게 아름다운 존재의 모든 것을 싫어했다. 분명 그 무렵이었을 것이다. '부질없는 정열'이라는 말에 심취

---

* 시이나 린조(椎名麟三, 1911~1973). 소설가. 효고현 태생. 어릴 때부터 가난 속에서 자랐으며, 15살 때 가출, 다양한 직업을 전전했다. 이윽고 공산당원이 되지만 1931년에 검거되어 2년 가까운 옥중생활을 보낸 뒤 출소. 그 기간에 니체, 키르케고르 등 실존주의 사상을 접했으며, 그 뒤 실존주의적 작풍은 전후문학의 한 시기를 대표하게 된다. 기독교에 입교한 뒤에는 니힐리즘의 초극을 지향하는 독자의 종교적 작풍을 드러냈다.

** 우메모토 가츠미(梅本克己, 1912~1974) 철학자. 가나가와현 태생. 도쿄제국대학 윤리학과 졸업. 와츠지 테츠로(和辻哲郎)의 문하생으로 니시다 기타로(西田幾多郎)나 다나베 하지메(田辺元)의 철학과 하이데거, 야스퍼스 등의 실존철학 영향 아래 철학 연구를 시작했다. 전후 마르크스주의자가 되어 주체성 논쟁에서 주체적 유물론을 전개, 재야의 마르크스주의 연구가가 됐다. 주요 저서는 『유물론과 주체성』 『현대사상입문』 『마르크스주의의 사상과 과학』 『유물사관과 현대』 등.

*** 오오카 쇼헤이(大岡昇平, 1909~1988). 소설가, 평론가. 도쿄 태생. 교토제국대학 불문과 졸업. 회사 근무를 하면서 스탕달 연구가로 알려지게 된다. 1944년에 군에 소집되어 필리핀의 민다나오 섬 전선에 파견, 미군의 포로가 됐고 1945년 12월에 귀국했다. 그때의 체험을 쓴 『포로기』로 작가로서 출발. 그 뒤 극한상황의 인간 실존을 추구한 『들불野火』 등을 발표, 전후문학의 기수가 됐다. 기타 저서에 『레이테 전기戰記』 『무사시노 부인』 『꽃 그림자花影』 등.

한 것은. 어떤 정열도 부질없다. 그렇게 확신하게 됐다. 그러나 '부질없는 정열'은 내게 반드시 부정적인 구절은 아니었는데, '부질없다는 걸 알고 하는 행동'이라는, 부조리 긍정 개념과 등을 맞대는 **아주 그럴싸한** 이론이었다. 내 생각에 모든 것은 '부질없는 정열'에 의해 지탱되고 있었다.

아버지의 서가에서 허락 없이 가져 온 몇 권의 책이 있었다. 사카구치 안고의 『타락론』과 나카자토 카이잔(中里介山)의 『대보살 고개』 전41권 중의 몇 권. 『대보살 고개』를 읽기 시작한 것도 1963년이다. 속권續卷까지 사서 읽었다. 『대보살 고개』는 황당무계하지만, 츠쿠에 류노스케(机龍之助)는 나에게는 조금도 초절적이지 않았다. 안티 휴머니즘이 알기 쉬운 휴머니즘보다 훨씬 더 매력적이라고 생각했다. '황군' 장병들의 참수 살인과 츠쿠에 류노스케의 그것을 대조적인 것이라고, 확실한 이유도 없이 언젠가부터 구별하고 있었다. 계속 이어지는 츠쿠에 류노스케의 흉포한 짓에 납득할 수 있는 이유가 전혀 제시되어 있지 않은 것도 오히려 좋았다. "노래하는 자는 제멋대로 노래하고, 죽는 자는 제멋대로 죽는다"고 큰소리치는 주인공의 외로운 그림자와 '부질없는 정열'이라는 말이 융합되어 있었다. 누렇게 변한 페이지에 아버지의 체취가 희미하게 끼어 있었다.

시원스레 할 수 있는 얘기는 아니지만, 그 무렵 친한 벗, 지인들이 자주 시원스레 자살했다. 실은 살해당했는지도 모르지만, 대개는 자살이었다. 빌딩에서 뛰어내리거나 밤중에 철도 선로에 뛰어들었다. 후자의 벗은 전차에 머리가 잘렸다. 머리는 어둠 속을 날아가 선로에서 꽤 떨어진 곳에 쿵하고 제멋대로 떨어져 나뒹굴었어…… 빈소에서 누군가가 소곤소곤 속삭였다. 이빨은 여기저기 튀어 흩어졌대…… 그러나 깔끔하게 화장을 한 관 속의 머리는 철학자처럼 눈을 감은 채 몸체와 봉합되어 있었다. 아니 그건 내 상상이고 갈가리 찢긴 몸체 위에 머리는 그냥 얹혀져 있었을 뿐인지도 모르겠다. 날아갔다는 머리는 수많은 국화꽃 속에 묻혀 있었다.

3. 도쿄 올림픽과 천황

1963년부터 라면 요리 배달 아르바이트를 했다. 일급 (500엔)을 당일 받을 수 있고, 가게에 나가면 라면이든 교자든 공짜로 먹을 수 있었기 때문에 그 아르바이트는 아르바이트치고는 오래 계속했다. 1964년의 어느 화창한 토요일 오후 자전거로 덮밥 접시를 회수하고 있을 때였다. 문득 푸른 하늘을 올려다보니 자위대기가 만들었을 적, 청, 녹……의 거대한 동그라미가 떠 있었다. 예쁘구나 생각했다. 색깔은 그렇게 선명하지 않았을지도 모르겠다. 도쿄 올림픽이 시작됐다. 나중에 영화관 뉴스 영상을 보니 1964년 10월 10일 오후 3시 가까이, 라고 했으니까, 내가 담배꽁초와 잔반을 담은 그릇을 마작 가게 등에서 회수하고 있을 때 쇼와 천황은 국립경기장에서 올림픽 개회 선언을 하고 있었다. "제18회 근대올림피아드를 축하하며, 이에 올림픽 도쿄대회의 개회를 선언합니다." 오직 그 말을 일본어로 하기 위해 양복 안주머니에 넣어 둔 종이를 굽

실굼실 시간을 들여가며 끄집어냈다. 그 사이에 가슴이 조마조마했다. 히로히토는 종이 위의 한 글자 한 글자를 눈으로 따라가며 말씀하셨다. 종전 조서('대동아전쟁 종결 조서')를 읽은 방송(이른바 옥음玉音방송)으로부터 19년, 전범 소추를 모면한 그는 '옥음방송'과 같은 목소리, 같은 톤으로 뻔뻔스럽게도 올림픽 개회를 고했다. 이런 거야, 심하네…… 나는 생각했다. 심하다는 건 무슨 얘긴가. 누가, 왜, 심한 것인가, 나는 너무 깊게 파고들지는 않았다.

지금 다시 의아하게 생각한다. 천황 히로히토는 도쿄 올림픽 개회를 선언할 때 무슨 생각을 했을까. 겸연쩍었을까. 기뻤을까. '출진出陣 학도 장행회'를 잠깐이라도 떠올리지 않았을까. 〈기미가요〉 취주 속에 "대군의 부름을 받아 싸움의 마당으로 길을 떠나는 젊은이들"(뉴스 영상 내레이션)은 '출진'을 앞두고 전원이 "천황폐하 만세"를 삼창하고 "멀리 궁성 요배를 드리지" 않았던가. 쇼와 18년(1943) 10월 21일 아침, 줄기차게 내리는 비로 흠뻑 젖은 학생 2만 5천명이 학생모, 학생복 차림에 각반을 매고 착검을 한 38식 보병총을 어깨에 올리고 거의 같은 공간 즉, 메이지신궁 외원外苑 경기장(국립경기장의 전신)을 저벅저벅 행진했는데, 그들 중 다수가 전사 또는 전병사戰病死, 아사한 사실을 천황이여, 설마 잊은 건 아니겠지요. 당신은 참으로 (무)신경의 소유자요! 1964년 가을, 나는 감탄했고 지금도 말문이 막힌다. 그를 "우리의 적"으로 생각한 적은 없다. 그 사람은 왠지 딱하다. 그렇게 느낀 적은 있다. 하지만 딱한 것이 천황만이었던가. 살아서 수모를 당하면서 뻔뻔하게 살아

남은 것이 그 사람뿐이었나.

쇼와 천황과 고준(香淳) 황후가 국립경기장의 로얄박스에 착석하고 기미가요 연주가 끝나자 〈올림픽 마치〉가 울려 퍼지고 당당한 입장행진이 시작됐다. 일본 전국이 다시 태어난 듯 끓어올랐다. 천황의 뇌리에 국립경기장의 그 광경은 1943년 가을의 '출진 학도 장행회'와 겹치지 않았을까. 겹치지는 않았겠지. 어쩐지 그런 생각이 든다. 그런데 나중에 알게 된 것이지만, 〈올림픽 마치〉의 작곡자는 다름 아닌 저 후루세키 유지(古關裕而)였다. 다름 아닌, 저…… 등으로 과장되게 쓴 까닭은 〈올림픽 마치〉의 작곡자가 1★9★3★7(이쿠미나)의 해를 기점으로 전쟁기 일본에서 널리 불렸던 다음의 군가(제2장 7 〈바다에 가면〉과 죽음으로의 초대 참조)의 작곡자와 동일인물이기 때문이다. 그 노래의 가사 모두를 멜로디와 함께 신중하게 덧그려 보고 싶은 약간 자학적인 충동을 금할 수 없다. 실로 터무니없다. 한데 누가, 어떻게, 왜 이토록 어리석은 짓을 한 것인가.

노영의 노래

작사 야부우치 기이치로 | 작곡 후루세키 유지

1
이기고 오리라 용감하게
맹세하고 고향을 떠났는데
공 세우지 못한 채 죽을까 보냐

진군나팔 들을 때마다
눈에 선한 깃발의 물결

2

땅도 초목도 불도 타오른다
끝없는 광야 밟고 헤쳐 나가
전진하는 히노마루 철모
말 갈기 쓰다듬으며
내일의 목숨 누가 알리

3

탄환도 탱크도 총검도
잠깐 야영의 풀베개
꿈에 나온 아버님의
죽어 돌아오라는 격려받고
깨어나 노려보는 적의 하늘

4

생각하노니 오늘 싸움에서
붉게 물들어 생글생글
웃으며 죽은 전우가
천황 폐하 만세
남긴 소리 잊을까 보냐

5
전쟁하는 몸은 예진부터
버릴 각오로 있다는 것을
울지 말아다오 풀벌레여
동양 평화 위해서라면
어찌 목숨 아까우랴

이것도 1★9★3★7(이쿠미나)의 노래다. 우리 아버지 할아버지들 중에 이것을 부르지 않은 사람이 있을까. 조선인에게도 부르게 했다. 오키나와인에게도 부르게 했다. 몸 안에서 이리듬과 멜로디, 가사를 완전히 몰아내고 산 조상이 얼마나 있을까. 전후에도 부르게 했다. 노스탤지어로서, 절반은 자포자기하듯. 꽃놀이나 망년회의 취객들도 불렀다. 역 앞의 상이군인들도 불렀다. 거지들도 불렀다. 뭔가를 저주하듯. 나는 부른 적이 없다. 그러나 내 몸과 기억에는 불완전하지만 이 노래가 1번부터 5번까지 어쩔 수 없이 배어 있다. 불필요한 감관처럼 달라붙어 있다. 이 노래에는 결국 타기唾棄하고, 절개하고, 척결하고, 분쇄하고, 극복하고, 배제할 수 없었던 '일본'이 거대한 검은 뱀장어처럼 꾸물꾸물 꿈틀거리고 있다. 신문이 '진군의 노래'를 모집했더니 위의 가사가 왔고, 그것을 기타하라 하쿠슈(北原白秋)와 기쿠치 칸 등이 격찬하고 '노영의 노래'라는 제목을 달아 원래 부탁받지도 않은 후루세키 유지가 감동해서 자발적으로 손수 작곡했다고 한다. "천황 폐하 만세 남긴 소리 잊을까 보냐"로 곡의 톤이 아연 높아진다. 뭔가가 넘쳐흐른다.

그것은 필시 '죽음'을 향한 '부질없는 정열'이었다.

4. 일본의 불수의근과 자율신경

그래도 역사라는 것에는 터무니없이 고약한 것이 있다. 역사에는 대개 절조節操가 없다. 발칙하고 불령不逞한 면이 있다. 역사는 결코 이전의 잘못을 진심으로 뉘우치지는 않는다. 후루세키 유지는 그런 역사에서 생겨난 대단한 사람이었다. 일본이 영원히 기억해야 할 대작곡가다. 〈노영의 노래〉만이 아니라 〈애국의 꽃〉〈부인婦人 애국의 노래〉〈새벽에 기도한다〉〈결단코 이기자〉〈방공 감시의 노래〉〈대동아전쟁 육군의 노래〉〈싸우는 도조 총리〉〈저 깃발을 쏴라〉〈젊은 독수리의 노래(해군 비행예과연습생의 노래)〉〈무찌르고야 말리라〉〈라바울* 해군 항공대〉〈오호嗚呼 가미카제 특별공격대〉 등 엄청난 수의 군가·전시가요를 1930년대 초기부터 패전한 해까지 권력의 강제에 의해서가 아니라 자발적으로 시대의 파도에 척척 올라타 작곡하면서 전시 일본의, 타국에는 거의 유례가 없는 음악적 정념과 상념을 제조해 거의 모든 사람들의 마음과 몸에 그것을 심어 넣었으니까 말이다. 아버지도 어머니도 불렀다. 전후에도 불렀다. 어머니는 〈새벽에 기도한다〉를 자주 불렀다. 국민은

---

* 파푸아뉴기니의 일본군 점령지.

강요당해 마지못해 부른 것이 아니다. 눈물을 흘리면서 불렀다. 마음 깊이 감동하면서 불렀다. 나는 특별히 싫어하지도 않고 듣고 있었다. 전사했든 아버지처럼 살아남았든, '황군' 장병들과 그 가족들 중에 후루세키의 멜로디와 인연이 없는 이는 한 사람도 없을 것이다.

모르는 것이 있다. '노영의 노래'만이 아니라 대다수 그의 곡(그렇게 보면 노부토키 키요시信時潔 작곡의 〈바다에 가면〉도 그랬지만)이 마치 미리 패전이나 죽음을 약속받기라도 한듯 그저 용감하고 씩씩하기만 한 것이 아니라 애조를 띠고 있다는 점이다. **악취 나는** 전쟁 가해자의 얼굴과 음성이 아니라 마치 우직하고, 순수하고, 성실하며, 때 묻지 않고, 고운 눈동자를 지닌 '피해자'인 듯한, 어쩐지 애절한 곡조가 후루세키 멜로디의 특징이다. 왜 그런가? 어떤가, 그것과 일본의 천황제 파시즘은 바로 불수의근과 자율신경 같은 관계가 아닐까. 합리적인 의사의 지배를 받지 않는, 모두가 벌벌 떨고, 모두가 넙죽 엎드리며, 모두가 옥죄이는 근육. 천황제 파시즘이라는 내장근의 대부분은 이런 불수의근이다…… 그렇게 생각한 적이 몇 번인가 있다.

후루세키 유지는 자신의 곡에 감동을 받고 전장으로 실려가 전사한 사람들에게 패전 뒤 '자책의 마음'을 갖고 있었다고 한다. 그래서 어쨌다는 것인가. 전후는 어둡고 불안한 일본을 음악으로 환하게 만들기 위한 작곡에 힘을 쏟았다고 한다. 호오, 그래서 어쨌다는 건가. 그 정도로 엄청나게 많이 만들어 놓고서 '자책의 마음' 운운은 헛소리다. 부모들은 마구 불러젖혔다.

그렇게 대들고 싶어진다. 그런데 후루세키 유지에게는, 만일 있다고 한다면, 어떤 죄가 있을까. 후루세키의 멜로디를 부른 사람들에게 죄가 있을까. 있다면 그것은 어떤 성질의 죄일까. 내가 전시하의 청년이었다면 후루세키의 멜로디를 거절했을까. 한쪽에서 노래하는데 다른 쪽에서 따라 부르지 않고 살 수 있었을까. 아니, 나도 불렀을 것이다. 큰 소리로 불렀을 것이다. 그런데, 1963년에 나는 〈인터내셔널〉을 불렀다. 약간 가슴이 찡해져 부르기도 했다.

5. '무구'인가 '무치'인가

후루세키는 전후, 너무나 전후답게 곡상曲想을 바꿔 〈나가사키의 종〉 〈종이 울리는 언덕〉 〈그대의 이름은〉 〈고원열차는 달린다〉 등을 발표해 차례차례 대히트를 했다. 지금도 여름 고시엔에서 흘러나오는 고교야구대회 노래 〈영예는 그대한테서 빛난다〉도 작곡했다. 〈종이 울리는 언덕〉은 내가 어렸을 적에는 누구나 다 불렀다. 나도 불렀다. 예전에 〈노영의 노래〉를 즐겨 불렀던 교사들이 같은 입, 같은 혀로 〈노영의 노래〉와 같은 작곡자의 〈종이 울리는 언덕〉을 아이들에게 가르쳤다. 무엇이 변했다는 것인가. 어딘가 이상하지 않은가. 무엇이 잘못된 걸까. 후루세키 자신과 후루세키 멜로디를 부른 사람들은 무구無垢한 것인가 무치無恥한 것인가. 절조가 없는 것인가. 나는 대답을 제대로 할 수가 없다. 다만 이렇게 느낀 적은 있다. 전전, 전중에 있었던 일본이라는 정념의 '하부 지각'은 표층만을 싹 바꾼 채 줄줄이 전후 사회로 도입된 게 아닐까, 줄줄이 지각이동을 했을 뿐이 아닌가 하고.

아마도 일본으로서는 이상한 게 아무것도 없을 것이다. 군가를 산처럼 많이 만들어 '자책의 마음'을 계속 지니고 있었다는 후루세키가 1960년 안보투쟁의 해에 육상 자위대가歌〈이 나라는〉이나〈그대의 그 손으로〉를 지었고, 같은 행진가〈들어라, 당당한 발자국 소리를〉 등도 작곡한 것은 전전, 전중에서 연속되어 온 정념의 '하부 지각'을 생각하면 별로 이상할 것 없을지도 모른다. 덧붙이자면, 그는 1931년에는〈짙푸른 하늘〉(와세다대학 응원가)을 작곡했다. 1939년에는〈거인군巨人軍의 노래(야구의 왕자)〉도 만들었다. 단지 없는 게 없었던 사람이었는지도 모르겠다. "생각하노니 오늘 싸움에서 (피로) 붉게 물들어 생글생글 웃으며 죽은 전우가 천황 폐하 만세 남긴 소리 잊을까 보냐"는 상념과 리듬은 지금도 그다지 크게 바뀌지 않았다. 이 나라는 고래로 주관적으로는 무구하고, 객관적으로는 무치한 것이다.

『소리의 축제 – 일본 근대시와 전쟁〉(나고야대학출판부)의 저자 츠보이 히데토(坪井秀人)는 작곡가 케이스는 아니고 '전쟁시'를 대량생산한 시인들에 대해 지적한다. "(……)전쟁 **쓰레기** 시를 양산한 졸렬한 시인들의 경우에도 전전/전중/전후에(**변절**變節은 했지만) 변질變質은 없었다고 봐야 한다." 사정은 작곡가, 작사가, 작가, 화가, 사상가, 저널리스트들의 경우에도 본질적으로 같다. '변절'했을지 모르지만 '변질'은 하지 않는다. 하지만 정말 그럴까. 어쩌면 그 깊은 하부 지각에서는 '변절'도 '변질'도 '균열'도 하지 않은 게 아닐까. 내 아버지에 비춰 생각해 보면 그는 전중에도 전후에도 '변절'도 '변질'도 하지 않았으며, 그렇게 하지 않고는 살아갈 수 없을 정도로 사회적 지각변동도 실제로는 없었던 것으로 생각된다. 덧붙이자면 '전쟁 쓰레기 시를 양산한 졸렬한 시인들'이라고 츠보이는 썼지만, 그 문맥을 후루세키 유지에게도 적용할 수 있을까. 후루세키를 군가를 양산한 '졸렬한 작곡가'라고 할 수 있을까. 아니 후루세키의 곡들은 요령 좋고 능숙한 변주는 있었을지 몰라도 결코 '졸렬'하지는 않았다. 국민도 요령 좋고 능숙한 변주에 자신들을 맞춰 마음껏 불렀다. 오히려 그것이 구제불능인 것이다.

6. 미시마 유키오의 흥분

미시마 유키오는 요령이 좋지도 능숙하지도 않았다. 그가 단 이쿠마(團伊玖磨)의 주선이었는지, 분쿄(文京) 공회당에서 요미우리 일본교향악단을 지휘한 적이 있다. 득의만면 잘난 체도 하지 않고 그렇게 멋쩍어 하지도 않고, 말하자면 당당했다. 지금 생각해 보면 기이하고 진묘하기도 하다. 자결하기 2년 전, 1968년. 나도 가세했던 신주쿠 소란*이 일어난 해다. 미시마가 요미우리 일본교향악단을 지휘한 곡목은 〈군함 행진곡〉이었다. 경위는 모르겠지만, 소리도 영상도 남아 있다. 신주쿠 소란은 매스컴에 두들겨 맞았지만 미시마가 〈군함 행진곡〉의 지휘

봉을 든 일로 여론의 거센 비난을 받았다는 기억은 없다. 〈군함 행진곡〉은 전후 사회에 의미가 없는 구호처럼 완전히 용해되어 있었다. 운동회에서도 흘러나왔고, 아버지의 그 파친코 가게에서도 없어서는 안 될 곡이었다. 미시마는 늘 호기심에 찬 눈들을 끌어모으는 스타였다. 실로 고지식한 트릭스터 trickster였다. 매스컴이나 세간이 무책임하게 재미있어 하고 있었던 것과는 달리 미시마는 진지했다. 필시 '부질없는 정열'이라는 것을 알았겠지만 그래도 진지했다.

미시마 유키오와 나는 아무 관계도 없다. 별로 관심도 없다. 그럼에도 그의 잘려나간 머리 사진은 철도 자살한 친구의 머리 이미지와 함께 지금도 선명하게 눈에 새겨져 있다. 미시마가 자위대 이치가야 주둔지(지금의 방위성 본성)를 찾아가 동부방면 총감을 감금하고, 발코니에서 자위대원들에게 쿠데타를 촉구하는 연설을 한 뒤 할복자살을 꾀한 사건은 내가 통신사에 입사한 1970년의 최대 뉴스였다. 가이샤쿠**된 미시마의 머리 사진은 내 속에 있던 시대와 그 구조를 둘러싼 상식과 논리를 눈에 띄게 혼란에 빠뜨렸다. 모든 건 구경거리구나. 결국 구경거리가 되는 거야. 부질없는 정열이야. 그렇게 생각한 것을

---

* 1968년 10월 21일에 일어난 소요 사건. 국제 반전의 날인 그날 반일본공산당계 전학련 학생 6천여 명이 방위청과 국회, 국철 신주쿠역 등에 돌입하려다 경찰대와 격렬하게 충돌. 그중에서도 신주쿠역에서는 동쪽 광장에 집결한 2천 명이 넘는 학생들이 신주쿠역 구내를 점거·방화. 신주쿠역은 마비 상태가 됐고, 745명이 체포당했다.

** 介錯. 할복하는 사람의 목을 뒤에서 쳐 주는 사람 또는 그 행위.

지금도 잊을 수 없다. 머리에는 '칠생보국'*이라 붓으로 쓴 띠를 이마에 감고 있었다. 기억이 어지럽다. 머리는 눈을 크게 뜨고 있었다……고 결국 잘못 상기했다. 지금 사진을 보면 입은 반쯤 벌리고 있지만 눈은 감겨져 있다. 여우에게 홀린 것 같은 기분이다.

여우에게 홀린 것 같은 기분은 도쿄올림픽 성화 주자 도착과 성화대의 모습을 전한 〈마이니치신문〉 게재 미시마 유키오의 글을 읽었을 때도 그랬다. 성화의 최종 주자 사카이 요시노리(坂井義則)는 원폭 투하의 날인 1945년 8월 6일, 히로시마현에서 태어나 안성맞춤의 '평화의 상징'으로 최종 주자에 선정됐다. 그 신문의 올림픽 리포터가 된 미시마 유키오는 성화대를 향하는 사카이 선수의 일거수일투족을 계속 예사롭지 않은 눈으로 응시했다. 글의 첫머리는 이러했다. "올림픽 반대론자의 주장에도 일리가 있지만, 오늘의 쾌청한 개회식을 보고 내가 느낀 솔직한 느낌은 '역시 이것을 해서 다행이다. 이것을 하지 않았다면 일본인은 병에 걸릴 것이다'는 것이었다." 노골적이다. "마침내 적심赤心은 하늘도 움직이고" 정말 가을다운 좋은 날씨가 됐다, 등을 태연하게 쓰고는 허둥댄다.

(……) 사카이 군은 성화를 높이 들고 완전한 폼으로 달렸다. 여기서 일본 청춘의 간소한 상쾌함이 결정結晶을 이뤘고,

---

* 七生報國, 일곱 번 환생해서 나라에 충성을 다함.

그의 지체肢體에는 권력의 똥배나 금권의 대머리가 아무리 거꾸로 서더라도 닿지 않을 곳의, 윤기 있고 싱싱한 젊음의 일본 지배가 발산하는 위엄을 볼 수 있었다. 이 몇 분간만으로도 전일본은 청춘으로 대표되었다. 그리고 그것은 몇 분간으로 좋은 것이지 30분이나 계속되면 이미 그 지배는 더럽혀진다. 청춘이라는 것은 완전히 순간의 이런 무구無垢의 승리에 달려 있다는 것을 그리스인은 알고 있었던 것이다.

사카이 군은 녹색의 계단을 다 올라간 뒤 성화대 옆에 서서 성화를 든 오른손을 높이 쳐들었다. 그때의 그 표정에는 인간이 모든 인간 위에 서지 않으면 안 될 때 어쩔 수 없이 떠오르는 미소가 떠오른 듯 보였다. 거기는 인간 세계에서 가장 높은 장소로, 히말라야보다 더 높은 곳이다. (중략)

그가 오른손에 성화를 높이 들었을 때 그 흰 연기에 휩싸인 가슴의 히노마루는 아마도 누구의 눈에나 다 스며들었을 것이라 생각하는데, 이런 감정은 과장하지 않고 그대로 내버려두면 될 일이다. 히노마루의 그 색과 형상이 어떤 특별한 순간에 우리의 마음에 뭔가를 불러 깨우더라도 거기에 대해 외치거나 연설하거나 할 필요는 전혀 없다.

(〈동양과 서양을 묶는 불〉 1964년 10월 11일치 마이니치신문)

지금 다시 읽어 보면, 아슬아슬하고 매우 강렬한 미문이다. 추측하건대 어렴풋이 성적인 냄새도 난다. 전후의 신문 게재 글로서는 있을 수 없을 정도의 과잉된 감정이입이다. '완전한 폼' '그의 지체' '권력의 똥배' '금권의 대머리' '일본 지배의 위엄' '지배는 더럽혀진다' '무구의 승리' '모든 인간의 위에 서지 않으면 안 될 때' '인간 세계에서 가장 높은 장소' '흰 연기에 휩싸인 가슴의 히노마루' '누구의 눈에나 다 스며들어간' '히노마루의 그 색과 형상' '저 특별한 순간' '마음에 뭔가를 불러 깨우더라도' ―. 이것은 올림픽 개회식 리포터라기보다 바로 1★9★3★7의 종군기자가 쓴 전승 보도 아닌가. 미시마는 기교를 부리지는 않는다. 솔직하게 감동했던 것이다. 고양됐을 것이다. 몹시 감동했던 것이다. '권력의 똥배' '금권의 대머리' '일본 지배의 위엄' '지배는 더럽혀진다'는 그 자리에 어울리지 않는 메타포는 올림픽 개회식 스케치를 어찌해야 좋을지 허둥대다 나름 돌파한 것이다. 독자들도 신문 편집자들도 아마 이 글에 숨겨진 위험을 보지 못했을 것이다. "히노마루의 그 색과 형상이 어떤 특별한 순간에 우리의 마음에 뭔가를 불러 깨우더라도 거기에 대해 외치거나 연설하거나 할 필요는 전혀 없다"고 흥분해서 썼을 때, 미시마의 뇌리에는 이미 1970년에 '궐기'할 자기상이 막연히 떠오르기 시작했던 게 아닐까. 결국 그는 자위대 이치가야 주둔지에서 외치고 연설도 했지만.

7. "어떤 것도 해롭지 않게 됐다"

미시마 유키오는 "내셔널리즘과 평화가 잘 어울린 것은 이것(도쿄 올림픽)이 처음이 아닐까"라고 말하는 것치고는 '평화'에는 특별히 관심이 없는 듯이 발언하고 있다. 1964년 12월호의 〈중앙공론〉에 실린 좌담회에서 미시마는 올림픽의 흥분을 숨기지 않았는데, 여자 배구 관전에서는 "정말 눈시울이 뜨거워졌습니다"는 말까지 했다. 놀라울 정도로 솔직하다. 오야 소이치(大宅壯一)로부터 "일본 내셔널리즘이 최고조에 달한 시기는 유사 이래 언제라고 생각하시나요"라는 질문을 받자, 미시마는 즉각 "역시 요전의 전쟁 때겠죠"라면서 다소 정색을 하고 말했다.

왜냐하면, 전쟁에서 패배하는 과정도 내셔널리즘적 패배라는 생각을 했습니다. 내셔널리즘의 근본이념은 힘입니다. 그리고 어느 나라든 지금 내셔널리즘을 표방하고 있는 나라는 핵무기를 갖지 않을 수 없습니다. 하지만 일본 내셔널리즘은 좀 특징적이게도 자기 파괴적인 바가 있습니다. 내셔널리스트가 되면 될수록 맨손에 단도를 쥐고 사람을 죽이러 가거나, 스스로 절벽에서 뛰어내려 죽거나, 할복자살하거나 하는 대단히 무기력한, 전체의 힘을 모을 수 있는 데가 없는 내셔널리즘이 됩니다. 이런 내셔널리즘은 매우 일본적인 특징이 아닐까요.

일본 내셔널리즘이 '자기 파괴적'이라는 것은 미시마 개인의 '일본, 이렇게 됐으면' 하는 주관적 심정(문학적 원망)일 뿐이며, 원폭 투하도 자기 파괴적인 일본 내셔널리즘의 자살 행위가 아니라 전쟁 지도부와 쇼와 천황의 범죄적 과오와 분리시켜 그 연원을 생각할 수 없는 것이다. 그것은 미시마도 알고 있었을 것이다. 뻔뻔스럽게 살아남아 올림픽 개회 선언을 한 천황은 미시마에게 이미 '아름다운 천황'은 아니었을 것이다. 앞서 얘기한 '동양과 서양을 이어주는 불'에서 필자가 천황에 관해 언급한 것은 단 한 군데. 자위대 브라스밴드의 화사함에 비해 "천황 입장 때의 범종 전자음악은 실로 어울리지 않는 것이었다"고 냉담하게 말했다. 국립경기장의 천황은 나중에 등장한 문화 개념으로서의 천황과는 달랐다. 그것은 일본 문화 전체의 '시기적 연속성과 공간적 연속성의 좌표축' '나라와 민족이 분리될 수 없음 보여주는 상징' '궁극의 가치 자체(베르트 안 지히)'라고까지 예찬한(「문화방위론」 〈중앙공론〉 1968년 7월호) 환상의 '아름다운 천황'과는 다른, 아름답지 않은 그 무엇이었을 것이다.

치카마츠[近松門左衛門]도 사이카쿠[井原西鶴]도 바쇼[松尾芭蕉]도 없는 쇼와 겐로쿠(昭和元祿)*에는 화려한 풍속만 발호하고 있다. 정념은 마르고, 강인한 리얼리즘은 땅을 버렸으며, 시詩의 심화는 돌아보지 않는다. 즉 치카마츠도 사이카쿠도 바쇼도 없다. 우리가 살아가는 시대가 어떤 시대일까. 본래 수수께끼로 가득찬 투철透徹이어야 함에도 수수께끼 없는 투명透明이라고나 해야 할 것으로 투시透視되고 있다.

함께 춤추고 있는 듯 보이지만 미시마는 '쇼와 겐로쿠'를 싫

---

* 고도 경제 성장기의 천하태평, 사치와 안일의 시대를 가리키는 말. 1964년 당시 자민당 유력 정치인이었던 후쿠다 다케오가 한 말.

어했다. 그는 "어떻게 이런 일이 일어났을까……" 하고 괴로운 듯 자문하고 전후의 '문화주의'를 비판하면서 "문화를 그 피투성이의 모태 생명이나 생식 행위에서 떼어내 뭔가 즐거운 인간주의적 성과로 판단하려는 경향이다. 거기에서 문화는 뭔가 무해無害하고 아름다운, 인류의 공동재산이며……"라고 떠들어댔다. 그리고 다음과 같은 글을 보고, 미시마를 좋아하지는 않았던 나도 일찍이 섬뜩했던 일을 지금도 잊을 수 없다. "즉 아무것도 유해有害할 수 없게 됐다는 것이다." 미시마는 단지 '무해' 했을 뿐만 아니라 오로지 '무해'를 치장하는, 실은 다소 교활하게 쓱쓱 잘나갔던 전후 민주주의와 어두운 부분을 잃고 표백된 인간 천황을 오히려 기분 나쁜 "수수께끼 없는 투명성"으로 완강하게 거부했다. 대체된 것은 '패륜'의 미학이고 광기였다.

8. 하늘에 내걸린 머리

미시마 유키오가 자해한 지 며칠이 지난 뒤, 도쿄에서 우연히 아버지를 만났다. 나는 '미시마 사건'에 대해 물었다. 아버지는 자신이 탄핵이라도 당한 듯 허둥대면서 얼굴에 약간의 홍조를 띤 채 고개를 숙이고 있었다. "왜 자위대일까요……" 하고 대답을 기대하지 않고 아버지에게 물었다. 그는 역시 대답하지 않았다. 대화는 금방 끊어졌고, 긴 침묵이 남았다. 왜 자위대인가……라고 한 것은 가이샤쿠된 미시마의 머리가 **있어야 할** '위치'에 대한 나의 의문이요 망상이기도 했다. **그것이**

자위대 이치가야 주둔지였다는 것이 아무래도 부자연스럽기 짝이 없었기 때문이다. 납득이 가지 않았다. 아버지에게는 얘기하지 않았지만, '칠생보국'이라 쓴 띠를 두른 그의 머리가 하늘에 내걸려 엄청난 속도로 궁중으로 날아가 천황을 덥썩 물고는 떨어지지 않는 그림을 나는 계속 상상하고 망상하지 않을 수 없었다. 미시마의 궐기는 필경 그래야만 했다. 그랬다면 전후는 **"아무것도 유해할 수 없게 됐던 것이다"**라고 한 것과는 다른, 영원한 대역大逆=유해의 각인을 남길 수 있었을 것이라고 생각했다. 그로부터 십수 년 뒤에 어느 문예평론가가 "(미시마는) 실은 궁중에서 쇼와 천황을 살해한 뒤 죽고 싶었던 것이다"라고 말했으나, 나는 믿지 않았으며, 천황을 덥썩 문 잘린 머리의 상상도 쪽이 더 마음에 들었다. 그런 단편을 미시마라면 쓸 수 있었을 것이라는 생각을 지금까지 하고 있다. 생전에 그것을 쓰고, 1970년 11월 25일에 잘린 머리가 실제로 하늘을 날아가 천황을 덥썩 물었다면, 어쩌면 상징 천황제의 존속도 위험에 처했을 터인데.

미시마는 천황에 대한 실망을 '원한'으로까지 결정結晶화할 수는 없었던 듯하다. 자결 직전의 마지막 외침은 왜 그랬는지 〈노영의 노래〉와 같은 "천황 폐하 만세!"였다고 한다. 그러나 그 천황이란 히로히토가 아니라 현존하지 않는 '아름다운 천황'이 아니었을까. 어쨌든 미시마의 죽음에 대해 가장 리얼하고 중량감 있는 발언을 한 것은 다케다 타이준이다.

(……) 미시마 군은, 저 사람은 사람을 한 명도 죽인 적이 없

지 않은가. 미시마 군은 사람을 죽일 수 있는 사람이 아니다. 그는 숭국을 침략할 수도 없었고, 중국인을 한 사람도 죽일 수 없었다. 일본인도 죽일 수 없었다. 그런 부드러운 마음의 소유자는 자신밖에 파괴할 수 없다. 그것이 그렇게[미시마 사건]까지 하게 만들었다는 것을, 나는 역시 친구로서 인정하지 않을 수 없다.

(중략)

(……) 미시마 군도 일본의 민중이라는 존재를 사랑하지 않았다. 실제로 도쿄대 법과를 차석으로 졸업했고, 하는 일마다 전부 수석이어서, 민중 따위는 잊어버렸고, 고전 속에서만 미를 인식했기 때문에 현대라는 것이 없었다. 즉 그의 경우 현대를 초극할 수 있었다고 생각했을 것이다. 다만 과연 우리 일본 문학자들 중에 누가 일본의 민중을 알고, 민중을 사랑하고 있는가, 라고 묻는 건 위험한 일이겠지만. 알고 있다, 사랑하고 있다고 자인하는 것은 의외로 자기 자신 외에는 사랑하고 있지 않는 것이며, 게다가 미시마만큼도 쓸 수 없어, 두 마리 토끼를 잡으려다 한 마리도 잡지 못한 것이라고 생각한다.

(다케다 타이준·홋타 요시에 '미시마의 죽음과 추근秋瑾의 죽음' 『대화 — 나는 이제 중국을 말하지 않겠다』 1973)

이것은 다케다의 미시마 비판이 아니다. 당당한 미시마 옹호다. 동시에 미시마의 행동을 비난하고 냉소한 기성의 좌익이나 시민주의적 지식인들에 대한 야유이기도 하다. 타이준은 미시마와 그의 작품을 (아마도 자신에게는 결정적으로 결여되어 있는 것을 사랑하듯이) 사랑했다. 그 타이준이 미시마의 소행을 비호하게 되면 저절로 위의 글처럼 되어 버린다. 중국을 침략하고 실제로 중국인들을 죽이고, 그것을 그 뒤의 살아 있는 테마의 기둥으로 삼은 것과 그렇지 않은 것의 차이가 여기에서 노골적으로 드러난다. 타이준은 죽인 쪽의 '육감'을 썼고, 전쟁에 나가지 않았던 미시마로서는 그것을 쓰지 못한 채 자해했으며, 그와 달리 내 아버지는 뭔가 꺼림칙한 감촉을 기억의 밑바닥에 무겁게 가라앉힌 채 굳게 입을 다물었다. 나도 묻지 않았다.

9. 머리와 모란

훗타 요시에가 『시간』을 발표한 1955년 무렵, 미시마 유키오도 난징의 살육에 관한 장편掌編 을 썼다. 미시마 본인은 막연히 이것을 '콩트'라고 불렀고, "눈에 띄는 풍경이나 사물이 소설가의 감흥을 자극해서 한 편의 이야기를 짜내게 했다는 것 이상의 것은 아니다……"라고 겸손을 앞세운 자작 해설을 하고 있으나, 마음에 걸린다. '콩트'란 풍자나 색다른 취향을 살린 단편이나 촌극이다. 하지만 「모란」에는 과연, 하고 무릎을 칠 만한 에스프리도 풍자도 없다. 작가가 아무리 '소일거리'라고 주장해도 다루고 있는 사실이나 테마가 '소일거리'이기를 용납하지 않는 경우도 있다. 「모란」이 그렇다. 아무리 미시마 유키오에 관대한 타이준이라 해도 「모란」은 사지 않았을 것이다. 그것은 그렇다 치자. 문제는 천재 미시마가 난징 살육을

252

'다루는 방식'이다. "미시마 군은, 저 사람은 사람을 한 명도 죽인 적이 없지 않은가"라는 타이준의 소리가 들려온다.

　얘기는 이렇다. 한량인 벗의 꼬임으로 '나'는 어느 모란원을 보러 갔는데, "붉은빛 보라색 비로드 같은 큰 꽃"과 "엷은 분홍색이 한복판으로 갈수록 짙어지는 심홍색" 꽃이랑 "꽃이 지고 잎만 달린 나무", "커다란 흰 꽃잎이 무겁게 휘어져 있는 꽃" 등이 있었다. "이미 퇴락한 꽃"이 "붉은 꽃잎이 불에 덴 듯 오글오글 주름지고 노란 꽃술이 쪼글쪼글해져" 있는 것도 눈에 들어온다. 말할 것도 없이 이들 모란은 군도軍刀에 잘려나간 머리와 목이 잘린 몸체에 대한 직유다. 그것은 580그루나 됐다. 거기에 초라한 옷차림의, 하지만 "깊숙한 눈이 빛을 발하고 있는" 노인이 등장한다. 모란원 소유주 가와마타다. 세상사에 밝은 벗에 따르면, 그 노인은 "난징 학살의 주모자로 지목된" 가와마타 대령, 바로 그 사람이었다. 전범재판을 피해 도망쳤다가 이젠 문제가 없어졌다 싶어진 상황이 되자 잠복처에서 나와 모란원을 사들였다고 한다. 벗이 말했다. "전범의 죄상에는 그가 책임을 져야 할 학살이 수만 명에 이른다. 그러나 정말로 대령이 즐기면서 직접 공들여 죽인 것은 580명에 지나지 않았다." 게다가 모두 여자들이었다. "대령은 여자를 죽이는 일에만 개인적 흥미를 갖고 있었다"고 한다. 그래서 그 장편掌編의 "그자는 자신의 악을 은밀한 방법으로 기념하고 싶었다. 다분히 그자는 악을 범한 인간의 가장 절실한 요구, 정말 안전한 방법으로 자신의 잊을 수 없는 악을 현창顯彰하는 데에 성공했던 것"이다. 즉 모란원―잘린 머리들―악의 현창이라는 관계. 어깨에서 힘이 빠진다. 맥이 빠진다.

이 작품은 난징 대학살의 사실을 부정하기 위한 것이 아니다. 대살육을 과소평가하기 위한 것도 아닐 것이다. 미시마는 본 적 없는 대량 살육의 현장을 보려고 했다. 다소 홀가분하게 그렇게 하려고 했다. 그러는 김에 그것을 미시마적인 '패륜의 미'로까지 높여 보려 시도했다. 그리고 허망하게 실패했다. 대살육 사실에 즉흥적으로 착상한 '콩트'가 가볍게 만들어졌다. 그게 전부다. 그것이 작가로서 용납할 수 없는 실패인가, 이런 주제로만 보면 아무래도 그런 느낌도 들지만, 나로서는 잘 모르겠다. 싫어해야 하는데, 미시마를 아무래도 마음속 깊이 싫어할 수 없는 것이다. 다만 미시마가 사람을 죽인 적이 없고, 민중을 사랑하지도 않았지만 '황군'의 살육에 대해서는 더 깊은 시선으로 쓰려 했고 그러다가 실패했기를 바란다……라고 무리하게 생떼를 쓰듯 생각한다. 어쨌거나 미시마는 추잡스러운 파시스트는 아니었으며, '리하이'도 아니었다.

10. '리하이'의 마력

이제까지 중국어 '리하이(厲害)'(120쪽 참조)가 지닌 깊이를 알 수 없는 반향이나 다케다 타이준이 썼던 "참으로 악마적인 사내"에 대해 말해 왔다. 실은 쓰면서 계속 가슴에 걸리는 것이 있었는데, 굳이 그것을 제쳐 놓고 일본군의 악행을 중심으로 얘기했다. 하지만 뭔가 중요한 것을 놓쳤거나 그 중요한 영역에 들어가는 게 성가셔서 별 생각 없이 계속 회피해 왔다는 느낌도 든다. 그것은 중국에서의 참으로 리하이하고 악마적인 인물이나 사상事象이다. 그리고 그것들에 관한 나의 복잡한 감상—일종의 좌절감이고 관념적인 상처—이다. 얘기하기 싫지만 여기서 그것을 써 보고자 한다. 즉 리하이의 놀라운 다의성과 나의 '위치'에 대하여.

중국에서 저질러진 '황군'의 범죄는 정말 중대하고 지독하게 리하이했다. 타이준 자신 리하이에 대해 언급한 적이 있다. 중화인민공화국이 성립하기 2년 전인 1947년에 "중국어에 리하이라는 말이 있다. 맹렬하다는 뜻을 갖고 있으며, 능력이 뛰어난 수완가에 대한 형용이다. 상거래에서, 정치에서, 마작에서, 연애에서, 인간적인 모든 생활에서 승패가 존재하는 모든 장소에서 리하이하다는 것은 승리의 조건이다"(『양쯔강 부근－중국과 그 인간학』)라고 쓰면서 리하이의 개념에 주목하고 있다. 흥미로운 것은 1930년대 중반 타이준의 리하이 해석이 상당히 긍정적이며, 리하이한 사람과 사물의 매력이나 마력에 빠져 있는 듯하다는 점이다. 루쉰(魯迅)도 리하이했고, 『수호전』의 호걸들도, 청淸 말의 여성혁명가로 무장봉기에 실패해 형을 받고 죽은 추근*도 측천무후則天武后도 "그 명백히 맹렬한 힘"에

---

* 추근(秋瑾, 1875~1907). 중국 청말의 혁명가. 18살 때 관료 집안으로 출가했으나 의화단운동 때 분개해 가정을 버리고 일본에 유학가 반청 혁명운동에 투신했다. 귀국 뒤 혁명가 쉬시린(徐錫麟)과 함께 무장봉기를 계획했으나 관헌 쪽에 미연에 발각되어 처형당했다.

서 리하이했다는 것이다. 일본인은 리하이의 예에 포함되지 않는다. 타이준은 말한다.

중국 문학에는 맹렬함과 아름다움이 함께 녹아 있다. 작품에도 작가에도 맹렬함의 요소가 풍부하며, 미의 세계는 그것과 분리될 수 없다. 연약한 아름다움은 그것만으로 사물의 정취로 결정結晶되지 않으며, 맹렬함이 철심처럼 거기에 들어가 문학은 세발솥(鼎)처럼 흔들림 없는 것, 또는 철석같이 견고한 형태를 이룬다. 영탄으로 흐르거나 감정을 따라가고, 시절의 추이에 유연하게 순종하기보다는 비판을 잊지 않고, 이지理知에 의지하며, 공간 속에 자리 잡고 눌러앉기를 좋아한다. 유동의 미라기보다는 정착의 미라고 할 수 있을 것이다.

(다케다 타이준 '중국 문학의 특질' 『양자강 부근 – 중국과 그 인간학』)

나는 이것을 문학론으로 읽지는 않았다. "연약한 아름다움은 그것만으로 사물의 정취로 굳어지지 않으며, 맹렬함이 철심처럼 거기에 들어가……"는 중국문화·정치론으로서, 또는 일반적으로 '맹렬함'을 경원하는 일본의 문화·사상에 대한 야유로도 받아들여지기 때문이다. 또는 타이준의 입론을 계기로 이런 자문도 해 봤다. 속되지 않은 은근한 멋(枯淡)이나 '와비(侘)·사비(寂)'*를 선호하는 일본에서는 너무 리하이한 것은 좋아하지 않는다. 그런데 리하이한 사람과 사건이 많은 중국을 대거 침략해서 극악한 범죄를 계속 저지른 것은 무엇 때문인가. 도

대체 어디가 리하이한 것일까? 도대체 누가 가장 리하이했던 가? 이는 1★9★3★7와 중일전쟁의 본질, 아니 현재의 중일관계에도 관련되는 큰 문제다. 마음에 걸리는 것은 그것이다.

11. 누가 가장 리하이했나?

좀 장황해지지만, 리하이의 말뜻을 이번에는 중영中英사전으로 체크해 보겠다. 그러면, 있다, 얼마든지 있다. severe sharp cruel fierce terrible formidable serious sharpen worse bitter dreadful awful damnable devilish…… 보고 있기만 해도 오싹해진다. 엉거주춤하게 된다. 생각건대 리하이의 대단함을 한마디로 설명하기는 어렵다. devilish(악마 같은, 극악한, 비도非道한, 엄청난)라는 독기를 품은 이런 단어들을 전부 모아 부글부글 하룻밤 푹 고아낸 것 같은 느낌이다. 그래도 영어 한 단어로 말해 보라고 명한다면 나는 formidable을 택할지도 모르겠다. 이 한 단어로(불안을 불러일으키고 의혹을 품게 만들만큼) 도저히라고는 할 수 없지만 감당할 수 없는, 상대하기 벅찬, 팽대한, 매우 뛰어난, 각별한……과 같은 다층적이고 당착撞着적인, 하나로 정해지지 않는, 간단히 정리되지 않는 뉘앙스를 품

---

* 佗·寂. 일본 고유의 미의식으로 음성(陰性), 소박, 고요함을 기조로 한다. 와비와 사비는 원래 다른 의미였지만 현대에는 하나로 합쳐져 언급되는 경우가 많다.

고 있기 때문이다. 내 나름으로 덧붙인다면 이러한 형용에는 '선악을 넘어서'라는 무한정의 조건이 붙을 것이다.

그러면 '황군'과 내 아버지를 포함한 장병들의 범죄는 formidable했던가, 하고 생각해 본다. 또는 쇼와 천황이라는 사람은 포미더블했던가, 리하이했던가, 라고. 뭔가 차원이 다른 느낌이 든다. 아니 많이 다르다. 아버지는 중국에서 cruel한, 잔혹한 짓을 저질렀을까, 개인적으로는 전혀 리하이하지 않았다. 도조 히데키도 전혀 포미더블하지도 리하이하지도 않았다. 그리고 그건 다른 것이라고 생각할 때 내 뇌리에는 몇 가지 수수께끼 같은 사람과 풍경이 떠오른다. 어두움 바로 앞에 떠오르는 것은 마오쩌둥이다. 그야말로 내게 가장 리하이하고 포미더블하며 damnable하기도 한, 즉 지옥에 떨어져야 할, 화가 치미는, 엄청난, 심한, 하지만 일률적으로 그것만으로는 정리될 수도 없는, 선악의 벽을 깨부수는 존재…… 그런 생각을 하게 만드는 인물인 것이다. 지금은 베이징의 마오 주석 기념당에 방부 처리되어 '박제' 상태로 누워 있는 그의 치세하에서 아사한 사람, 숙청당한 사람, 형을 받고 죽은 사람, 암살당한 사람, 여럿이 합세한 집단적 폭력을 당해 죽음으로 내몰린 사람의 수를 정확히 알 수는 없지만 아돌프 히틀러나 이오시프 스탈린 지배하의 독일 및 그 점령국이나 소련의 경우를 능가한다는 얘기도 있다.

얘기가 벗어나지만, 두 번, 도합 6년에 이르는 베이징 주재 기간에 나는 아무것도 제대로 배우지 못했다. 다만 세상에는 아무리 부정해도 부정할 수 없는 존재나, 불교 유래의 '무량무

변無量無邊'이라는 말대로 한없이 많은 사상事象들이 있으며 선악·미주·논리적 정합·모든 종류의 조리條理와 인류의 경계나 분절—을 간단하게 분쇄하고 무화하는 힘이라는 것이 있구나, 그 힘은 완전히 부조리한데, 어떻게든 조리에 토대를 둔 것인 양 하고 있구나, 라는 체념이랄까 허무와도 닮은, 속된 말로 '당할 수 없네' '참을 수 없어'라는 감각이 생겼다. 바꿔 말하면 중국이라는 시공간이 원래 리하이한 것이고, 리하이의 대표선수가 내 눈에는 마오쩌둥이었다. 비교할 것도 없지만, 미시마 유키오는 마오의 눈에는 '하이즈(孩子, 어린이)'나 '와와(娃娃, 아기)'로 보였을지 모른다. 마오쩌둥과 미시마 유키오. 두 사람 모두 진정으로 민중을 사랑하지는 않았다고 하더라도 이토록 어울리지 않는 조합은 없다. 그래도 두 사람이 열심히 얘기하는 그림을 상상하면 뭔가 유쾌해진다. 마오쩌둥의 운명은 달라지지 않았겠지만, 미시마는 그 작품이 상당히 달라지지 않았을까 하는 생각도 든다.

그 마오쩌둥은 그러면 '황군'과 1★9★3★7를 속으로 어떻게 생각하고 있었을까. 질풍노도의 문화대혁명이 시작되기 전, 그리고 중일 국교 회복 전인 1964년 7월 10일, 마오쩌둥은 당시 일본사회당 부위원장이었던 사사키 고조 등 '사회당 방중 시찰단' 일행과 베이징 인민대회당에서 2시간 반 이상 회견을 했다. 그 내용에 대해서는 그달 13일 〈아사히신문〉 조간이 홍콩 특파원 타전으로 2면 머리기사로 실렸는데, 기자가 회견에 동석한 것은 아니고 시찰단원으로부터 '전해들은 것'이어서 마오쩌둥이 했다는 말은 정확성이 결여되어 있는 것 같다. 그래도 일본 패전 뒤 아직 20년도 지나지 않은 시점에서 중국 수뇌가 한 얘기에는 의외성이랄까, 리하이하고 포미더블한 것이 있었다. 아사히신문에 따르면 마오쩌둥은 이렇게 말했다고 한다.

12. "황군은 우리의 훌륭한 교사"

나는 원래 전쟁에 대해서는 아무것도 몰랐지만 장제스의 국민당군, 일본의 군벌, 미국 제국주의와의 싸움을 통해 전쟁이라는 것을 잘 인식할 수 있게 됐다. 이들 '반면교사'에 감사할지언정 원한은 없다.

마오쩌둥은 그 회견에서 일본의 대對소련 북방 영토 반환 요구에 찬성의 뜻을 표했고, 아사히는 그것을 4단 제목의 기사로 다뤘는데, 전 침략국인 일본에 대한 '감사' 발언에 특별히 주목하지는 않았다. 마오쩌둥 발언의 원본을 입수해서 전문傳聞 내용과 대조해서 교정하려 한 흔적도 없다. '반면교사'는 원래 마오쩌둥 특유의 용어로 알려져 있는데, '반면교사(나쁜 본보기)'라고 해야 할 것을 굳이 신문용어에 맞춰 반면反面→반면半面으로 한 것일까. 그 보도에서는 마오쩌둥의 진의가 전달되지 않는다. 아사히는 그 회견이 약 반세기 뒤에 곡해(또는 고의로 왜곡)되고 작은 말 한마디(片言雙句)가 자의적으로 인용되면서 '중국은 항일전쟁이 벌어졌음에도 일본에 감사하고 있으며, 따라서 난징 대학살 따위는 없었다' 등으로 역사를 바꿔 쓰는 '논거'로 삼을 줄은 상상도 하지 못했을 것이다.

마오쩌둥이 사사키 등과의 회견에서 실제로 어떤 말을 했는지 조사하던 중에 시찰단원이 기록한 상세한 회견 내용이 옛 사회당계 이론지 〈사회주의 이론과 실천〉(1964년 9월호)에 실려 있고, 그것이 국회 도서관의 마이크로필름 자료로 보존되어 있다는 사실을 알았다. 과연 거기에는 마오쩌둥이 아무 거리낌 없이 '황군'이란 두 글자를 연발하고 있었다.

나는 일찍이 일본의 벗들에게 다음과 같은 말을 한 적이 있습니다. 일본의 벗들은 황군이 중국을 침략해서 미안하다고 했습니다. 나는 아니오, 라고 말했습니다. 만약 일본의 황군이 중국의 대부분을 점령하지 았았다면 중국 인민은 단결하고 이에 반대해서 싸울 수 없었을 것이며, 중국공산당은 권력을 탈취할 수 없었겠지요. 따라서 우리에게 일본 황군은 훌륭한 교사였던 것입니다. 여러분의 교사이기도 했습니다. 그런데 그 결과 일본의 혁명은 어떻게 됐을까요. 미국 제국주의에 지배당하게 되지 않았습니까. 같은 운명을 우리의 대만에서도 볼 수 있고, 남조선, 필리핀, 남베트남, 타이에서도 볼 수 있습니다. 미국의 마수는 우리 서태평양 전 지역에, 그리고 또 동남아시아에까지 뻗치고 있습니다. 그 마수는 너무 깁니다. 제7함대는 미국 최대의 함대입니다. 미국은 항공모함을 12척이나 갖고 있는데, 제7함대는 그 반수, 즉 6척을 차지하고 있습니다. 미국은 또 제6함대를 지중해에 파견하고 있습니다.

1958년, 우리가 진먼(金門. 저자주＝중국 푸젠성 아모이廈門 앞바다에 있는 작은 섬. 북쪽의 마추도馬祖島와 함께 대만이 지배한다)을 포격했을 때 미국은 몹시 당황해서 제6함대의 일부를 동쪽으로 배치했습니다.

미국은 유럽을 지배하고, 캐나다를 지배하고, 쿠바를 제외한 전 라틴아메리카를 지배하고 있습니다. 그리고 지금, 그들의 마수는 아프리카까지 뻗치고 있고, 콩고에서 전쟁을 벌이고 있습니다. 그런데 여러분은 미국이 두렵습니까?

인사도 하는 둥 마는 둥 하고 초장부터 허풍을 떨더니 이 장광설을 펼쳤다. 얘기를 한바탕 늘어 놓은 뒤, 당신들은 미국이 두려운가 하고 묻는다. 논법도 긴장감tension도 다소 도를 넘었다. 그럼에도 '황군'이라는 무겁고, 괴롭고, 어두운 기억이 서려 있는 그 말을 대수롭지 않게 여기는 듯한 말투로 거듭 발음하는 것이 무자비하게 침략당한 쪽의 감각으로서는 좀 의외다 싶지 않은가. 싫고 생리적으로 참을 수 없다고 생각하는 것이 보통이 아닐까. 한데 마오쩌둥은 리하이했다. 연극처럼 보일 정도로 포미더블했다. 따라서 한두 번 얘기한 게 아닐 것이다. "일본의 황군은 훌륭한 교사였습니다"라는 얘기는 회견 기록에서는 '반면' 두 글자가 빠져 있으나 '반면교사'라는 의미일까. 아니 '반면'은 원래 없었고 마오쩌둥은 글자 그대로 '황군＝교사'라고 치켜세운 것일까.

사사키 고조는 그 뒤 마오쩌둥에게 "과거, 일본의 군국주의가 중국을 침략해서 여러분에게 엄청난 폐를 끼친 것을 죄송하게 생각합니다"라고 사죄했다. 사사키가 염두에 둔 것은 '폐'의 상징적 사실로서 난싱 대학살이었다는 건 의심의 여지가 없다. 이에 대해 마오쩌둥은 가볍게 말을 돌리듯 "아무것도 잘못한 게 없습니다"라면서 "일본 군국주의는 중국에 큰 이익을 가져다주었습니다. 일본의 황군이 없었더라면 우리가 권력을 탈취하는 것은 불가능했습니다"라고 앞서 말한 논지를 되풀이하면서 "이 점에서 나와 당신 사이에는 의견의 차이와 모순이 있군요"라고 덧붙였다. 여기까지 듣고 나면 그 발언이 마오쩌둥 특유의 패러독스 또는 아이러니인지 본심인지 알 수 없게 된다.

13. 거대한 허무주의?

만일 '황군'이 침략, 유린하지 않았다면, 중국인들은 단결해서 싸우지 못했고, 중국공산당도 권력을 장악할 수 없었을 것이다?……라는 얘기는 표현의 타당성은 제쳐놓고라도 전쟁과 혁명의 역학으로서, 모르는 바는 아니다. '황군'은 '훌륭한 (반면)교사'였다. 우리는 그런 나쁜 본보기에서 배웠으나 일본 인민은 제대로 학습하지 않았던 게 아니냐고 묻는 투다. "그 결과 일본의 혁명은 어떻게 됐나요"라는 것은 일본에는 혁명의 'ㅎ'자도 없었고, 저 안보투쟁에서 패하지 않았느냐, 라고 얘기하고 있는 것으로도 풀이할 수 있다. 그 결과 "미국 제국주의에 지배당하게 되지 않았습니까"라고 그는 덧붙였다. 마오쩌

등의 논리가 지리멸렬한 것도 아니다.

이에 대해 사사키는 따분하다고 해야 할까, 거의 추종 자세다. 새빨간 거짓말도 있다. "……일본의 경우 이제부터 혁명을 해서 사회주의를 건설해 갈 것입니다" "귀국해서 일본 사회주의의 발전을 촉진하고 중일 양국의 협력관계를 강화하고자 합니다" 등 호언장담하고 있다. 실소를 금할 수 없다. 전체 문맥을 볼 필요가 있겠지만, 마오쩌둥은 "일본은 위대한 민족이며……" "일본은 미국과 싸울 용기를 갖고 있었다"고도 했다. "이런 [일본의] 독점자본이 언제까지고 미국 제국주의에 짓눌려 있으리라고 생각하지는 않습니다. 물론 나는 다시 진주만을 폭격하는 데에 찬성하는 것은 아닙니다"라고 부인하고는 있으나 마오쩌둥의 일본관에는 친일이나 반일이라는 정서적 차원에서 한두 발자국 벗어나 있는 무언가가 있다.

그것은 '적은 우리 편이, 우리 편은 적이 될 수 있다'는 가변성을 전제로 하는 늘 동적이고 건조한, 비정한 자의 시각인데, 쉽게 얘기하면 모든 것에 대한 시의심猜疑心일지도 모르겠다. "나라는 인간은 원래 싸움이라는 걸 몰랐습니다"로 시작되는 회견 기록의 다음 단락은 거대한 허무주의로도 보이는 마오쩌둥의 전쟁관의 일단을 보여주고 있다고 할 수 있지 않을까.

내 직업은 일찍이 소학교 교사였습니다. 누가 싸움질 하는 걸 가르쳐 줬겠습니까? 먼저 장제스입니다. 두 번째는 일본의 황군, 세 번째는 미국 제국주의입니다. 이들 세 교사들에게 우리는 감사해야 합니다. 싸움에는 별다른 비법이라는 게 없습니다. 나는 25년간이나 싸움질을 했습니다만, 부상을 당하지는 않았습니다. 싸움에 대해 전혀 모르는 단계에서 알게 되고, 할 수 없었던 것을 할 수 있게 된 것입니다. 싸움을 하는 이상 인간이 죽게 됩니다. 지난 25년간 우리 군대와 중국 인민은 수백만, 수천만의 사상자를 냈습니다. 그렇게 되면 중국인은 싸움을 하면 할수록 사람이 점점 줄게 되는 것은 아닐까. 아니오. 보시다시피 지금 우리는 6억 이상의 인구를 갖고 있고, 오히려 너무 많을 정도입니다.

나의 실제 관심은 마오쩌둥이 중국에서 '황군'이 저지른 범죄를 내심 어떻게 생각했는지에 있다. 난징 대학살을 어떻게 보고 있었을까. 천황을 대원수 폐하로서 정점으로 받들고 있는 일본 군대의 끝없는 살육, 강간, 약탈, 방화를 한 사람의 혁명가, 정치 지도자, 시인으로서 어떻게 보고 있었는가……이런 관점은 부연하자면, 아버지들의 '황군'은 중국에서 도대체 '누구'와 싸웠던가, 라는 기본적 문제에 도달하게 된다. 이것은 잘 알려져 있는 듯하지만 실은 별로 알려져 있지 않다. 아버지도 '신4군'과 싸웠다는 인식은 있었으나 그것이 어떤 부대였는지에 대해서는 애매했던 것 같다. 그는 생전에 "장제스에게 감사하고 있다……"는 말을 흘린 적이 있다. 공산당 게릴라는 '잔인'했다며 싫어했다. 장제스는 난징 정부와 국민당의 실권을 쥐고 있던 반공 독재자로, 전후에는 공산당과의 내전에 패해 1949년에 대만으로 옮겨가 중화민국 총통이 된 인물이다. 일본 패전시에 아버지들을 죽이지 않고 도와준 것은 장제스 지도하의 국민당이라 판단하고 아버지는 장에게 감사했겠지만, 적＝신4군이 형식적으로는 장제스 지배하의 국민당군이고, 그 속에 모자이크 모양으로 공산당 지지자들도 다수 섞여 있었던 것을 어느 정도 알고 있었는지 불명확하다.

14. 대살육 때, 마오쩌둥은 무엇을 하고 있었나

여기서 역사의 복습을 해야겠다. 1937년 7월 7일의 루거우차오 사건을 계기로 반일 기운이 한층 더 고조되자, 국민당과 중국공산당의 제2차 국공합작이 공산당이 국민당에게 전선 참가를 호소한 덕에 성립되어 항일 민족통일전선이 형성된다. 공산당은 그해 9월에 국민당의 당시黨是인 '삼민주의'(민족주의·민권주의·민생주의)의 실현을 위해 복무하고 국민당 주도 아래 항일전쟁을 벌여나갈 것을 확인했다. 이에 따라 공산당의 군사 조직 '홍군'은 국민당의 군대인 '국민혁명군'에 편입되어 팔로군八路軍과 신4군으로 개칭, 국민정부로부터 군비까지 받았다. 국민당의 정치적 헤게모니가 표면적이었을 뿐일지라도 공산당의 승인을 받았던 것이다. 그러면 '황군'의 난징 공략·대살육 당시 마오쩌둥은 도대체 무엇을 하고 있었을까? 산악지대인 산시(陝西)성 옌안(延安)의 당 근거지에서 난징이 공략당한 12월 중순에는 공산당 중앙정치국 확대회의에 참석하고 있었던 게 아닐까, 추측된다. 지옥으로 변한 난징의 무대 앞에는 공산당이 없었다. 난징에서 '황군'과 싸우고 섬멸당한 것은 당성지(唐生智) 사령관(적 앞에서 도망친 것으로 알려졌다) 휘하의 난징(수도) 위수군衛戍軍 등으로, 공산당은 정면 대치를 피해 세력을 온존시켰다.

셰여우톈(謝幼田)이 쓴 『항일전쟁 중, 중국공산당은 무엇을 하고 있었나』에 따르면, 마오쩌둥은 1937년 9월에 "중일간의 싸움은 우리 당의 발전에 절호의 기회다. 우리가 결정한 정책의 70퍼센트는 우리 자신의 세력을 발전시키는 것이며, 20퍼센트는 타협하는 것, 10퍼센트는 일본과 싸우는 것이다"라고 팔로군에게 지시했다고 한다. '끝까지 쳐부순다'는 '황군' 정신과는 전혀 다르다고 할까, 다른 차원의 발상이다. 바이투안 대전* 등 몇 가지 예외는 있으나 일본군이 중국에서 싸운 것은 주로 국민당군이고, 팔로군과 신4군은 부대 측면이나 후방에서 히트 앤드 어웨이식(치고 빠지기) 게릴라전을 고수하고 있었다. 이렇게도 얘기할 수 있다. 대살육 때 난징은 국민정부의 수도였기에, 제2차 국공합작이 성립되어 있었다고는 하나 난징 함락은 마오쩌둥에게 '경사'가 아니었을까. 일본군에게 국민당군을 때릴 수 있을 만큼 때리게 하고, 한편으로는 국민당에게

---

* 百團大戰. 1940년 8월에서 12월, 산시(山西)성과 허베이(河北)성 주변 일대에서 중화민국 국민혁명군으로 활동 중이던 공산당군(팔로군)과 일본군 사이에 벌어진 일련의 전투. '바이투안대전'은 중국 쪽의 명칭으로, 팔로군의 참가 병력이 백 개 이상의 단(團, 연대)이었던 데서 유래한다. 항일전쟁 중 최대 규모의 작전으로, 펑더하이(彭德懷) 지휘하의 104개 연대 약 10만의 병사와 20만의 민중이 참가, 일본군에 정면 공격을 가했다. 전과와 평가는 중국과 일본이 크게 다르지만, 이로써 일본군 쪽은 처음으로 공산당군의 실력을 인식하게 됐다고 한다.

는 항일을 부채질하면서 공산당은 '어부지리'를 얻는 전략. 그런 의미에서 "황군 없이는 우리가 권력을 탈취하는 건 불가능했다"고 발언했을 것이다. 마오쩌둥이 난징 대학살을 비롯한 '황군'의 잔혹 행위·반인도성을 몰랐을 리가 없다. 다만 그보다도 국민당을 타도하고 공산당이 전국에서 실권을 쥐는 것이 우선이었다. 생각건대 마오쩌둥에게 '평시平時'는 없었다. "정치는 피를 흘리지 않는 전쟁이고, 전쟁은 피를 흘리는 정치다"(「지구전론持久戰論」1938)라는 사고방식은 평생 변하지 않았다.

15. '무법무천'

앞서 얘기한 마오쩌둥·사사키 고조 회견을 조금만 더 살펴보자. 회견을 한 것은 1964년 7월 10일이었다. 일본에서는 3개월 뒤에 미시마 유키오를 몹시 감동시킨 도쿄 올림픽을 앞두고 있었다. 마오쩌둥은 올림픽에 아무런 관심도 보이지 않았다. 그때 마오의 관심은 사사키에게는 얘기하지 않았으나 다른 데 있었을 것이다. 중국 최초의 핵실험이다. 도쿄 올림픽이 한창이던 10월 16일, 중국은 최초의 원자폭탄 실험에 성공했고, 27일에는 핵탄두를 장착한 둥펑(東風) 2호 미사일이 주취안(酒泉) 위성발사센터에서 발사되어 20킬로톤의 핵탄두가 신장 위구르 자치구인 로프노르 상공에서 폭발했다. 고바야시 히데오는 그때 도쿄 올림픽의 텔레비전 중계로 '조용한 감명感銘'에 빠져 있었는데, "경기 도중에 중공中共 핵실험 뉴스가 들어 왔다. 어, 그런가, 하고 나는 생각했다. 텔레비전 앞에서 중대한 뉴스가 들어왔다는 등의 쓰잘데없는 것을 생각할 필요도 인정하지 않았다"고 뒷날 아사히신문 PR판(1964년 11월 1일)에 썼다. 이어서 "(……) 승부를 겨루는 선수들은 모두 고독할지 모르겠지만, 그런 그들의 내심의 고독이 나에게는 외부로 생생하게 드러나 보이고, 그 매력에 저항하기 어렵다니 묘한 일이다"라고도 썼다. 그 글 어디에 진미가 있는 건지 모르겠다. '어, 그런가' 하는 어투가 참으로 고바야시답게 오만하다. 중국의 핵실험이 잘못됐다고 생각한다면 그렇게 쓰면 될 일을 자못 바보 취급 하듯이 '어, 그런가' 하고 관심 없는 듯 잘라내 버리는 것이 세계를 일본풍의 '안뜰(坪庭) 사이즈'로 보는 고바야시 히데오의 방식이라 해도 좀스럽고, 보잘것없고, 따분하다.

실로 그 핵실험으로 세계는 국면이 바뀌었다. 저토록 '황군'에 유린당한 중국이 하필 도쿄 올림픽 타이밍을 골라 핵실험을 하다니! 그렇게 놀라고 분개해도 좋을 사건이었다. 그러나 일본의 여론은 일반적으로 평온했다. 일본공산당 참의원 의원 이와마 마사오(岩間正男)는 10월 30일 국회 예산위원회에서 "……세계의 핵 보유국이 5개국이 됐다. 특히 세계의 4분의 1 인구를 지닌 사회주의 중국이 핵 보유국이 된 것은 세계평화를 위해 큰 힘이 되고 있다. 원래 사회주의국의 핵 보유는 제국주의국의 그것과는 근본적으로 그 성격을 달리하며, 항상 전쟁에 대한 평화의 힘으로서 크게 작용하고 있는 것이다. 그 결과 제국주의자의 핵 독점의 야망은 크게 무너졌다"고 놀라울 정도의 터무니없는 세계 인식을 전개했다. 위기감은 엷었다.

시간이 흘러 내가 취직하고, 미시마 유키오가 할복자살하고, 아버지가 파친코 가게 주인이 좋아 할 일을 하고, 중국 핵무장이 이미 기정사실화한 1970년 12월, 마오쩌둥이 에드거 스노와 인터뷰를 했다. 그 내용은 이듬해인 1971년 4월부터 5월에 걸쳐 '중국을 찾아'라는 타이틀로 아사히신문에 연재됐다. 죽음을 약 6년 앞두고 있던 마오의 얘기는 '안뜰 사이즈'가 아니었다. 나는 핥듯이 탐독했다. 당할 수 없네, 리하이로다, 하며 탄복했다. 그토록 사납게 날뛰던 문화대혁명기의 마오쩌둥 개인숭배에 대해 '일종의 필요악'이었다고 정리하면서, 앞으로는 수정될 것이라고 아무렇지도 않은 듯 지나갔다. 마오쩌둥은 인간에게는 '숭배하고 싶다'는 욕망과 '숭배받고 싶다'는 욕망이 늘 있다고 말하는 한편으로, 마오쩌둥 숭배자들에는 ①성실한 사람들 ②시세에 몸을 맡겨 타인이 '만세'를 외치면 거기에 따라가는 자들 ③위선자―의 세 종류가 있다고 말했단다. 그만큼 희생자를 내어 놓고도 잘도 얘기하는구나…… 하고 낙담했다.

스노에 따르면, 마오쩌둥은 자신이 복잡한 인간이 아니며 실은 단순한 인간이라고 술회하면서, 이른바 "찢어진 우산을 한 손에 들고 걷는 고독한 수도승"에 지나지 않는다는 말도 했다고 한다. 나중에 그 부분은 통역의 잘못으로 드러났다. 마오는 "화상타산和尙打傘"(승려가 우산을 쓰다)이라고 말했던 것이다. 그것은 시에허우위(歇後語, 갈후어)라는 중국의 말놀이로, 승려는 머리카락이 없기 때문에 '무발無髮'(무법無法. 無髮이나 無法 모두 '우파'로 발음), 우산을 쓰면 하늘이 보이지 않기 때문에

'무천無天', 즉 '무법무천'(법을 어기고 천리를 분별하지 못하는, 엉뚱한 짓을 하다, 응석을 부리다)하게 된다. 거 참, 터무니없는 인물이다. 자신은 단순하고 또 엉터리라고 공언하는 핵 보유 대국 지도자가 어디 있을까. 이 사람은 '황군'의 비도非道를 어쩌면 전혀 문제 삼지도 않고, 여차하면 핵전쟁도 주저하지 않을 사람이 아닌가…… 하고 생각했다. '무법무천'의 넉자를 지금 다시 쓴다. 마오쩌둥은 없다. 그러나 세계 전체가 무법무천 상태다.

제7장

파시스트와 '눈꺼풀'

1. 몰라서는 안 되는 것

아우슈비츠의 범죄와 '황군'이 중국에서 저지른 범죄를 동렬에 놓고 다루는 것을 망설이게 된다. 그러나 사실을 '아는 것' '알려고 하지 않는 것' '모르는 체하는 것' '말하는 것' '말하지 않는 것'—에 관한 인간 거동의 유사점과 차이점이라는 면에서는 양자를 비교하는 것이 꼭 쓸데없는 짓은 아니라고 생각한다. 일본에는 '저질러진 무서운 잔학 행위, 몰라서는 안 되는 그것이 얼마나 있었을까……'라고 나는 프리모 레비의 글을 차용해서 물어본다. 레비의 글은 이렇게 되어 있다.

나치의 기구 안에서 저질러진 잔학 행위, 몰라서는 안 되는 그것이 얼마나 있었을지, 누구도 분명하게 확정할 수는 없을 것이다. 또 어느 정도의 사람들이 뭔가를 알고 있었을지(아마도 모르는 체해 왔을 것이다), 또는 모든 것을 알 가능성이 있었던 사람이 얼마나 있었을지(하지만 눈과 귀를, 그리고 특히 입을 꼭 닫고 있는 더 신중한 길을 택했다), 누구도 분명하게 확정할 수는 없다. 하지만 어쨌든 대부분의 독일인들이 아무런 양심의 가책도 없이 학살을 받아들였을 것으로 생각할 수는 없기 때문에, 수용소의 진실이 전혀 널리 퍼지지 않았다는 사실이야말로 독일인들이 범한 가장 큰 집단적 죄이며, 히틀러의 공포가 야기한 비열함이 가장 분명하게 드러난 예라고 확고하게 얘기할 수 있다. 그 비열함은 생활 습관으로까지 자리 잡아 매우 깊숙이 뿌리를 내리고 있기 때문에 남편이 아내에게, 부모가 자식들에게 말하는 것을 막고 있었다. 그리고 그 비열함이 없었다면 무서운 과오가 저질러지지 않았을 것이고, 오늘날 유럽은 다른 모습이 되어 있을 것이다.

（『익사한 자와 구제받은 자』）

　　나치의 아우슈비츠 범죄와 '황군'이 중국에서 자행한 범죄는 같은 인간이 저지른 것이지만 동질同質은 아니다. 잔학 행위의 주체(가해자)와 객체(피해자), 가해자의 의식 상태, 부르짖는 피해자 소리의 질, 잔학 행위의 양태, 몸짓, 가해의 동기와 시스템과 프로세스, 죄를 누가 어떻게 고뇌했는가. 죄를 누가 어떻게 고뇌하지 않았는가. 죄는 처벌을 받았는가, 누구에 의해 어떻게 처벌받았는가, 누구에 의해 어느 정도 사실이 기억됐는가, 누구에 의해 어느 정도로 사실이 잊혀졌는가―도 각각 다를 것이다. 시간이 지나면서 광경의 색이 바래지고 윤곽이 허물어지기도 했을 것이다. 애초에 그런 광경 자체가 없었다고 주장하는 자도 놀라울 정도로 불어날 것이다. 나치와 '황군' 어느 쪽이 더 잔인했는지를 간단히 단정할 수는 없다. 그런 설문 자체가 실로 어리석은 것이다. '잔인도殘忍度'라는 척도는 없다. '비열도卑劣度'라는 척도가 없는 것처럼. 잔인하다는 건 무엇인가, 비열하다는 건 무엇인가―를 물어야 한다. 갈팡질팡 갈피를 못 잡겠다. 위의 인용문에서, 무거운 바위를 껴안은 채 광야에 홀로 내버려진 것처럼 어찌할 바를 모르는 것은, 나의 경우 "**자행된 무서운 잔학 행위, 몰라서는 안 될 그것**이 얼마나 있었던가"라는 암담한 이중부정을 포함하는 의문문에 대답하려 할 때다. 이 의문형의 위압감은 "누구도 분명하게 확정할 수 없을 것"이라는 타당해 보이는 답을 일단 끌어내면서도, 실제로는 무언중에 미리 대답을 하나로 확정해 버리는 것이다. 그것은 "**몰라서는 안 되는 것**"이 얼마나 적었던가, 라는 것이다. 좀 장황하지만, 환언하면 "**몰라도 됐던 것**"이 얼마나 많은가! ―인 것이다.

2. 몰라도 되는 것

'알고 있었다' '몰랐다' '몰라도 됐다' '모르는 척해 왔다' '몰라서는 안 됐다'―등의 '아는 것'과 관련된 인간의 질문과 응답은 그 속에 천태만상의 (질문과 응답에 따라서는) 허위와 잘난 체하기, 옆길로 빠지기, 다소의 연기를 내포한 것일 테고, 그것은 그대로 인간 존재의 '뿌리' 그 자체의 위험성과 요사스러움으로 연결될 것이다. 그러나 '**몰라서는 안 되는 것**'의 반향만이 다른 것보다 깊이 가슴에 와 닿는 것은 왜일까. 확신은 없지만 '몰라서는 안 되는 것'이란, 다른 사람은 어떨지 몰라도 자신만은 몰라서는 안 되고→따라서 알려고 하고→따라서 혼자 조사해 보려고 하는─국가 단위나 민족 단위로는 잘 이루어질 수 없는, 특별히 개인적인 동기를 발판으로 삼아 내적으로 절박한 계기를 지니고 있는 것이 아닐까. 레비는 "독일인이 저지른 가장 큰 집단적 죄"는 "수용소의 진실이 전혀 널리 퍼지지 않았던 것"이라고 '독일인' '집단적 죄' 등의 '거창한 말'을 써 가며 문제를 지적하고 있다. 그러나 "그 비열함은 생활습관으로까지 자리 잡아 매우 깊숙이 뿌리내리고 있었기 때문에, 남편이 아내에게, 부모가 자식들에게 말하는 것을 막았다"고 레비가 얘기할 때, 문제의 소재는 '거창한 말'로 할 필요가 별로 없는 '남편'→'아내', '부모'→'자식'(또는 자기 내의 대화)라는 개개의 거동, 행동거지에 있다는 것을 알 수 있다. 이런 것들은 질문과 응답이라는 내면의 동작이며, 쌍방향으로, 즉 아내가 남편에게, 자식이 부모에게, 자신이 자신에게 작용을 가하는 것이므로 문제의 대상화가 시작되는 것도 대체로 있을 수 있는 일이다.

나는 여기서 레비한테서 배워 "중국 침략의 진실이 퍼지지 않았던 것이야말로 일본인들이 범한 가장 큰 집단적 죄이다"라고, 그런 면도 틀림없이 있다고 얘기할 생각은 없다. 그 이

전에 순리에 따라 나는 나 자신에게 "너는 왜 물어보기 어려운 것을 묻지 않았느냐"고 물어보지 않으면 안 되기 때문이다. 아버지에게 당신은 중국인(또는 조선인)에게 무슨 짓을 했는가, 그들을 (어머니나 나를 구타한 것과 마찬가지로) 그 손으로 때린 적이 있는가. 변덕을 부리며 비전투원을 죽인 적은 있는가, 강간한 적은 있는가, 당신이 하지 않았어도 부하가 저지른 살인, 강간을 알면서도 묵인한 범죄에 대해 들어 본 적은 있는가. 그들의 집에 불을 지른 적은 있는가, 그들의 물건을 빼앗은 적은 있는가, 그들을 욕하고 모욕한 적은 있는가―라고 물어봤어야 하는데 그 기회를 놓친 것도 아니고, 묻지 못한 것도 아니고, 의식적 또는 거의 의식적으로 나는 끝내 묻지 않았던 것이다. 좀 더 얘기하자면, '황군' 병사였던 아버지가 중국에서 더듬어 간 행장行狀은 실은 내게 정말로 "몰라서는 안 되는 것"이 아니라, 적어도 아버지 생전에 "몰라도 되는 것", 아니 더 나아가 "몰라야 되는 것"이 되어 있었던 게 아닐까. 나도 굳이 묻지 않는다는 "그 비열함은 생활습관으로까지 자리 잡아 매우 깊숙이 뿌리를 내리고 있었던" 것이 아닐까.

3. 불문과 자명

앞에서도 썼듯이 아버지는 종종 망연자실 상태에서 파친코에 계속 빠져 있었다. 또 한 가지 그런 망연자실 상태에서 하고 있던 일이 있었다. 모닥불이다. 그는 모닥불을 좋아했다. 어떤 때에는 필요가 없어 보이는 모닥불을 그는 피웠다. 그는 모닥불을 잘 피웠다. 어디선가 태울 재료들을 모아 왔는데, 젖은 낙엽이나 물 먹은 종이류에도 불을 잘 붙였다. 도테라*를 걸친 아버지는 손에 긴 나뭇가지 같은 것을 들고 연기와 불꽃 너머에 말없이 서 있었다. 우리를 잊고 불꽃을 보고 있었다. 몸이 아지랑이처럼 누글누글 흔들렸다. 모닥불을 피우고 있는 그는 웃고 있는 듯 보였지만 결코 웃고 있는 게 아니었다. 얼굴이 불꽃 너머에서 사도(佐渡)의 아카다마이시(赤玉石)**처럼 굳어 붉게 '석화石化'된 것처럼 보인 적이 있다. 어렸던 나는 오싹해져서, 뭔가 봐서는 안 될 것을 어렴풋이 봐 버린 기분이었다. 어른에게 뭔가를 묻는 것이 딱히 금지되어 있었다는 기억은 없지만, 불꽃 너머의 얼굴이 왜 석화되어 있었는지에 대해서는, 버릇없이 물어서는 안 되는 것에 속하는 듯 여겨졌다. 넉살좋게 물어도 좋은 것과 그래서는 안 되는 것의 구별에 대해 누가 가르쳐 준 것은 아니다. 그때는 '자명自明'이라는 말을 몰랐으나, 나이가 든 뒤 내가 아버지한테서 느낀 것도 어쩐지 '자명'이라는 말과 관련된 것 같다는 생각이 들었다.

자명은, 생각해 보면 상당히 무책임한 말이다. 새삼스레 입증하거나 설명하지 않아도 이미 그것 자체로 분명한 것을 자명이라고 한다. 하지만 이미 그것 자체로 분명한 것 따위가 지금 도대체 세상 어디에 있다는 걸까. 각자에 내재하는 정보에

---

* 솜 넣은 잠옷.
** 니가타 현 사도에서 나오는 붉은 색의 옥돌로 일본에서 인기 상품.

따라 이뤄지는 '암묵지暗默知'나 공통의 '경험'이나 '상식'도, 이른바 자명성의 존재를 띠받쳐 왔다. 하지만 '암묵지' '경험' '상식'이라는 것도 개개의 실상을 환하게 비춰 보지 않고서는 사물의 자명성을 지탱해 줄 수는 없다. 좀 더 생각해 보자. 자칫 불편한 사실을 불문에 부치도록 하기 위해 자명이라는, 실상 전혀 자명하지 않은 회색의 사고 영역을 열어 놓은 것은 아닐까. 아버지의 모닥불, 불꽃 너머 얼굴이 석화한 까닭은 오즈 야스지로의 영화라면 결국 불문에 부치고, 만일 질문이 나온다고 해도 기껏해야 "으음, 글쎄요……" "에, 글쎄……" "그런가요" "아니 아니……"라고 아버지 역의 류 치슈(笠智衆)는 지껄이기나 할 것이다. 그럴 것이라고 나는 상상한다. 그러나 아버지의 모닥불과 얼굴의 석화는 자명한 게 아니었다. 나는 주뼛주뼛하면서라도 '왜 그런가'하고 물어봤어야 했다. 자명성은 일종의 작위作爲였다, 고 생각한다. 불문은 암묵의 강제이기도 했다. 나는 묻지 않았고, 아버지는 밝히지 않았으며, 서로 이렇다 할 이유도 없는 자명성을 가장하면서 오즈 영화만큼 고품질은 아니었지만, 전후를 살았고 아버지는 말없이 세상을 떠났으며, 나는 모조리 자명성을 완전히 상실한 '지금'을 아직도 살아가고 있다.

4. '너무 많아서 헤아릴 수 없다'

중국 쪽에 따르면 중일전쟁으로 인한 중국인 희생자 수는 대강 2천만이라고도 하고 3천만이라고도 한다. 1970년대의 베이징 특파원 시절, 흔히 들었던 얘기는, 중국인 사망자 수는 "너무 많아서 헤아릴 수 없을 정도"이며, "한 가족당 적어도 한 사람은 죽임을 당했다" "하지만 이는 당신의 책임이 아니라 일본 군국주의의 죄업이다"라는 것이었다. 이후 '너무 많아서 헤아릴 수 없다'는 것이 중국인 희생자＝중국에서 '황군'이 저지른 살인 건수에 관한 나의 수량적 이미지가 됐다. 이에 대해 예전 후생성 원호국이 1964년에 발표한 자료에 따르면, 1945년 8월 15일의 무조건 항복 시점에서 중국 대륙에 있던 일본 병사 수는 179만 400명이다. 1937년의 루거우차오 사건 뒤 중국 대륙에서 죽은 일본 병사는 50만 2400명이므로, 루거우차오 사건에서부터 패전 때까지 중국 대륙에 있던 일본 병사는 적어도 230만 명에 가까웠던 셈이 된다. 그런데 내 아버지는 패전 때 살아서 중국 장쑤(江蘇)성에 있었다. 이런 숫자들은 뭔가 크게 서로 아귀가 맞지 않는다. 왠지 납득이 가지 않는 것이다. 아무래도 납득이 가지 않는 숫자 속에 군도를 든 내 아버지가 국방색 제복을 입고 홀로 우두커니 서 있다. 일단 중국쪽 사망자 수를 무리하게 낮춰서 어림잡아 1500만이라고 하자. 이런 계산 방식은 과학적으로는 성립되지 않겠지만, 이것도 억지로 중국인 희생자 1500만 명을 죽은 자까지 포함한 '황군' 장병수로 나눠 보자. 1500만÷230만＝6.52173913명이 된다. 숫자에 유별나게 약한 내 머리로는 중국에 대한 침략 전쟁에서 아버지대의 일본인 장병들은 한 사람당 약 6.5명의 중국인을 죽인 셈이 된다.

이상하다. 너무 이상하다. "너무 많아서 헤아릴 수 없는" 숫자가 이상하다는 게 아니다. 그렇게 죽이지 않았다고 말하려는 게 아니다. 더 많이 죽였다고 말하려는 것도 아니다. 숫자는 중요하다. 하지만 인간은 숫자가 아니다. 죽인 수만큼이나 함께 했을 생생한 인간 신체의 '이야기'가 너무나 적어서 이상하다고 생각하는 것이다. 엄청난 숫자의 바탕에 거대한 바닥없는 검은 구멍이 뻥 뚫려 있다. 그 바닥없는 검은 구멍이야말로 '몰라서는 안 되는 것'이어야 하며, 그래서 동굴의 바닥없는 구멍을 메워서는, 애써 메워서는 안 되는 게 아니었던가. "이는 당신의 책임이 아니라 일본 군국주의의 죄업이다"라고 하는 고마운 말로는 이 구멍은 메워지지 않는다. 사실 메워지지 않았다. 바닥없는 검은 구멍은, 잘 생각해 보면, 수치화할 수 있는 외면의 그것이 아니라 내 내면의 구멍이기 때문이다.

5. 당신은 중국에서 무슨 짓을 했는가?

아버지는 아버지대로 "몰라서는 안 되는 것"이나, 그럼에도 결국 "몰라도 되는 걸로 되어 버린 것"이 반드시 있었을 것이다. 그것은 중국에서 살짝 엿본 전혀 뜻밖의 자기 본성일지도 모르며, 인간이 죽을 때의 기묘한 동작일지도 모르고, 죽어가는 사람이 아버지를 슬쩍 쳐다봤을 때 그 눈의 빛깔 아닌 빛깔의 수수께끼였을지도 모른다. 모르겠다. 모르겠지만, "몰라서는 안 되는 것"이나, 그럼에도 결국 "몰라도 되는 걸로 되어 버린 것"이,

예컨대 '전쟁 책임'이나 '평화 헌법'이나 '역사 인식'이나 '응답 가능성'의 문제가 아니었으리라는 것은 쉽게 상상할 수 있다. 아버지에게 늘 따라붙었던 것은 그나 특정한 타자의 신체와 직접 관련된 좀 더 생생한 것이 아니었을까. 아버지는 자신의 과거와 미래에 대해, 그런 것은 묻지 않아도, 말하지 않아도 자명한 것이라는 식으로 자기 처리를 잘 하지 못했을 것이다. 체내의 바닥없는 검은 구멍이 뻥 뚫려 있는 상태로 나를 데리고 오즈 야스지로의 〈초여름麥秋〉과 〈도쿄 이야기〉를 보러 갔을 것이다. 오즈 영화는 바닥없는 검은 구멍을 무심하게 메워 주거나, 구멍의 존재를 잊게 해 줄 수는 있겠지만, 결코 아물지 않은 생채기에 소금을 뿌리거나 오래된 상처를 덧나게 하지는 않을 것임을 아버지는 알고 있었을 것이다. 오즈 영화를 매개로 오즈도 관객도 서로 의외의 본성을 파헤치지 않아도, 파헤침을 당하지 않아도 됐던 것이 아닐까.

죽은 타자가 배후에서 육박해 온다. 과거가 밀려온다. 과거가 몸을 덮쳐 온다―라는 강박감을 오즈의 작품은 주의 깊게도 싹부터 잘라 주었다. 오즈는 관객에게 "당신은 중국에서 무슨 짓을 했지?"라고 절대 묻지 않는 대신에 관객들도 "오즈여, 당신은 중국에서 무슨 짓을 한 건가?"라고 절대로 질책하지 않았다. 묵계다. 일본의 전후는 '몰라서는(묻지 않아서는) 안 되는 것'을 '몰라도(묻지 않아도) 되는 것으로 하자'라는 강한 묵계에 따라 무심한 유사적 평온을 유지해 온 것이다. 오즈 영화의 유사적 정밀靜謐과 그것은 닮아 있다. 여기에 오즈가 중일전쟁 때 중국에서 썼던 또 하나의 '촬영에 관한 〈노트〉'가 있다. 자못 '오즈 특유의' 영상이 떠오른다.

▲지난해 지금 무렵에는 다창전(大場鎭)에 있었다. 자딩 난샹(嘉定 南翔) 선이었다. 적(짱꼴로)도 잘 싸웠다. A가 당했고 B가 당해 지금은 그때의 반이 됐다. C는 재미있는 놈이었다. 하지만 1년이 지나, 단 1년 만에 난징이 함락되고 쉬저우가 떨어졌으며 한커우도 떨어져, 어디든 히노마루 천지였다. 아, 여기까지 왔구나. 죽은 전우들이 불쌍하네. 하지만 틀림없이 기뻐해 줄 거야. 그래. 기뻐해 줄 거야. 쓸쓸한 햇살. 성벽에 히노마루. 펄럭이고 있다. 완만한 기복, 새들이 줄지어 날고 있다.

(마지막에 잘될 거야)

(다나카 마스미 '오즈 야스지로 진중 일지' 『오즈 야스지로와 전쟁』)

말할 것도 없지만, '적(짱꼴로)'은 '오즈 야스지로 진중 일지'에 기재된 대로다. 그것을 제쳐 놓고 "아, 여기까지 왔구나. 죽은 전우들이 불쌍하네. 하지만 틀림없이 기뻐해 줄 거야. 그래. 기뻐해 줄 거야. 쓸쓸한 햇살. 성벽의 히노마루. 펄럭이고 있다. 완만한 기복 새들이 줄지어 날고 있다"는 정경과 심상은 전후의 〈초여름〉이나 〈도쿄 이야기〉와 도대체 어떤 격절隔絶이 있을까. 단절斷絶도 격절도 없는 게 아닌가. 오즈의 전후에는 표피만 바뀌고 이 '일본 본위'라고 해야 할 전쟁 중의 시간이 도도하게 흐르고 있다. 아버지는 거기에 익숙해져 있었다.

6. '끊임없이 묻는' 고통

만일 가슴 속에서 '끊임없이 물을' 수만 있다면, 어쩌면 응답으로 이어질지 모를 가는 실 끝자락 정도는 언젠가는 어렴풋이 보일 수도 있지 않을까. 계속 묻는 작은 잉걸불이라도 꺼지지 않고 있다면, 어떻게 될 수 있을지 모른다. 그렇게 생각한 적이 있다. 별로 그렇게 생각하지 않은 적도 있다. 그렇게 생각하는 것이 낙관적이지만 어쩐지 위선적으로 느껴질 때도 있다. 나는 내심 "끊임없이 (또한 혼자서) 묻는" 것이 얼마나 곤란한 것인지 알고 있기 때문이다. 끊임없이 진지하게 묻는 것은 정말 어려운 일이다. 묻기보다는 일방적으로 단정해 버리고 싶을 때가 있다. 묻는 것을 단념하고 싶을 때도 있다. 묻는 것도 대답하는 것도 모두 큰 의미 따위 없다고 생각할 때도 많다. 잘 모르겠지만, 일상이라는 시간에는 제정신으로 묻는 것의 동인動因을 이쪽이 알아채지 못하는 가운데 무기력해지거나, 발목을 잡거나, 비웃기도 하는 보이지 않는 힘이 갖춰져 있는 것 같다. 그 힘―그것은 '사회'나 '세간'이나 '정치'라는 것에 숨겨져 있을지 모르겠으나―에 몸을 맡기고 있는 한 '끊임없이 묻는' 고통으로부터 놓여날 수 있다. 하지만 놓여난 뒤에는 묻지 않고 답도 없는(不問不答) 무통지옥無痛地獄이 기다리고 있다. 불문부답이 즐거울지도 모르겠다. 고통이 없을지 모르겠다. 하지만 누구도 묻지 않고, 누구도 대답하지 않는 세계는 뜻하지 않게 허를 찔리는 고통은 없을지 모르지만 혼을 뿌리째 뽑히는 듯한 '무통無痛의 격통激痛'이 있지 않을까. 설사 명쾌하게 대답을 들을 수 없을지라도 계속 물을 수 있다면 그게 오히려 낫다. 즉각 대답을 듣지 못해도 좋다. 그러시 않고 아무것도 묻지 않았다면 그것으로 끝이다. 단정하고, 단죄하고, 욕하기만 하고, 자신이든 타인에게든 조용히 계속 묻는 일을 그만둬 버린다면―어떻게 될까.

예컨대 다음과 같이 얼핏 단순해 보이는 평서문은 일일달력에라도 나와 있을 법한 격언 같지만 실은 전혀 그렇지 않다. 이것은 보면 볼수록, 지금 계속 사람으로 살아간다는 것이 뭔가의 위태로움을 수반하는 것이라는 사실을 깨닫게 되고, 궁극적으로는 인격의 붕괴까지 초래할 수밖에 없는, 피를 토하는 듯한 진리다.

> 만일 우리가 모든 사람의 고통을 느낄 수 있고, 또 그래야 한다면, 우리는 계속 살아갈 수 없다.
>
> (프리모 레비 '회색의 영역' 『익사한 자와 구제받은 자』)

반추하면 할수록 무서운 말이다. 이 글은 잘 읽어 보면 '만일 우리가 모든 사람의 고통을 느낄 수 있고, 그래야 했다면 우리는 계속 **살아갈 수 없었다**'와 같은 뜻이다. 여기에서의 '우리'는 극단적으로 얘기하면 '모든 사람의 고통을 느낀 적이 없고, 그래야 한다고 생각하지도 않았기 때문에 계속 **살아갈 수 있었던**' 사람들이라고 해야 하지 않을까. 여기서 '우리'는 계속 인간으로 살아간다는 것의 극한적 위기를, 다른 말로 표현하면, 거의 임사臨死적인 고통과 굴욕을 아우슈비츠에서 자신의 육체와 사념 속에 깊이 새겨 넣으면서 반복적으로 그것을 경험해야 했던 사람들이다. 그러나 여기서 스스로 거듭 되묻고 굳이 부연해 본다면, 기적적으로 살아남은 이 '우리'는 특정한 타자가 아니라 사람의 무한동심원 가운데 어딘가에 위치하는 나 자신을 틀림없이 포섭하게 될 것이다. 이 '우리'와 다른 시간과 장면에서, 본질적으로는 매일 인간으로서 고통과 굴욕에 노출되어 있는데 아직 죽지도 않고 있는 나는 다분히 '타자의 고통을 생각하지 않고, 대답을 들을 수 있는 질문만 하면서, 고민할 수 있는 고민 외에는 고민하지 않음'으로써 살아갈 수 있는 것이라 생각한다.

7. 시토츠와 쫑꼬삥

'시토츠'와 '쫑꼬삥'이라 발음되는 말을 알고 계시는지. 나는 언제 어딘가에서 들은 적이 있다. 책에서 읽은 적도 있다. '시토츠'나 '쫑꼬삥'을 처음 들었던 게 언제였던가, 기억을 더듬는다. 상당히 오래 전이다. '짱꼴로'나 '패잔병'과 같은 무렵이 아니었던가. "쫑꼬삥은 전투 중에 우산을 쓰고 도망쳤다." 교실이 온통 웃음바다가 됐다. 나도 함께 웃었다고 기억한다. 이런 얘기를 교사가 했던가. 전쟁터에서 돌아온 교사가. 어릴 적 얘기다. 공기가 무거웠고, 모두 가난했으며 따귀를 때리는 소리가 드물지 않았던 시절이다. 체육 교사에게 "너, 터덜터덜 패잔병처럼 걷잖아!"라고 야단을 맞은 적이 있다. 몹시 창피를 당했다. 그렇게 느꼈다. 아버지에게도 어머니에게도 얘기하지 않았다. 그날 밤은 분해서 잠을 잘 수 없었다. '패잔병'이란 말을 듣는 것이 왜 비할 데 없는 모욕이었을까. 깊이 생각해 보지는 않았다. 패전한 지 10년이 넘은 때였다. '패잔병'을 '敗殘兵'이라고 쓰는 줄은 알고 있었다. 체육교사는 나를 비유한 패잔병의 국적이나 민족을 명시하지는 않았다. 나도 물론 묻지 않았다. 그 교사의 가치 판단은 패잔병이 '쭝꼬뼁'이나 '짱꼴로'와 거의 동격이고 같은 종류 같다는 것, 또 그것은 일본이 분명 참패했음에도, 일본인일 수 없고 또 일본인이어서는 안 될 것 같다는 것을, 나는 알고 있었다.

'쭝꼬뼁' 얘기를 완전히 잊고 있다가 다시 생각해낸 것은 대학에서 중국어를 배울 때였다. '쭝꼬뼁'이란 '중국병中國兵'을 깔보는 투로 부른 말 같다. '중국병'(중궈빙)의 중은 일본어에는 없는 권설음이고 응ng 음도 발음하기 어렵기 때문에 쉽게 '쭝꼬뼁'으로 발음이 된다. 그 메마른 음을 자신들이 발음해 놓고는 깔보며 조롱했던 것 같다. 말할 것도 없이 중국인한테서 '쭝꼬뼁'이란 말을 들어 본 적은 없다. 항일전쟁 중에 화북에 있던 중국공산당 군대 '팔로군', 화중과 화남에서 전개한 '신4군' 작전의 훌륭함에 대해서는 많이 들었지만 '쭝꼬뼁'이라는 멸칭은 종종 '시토츠'라는 일본어와 세트를 이루면서 제멋대로 '황군' 장병들 사이에서 사용됐다. '시토츠'란 '자돌刺突', 즉 총검으로 인체를 푹 찌르는 것. '시토츠'와 '쭝꼬뼁'의 관계는 "신병新兵이 '쭝꼬뼁'을 '시토츠'한다"는 말의 주어─목적어─술어 문맥 속에서 이해해야 한다. 왜냐면 보통 백병전을 의미하는 것이 아니라, 대개는 중국군 포로나 민간인들을 나무 기둥 등에 묶어 놓고 신병이 차례차례 총검으로 찌르는 '훈련'을 가리켰기 때문이다. 그 훈련은 '황군' 신병의 '담력 시험'이나 살인 훈련을 위해 실시됐다고 한다.

8. "참을 수 없어"

시토츠 훈련에 대해서는 수많은 증언이 있지만, 이노우에 토시오(井上俊夫)가 쓴 『처음 사람을 죽이다—늙은 일본병의 전쟁론』의 내용은 읽는 이의 무의식적 상식을 뒤엎고 암담하게 만들어 타르라도 마신 것처럼 불쾌해지는데, 왜 불쾌한지 이유도 모른 채 당황해서 어쩔 줄 모르다가 자기 안에서 문답을 할 수밖에 없게 된다. 이것은 저자의 실제 체험을 토대로 한 글이다. 이런 장면이 있다. 훈련 때 이노우에 씨 등 23명의 신병들 앞에서 소위가 인사를 한다. "이제부터 너희들의 담력을 키우고 실전에 도움이 될 병사들로 만들기 위해 실물 인간을 사용하는 총검술 시토츠 훈련을 실시한다. 상대는 우리 군에 적대한 얄미운 쭝꼬뼁이다. 망설일 것 전혀 없다. 평소 총검술에서 익힌 대로 동작하면 된다." 이어서 중사가 나와 호령을 한다. "차렷! 착검!" 병사들은 일제히 허리띠에 찬 칼을 뽑아, 천황의 하사품임을 보여주는 국화 문양이 총신에 새겨진 38식 보병총 총구 끝에 꽂는다. 일본병과 같은 군복 헌옷을 입힌 중국인 남성 한 사람이 녹나무 기둥에 묶였고, 서툰 일본어로 "나, 죽인다, 안 돼!"라며 살려달라고 애원한다. 그 중국인은 포로가 됐지만 이노우에 씨가 있던 중대 취사장에서 일을 시키고 있던 사람이다. 가장 먼저 시토츠하는 자를 이노우에 씨의 부대에서는 '일번 창一番槍'이라고 했다. 신병들은 15미터 정도 떨어진 곳에서 차례대로 돌진해 중국인을 총검으로 찌른다. 중국인이 절규한다. 이노우에 씨는 "아무도 그곳에서 도망칠 수 없었다. 나도 사람을 죽일 수밖에 없었다. 그러나 이것도 내가 남자다운 남자가 되기 위한 시련임이 분명하다. 이런 경험을 쌓을 기회는 좀처럼 없다"고 자신을 타이르면서, 이미 온몸이 벌집처럼 찔려 내장이 비어져 나온 중국인을 무아지경 상태에서 총검으로 찔렀다. 23명 중에 한 사람만 "참을 수 없어"라며 우는 소리로 시토츠 면제를 호소했으나 상관으로부터 코피가 터지도록 얻어맞고 나자빠졌고, 억지로 총검을 들고 시토츠 '흉내'라도 낼 수밖에 없었다. 전원 참가가 철칙이었던 것 같다.

그 책에 따르면, 병영으로 돌아 온 신병들에게 고참병이 고함을 친다. 야유다. 고참병들은 시토츠 훈련을 이미 경험했다. "너희들은 무저항의 짱꼴로를 죽이고 왔어" "얌전한 지나인을 너희들은 한꺼번에 달려들어 총검으로 찔러 죽이고 왔어" "너희놈들 같은 악질 부대는 본 적이 없어"―. 어느 병장이 고참병에게 대꾸했다. "쳇, (……) 자기들은 작전에 나갈 때마다 반재미삼아 지나인 머리를 날리고 꾸냥을 뒤지고 돌아다니며 강간을 하고 온 주제에……" 타르를 삼킨 듯한 불쾌감이라고 썼으나, 불쾌는 불쾌라는 말로 끝나지 않고 언제까지고 꼬리를 길게 끌었다. 신경이 쓰인다. 이 '사실史實'은 끝났다. 끝난 것으로 되어 있다. 다만 이 '전원 참가형'의 악은 '전원 참가형'의 '선'과 마찬가지로 지금도 여전히 끝나지 않은 게 아닐까.

9. 찔러, 빼, 찔러, 빼!

『나는 '개미 부대'였다 – 중국에 남겨진 일본병』의 저자요 증언자인 오쿠무라 와이치(奧村和一) 씨도 예전에 시토츠 훈련 참가자였다. 신병이었던 오쿠무라 씨가 '담력 시험'을 해야 한다며 상관에게 이끌려 간 곳은 산시(山西)성 닝우(寧武)의 황무지. 거기에 군복이 아닌 평상복 차림의 중국인 수십 명이 줄줄이 엮여 연행되어 갔다. '황군' 장교가 그들 살아 있는 중국인을 상대로 군도의 '베기 시험'을 했다. 피가 솟구칠 정도의 처참한 그 장면은 시토츠 훈련의 심리에 얽혀들 것 같아 여기서는 생략한다. 오쿠무라 씨는 말했다.

그리하여 이번에는 우리에게 '담력 시험' 명령이 떨어졌습니다. 정확하게는 그것을 '시토츠 훈련'이라고 불렀습니다. 총검으로 손을 뒤로 묶인 채 세워져 있는 중국인을 찌르는 것입니다. 눈 가리개도 하지 않은 그들은 눈을 뜨고 이쪽을 쳐다보고 있기 때문에 너무나 무서워 어쩔 줄을 모릅니다. 그러나 "시작!" 하고 상관이 명령을 내립니다. 나는 눈을 뜰 수 없어서 감은 채 어림짐작으로 찔렀으니 어디를 찔렀는지 모릅니다. 그래서 보고 있던 고참병에게 야단을 맞고, "찔러, 빼" "찔러, 빼" 구호를 외칩니다. 얼마나 벌집처럼 찔렀는지 모릅니다. 결국 심장을 푹 찔렀습니다. 그랬더니 "좋아" 하는 소리가 들렸고, '합격'을 했습니다. 그리하여 나는 "인간을 일개 물체로 삼아 처리하는" 살인자로 만들어졌던 것입니다.

이노우에 씨가 기술한 광경에 좀 더 세세한 부분이 추가됐다. 고참병들이 시토츠 훈련 중인 신병들에게 구호를 외치게 했다는 얘기다. "찔러, 빼" "찔러, 빼"라고. 찔러, 빼, 찔러, 빼! 국화 문양도 피에 젖었을 것이다. 흥분한 집단 한가운데 있으면 필시 모든 광경을 객관적으로 보는 게 불가능하며, 사태가 이상하게 흘러간다는 것을 알아차리기는 거의 곤란하거나 불가능하지 않을까. "참을 수 없어"라고 한 신병은 내 눈에는 집단적 광기 속에서 간신히 제정신을 차린 가장 정직한 인물이지만, 그때 그곳에서는 가장 칠칠치 못한 '비국민'으로 간주됐을 게 분명하다. 젊은 독자들은 "설마!"라고 할지도 모르겠다. 나는 "설마!"라고 생각하지 않는다. 그때 그곳에 있었다면 나는 "참을 수 없어"라고 말할 수 있었을까. 전혀 자신이 없다. 아마도 말하지 못했을 것이다. 말하지 않았을 것이다. 나도 "이게 전쟁이라는 거야" "이건 훈련이야"라며 자신을 타이르며 총검을 쥐고 일개 인간의 생체를 향해 눈을 감고 와─, 고함을 치며 찔렀거나, 아니면 찔러, 빼, 찔러, 빼!……라고 운동부의 합숙훈련처럼 신병에게 거칠게 고함치고 있었을 것이다. 전쟁이라는 압도적인 전경全景 속에서 제정신이란 무엇인가, 개인이란 무엇인가. 그것은 지금은 아직 '비전쟁' 상태일지 모르지만, 현재 = 일상이라는 압도적인 상황 속에서 제정신이란 무엇인가, 개인이란 무엇인가, 하고 자문하는 것과 마찬가지로 바로 답하기 매우 곤란한 난문 중의 난문이다.

10. 살인의 '달성감'

앞서 얘기한 오쿠무라 씨도 '제정신'이라는 말을 하고 있다. 다만 다음과 같은 문맥 속에서.

시토츠 훈련이 끝난 뒤, 잠시 방심 상태였지만, 제정신이 돌아오자 "아, 나도 결국 사람을 죽이고 말았다. 나도 사람을 죽인 거야"라는 생각이 들었습니다. 심장을 폭 찌르자 인간은 그렇게도 간단히 죽는 존재였던가 하는 '실감', 그리고 사람을 죽였다는 '달성감'으로, 그것이 '기쁨'으로 변했습니다. 드디어 나도 한 사람 몫을 하는 병사가 됐다, '합격'했다는 기쁨이었습니다.

'방심' '제정신' '실감' '달성감'―이라는 인간의 즉자적인 감각이 일견 솔직하게 기술되어 있는 것 같다. 하지만 이것은 오쿠무라 씨가 상당히 시간을 들여 자문자답한 끝에 얻어낸 자기 지향적, 자기 분석적인 표현이며, '기쁨' 등 여러 감각이 실은 '뒤집힌 것'이었다는 것을 알고 나서 한 발언이라는 점이 분명하다. 이 발언에 바로 뒤이어 "실은 거기에 '인간의 마음'

이 있다면, 또 평상시라면, 그런 일은 벌어질 수 없습니다. 그러나 군대라는 곳은 모든 이성을 박탈해 버립니다"라고 말한 점으로 보더라도, 발언자가 군대 내의 '도착倒着'상태에서 그 뒤에 '분별'을 되찾았다는 점을 알 수 있다. 하지만 '도착'에서 '분별'로의 변화 내지 각성이 그렇게도 쉬운 것일까. 무엇보다 한 사람의 인간에게 '도착'과 '분별'은 동시적으로 동거할 수 없는 것일까. "거기에 '인간의 마음'이 있다면, 또 평상시라면, 그런 일(시토츠 등의 살인 훈련)은 벌어질 리 없습니다." 이게 사실일까. 이건 그저 틀에 박힌 얘기에 지나지 않는 게 아닐까. '인간의 마음'과 '평상시'라는 조건이 갖춰지면, 사람은 타자의 고통을 느낄 수 있고 또 느껴야 한다고 생각하는 걸까. '인간의 마음'을 가지고 '평상시' 상황에 놓여 있는 것으로 간주되는 나(우리)는 어쨌든 타자의 고통을 충분히 느낄 수 있을까.

11. 전혀 인간으로 여기지 않게 된다

이노우에 토시오 씨는 1990년에 열린 전우회 때 47년 만에 예전의 상관(소위)과 재회하고, 시토츠 훈련 등 일찍이 품고 있던 의문을 따져 물었다. '지나 파견군'의 어느 부대에서나 그런 훈련을 했습니까? 전 상관이 말한다. "그럼, 어디서나 했지. 우리 장교들 입장에서 얘기하자면 첫째로, 그 훈련을 하는 것은 강한 군대, 안심하고 전선에 데려갈 수 있는 병사들을 만드는 것이었지." 시토츠 훈련은 이 전 상관이 병사들에게 명한 것이었지만, 그 전 상관은 대위로부터, 대위는 연대본부의 부관으로부터 명령을 받았다고 한다. 훈련은 시스테믹하게 실시됐던 것이다. 전 상관은 '쭝꼬빵'이란 말을 여전히 사용하면서, 붙잡아 온 중국인 포로들을 각 중대에 '배급'했던 사실을 밝혔다. 그리하여 "그러나 그냥 마구 죽이는 게 아니라 장교가 되기 바로 전의 견습사관에게는 군도로 목을 베는 참수 훈련, 병사에게는 총검으로 찔러 죽이는 훈련을 시키기 위해 우리 군으로서는 유효적절하게 죽이고 있었던 거야"라고 얘기한다. 반성은 없다. 전 상관은 점점 신이 나서 "원래 중국인이라는 인종은 여러모로 수준이 낮아. 그들은 그날그날을 어떻게든 지내기 위한 너절한 음식과 옷과 집만 있으면 만족하는 민족이니까. 우리 일본군이 중국에 있을 때도, 공산당이 천하를 쥐고 있는 지금도 그것만은 조금도 변하지 않았어"라는 말까지 했다고 한다. '인간의 마음'과 '평상시'라는 조건이 갖춰져도 이 모양인 것이다.

이 전 상관의 얘기와 다음의 정떨어지는 '감회'(?)의 질에는 화자의 출신·직업·인품은 다를지 몰라도(또는 감추고 숨기는 정도는 다를지 몰라도) 엄청 비열하다는 점에서 큰 차이가 없다고 나는 생각한다.

그런 지나병을 보고 있노라면, 조금도 인간이라는 생각이 들지 않는다. 어디에 가더라도 널려 있는 벌레와 같다. 인간적 가치를 인정할 수 없게 되고, 그저 건방지고 아니꼽게 반항하는 적—아니 물건 정도로 보여 아무리 사격을 해도 마음이 편하다.

이렇게 말한 이는 오즈 야스지로다. 1939년 여름에 중국의 전장에서 귀환한 직후의 얘기로, 다나카 마스미 저 『오즈 야스지로 주유周遊』와 같은 저자의 『오즈 야스지로와 전쟁』 어느 쪽에나 '오즈 야스지로 전장담戰場談'이라는 제목으로 실려 있다. 오즈 연구의 제일인자 다나카 씨는 후자에서 이 오즈 담화에 관해 "취재한 미디어 쪽의 강조, 방향 설정은 따로 고려해야 하지만, 이런 발언이 있었던 것은 사실이라고 생각한다. 거기에서 나는 오즈 야스지로의 의태擬態에 정신의 퇴폐 위기는 없었던 것인지 물어봤다"고 부언하고 있다. 또한 『오즈 야스지로 주유』에서는 "그렇게 느끼는 순간이 있었을까. 하지만 인간을 인간으로 인정할 수 없게 되는 퇴폐가 배태되는 것이다. 전쟁의 근대화는 인간을 질적 존재에서 양적 존재로 깎아내린다. 오즈 야스지로 정도의 인물이라도 역시 한 점의 그림자를 드리우고 있다면, 전쟁은 타자를 해치기 이전에 자신의 퇴폐를 부르는 것이고, 그 점에 부정되어야 할 본질이 있다고 해야 한다"고 해설한다. 오즈의 '의태' '정신의 퇴폐 위기' 또는 그 **징표**가 그 뒤의 영화에 스며 있지는 않은지 오즈 영화 초보자인 나로서는 잘 알 수 없다. 다만 "오즈 야스지로 정도의 인물도 역시 한 점의 그림자를 드리우고 있다면"이라는 표현에는 약간의 망설임 같은 걸 느낄 수 있다. 오즈는 "그런 정도의 인물이라도 역시 한 점의 그림자"를 드리우고 있었을 뿐인 사람이었을까.

12. 대위님, 한 잔 올리겠습니다

나는 아버지를 의심하고 있듯이 오즈도 의심한다. 많은 아버지와 할아버지들을 의심한다. "당신은 죽이지 않았는가"라고. 아니 틀림없이 죽였을 것이다. 죽인 그들은 누구로부터도 추궁을 당하지 않았고 결국 입을 닫은 채 떠나가 버렸다. 일본의 전후는 전 대원수 폐하도 전 '시코노 미타테'*도 알면서도 모르는 체해 온, 이토록 비겁하고 이토록 공허한 시간이 아니었던가. 오즈도 아버지도 저 신병들처럼 "참을 수 없어"라고 읍소하지는 않았을 것이다. 아버지는 체면을 중히 여기는 사람이었다. "참을 수 없어"라고 말할 수 있는 사람이 아니었다. 오즈도 어쩐지 그럴듯한 모양새를 갖추고 싶어 한 것처럼 보인다. 시토츠 훈련에 직면했다고 해서 "참을 수 없어"라며 울지는 않았을 것이다. 그런 식의 오즈 영화는 한 편도 본 적이 없다. 오즈는 왜 참수나 시토츠 영화를 만들지 않았을까. 아버지는 장교가 됐을 때 치과의였던 고모로부터 축하인사로 군도를 선물 받았다. 고모는 가난한 환자는 무료로 치료해 주는, 내가 경애하는 의사였다. 등산이 취미였고, 온후한 교사 남편이 있었지만 자립심이 강한 여성으로, 마지막까지 남편 성을 따르지 않고 별성으로 살았다. 국방부인회國防婦人會적인 사람이 전혀 아니었다고 한다. 그런 고모도 틀림없이 동생의 '출세'를 자

---

* 醜の御楯. 비천한 몸으로 천황의 방패가 되어 외적을 막는 자라는 뜻.

랑스럽게 생각했을 것이다. 아버지도 너무 눈에 띄는 선물이어서 쑥스러웠을 것이다. 그런데 아버지는 그 군도를 뽑지 않았을까. 뽑아서 사람을 베지 않았을까. 중국인에 대한 참수 훈련이나 베기 시험을 하지 않았을까. 뽑지 않고 베지 않을 수 있는 사람이었을까. 아니 나라면 어떻게 했을까. 뽑지 않고 베지 않고 자기 극복을 할 수 있었을까. 타자의 고통을 진정으로 생각할 수 있었을까.

사후事後에 전쟁이나 거기서 비롯되는 '정신의 퇴폐'를 얘기하기는 쉽다. 사후의 작업가설은 뒤늦은 깨달음처럼 공허하다. 타자의 고통을 상상하지 않는 자들만이 살아남는 것이다―그 반대도 또한 사실이다. 레비의 테제로부터 도망칠 수 있는 자는 없다. 윤리의 무한 동심원에서 도망친다는 건 무리한 얘기다. 그럼에도, 이 황폐는 도대체 뭔가. 이노우에 토시오 씨의 『처음으로 사람을 죽이다』에는 전우회의 향연 장면이 나온다. 패전 뒤 수십 년이 흐른 때. 상좌에 앉은 이는 전 장교. 전 장교에게 무릎걸음으로 다가가 잔을 들고 "××대위님, 한잔 올리겠습니다"라며 비굴한 태도로 나오는 자가 있었다. 이노우에 씨는 썼다. "이런 짓을 하는 남자는 결코 전 장교를 여전히 경외(畏敬)하고 있는 것은 아니다. 오히려 '현재 자신의 사회적인 지위'가 전 장교보다도 더 높다는 것을 알고 있으면서 굳이 이런 짓을 하며 즐기고 있는 것이다." 어설픈 굴절이 아니다. 나는 아버지들의 '경례 놀이'를 떠올렸다. '경례 놀이'를 하던 아버지들은 이제 이 세상에 없다. 다른 조상들도 한 사람씩 사라져 가고 있다. 전쟁과 함께 말끔하게 사라진 것은 아니다. 전쟁의 시간은 아직 질기게 남아 있다. 그리고 지금 누군가가 전쟁을 하고 싶어 한다.

13. 기억은 무기억이 되고 싶어 한다

기억은 무기억無記憶이 되고 싶어 한다―였던가. 그런 것을 말했든지 쓴 이는 누구였던가. 기억은 무기억이 되고 싶어 한다. 그렇다면 꽤나 기묘한 이치다. 그러나 나는 그것이 몹시 마음에 걸린 적이 있다. 마음에 걸리는 것은 분명히 기억한다. 하지만 문맥이 희미해진다. 읽은 것이든 들은 것이든 요즘 망각 증세가 심해진 것 같다. 내심 초조하다. 기억만이 아니다. 매사가 나날이 내게서 멀어지고 있다. 떠나간다. 예전에는 매사가 과거의 바다를 두 팔 뻗어 헤엄쳐 가는, 기세 좋은 그 무엇이었다. 이전에는 그 윤곽이 비교적 확실했다. 가까이 있는 것으로 느껴졌다. 지금은 매사가 공간적으로도 시간적으로도 정말 소원해졌다. 매사는 과거의 바다에 빠져 허우적대고 있다. 과거의 광야에서 헤매고 있다. 행려병자처럼. 예전에 있었던 일들이 서로 맥락을 잃고, 물에 빠지고, 벌렁 나자빠진 곳에서 다른 일과 다른 사실들이 어느새 합성되어 있는 것처럼 보인다. 이것이 지겹기 이를 데 없다. 싫다. 친숙해지지 않는다. 어쩐지 무섭고 어쩐지 공허하기도 하다. 예전에 있었던 일이 사라져 간다. 풍경이 전에 없었던 것으로 바뀌어 간다. 시간 탓만은 아닌 것 같다. 망각 때문만도 아닌 듯하다. 누군가가 그렇게 되도록 일을 꾸미고 있다는 기분도 들지만, 그것이 특정한 누군가의 궁리인지, 불특정한 누군가의 계략인지, '우리'라고 하는 몰주체자들 모두의 무의식의 조화인지 잘 모르겠다.

시간이란 도대체 무엇인가. 일이란 무엇인가. 기억이란 무엇인가. 과거란 무엇인가─ 그런 것들은 지금 모조리 변형되고 교란되고 깨어지고 끊어져 있지는 않은가. 딴은 여기저기 현상現象은 있다. 하지만 현상들의 원형이나 본질이나 상호 맥락이 계속 상실되어 가고 있지는 않은가. 상실되어 가고 있는 것을 미친 듯이 추구하는 정열은 이미 거의 없어진, 멀어져 가는 풍경과 기억, 그저 점점 멀리 가늘어지며 사라져 갈 뿐인 그런 현실이 설사 아무리 싫더라도 손을 써볼 수도 없으니, 그럴수록 감질나고, 참으로 슬프고 애달프고 애지중지하는 마음은 아직 없어지지는 않았다. 나는 언제나 눈 안쪽으로 희미해져 가는 것을 아스라이 바라보고 있다. 희미해져 가는 것은 순식간에 노란색을 띠다가 흰 빛이 되면서 오로지 소실점을 향해 간다. 무의 구멍으로 떨어져 간다. 기억은 눈(目) 안쪽으로 낙하해 간다. 멈출 수 없다. 눈 안쪽은 먼 원경이다. 상기한다─ 얇게 깔린 눈(雪). 얼어붙은 밭. 잎을 떨어뜨린 채 듬성듬성 서 있는 나무들. 그 너머에 지평선 같은 것이 보인다. 응시한다. 남자가 이쪽을 향해 손을 흔들고 있다. 남자는 그러면서 기쁜 듯이 입을 벌리고 웃고 있는 것 같다. "어이!"하고 부르고 있는지도 모르겠다. 무엇이 즐겁다는 걸까. 남자는 손을 흔들고 있다. 손을 흔든다는 것의 의미를 알기 어렵다. 알 수 없는데, 풍경은 무의 구멍으로 떨어져 간다. "어이!" 과거에서 부르는 소리일까. 그런데 내가 걱정하는 것은, 기억은 무기억을 바란다―였다. 아니, 아니야. 기억은 무기억이 되고 싶어 한다―였다. 그리고 거기에 성공하는 것이었다. 기억의 무기억화를 성취한다. 하지만 기쁜 듯이 손을 흔들고 있는 멀리 있는 저 남자의 기억을 '우리'가 없애더라도(사실 '우리'는 저 남자의 기억을 없앴든지, 처음부터 기억하고 있지 않았다), 나 자신이 사라지지 않을 경우 어떻게 하면 좋을까.

14. 그때 거기에 없었던 자

기억과 망각은 완전히 다른 강으로 흘러가는, 다른 물일까. 도저히 그렇게 생각할 수는 없다. 양자는 때로 합류하고 섞이며 범람하기도 하는 통제 가능한 것으로 보이지만, 실은 통제하기 어려운 물이다. 기억의 강은 무기억이 되고 싶어 하며, 그리고 일단 거기에 성공할 수 있을지도 모른다. 그러나 무기억으로부터 기억이, 원原풍경대로가 아니더라도 흘러넘치면서 다시 되돌아가는 일이 없다고는 할 수 없다. 지금 내가 이렇게 쓰고 있는 '손을 흔드는 남자'의 기억도 그 원인을 밝히자면 내 고유의 기억과 망각의 강에서 솟아 나온 것은 아니다. 그 남자는 그럼에도 불구하고 자못 기쁜 듯이 손을 흔들고 있다. 이상하다면 이상하다. 무엇보다 나는 **그때 거기**에 있지 않았다. 아직 태어나지 않았으므로. 포인트는 그것이다. **그때 거기**에 있지 않았던 자는 **그때 거기**의 기억을 가질 수는 없는 것일까. 갖고

300

갈 수는 없는 것일까. 그때 거기에 있지 않았던 나는, 저쪽에서 기쁜 듯이 손을 흔든 남자를 기억하고, 망각했다가 어느 날 뜻밖에도 그것을 상기하고 **그때 거기**의 의미를 찾고, 그것을 얘기할 수는 없는 것일까. 이렇게 물어도 좋다. 그때 거기에 있던 자들만이 **그때 거기**의 기억을 얘기할 자격을 가질 수 있는 것일까. 또 이렇게 물어도 좋다. **그때 거기**에 있었던 자는 누구일까. **그때 거기**에 있었던 자는 '완전한 타자'인가. 완전한 타자라는 게 있기나 한 걸까. 그때 거기에 있었던 자는 죽은 자(死者)인가. 망자(亡者)인가. 조상들인가. 그들과 나의 관계는 어떻게 얽여져 있는 걸까. 얽여져 있지는 않은 것일까.

의심하기 시작하면 한이 없다. 하지만 내가 없었던 **그때 거기**의 '손을 흔드는 남자'의 풍경에 대해 지금도 가장 알고 싶은 것은 그 남자가 왜 손을 흔들었을까—라는 그 한 가지다. 한 권의 책을 찾아낸다. 거기에도 기억의 강의 발원지가 있다. 그때는 1942년 겨울. 거기는 중국 산둥반도였다. **그때 거기**에 있었던 증언자가 말한다. "강간을 즐겼던 일본병도 끝없이 전진 행군을 해야 했으므로 대열을 무너뜨리는 강간은 별로 하지 못했습니다. 그 대신에 우리 부대가 한 짓은 여성의 하복부를 벗겨서 거기에 당근이나 고구마, 수숫대를 쑤셔 넣으며 노는 것이었습니다. 당근, 고구마라고는 해도 그것들은 인근 밭에 뒹굴고 있는 흙투성이였습니다. 그런 식으로 해서 너무 고통스러워 몸부림치다 죽는 여성들이 점점 늘었습니다. ……실은 거기에 나도 조금 양심의 가책도 없이 가담해 즐겼습니다만……" 증언이 이어진다. "3년 전부터 북중국에서 산전수전다 겪었던 32사단에서 전속되어 온 고참병은 대단했지요. 예컨대 도쿄·후추(府中) 출신의 U들은 매일 그런 짓을 되풀이했습니다. 본국에 아내도 아이들도 있는 남자들이었지만, 우리 신병들과는 달리 여자만 보면 개구리를 본 뱀이라고 해야 할까, 결코 놓치는 법이 없을 정도였습니다. 달려들어 일순간에 중국 여성의 솜바지를 홀렁 벗겨 버리는 방법을 알고 있었습니다. 우리 주변에는 늘 '아이고' 하는 비명이 들려 왔습니다. 우리가 돌아보면 하반신이 벗겨진 중국 여성 위에 바지를 입은 채 올라탄 승마 자세로 U들은 우리에게 손을 흔들어 보였습니다."

15. 손을 흔드는 남자들

뱀이 노리는 개구리는 알고 있지만, 개구리를 노려보는 뱀은 알지 못한다. 하지만 증언자가 무슨 말을 하려고 하는지는 잘 알고 있다. 전자는 '피해자 = 개구리'의 몸짓이고, 후자는 '가해자 = 뱀'의 시선과 몸짓이다. 그보다도 내게는 기억의 차이가 있었다. '손을 흔드는 남자'는 한 사람이 아니라 '손을 흔드는 남자들'이었다. 복수의 병사들이 **그때 거기**에서 아마도 동시에 강간을 하면서 '이쪽을 향해' 손을 흔들었던 것이다. 혼다 카즈이치(本田勝一)·나가누마 세츠오(長沼節夫) 저 『천황의 군대』 제4장 '제3차 뤼둥(魯東) 작전'에 전 '황군' 병사의 그와 같은 증언이 나온다. '여기를 향해'라는 것은 어디를 가리키는가. 증언자는 말한다. "여자 쪽의 저항이 심할 때는 단검이나 수류탄을 쳐들 때도 있었습니다. 얇은 눈이 깔린 얼어붙은 밭입니다. 얇은 눈이 깔려 있는 곳에서 그 짓을 했어요. 나는 지금도 그때 손을 흔들던 동료들의 끔찍한 광경을 기억하고 있습니다. 강간을 끝낸 그들은 부대가 300미터 정도 전진했을 때 부대로 뛰어 뒤쫓아 왔습니다." 이쪽이란 행군하던 일본군 부대였다. 남자들은 강간을 하면서 이동해 가는 부대의 전우들에게 득의양양 손을 흔들었던 것이다. 여기에는 그리 길지 않은 시간의 계기와 인간의 움직임과 정지가 있다. 나는 롱숏 영상으로 이 풍경을 상상했고, 그때 거기에 없었음에도 풍경을 기억한다.

기억의 화상 오른쪽에는 여성을 덮쳐누르고, 화면 왼쪽의 종렬縱列로 걸어가는 부대를 향해 손을 흔드는 남자들이 있다. 부대에서도 이들에 호응해 보병총을 한 손에 쥐고 오른손을 흔드는 병사가 있다. 와 하는 웃음소리가 터져 나온다. 환성이 인다. 여성의 비명이 완전히 지워진다. 종렬의 무리는 히노마루 깃발을 선두로 화면 안쪽을 향해 천천히 움직여 간다. 종렬은 점차 작아진다. 강간을 끝낸 병사들이 바지를 끌어올리고 허리띠를 매면서 종렬의 무리를 향해 뛰어 간다. 하반신이 벗겨진 채 하늘을 향해 드러누워 있던 여성들이 화면 오른쪽에 보인다. 움직임이 없다. 살아 있는지 죽었는지, 실신해 있는지 분명하지 않다. 강간범들이 피해자들을 내버려두고 화면 안쪽으로 달려간다. 점이 된다. 점들이 이윽고 종렬 선의 하나가 된다. 약한 눈이 날리고 있다. 버들개지처럼. 오즈 야스지로의 말이 떠오른다―"마지막에 잘될 거야." 또 에칭을 생각한다. 화면 중앙에 지평선. 대지. 크게 다리를 벌리고 하늘을 향해 누운 여성. 불태워 죽인 것일 것이다. 새까맣다. 국부에 상당히 긴 막대기 같은 것이 꽂혀 있다. 화면상의 지평선을 향해 작은 점일 뿐인 '황군' 종대縱隊가 이동해 간다. 눈의 각도는 대지에 거의 스칠 정도의 로low 앵글이다. 종대는 이제 개미처럼 작다. 그만큼 살해당한 여성이 거대해진다. 재처럼 검은 여성의 다리와 고간股間이 기억자인 나를 옭죄어 온다. 하마다 치메이(浜田知明)의 작품 「초년병 애가哀歌 풍경」(1952)이다.

16. 기억과 잘못된 상기

　손을 흔든 남자들 풍경과 성기에 막대기가 꽂혀 있는 시체의 풍경은 똑같이 **그때 거기**에 있었던 것은 아니다. 각기 다른 것이다. 내 기억이 혼탁한 것일까. 잘못된 상기(誤想起)라는 것인가. 손을 흔든 남자들은 산둥(山東)성이고, 검게 탄 여성 시체는 산시(山西)성의 광야에 누워 있던 것일 것이며, 시기도 다를 것이다. 그리고 다음 장면은 1937년의 난징이다.

　　십수 명에게 간음당하고, 일어나 도망칠 수 없게 된 젊은 여자도 봤다. 젊은 여자는 죽어 있었다.
　　꿇어앉아 손을 모으고 하느님도 부처님도 절대로 그 기도를 들어주지 않으면 안 될 완벽한 기도 자세를 취한 사람들을 몇십 명이나 봤다.

포탄에 날려 찢긴 수목의 두껍고 예리한 가지에 나체 상태로 꿰뚫린 사람도 봤다. 사람도 수목도 이중으로 죽임을 당했다.

머리 자르기, 손 자르기, 팔다리 자르기.

들개가 나신의 시체를 먹을 때에는 반드시 먼저 고환을 먹고, 그다음에 복부를 먹는다. 인간도 또한 나신의 시체를 건드릴 때에는 먼저 성기를, 그다음에 배를 가른다.

개나 고양이는 먹은 뒤에 가야 할 길을 알고 있다. 그렇지만 인간은 죽인 뒤에 가야 할 길을 모른다. 만일 있다면 다시 죽이는 길을 갈 뿐.

(홋타 요시에『시간』)

『시간』은 완전히 소설인데, 이런 광경은 작가가 창조해낸 중국인 주인공에게 가탁해서 난징 현장을 스케치한 것이다. 홋타는 **그때 거기**에 있었던 사람은 아니다. 하지만 홋타는 난징에서 벌어진 일을 **모르고 끝낼 수는 없었던** 것이다. 홋타에게 **모르고 끝낼 수는 없었다**는 것은 바로 **쓰지 않고 끝낼 수는 없었다**는 것이다. 『시간』은 그렇게 해서 쓰였다.『천황의 군대』의 저자들도 **그때 거기**에 있었던 사람은 아니지만 **모르고 끝낼 수는 없었던** 사람들이고, 알리지 않고 끝낼 수는 없었던 사람들이었을 것이다. 증언자들은 증언하지 않고는 끝낼 수 없었던 사람들이다. 하마다 치메이 씨는 **그때 거기**에 있었거나 그때 거기에 가까이 있었던 사람이다. 화가는 그리지 않고 끝낼 수는 없었던 것이다. 약간 옆길로 새지만,『시간』에는 야음에 꿈틀대는 난징의 일본 병사들에 대한 간결한 묘사가 있다. "죽음과 술에 취해 얼이 빠진 적" "살인과 강간을 노리고 손에 손에 회중전등을 들고 방황하는 적병"이라는 부분이다. 주인공인 중국인은 버려진 관 사이에 숨어서 그것을 보며 죽을 만큼 공포에 떤다. 그 한두 줄을 '손을 흔드는 남자들'의 기억과 함께, 그것들은 소설이 사실과 뒤섞은 것인데, 나는 죽을 때까지 잊지 못할 것이다. 또 다음과 같은 풍경도 안구에 아프게 스며들었다. '황군' 병사들이 부인을 강간하고 있는 "음고독학淫蠱毒虐*한 풍경에서 그리 멀지 않은 곳에 두 사람의 연로한 농부들이 땅을 갈고 있었다. 두 사람은 곁눈질도 하지 않고 오로지 일만 하고 있었다. (……) 괭이질 한 번, 또 한 번 그 두 사람이 얼마나 깊고 강하게 참고 있는지 드러나 보였다." 여기엔 기억 속의 두세 가지(픽션과 논픽션이 혼연일체가 되어 오히려 한층 더 사실처럼 다가온다) 광경이 뒤섞여 있다. 강간을 하면서 기분 좋게 '전우'를 향해 손을 흔들었던 남자들과 그것을 보면서도 보이지 않는 척하며 묵묵히 대지를 가는 늙은 중국 농부들. 멀어지는 히노마루와 종대…… 오즈 야스지로의 납처럼 둔감한 말이 떠오른다―"마지막에 잘될 거야."

---

* 음탕한 기생충처럼 독하고 포학하다는 뜻.

17. 사실―무한의 다층경면

만일 이 세상에 사실이라는 것이 있다고 하자. 그것이 한 장의 편평한 판의 형상을 하고 있다면 얼마나 편하고 심심하겠는가. 사실이, 또는 하나의 스탬프가 고무도장으로 몇 번이나 복제되고 공적으로 인증받게 된다면 얼마나 편할까. 그리고 얼마나 위험하고 재미없어지겠는가. 사실이라는 것이 있다고 한다면, 필시 그것은 한 장의 단일하고 편평한 형태를 하고 있진 않을 것이다. 사실은 설사 유일무이하다 하더라도 그것은 무한의 다층·다면체임이 분명하다. 무한의 다층경면多層鏡面을 희미하게 미끄러지는 빛과 그림자의 끝없는 연속을 어느 각도에서 어떤 슬픔과 절망과 놀라움의 시선으로 주시할 것인가―그것이 사실에 관한 사람의 절실한 몸짓일 때, 사실은 그 가냘픈 일단을 엿볼 수 있게 해 줄지도 모르겠다. 겨울철 밭에서 기쁜 듯이 손을 흔들고 있던 그 남자들―의 사실이 나는 마음에 걸린다. 마음에 걸렸다. 그 한 가지 일만으로도 몇백 장의 글을 쓸 수 있을 것 같다. 왜일까. 왜 마음에 걸릴까. 알 듯한데 알 수가 없다. 웃는 얼굴로 손을 흔들던 남자들은 옛날이나 지금이나 수를 헤아릴 수 없다. 강간하면서 손을 흔들어 보인 남자들은 결코 적지 않을 것이다. 나는 먼저 상상한다.

1942년 겨울, 중국 산둥반도의 밭에서 일본 병사들에게 강간당한 여성들은 지금 어디에서 어떻게 살고 있을까. 그때 살해당했다면 유골은 어디에 있는 것일까. 묘는. 뼈가 세월이 지나면서 일어나는 변화는 피할 수 없을 것이다. 인산칼슘이 된

뼈는 오랜 세월에 걸쳐 액화할 수도 있다고 한다. 그 여성들은 액화한 뒤 대기가 되어 대류권을 떠돌았을까. 나는 대기가 된 그 여성들의 몸을 알아채지 못한 채 호흡했을까. 그 여성들은 남자들이 그 짓을 하면서 손을 흔들고 있었다는 사실을 알고 있었을까. 그 여성들의 부모형제, 친척들은 그 광경을 알고 있었을까. 흙 묻은 뿌리채소류는 그 뒤 어떻게 됐을까. 강간하면서 손을 흔든 남자들은 지금 어디서 어떻게 살고 있을까. 이미 세상을 떠났다면 그들의 자식들 손자들은 지금 어디서 어떻게 살고 있을까. 그들의 자식과 손자들은 아버지나 할아버지들이 산둥반도의 밭에서 여성을 강간하면서 동료 병사들에게 손을 흔들어 보인 사실을 알고 있을까. 그것이 어떤 의미를 지니는지, 아들이나 손자들이 어떻게든 생각을 해 본 적은 있을까. 그들의 아내들은 남편들이 그렇게 손을 흔든 사실을 알고 있을까. 남자들이 그렇게 손을 흔들어 보인 사실은, 역사학회건 철학 학회건 국회에서건 어디에서라도, 왜 공개적으로 논의되지 않는 것일까. 왠지 기가 막히게 분하지 않은가. '나'라는 존재는 자기도 모르는 사이에 타자가 들어와 사는 장소라고 한다. 그렇게 배운 적이 있다. 그렇다면 '손을 흔드는 남자들'은 내 속에도 있지 않을까.

18. 기억의 범람

생각해 냈다. "기억은 무기억이 되고 싶어 하고, 그렇게 된다"라는 것은 역시 레비가 한 말이었다. 책을 연다. 그는 계속했다. "그것(기억)을 몇 번이나 부정함으로써 배설물이나 기생충을 체외로 내보내려는 듯이 자기 자신 속에 있는 유해한 기억을 배출한다."(『익사한 자와 구제받은 자』) 기억의 무기억화는 충분히 가능하다는 것이다. 일본은 기억의 무기억화에 거의 성공하고 있다. 패전 뒤의 일본은 조야朝野 모두 기억의 무기억화에 매진했다. '손을 흔드는 남자들'의 기억 따위는 논하는 것도 논하지 않는 것도 아닌 상태로 지극히 간단하게 소멸했다. 쇼와 천황은 대원수의 군장에서 신사복으로 갈아입고 파안일소破顔一笑하며 "짐과 너희 국민들간의 유대는 시종 상호 신뢰와 경애로 맺어져 있으며, 단순히 신화와 전설에 의해 생겨난 것이 아니다. 천황을 아키츠미카미*로 여기고, 또 일본 국민은 다른 민족보다 우월한 민족으로서 세계를 지배할 운명을 지니고 있다는 가공의 관념에 토대를 둔 것도 아니다"라며 멋지게 '인간선언'을 했다. 내게는 패전 뒤 얼마 지나지 않아 흰 이빨을 드러내 보이며 만면에 웃음을 띤 쇼와 천황의 사진이 있다. 치쿠마출판사가 간행한 『국가의 사상』(전후 일본사상 대계 5)의 36쪽에도 실려 있다. 왼쪽에서 모자를 쓴 고준(香淳) 황후가 천황 머리 쪽으로 손을 뻗치고 있다. 그래도 이 사진 속의 천황의 웃음은 어정쩡한 것은 아니다. 어떻게 하면 이렇게 웃을 수 있을까. 어떤 걱정도 어렴풋한 근심도 돋보기로 구석구석 살펴

---

* 現御神. 인간의 모습으로 태어난 신.

본들 찾아낼 수 없는 웃음이다. 대단하다! 어떤 거리낌도 없다. 이 웃음을 보고 또다시 '손을 흔드는 남자들'의 웃음을 연상하면서, 두 가지 웃음의 연관과 단절을 생각했다. 두 웃음을 겹쳐도 보았다. 다음과 같은 장면이 떠오른다.

(······) 어느 곳에서 일본 병사들이 처녀를 윤간했다. 처녀는 얼굴에 똥을 바르고 국부에는 닭의 피를 발라 재난을 피할 준비를 했다. 하지만 일본 병사들도 더는 속아 넘어가지 않았다. 그들은 처녀를 새끼줄로 묶어 수로에 던져 넣고는 물속에서 발버둥치는 그녀를 바라보며 즐겼다. 이윽고 새끼줄을 당겨 끌어올렸다. 똥도 닭 피도 깨끗이 씻겨 나갔다. 나는 짐차에 전선으로 묶여 있었다. 일이 끝난 뒤 병사들 중 한 사람이 "좋잖아. 너도 한 번 해보지 그래" 하고 말했다.

그 병사의 얼굴은 용무를 끝낸 짐승과 영원히 불만인 인간의 중간쯤 되는 존재의 얼굴 표정이 어떤 것인지를 선명하게 보여주었다. 실신한 젊은 여성은 실신함으로써 실로 인간다웠다.

(『시간』)

난처한 일이다. '손을 흔드는 남자들'이 전 대원수 폐하의 웃음과 함께 눈에 박히고, "좋잖아. 너도 한 번 해보지 그래"라는 소리가 귀에서 떨어지지 않는다. "온갖 논리에 반해서 자비와 야수성은 같은 인간 속에 동시에 공존할 수 있다"(『익사한 자와 구제받은 자』)—는 것은 의심할 바 없는 진리일 것이다. '손을 흔드는 남자들'도 "너도 한 번 해보지 그래" 내지는 그런 류의 말을 한 남자들도 고향에 돌아가 처자와 사이좋게 살면서 많은 선행을 했을 가능성도 부정할 수 없다. 그러나 그렇다고 해서 그런 짓을 하면서 손을 흔들어 보인 과거를 씻어내 버려도 괜찮을까. 씻어낼 수 있는 것인가. 전 대원수 폐하는 왜 그토록 아무런 거리낌도 없이 웃을 수 있었을까. 선의와 악의의 정의는 해체되고 그들간의 경계는 사라졌다. 자비와 야수성의 공존─일지도 모르겠다. 하지만 진리의 자투리와 접할 수 있었다고 하더라도 수수께끼는 풀리지 않는다. 야수성은 어디로 간 것일까. 그것은 지금 이 사회에 몰래 비집고 들어와 있지는 않을까. 전후란 무엇이었던가. **그때 거기**에 있지 않았던 자들은 **그때 거기**에 있었던 일과 무관하게 살 수 있을까. **그때 거기**에 있지 않았던 자들은 **그때 거기**에 있었던 일에 대해 앞으로도 무기억인 채 살아갈 수 있을까. 뭔가가 도지지는 않을까. 지금 어쩌면 엄청난 일이 도져 나오고 있는 게 아닐까. 기억의 제방이 무너져 범람하고 있지는 않은가.

19. 그림자

그림자처럼 까만, 묵직한 뭉치에게 인사를 했다. '그림자'는, 그게 붕대였던가, 빈틈없이 흰 천에 싸여 있었는데, 검었던 것으로 기억하는 것은 왜일까. '그림자'는 중절모를 눈까지 눌러 쓴 채 거실에 앉아 있었다. 말이 없었다. 제대로 인사를 올리라는 말을 아버지한테서 들었기 때문에 정좌해서 다타미에 이마가 닿도록 큰 절을 올리고는 상대의 눈을 바로보지도 못한 채 방에서 도망치듯 물러났다. 찌를 듯한 시선을 느끼면서 숨을 죽이고 있었다. 그래도 '그림자'가 몸에서 분비하고 있는 듯한 옥시돌과 간장이 섞인 듯한 냄새가 콧구멍에 엉겼다. 그것은 아직도 얼굴 주변에 엷게 떠돌고 있다. 그때는 무서워서 떨었다. 정말 무서웠다. 거실의 공기가 긴장되어 있었다. 모두 말이 없었다. 도무지 진정이 되지 않았다. '그림자'에게는 짓누르는 듯한 노기怒氣와 같은, 폭탄과 같은 기운이 있었다. 심상치 않은 공기가 거실을 가득 채우고 있었다. '그림자'에게는 손발이 없었다. 귀도 거의 없었다. 눈도 잘 보이지 않았다. 발성도 자유스럽지 못했다. 참으로 가여웠다. 그렇게 듣고 있었다. 그러나 '그림자'가 저토록 강한 자기磁氣 같은 걸 내뿜는다는 얘기는 듣지 못했다.

'그림자'와는 초대면이었으나, 실은 우리 일가라고 한다. 남다른 고생을 하고 있었지만 언제나 활달했던 아버지의 셋째 누나가 혼인신고를 하지 않은 '남편'을 우리와 대면시키려고 요양소에서 굳이 데리고 온 것이었다. 그 의도를 나는 헤아리기 어려웠다. 고모는 아래에 동그마니 앉아 있는 사람을 비스듬히 내려다보며, 울음보다는 웃음 쪽에 가깝게 우는 듯 웃었다. "정말이지, 저 호남아가 말이야, 이렇게 되어 버렸어…… 하하……" 아버지도 어머니도 이미 무너져 있었다. 엄청 송구스러워 했고, 무서워하는 듯 보이기도 했다. 그 사람은 결국 표정도 몸짓도 소리도 드러내고 싶어도 그럴 수 없었지만, 도무지 마음 편한 상태라고 여겨지지는 않았다. 심한 분노의 자기 磁氣를 내뿜고 있다…… 어린 내 마음에 그렇게 생각됐다. '그림자'와 고모는 하룻밤을 묵었다. '그림자'가 있던 객실에 강한 자장이 형성되어 있어서 나는 잠을 잘 수 없었다. 다음 날 아침 빨간 맨드라미가 피어 있는 마당을 가로질러 아버지와 고모 두 사람이 주물鑄物처럼 무거워 보이는 사각형의 '그림자'를 "엇차, 엇차, 엇차" 용을 쓰며 택시까지 운반했고, '그림자'는 고모와 함께 사라졌다. "엇차, 엇차, 엇차"는 실은 '그림자'의 소리였던가. 지금은 기억이 분명치 않다.

자전거로 이동 그림연극이 찾아왔다. 아이들이 와 몰려들었다. 오징어를 가늘게 찢어 아저씨가 신문지로 만든 삼각 봉지에 넣어 팔기 시작했다. 굽지 않은 오징어포다. 그것을 산 아이는 찢은 오징어살 조각 한쪽 끝을 입에 물고 '황금 박쥐'를 바로 앞자리에서 볼 수 있었다. 그것을 살 수 없는 아이들은 반원꼴의 관중들 뒤를 빙 둘러서서 그들 뒤에서 폴짝 폴짝 뛰면서 그림연극을 엿보려 애썼다. 길은 포장되어 있지 않아 비가 내리면 진흙탕이 됐다. 언제나 말똥 냄새가 났다. 게타나 망가진 고무창 운동화를 신거나, 맨발의 아이들이 진흙길에서 발끝 돋움을 하거나 폴짝거렸다. 황금 박쥐의 얼굴은 해골로, 위쪽 앞이빨들이 없었으며, 지장보살의 흰 턱받이 같은 것을 목에 감고 있었다. 황금 박쥐는 망토를 나부끼며 알프스 상공을 날았다. 불사신의 황금 박쥐는 "우핫핫핫……" 하고 약간 분명치 않은 소리로 너털웃음을 지었고, 다시 세계 제패를 꾀하는 '나즈'와 '나즈'가 조종하는 강철 로봇과 싸우면서, '나즈'의 포로가 되어 올고 있던 이스즈마 박사의 딸 즌코를 구해냈다. 즌코는 눈썹 털이 엄청 두텁고 입술은 사람을 잡아먹은 것처럼 빨갰다. 즌코는 박사가 발명한 비밀광선 설계도가 어디 있는지 알고 있었으며…… 여러 곡절이 있었지만…… 황금 박쥐의 분전으로 그 설계도를 세계평화를 위해 도로 찾아온다―고 하는 줄거리 아니었던가. 나는 황금 박쥐에 빠져 있었다. 우리 집을 찾아온 지 얼마 지나지 않은 늦가을, 해풍이 세게 불던 날에 '그림자'의 부음을 전해 들었다.

20. 황금 박쥐

　내가 태어난 고향에서는 그 옛날, 시를 스, 치를 츠 또는 즈로 습관적으로 발음하는 사람들이 나를 비롯해 적지 않았다. 토박이가 시를 표준적으로 발음하려 하다가는 꼴같잖은 놈이라는 말을 들을 수 있었다. 그래서 미루어 보건대 '나즈'는 원래는 '나치', '이스즈마 박사의 딸 즌코'는 '이시지마 박사의 딸 준코'였는지도 모른다. 그럼에도 나는 그런 일에 별로 관심이 없었다. 황금 박쥐가 무엇 때문에 기괴한 해골이 됐는가. 거기에 흥미가 있었다. 황금 박쥐는 왜 추한가. 그림이 왜 그렇게까지 단순하고 치졸한가. 무엇보다도 황금 박쥐는 왜 저토록 추하고 괴이한 모습이어야 했을까. 황금 박쥐는 정의의 편인데 왜 으스스한가. 그것은 불가사의했지만, 동시에 전혀 불가사의하지 않았다. 황금 박쥐가 만일 사다 케이지[*]의 얼굴을 하고 있었다면 황금 박쥐는 전혀 황금 박쥐가 아니게 됐을 테니까. 그뿐만이 아니었다. 나는 황금 박쥐에게 손발 없는 '그림자'의 그 사람을 겹쳐서 보게 됐다. 황금 박쥐에게서 어렴풋이 옥시돌과 간장 냄새가 났다. 단순하고 치졸하고 추한 종이연극의 황금 박쥐에게 '그림자'가 내뿜고 있던 것과 같은 성질의 강한 자력磁力을 느꼈으며, 그로테스크와 미, 추괴醜怪와 정의, 이형異形과 정통, 광기와 정기正氣는 반드시 대립관계에 있는 것은 아닐지도 모른다…… 그런 생각도 했다.

'그림자'는 훌륭한 병사였으나 '남양南洋 전선'에서 불덩어리가 됐고, 구사일생으로 돌아왔다. 어머니는 그렇게 얘기해 주었다. 아버지는 아무 말도 하지 않았다. '그림자'의 귀환은 다른 '이상하게 생긴(異形) 자'들의 귀환과 마찬가지로 무조건 환영받았던 것은 아닌 것 같다. 남양 전선 — 불덩어리 — 그림자 — 귀환……그 이후는 귀환한 자, 귀환당한 자들 쌍방의, 성질이 다른 '당혹'이 있었을 것이다. 나날을 살아가는 것은 '옥쇄玉碎'에 견준다면 당혹과 곤혹의 연속이었다. 모두가 각자 쉽게 얘기할 수 없는 사정을 안고 살아가고 있었다. 빨간 맨드라미가 무리 지어 피는 마당을 가로질러 운반되어 갈 때 바람이 불어와 '그림자'의 중절모를 날렸다. 측두부가 함몰됐는데, 그럼에도 반들반들한 머리칼 없는 정수리가 황금 박쥐처럼 빛났

---

* 사다 케이지(佐田啓二, 1926~64). 쇼치쿠 오후나(松竹大船) 촬영소를 대표하는 미남 배우로 알려졌다. 출연작에 〈그대의 이름은〉〈기쁨과 슬픔도 몇 세월〉〈꽁치의 맛〉 등.

다. "우핫핫핫……" 분노도 위협도 타자에 대한 비웃음도 자조도 절망도 아닌, 그러나 그것들을 전부 내포한, 웅얼거리는 듯한 웃음소리가 '그림자' 속에서 들려온 듯한 느낌이 들었다. "우핫핫핫……" 지금도 그 소리가 멀리서 들려온다. 그 소리로 나도 웃고 싶어진다.

거리에는 어딘가에 반드시 이상하게 생긴 사람이 있었다. 바닥에 차바퀴를 단 귤 상자나 사과 상자를 타고 양손에 쥔 막대기로 지면을 할퀴면서 인파 속을 헤쳐 가는 하지가 없는 사람. 필로폰 중독자. 모자母子 걸인. 미쳐버린 걸인도 있었다. 역전에는 흰 목욕옷 같은 환자복을 입고 군모를 쓴 상이군인들이 있었는데, 군가 〈전우〉를 아코디언으로 연주하거나 하모니카로 불렀다. "여기는 조국을 몇백 리 떠나 먼 만주의 붉은 석양에 젖어 벗은 들판 끝 돌 아래에……" 그들에게는 사각형의 '그림자'와 비슷한 강한 자력이 있었다. 눈빛이 날카로웠다. 흰 옷이 젖혀지면 의족과 의수가 드러난다. 땅바닥에 앉아 계속 절을 하는 남자도 있었다. 부모도 친척도 그들과 눈을 맞추려 하지 않았다. "가짜다" "일본인은 저런 짓 하지 않는다" "조센징이다"—흰 옷을 입은 자들에게는 들리지 않도록 내뱉듯이 말했고, 내 손을 꽉 잡고 지나갔다. 나중에 들었는데, 내가 두 살이던 여름, 천황 히로히토가 '순행巡幸'이라 칭하고 고향을 찾아가 한마디 "아, 그래……"라고 한 것 같다. 상이군인들이나 이상하게 생긴 사람들은 사전에 어딘가로 내쫓겼다고 한다.

21. "아, 나는 분하게도 다친 몸"

〈대일본 상이군인가〉라는 군가도 아코디언 반주로 불렀다. 어른이 되어 비로소 가사를 봤을 때 뭔가 상처받은 사람들을 이렇게까지 노래하게 만들었나 싶어 어이가 없었다. 매독이 전신에 퍼졌다고나 해야 할까, 뭔가 손을 댈 수도 없는 중한 '병'에 걸렸다는 느낌이 들어 마음이 떨렸다. 확인한 것은 아니다. 하지만 확신한다. 독일이나 이탈리아나 스페인에 설령 예전에 상이군인을 위한 군가가 있었다 하더라도 이런 성질의 것은 아니었을 것이다.

환호의 물결을 가르고
용감히 문을 나서던 날의
각오는 지금도 변함없지만
아, 나는 분하게도 다친 몸

나는 다쳤지만 보라
충성 다해 나라에 보답하려고
맹세코 지금도 여전히
적성赤誠 용무勇武의 피 타오른다

우리 몸은 다쳤지만
사선을 이미 넘어왔네
천난만고千難萬苦도 아무 걱정 없다

마음과 의기의 군인이다

황공스러운 천황의
위광 아래 우리는 간다
신이 지켜주실 거라는 말씀
가련하게 여기시니 감사합니다

처음부터 천황을 위해
바친 몸이고 산 목숨
살아 있는 한은 해 뜨는 곳(일본)의
마음의 꽃 군인이로다

앞길은 멀어도 황국의
사명 끝까지 완수하지 못할쏘냐
야마토 무사의 진심 어린
외고집 어떻게든 이루어지리

이 가사를 물론 어렸을 때부터 알고 있었던 것은 아니다. 대학에 입학하고 나서 선배한테서 배웠다. 다카다노바바(高田馬場)의 역두에는 1960년대에도 여전히 상이군인들이 있었다. "아, 나는 분하게도 다친 몸"이란 타국을 침략하면서 셀 수 없을 만큼 많은 사람들을 살상한 것이 죄송했다고 노래하고 있는 게 아니다. 자신이 부상을 당해 버리는 바람에 천황과 '황국'을 위해 싸울 수 없게 된 것을 분하게 여기면서 천황에게 사죄하고 있는 것이다―선배가 그렇게 가르쳐 주었다. 조선인 상이군인에게도 이것을 부르게 했단다. "심하잖아. 이 나라에는 원래 가해 의식 따위는 요만큼도 없어." 그런데…… 하고, 선배는 한숨을 쉬었다. "이걸 누가 작사했는지 알고 있어?" 나는 고개를 가로 저었다. "봄이여 오라 빨리 오라 걷기 시작한 미이짱이 빨간 나막신 천천히 신고 바깥나들이 하려고 기다리고 있다……"고 독문학 전공의 선배가 콧노래를 불렀다.

〈봄이여 오라〉는 시를 쓴 바로 그 인물이 "나는 다쳤지만 보라 충성 다해 나라에 보답하려고 맹세코 지금도 여전히 적성 용무의 피 타오른다"는 〈대일본 상이군인가〉를 작사했다는 것이다. "자네는 이상하다고 생각하지 않아. 이상하다고 생각하지 않는다면, 하는 수 없지. 나는 너무 이상하다는 생각이 들어." 수업 시간에 나온 적이 없다는 그가 별로 힘도 주지 않고 말했다. "일본의 파시즘은 너무 벅차. 천황제 파시즘은 단지 사상의 문제는 아니야. 정신의 문제이기도 해. 연면히 이어져 온 정서이기도 하고. 정상이라는 정신의 병적인 발현이야." 그런 말을 했다. 일본의 근대 권력은 도덕과 정서의 영역에 자신의 뿌리를 온통 둘러쳤다. 패전으로도 그것은 부서지지 않았다고 한다. "골치 아픈 건 '적'이 바깥에만 있는 게 아니라 우리 안에도 있다는 거야." 나는 잘 알지 못했다. "자네는 이상하다고 생각하지 않아. 이상하다고 생각하지 않는다면, 하는 수 없지. 나는 너무 이상하다는 생각이 들어"라는 말만이 뇌리에 새겨졌다.

22. 군가적 고충

나는 정말 잘 모른다. 예전에도 지금도 별로 공부를 하지 않아 무지하다. 그렇게 뼈저리게 느낀 적이 이제까지 몇 번이나 있었지만, 〈대일본 상이군인가〉 때도 그랬다. 그 작사자가 〈봄이여 오라〉의 작사자와 같은 사람이라는 것도 모르고 있다가 나도 모르게 잠시 숨을 죽였는데, 게다가 작사자가 바로 소마 교후*이고, 와세다대학 교가 〈수도의 서북〉을 작사한 사람이기도 하다는 얘기를 들었을 때는 약간의 현기증마저 느꼈다. 하지만 그렇다면 "처음부터 천황을 위해 바친 몸이고 산목숨 살아 있는 한 해 뜨는 곳(일본)의 마음의 꽃 군인이다"라는 건 "동서고금 문화의 조류 하나로 끓어오르고 대도국大島國의 위대한 사명을 짊어진 우리가 가는 곳은 그 끝을 알 수 없나니 마침내 구원의 이상의 자취는 널리 천하에 빛을 발하리라……"라는 것과 시상詩想이 크게 다르지 않다는 느낌이 든다. 다르기는커녕 잘 어울리는 것 같다. '대동아 공영권'의 이념과도 '팔굉일우八紘一宇'와도 크게 모순되지 않는다.

〈대일본 상이군인가〉와 〈수도의 서북〉을 시험 삼아 뒤섞어 본다. 생각나는 대로 짬뽕을 만들어 본다. "모이고 흩어지며 사

---

* 소마 교후(相馬御風, 1883~1950). 시인, 평론가. 니가타현 태생. 와세다대 영문과 졸업. 1906년 〈와세다문학〉 편집에 참가. 메이지 시기에 자연주의 논객으로 구어 자유시 운동을 추진했다. 수많은 교가나 동화, 국민가·군가의 작사에도 관여했다.

람은 변해도 우러러보는 건 같은 이상의 빛 전도前途는 멀어도 황국의 사명 끝까지 완수하지 못할쏘냐 야마토 무사의 진심 어린 외고집 어떻게든 이루어지리 와세다 와세다 와세다 와세다 와세다 와세다 와세다." 이건 또 어떻게 된 것인가. 원래 교후의 이런 가사는 시구詩句로서 도저히 질이 높다고 할 수 없다. 깊이가 없고 동공이곡同工異曲이다. 그렇다 하더라도 서로 다투며 반발해도 이상할 것 없는 두 가사에는 대체로 단절이라는 게 없다. 깊은 도랑이 없다. 어디까지가 군가이고, 도대체 어디까지가 '재야在野 정신'을 표방한 적도 있는 대학의 교가인가. 별로 구별이 되지 않는다. 내가 서툰 말에 '알아차림(氣づき)'이라는 것이 있다. 알아차림에는 까닭 없이 닭살이 돋는다. 알아차림에는 사물과 일(物事)의 중대성을 깨닫는 데에 따른 목숨 걸기의 주체가 보이지 않기 때문이다. 한데 〈수도의 서북〉도 무수한 교가나 응원가, 기숙사가, 사가社歌, 예전의 일부 노동가와 마찬가지로 군가와 실로 친화적인 노래였던 것이다. 아니 〈수도의 서북〉도 이 나라의 군가적 고층古層 위에 세워진, 군가와 같은 뿌리의 노래였다고 해야 할 것이다. 알아차림이라면 이것도 이른바 알아차림이었다. 아니 그보다는 "자네는 이상하다고 생각하지 않는가. 이상하다고 생각하지 않는다면, 하는 수 없지. 나는 너무 이상하다는 생각이 들어"라는 것이다.

그렇다고 해서 "처음부터 천황을 위해 바친 몸이니 산 목숨 살아 있는 한 해 뜨는 곳의 마음의 꽃 군인이다"라는 가사의 사람을 사람으로 생각하지 않는 천박함, 상스러움은 어떠한가. 이것을 부상당한 '황군' 장병들만이 아니라 조선인 상이군인에게까지 부르게 한 무신경은 어떠한가. 역두의 상이군인들을 가짜→조선인으로 규정한 패전 뒤 일본의 손댈 수도 없는 차별과 방자함은 어떠한가.

23. 일본이라는 병

아버지를 결코 나쁘게 얘기하고 싶지는 않다. 무슨 일이든 간에 여기저기 뛰어다니는 일에 서툰 사람이었던 아버지가 뛰어다니는 일의 교묘한 솜씨와 변신의 신속함이 무엇보다 중시되었던 패전 후의 흐름을 잘 탈 수 없었던 것을 나는 오히려 좋게 생각한다. 생전의 아버지는 전쟁의 풍경에 대해 많은 얘기를 하지는 않았지만 어쨌든 전쟁의 산 증인이었다. 아버지에게는 한 몸에 동거해서는 안 되는 것, 공존할 수 없는 것으로 알려진 것이 뜻밖에도 동거하고 있었다. 아버지는 좋든 싫든 일본인이었다. 말하자면 그것은 〈봄이여 오라〉와 군가의 동거와도 비슷했다. 어리고 귀여운 것을 사랑하는가 하면, 강자에게 비굴한 면도 있었다는 생각이 든다. 자비와 야수성, 정밀靜謐과 포효, 위무慰撫와 구타, 굴종과 오만, 침묵과 요설, 섬세와 둔감……이 서로 비벼대며 거북하게 동거하고 있었다. 그것을 간단하게 전쟁 탓이라고 얘기하고 싶지 않다. 그렇게 도식적으로 결론을 짓고 싶지는 않고, 개운치 못한 기분이 내게는 아직 남아 있다. 아버지 고유의 인격이 먼저고, 그것이 '황군'의 침략 전쟁 중에 더욱 왜곡되고 두드러졌을 것이다, 라는 생각도 든다. 그래도 수수께끼는 얼마든지 남아 있다. 생각해 보면, 전후라는 것은 전전, 전중과 마찬가지로 수수께끼투성이다. 침략 전쟁의 최고 책임자를 일본이라는 나라의 사람들은 결코 스스로 문책하고, 자신들의 손으로 재단하려 하지 않았다. 왜인가. 이상하다. 실로 기묘하다. 사회학적으로도, 역사심리학적 견지에서도, 정신병리학적으로도 이상하다.

　일본은 침략하고, 죽이고, 강간하고, 약탈하고, 모조리 파괴한 나라의 사람들에게 형식적인 사죄를 했을 뿐이지만, 원폭을 투하한 나라에는 시종여일 끝까지 비굴하게 다가갔다. 일본 사람들은 피폭자들을 한때 차별하기까지 했다. 천황 히로히토의 히로시마 '순행'(1947년 12월)을 피폭지에서는 열광적으로 환영했다. 그가 원폭 돔이 보이는 광장의 무대 위에 모습을 드러내자 군중은 땅이 울릴 듯한 환성을 질렀다. 지금 뉴스 영화를 보면 그 이상하기까지 한 열광은 헌법 공포 기념축하 도쿄 시민 대회(그해 5월)의 데면데면함에 비해 너무나도 대조적이다. 전 대원수 폐하＝쇼와 천황은 그 뒤 원폭 투하에 대해 "유감스럽게 생각하고 있지만, 이런 전쟁 중이었기 때문에, 참으로 히로시마 시민들에 대해서는 딱한 일이지만, **어쩔 수 없는 일**이라고 나는 생각합니다"(1975년 10월 31일, 일본 기자클럽 주최 '쇼와 천황 공식 기자회견')라고 얘기했다. 나는 어이가 없었다. 하지만 일본은 대체로 특별히 깜짝 놀라지도 어이없어 하지도, 분노하지도 않았다. 일본은 그 뒤에도 원폭을 마치 '자연재해'처럼 얘기하면서 자신들의 침략 책임과 상쇄하듯 원폭 투하의 책임을 미국에게 물은 적이 없다. 아버지는 쇼와 천황의 탄생

일에는 현관 앞에 반드시 히노마루를 내걸었다. 나는 그것을 제지한 적이 없다.

언제였던가, 아직 어렸을 무렵 술 취한 아버지가 갑자기 말한 적이 있다. 조용한 고백은 아니었다. 참회도 아니었다. 야만스러운 노기怒氣를 품은, 감추려고도 감출 기미도 없는 언술이었다. 그 기억은 아직도 선명하다. "조센징(朝鮮人)은 안 돼. 저 놈들은 손으로 후려 갈겨도 안 돼. 슬리퍼로 때리지 않으면 안 되는 거야……" 귀를 의심했다. 미쳤나 생각했다. 지금도 모르겠다. 일본이라는 '사상事象'에 잠재되어 있는 병이 아버지를 잘 몰랐던 것처럼, (나도) 잘 모르겠다. 나는 아버지의 전쟁 경험을 헤아리면서(忖度) 비난을 억제해 왔다. 그러나 그가 격앙하면서 슬리퍼를 치켜들고 사람을 때려눕히는 광경은 도저히 참을 수 없었다. 지금도 견디기 어렵다. 아버지가 중국인을 죽였는지 아닌지는 내 나름으로 억측은 하지만 확실한 증거가 없다. 그러나 그는 조선인을 슬리퍼로 구타한 적이 있다. 그것은 확실하다. 확실할 것이다. '내 아버지는 조선인을 슬리퍼로 구타한 적이 있다'—이것은 무슨 얘기인가. 나와 무슨 관계가 있을까. 아무 관계도 없는 것일까. 손발을 잃은 저 '그림자'에게 물어보고 싶었다. 황금 박쥐에게도 물어보고 싶었다. 아버지는 미쳤던 것인가 하고. "우핫핫핫……" 하고 발작적으로 웃고 싶어졌다.

24. 파시스트와 '지방 눈꺼풀'

파시스트에게는 그나 그녀들 특유의 용모나 눈초리, 체취, 목소리, 문체, 두발 형태, 보행 자세라는 게 있는 것일까. 독재자, 전체주의자, 국가주의자, 국수주의자, 배외주의자, 친황제주의자, 군국주의자…… 등에 공통되는 기질, 성벽性癖, 좋아하는 음식물, 혈액형, 지능지수, 사고 패턴이 있다면, 어떤 것일까—이것은 파시즘처럼 매우 위험한 발상이다. 그렇지만 어쩐지 있을 것 같다. 막연히 생각하다가도 황급히 부정한다. 파시즘에 밝은 움베르토 에코를 여러 가지 읽어 봐도 '인간'이라는 것 외에는 파시스트에게 특별한 신체적 공통점은 없는 것 같다. 어쩌면 인간이란 존재는 원래 파시스트나 파시스트적인 뭔가를 지닌 생물일지도 모른다. 그렇다 해도 일본국의 최고 정치권력자가 하는 일, 몸짓, 말투 등을 가끔 언뜻 보면 뜻하지 않게 단순명쾌하지만 별로 의미 없는 두 글자가 떠올라 부끄러워진다. 그 차별적인 욕설은 역시 양의 동서를 막론하고 옛날부터 흔히 사용되어 왔다. 베르톨트 브레히트는 「망명자의 대화」의 등장인물에게 다음과 같이 말하게 해서 '저능低能'이라는 욕지거리가 결코 지적이지 않으며 그다지 유효하지도 않다는 것을 시사하고 있다.

그 히틀러를 간단하게 저능이라 부르는 사람이 있는데, 그 것은 좀 의문이야. 그런 식으로 말한다면, 히틀러가 무엇을 생각하면 더는 히틀러가 아니게 되는 것처럼 보여.

그렇다. 반드시 '저능'이 아닌, 그 나름으로 생각을 잘 하는 파시스트도 있다. 에코의 「영원한 파시즘」에 따르면, 파시즘에는 이렇다 할 '정수精髓'는 없다. 하지만 "질서 있는 통합의 부재" "구조화된 혼란" "연결 부위가 떨어져 나간 것"과 같은 논리가 있으며, 그 전형적 특징 중에는 전통 숭배, 인종차별주의, 음모론적 망상, 남성우월주의 등이 있다고 한다. 하지만 이런 것들은 꽤 고전적인 것들이고 작금에는 여성 존중, 환경 보호, 적극적 평화주의를 말하는(또는 그렇게 속이는) 파시스트도 많이 있다. 에코가 외친 '원原파시즘Ur-Fascismo'은 확실히 앞으로도 영원히 존재하게 되겠지만, 파시즘은 이미 현대적으로 모양 좋게 변용되어 있는 면도 있다고 하지 않을 수 없다. 그런 것들을 전제로 해서 얘기하겠지만, 파시스트가 반파시즘운동에 터무니없는 편견을 갖고 있듯이, 나도 파시스트들에 대해 결코 가져서는 안 될 터무니없는 편견과 망상, 차별감을 갖고 있다는 것을 고백해야 겠다. 그것은 파시스트는 격앙되면 눈이, 때로는 몇 종의 어류처럼 '지방 눈꺼풀'이 끼는 경향이 있다―는 것이다. 지방 눈꺼풀은 눈 표면이 기름막을 붙인 것처럼 탁해지는 것인데, 물고기 중에는 숭어가(특히 겨울철용인데) 눈이 보얗게 흐린 것처럼 보이는 것으로 알려져 있다. 눈의 보호와 시계 확보를 위해서 그런 것이라고 하는데, 눈퉁멸이나 청어 등도 지방 눈꺼풀이 끼는 듯하다. "조센징은 안 돼. 저 놈들은 손으로 후려 갈겨도 안 돼. 슬리퍼로 때리지 않으면 안 되는 거야……" 아버지가 취해서 그렇게 말했을 때, 그의 눈에 끈적거리는 지방 눈꺼풀이 끼어 있었던 것을 나는 잊을 수 없다. 거기에 반응해 내 혀가 흥분해서 입 안 가득 해우海牛처럼 부풀어 올라 뭔가 우물우물 말대꾸를 했는데, 그 내용은 기억 나지 않는다. 다만 인간의 지방 눈꺼풀을 그 뒤에도 몇 번인가 봤다. 내 눈에도 지방 눈꺼풀이 낀 적이 있는 것 같은 생각이 든다. 그것을 이제야 심각하게 생각한다.

25. 실내화 밧치

조센징은 안 돼, 슬리퍼로 때리지 않으면 안 돼, 라고 아버 지가 말했고, 내가 말대답을 한 것은 한 번뿐이다. 아버지는 두 번 다시 그런 말을 하지 않았다. 그는 왜 조선인들이 안 되는 지, 왜 슬리퍼로 때려야만 했는지 설명해 주지 않았다. 나도 집 요하게 설명을 요구하지는 않았다. 설명도 해명도 하지 않은 채 그는 세상을 떠났다. 그리고 뒤쫓아가서 캐묻지 않았던 자 신에게 잘못이 있는 듯한, 그런데, 그것을 잘못이라고까지 얘 기할 수 있을까…… 하고 중얼중얼 자기 변명을 하는 기분도 오래된 거미집처럼 가슴에 아직도 똬리를 틀고 있다. 납득하기 어려운 소년기의 그 사건을 여기서 끄집어낸 것은, 실은 그 사 건만을 특필하고 싶어서가 아니다. 나이 들어 목도한 어느 노 작가의 격노와 나의 경악, 그때 작가의 눈에 떠올랐던 지방 눈 꺼풀에 대해 말하고 싶었기 때문에 나는 우회해서 아버지의 추억에 다가가 숨을 가누고 있는 것이다. 어떤 논거로 아버지 가 조선인은 안 돼, 라고 했는지에 관해서는 여기서는 제쳐놓

자. 논거 따위 있을 리 없기 때문이다. 다음 문제는 '슬리퍼'다. 아버지는 병사로서 중국에 머물고 있던 1940년대 중반기의 부대 내 추억을 얘기한 것인데, 그렇다면 '슬리퍼'라는 외래어는 패전 뒤에 고쳐 말한 것이 분명하다. 그가 사람을 후려갈기기 위해 갖고 있던 도구는 현재 우리가 일반적으로 슬리퍼라고 하는 것을 통해 이미지화하는, 말랑하고 가벼운, 천으로 만든 세련된 실내화와는 전혀 다르다. 그것을 나는 작심하고 상당히 오래 전에 밝혀냈다.

그것은 군대에서 '실내화(上靴)'로 불리던, 무게가 꽤 나가 보이는 가죽 슬리퍼였다. 사진을 찬찬히 들여다봤다. 바닥에 금속 징이 박혀 있는 것도 있다. '황군'의 기합은 놀라울 정도로 집요하고 다종다양해서, 이 가죽제 슬리퍼로 따귀를 후려치는, 일부에서 '실내화 밧치'로 불리고 있던 특별한 구타 방법도 그 중 하나였다. 이것으로 있는 힘껏 얼굴을 후려치면 어떻게 될까. 뇌진탕을 일으켜 혼절하지 않는 게 이상할 것이다. 아버지는 '실내화 밧치'를 조선인에게 휘둘렀을 것이다. 거의 틀림없어 보인다. 내가 '실내화 밧치'를 조선인에게 휘두른 게 아니다. 아버지가 그랬다. 그럼에도 충분히 슬프다. 미안하다. 어둠속에서 창자를 잡아당기는 듯, 속수무책 답답하고 쓰라리고 슬퍼진다. 갑자기 생각난다. 난상(亂想, 어지럽게 생각한다)한다. 난상이란 단어는 없지만, 난상한다. '실내화 밧치'를 조선인에게 휘두른 아버지와 그런 짓을 한 적은 없는 아버지의 장남인 나의 관계는 어떤 것일까. 관계가 없을까. 역시, 있다, 고 생각한다. 내가 상기하고 싶지 않아도 상기할 수밖에 없는 한 아버지의 역사와 나의 역사는 교차하지 않을 수 없다. 사람이 역사를 살아간다는 것은 어떤 깃일까. 역사적 시간을 살아간다는 것은, 그것은 일본인이든 조선인이든 한국인이든 자신의 살아 있는 몸을 시간이라는 고통에 노출시키고, 또 한편으로는 그와 반대로 시간이라는 고통에 노출된 타자의 고통을 상상하는 것이 아닐까. 내 기억과 아버지의 기억은 손상당한 뗏목처럼 묶여 있다. 신체에 시간의 고통과 어지럼증을 느끼면서 자신과 타자의 '신체사身體史'를 살아가는 것—그것이 역사를 살아가는 것인가.

아버지는 암이 많이 진행됐을 무렵, 병원에서 돌아오는 택시 안에서 혼잣말을 한 것 같다. 누이가 옆에 있었다. "저 전쟁은 뭐였지……" 누이가 물었다. "그걸 누구에게 묻고 싶어요? 쇼와 천황에게?" 아버지는 말없이 고개를 끄덕였다고 한다. 나는 아버지의 에세이를 읽은 적이 있다. 앞부분에 이렇게 쓰여 있었다. "쇼와 18년(1943)부터 21년(1946)까지 나라는 인간의 기본적 권리는 완전히 소멸했다. (……) 군대 문을 기어들어가 제대하기까지 3년간, 인간다운 대우를 받을 수 없었다는 것이다." 아버지는 가죽제 슬리퍼로 조선인을 구타한 것에 대해서는 아무 기록도 남기지 않았다.

26. '인간의 기본적 권리'

아버지도 대다수 초년병들이 그러했듯이 '황군' 전통의 기합을 받았다. 따귀를 때리는 건 늘 있는 일이었다. 좌우 뺨을 때리는 '왕복 따귀'는 일상다반사였다. '혁대'를 이용한 따귀도 있었다. 이등병 두 사람을 마주보게 해 놓고 서로 따귀를 때리게 하는 '대항 따귀'도 당연히 있었다. 병영의 침대 밑으로 기어들어 가게 해서 휘파람새 울음소리를 외치게 한 뒤 다음 침대를 뛰어 넘고 다시 그 다음 침대 밑으로 기어들어가게 해서 또 휘파람새 울음소리를 외치게 하는 연속 '휘파람새 골짜기 건너기'라는 기합도 있었다. 조금이라도 요령을 피우든지 하면 고참병한테 두들겨 맞았다. 병사들은 서로를 깎아내리고 신체적인 고통과 굴욕감을 맛보게 함으로써 조직적이고 철저하게 '개個'와 '사私'를 빼앗기고 무너졌다. 구타당한 피해자는 차례차례 구타하는 가해자가 되어 갔다. 정확하게 그것을 계승하고 답습했다. 거기에 논리는 없었다. "때리는 이유는 아무래도 좋았다. 명령에 절대복종하지 않는 건 물론 구타당할 충분한 이유가 되지만, 그런 게 아니더라도 표정이 마음에 들지 않거나, 세탁물 단추 하나가 떨어지려 하거나, 아침에 구두에 조금이라도 티가 묻어 있거나, 그런 모든 일거수일투족에서 상급병은 하급병을 구타할 이유를 찾는 데 아무런 어려움이 없었다"(혼다 가쓰이치·나가누마 세츠오『천황의 군대』)는 것이다. "나라는 인간의 기본적 권리는 완전히 소멸했다"는 아버지의 글을 나는 의심하지 않는다. "저 전쟁은 뭐였지……"라는 혼잣말로 쇼와 천황에게 묻는 듯했다는 아버지의 심정을 모르지 않는다. 하지만 이는 분수에 넘치는 바람일까. 그의 자기 고백에는 이 나라에서는 너무나 일반적인, 그래서 언제까지고 없어지지 않

330

는 검은 구덩이처럼 무신경한 결핍이 있다는 생각이 든다. 그
것은 별 망설임도 없이 자신을 '가해자'가 아니라 '피해자' 무
리 속에 세우는 작용을 하는 의식의 결락缺落이다.

아버지의 고백은 "나라는 인간의 기본적 인권은 완전히 소
멸했다"는 쪽보다는, 취해 있었다고는 하나 "조센징은 안 돼.
저놈들은 손으로 후려 갈겨도 안 돼. 슬리퍼로 때리지 않으면
안 되는 거야……"라고 '실언'한 쪽이 자신의 무의식에 '정직'
한 것이었다는 생각이 든다. 나는 그것을 늘 지독하게 혐오하
고 있지만, 동시에 그 덕에 새로운 눈을 뜨기도 했다. 그것은
'황군'이라는 데에 내 상상보다 훨씬 많은 조선인, 대만인들이
동원되어 있었다는, 몰라서는 안 될 사실을 대면하게 되는 계
기가 됐다. 일찍이 '내선일체內鮮一體'라는 슬로건이 있었다. '내
지內地'(일본 본토)와 조선을 차별하지 않고 "일체가 된다"는 미
명하에 식민지 조선을 중국 대륙 침략을 위한 병참기지로 만
들고, 조선인들에게 전쟁 협력을 강제하고 '황민화' 정책을 강
요했다. 중일전쟁이 확대된 1938년에는 조선인 일본병 채용도
시작됐다. "조선인의 일본 군대 징병·징용은 패전까지 이어져
11만 명이 넘는 조선인 군인이 일본의 군대를 떠받쳤을" 뿐만
아니라 "군속 명목으로 후생성 발표를 보더라도 12만 명 이상
의 조선인들이 동원됐다."(우츠미 아이코『조선인 '황군' 병사들의
전쟁』) 그중의 누군가의 얼굴을 아버지는 가죽 슬리퍼로 세게
후려쳤던 것이다. 아마도 그때도 그의 눈은 흥분한 나머지 겨
울철 숭어 눈처럼 탁해져, 이른바 지방 눈꺼풀이 되어 있지 않
았을까. 그렇다면 '경례 놀이'의 상대역을 하고 있던 사노 씨의

눈도 그때 번들거리는 지방 눈꺼풀이 되어 있지 않았을까. 사람의 지방 눈꺼풀은 유전하는 것일까. 나도 지방 눈꺼풀이 될 때가 있을까. 천황 히로히토는 지방 눈꺼풀이 된 적이 없을까.

27. 분노와 경멸

내가 접근한 것인지, 그가 접근해 온 것인지, 중요한 점인데도 지금은 분명하지가 않다. 1994년 겨울이었던 것으로 기억한다. 도심 파티장에 있었을 때다. 어쨌든 나는 그와 얘기를 나눴다. 그는 라지 사이즈의 색 바랜 표고버섯 모양의 큰 귀를 얼굴 양옆에 찰싹 붙인 채 거나하게 취해 있었다. 눈은 가늘어지고 안경 너머에서 뭔가 엄청 화가 나 있는 듯 작은 불꽃이 활활 타고 있었다. 당시는 여행회사가 스폰서가 된 '기행문학 대상'이란 것이 있었고, 제3회 대상에 『먹는 인간もの食う人びと』이 선정됐다. 그 수상식 뒤의 파티에서 우리는 얼굴을 맞대고 얘기를 나누게 됐던 것이다. 『먹는 인간』이 없었다면 영원히 만날 일도 없었을 그, 아가와 히로유키*씨는 몇 명의 선고위원

---

* 아가와 히로유키(阿川弘之, 1920~2015). 작가. 히로시마 태생, 도쿄대 국문과 졸업. 해군 예비학생으로 해군에 입대. 패전을 중국에서 맞았고 1946년에 제대. 시가 나오야에게 사사. 저서에 『봄의 성城』 『구름의 묘비』, 해군제독 3부작을 이루는 『야마모토 이소로쿠山本伍十六』 『요나이 미츠마사米內光政』 『이노우에 시게요시井上成美』 등. 1999년 문화훈장을 받음.

중 한 사람으로, 그만이 수상에 강하게 반대했던 것 같다. 그토록 『먹는 인간』과 그 저자가 싫었다면 수상식에 나오지 않는게 좋았을 텐데, 고지식하고 의리가 두터운 사람이었던지 아가와 씨는 그 자리에 와 있었다. 아니 그렇다기보다 나를 그 기회에 어떻게든 매도하고 싶었던지 노기등등해서 기다리고 있었다는 느낌이 들었다. 나는 술냄새 풍기는 그에게 당시 화제가되어 있던 그의 신작 『시가 나오야志賀直哉』를 읽었다는 얘기를 한 것 같다. 시가 나오야가 태어난 고향 이시노마키(石卷)와오노미치(尾道)의 풍경을 비교한 데에 대해서도 비굴할 정도로자신을 낮춰서(그렇지 않았을지도 모르겠으나, 그랬던 것으로 기억한다), 내가 그 의중을 떠보려 했던 것 같다. 유리잔을 든 그는그것을 제대로 듣지 않았다. 전혀 받아들이지 않았다.

그는 인사도 없이 『먹는 인간』은 재미가 없다, 특히 마지막장인 '어느 날 저 기억을 죽이기 위해'는 정말 너절하다고 분노를 애써 억누른, 그래서 오히려 분노와 경멸이 마구 묻어나는 목소리로 말했다. 그 소리는, 왜 이런 자리에 까지 왔는가,라고 되묻고 싶을 정도로 음침했다. 당초 나는 특별히 놀라지않았다. 『먹는 인간』을 사이에 놓고 전 제국 해군 대위로 야마모토 이소로쿠 예찬자이며 시가 나오야의 직제자인 아가와 히로유키와 내가 얘기를 하는 구도 자체가 기이하다고 생각했다.그러나 경멸할 뿐만 아니라 정말 미워 못 견디겠다는 듯 열을올리는 말투에는 뭔가 몹시 더러운 물, 아무리 씻어도 씻어낼수 없는 독(그것은 병마개를 해서 습기 찬 음지에 백 년이나 묵혀둔것과 같은 '오랜 독'이었다)이 들어 있어서, 내심 당황했다. 내가 그와 같은 인물과 두어야 할 거리를 좁혀서는 안 된다. 그것은 말하자면 암묵의 요해了解였던 것인데, 어떻게 그런 일이 벌어졌던가. '어느 날 저 기억을 죽이기 위해'는 1994년 1월에 서울의 일본 대사관 앞에서 할복자살을 하려다 미수에 그친 3명의 전 '위안부'를 한국에서 추적 취재한 얘기였다. 아가와 히로유키가 특히 눈살을 찌푸린 것은 나와 3명의 노부인들이 막걸리를 마시며 노래를 부르고 얘기를 나눈,『먹는 인간』전체 중에서도 마지막 장면이었다.

　　둥둥 둥둥 큰북 소리가 울리자 기억이 50년 저 너머에서 둥둥 둥둥 다가온다.

　　둥둥 둥둥 둥둥 둥둥

　　'황군' 장병들이 예전에 불렀던, 외설적인 노래까지 튀어나오기도 한다. (……)

　　이 사람들의 체내 깊은 곳에 깃든 '일본'이란 도대체 무엇이었을까.

　　몇 년이 지나도 죽으려 해도 없어지지 않는, 병소病巢와 같은 '일본'이란 무언인가.

　　잔치 마지막에 나는 말했다. 죽는 건 이제 그만두세요.

　　문 씨가 장고 치던 손을 멈추고 "약속해요"라고 대답했다. (……)

　　좋았어, 좋았어, 케세라세라네요, 하고 나는 그들 모두의 손을 잡았다.

　　케세라세라는 그녀들에게는 정말 결코 없을 것이라고 생각하면서, 우리에게도 단연코 있어서는 안 된다고 생각하면서, 내 아버지 세대에 해당하는 많은 일본 병사들 몸을 울면서 울면서 만질 수밖에 없었던 손, 그리고 50년 뒤에 식칼로 그 모든 기억을 끊어버리려 한, 따스하고 참으로 고운 손을 울면서 꼭 쥐었다.

28. 무신경한 검은 구덩이

서툰 글이다. 하지만 아가와는 글의 교졸巧拙의 문제가 아니라 이 얘기 내용을 아무래도 용납할 수 없었던 것 같다. 세상에는 용납하기 어려운 글이 얼마든지 있을 것이다. 하지만 굳이 멀리서 저자를 직접 욕하러 온다는 건 '사명감'에서든 에너지가 남아돌아서든 대단한 일이다. 녹음한 것도 아니기 때문에 엄밀하지는 않으나, 그는 대충 이런 말을 했다. "'울면서 손을 잡았다'니, 당신, 그거 부끄럽지 않소?"—처음엔 그게 무슨 말인지 금방 알아듣기 어려웠다. 두 호흡 정도 지나서 나는 뭔가 대꾸를 하려 했으나 혀가 바다소海牛처럼 부풀어 올랐고, 게다가 무슨 말을 해야 할지 생각이 나지 않아 그저 입을 우물우물하며 그의 눈을 돌아다봤다. 그 가느다란 눈은 이미 지방 눈꺼풀이 되어 있었고, 엷은 반투명 젤리라도 넣은 것처럼 탁해져 있었으며, 그 밑의 발그레해진 뺨을 실룩거리며 노골적인 멸시와 증오와, 그리고 저게 뭘까, 사람을 바보 취급하는 듯한 오만한 연민이 섞인, 오싹 소름끼치는 듯한 미소를 짓고 있었다.

그는 내 아버지보다 2년 연상인 1920년생으로, 같은 세대라고 해도 좋다. 아버지에게는 지방 눈꺼풀도 결벽증도 있었고, 내가 아는 바로는 적어도 조선인을 가죽제 슬리퍼로 구타하는 중대한 범죄(및 그 이상의 다른 미확인 죄)를 범했겠지만, 이 남자처럼 노골적인 멸시와 증오와 오만한 연민을 뒤섞어 놓은 듯한 웃음을 내게 지어 보인 적은 없었다. 내게 그것은 물론 '구원'은 결코 아니었지만 '차이' 이상의 것이긴 했다. 눈앞의 작가는 뒤틀린 미소를 지으며 모호한 소리로 "부끄럽다……"를 되풀이했다. 죽고 싶어했던 노부인들에게 내가 "죽지 마세요"라고 거듭 호소한 것이 '부끄럽다'고 집요하게 얘기하는 것이다. 그것을 내게 얘기하지 않고는 배길 수 없었던 모양이다. 그는 마지막으로 천천히 이렇게 덧붙였다. 이 부분은 잊으래야 잊을 수 없었기 때문에 인용부호를 써서 묶었다. "당신 말이야, 죽고 싶은 자에겐 죽게 놔두면 되는 거요……" "예?" 내 소리가 반사적으로 나왔다. 하지만 그때 아가와 히로유키는 이미 내게 등을 돌린 뒤였다.

죽고 싶은 **자**에게는 죽게 놔두면 된다. 이 **자**는 '자者' 즉 전 '위안부' 노부인들을 가리킨다. 자살하고 싶어 하는 사람들에게 만의 만에 하나 자살 충동이 지나친 자기표현이나 '미친 소리'와 같은 것일지라도 죽지 말아 달라고 한 것이 왜 '부끄러운' 것일까. 누구에게 어떻게 '부끄러운' 것일까. 노작가는 그것을 설명하지 않았다. 설명할 필요도 없다고 느꼈을 것이다. 고통으로 혼미해진 노부인들에게 "죽고 싶은 자에게는 죽게 놔두면 되는 거요……"라고 내뱉은 그는 그로부터 몇 년 뒤에 경사스럽게도 문화훈장을 받았다. 그런 것이다. 전 위안부들에게 죽고 싶다면 죽으라고 말하는 패거리에게 훈장과 종신연금을 준다. 일본은 그런 나라다. 대체로 문화훈장이란 것도 1★9★3★7(이쿠미나)의 해에 '문화훈장령'(칙령 제9호)으로 제정됐으며, 전후에도 거리낌 없이 이어져 오고 있는 것이다. 바닥 없는 검은 구덩이와 같은 무신경. 다케다 타이준의 말로 하자면 "납처럼 무신경한 상태"는 지금도 도처에 있다.

내게는 사태가 뿌리 깊고 중대한 것일수록 분노의 반응이 늦어지는 성질이 있다. 화를 내는 것이 사태가 일어난 지 한나절 뒤, 1개월 뒤, 1년 뒤에야 시작되는 경우도 가끔 있다. 아가와가 집요하게 얘기한 "부끄럽다……"는 정서는 '일본인으로서'라는 말을 생략한 것임은 의심의 여지가 없다. 그보다도, 내가 저 파티 회장에서 그런 일이 벌어진 지 20년이나 지난 지금에야 그것을 생각해 내고 반추하면서 얼굴이 붉어질 정도로 분노하고 있는 것은 "부끄럽다……"고 그가 말했을 때의 '부끄럽다'에 실어 넣은 독특한 어세語勢라고 할까 어감이다. 지금 생각하면 그것은 '추잡하다……'와 같은 뉘앙스로, 나와 노부인들에게 한 말이 아니었을까. 그런 게 아니었을까. 왜 그걸 알아채지 못했을까. 나는 그때 '추잡하다……'라는 언외言外의 뉘앙스를 정말 알아채지 못했을까. 알아채고도 트러블을 피하려고 모르는 척하고 있었던 건 아닐까. 입 속의 해우를 모락모락 팽창시켜 그 상황을 그대로 방치한 것을 이제야 후회하고 있다. 몹시 후회하고 있다.

29. "화석이 되어라, 추한 해골!"

이렇게 말하면 크게 오해받을지도 모르겠다. 하지만 말해야 한다. 나는 졌던 것이다. 지금 생각하면, 당시 오십 안팎의 나는 칠십을 이미 넘긴 전 제국 해군 대위에게 졌던 것이다. 아마도 '박력 부족' 탓이었으리라. "죽고 싶다는 자는 죽게 놔두면 되는 거요⋯⋯"라는 참고 들을 수 없는 폭언을, 노작가가 마음대로 지껄이게 하고, '추잡하다⋯⋯'라고 하는 거나 다름없는 어조로 "부끄럽다⋯⋯"고 거듭 얘기하게 만든 것은 내가 그런 여지나 틈새를 아가와에게 내주었기 때문이다. 그럴 것이다. 나는 간발의 틈새도 주지 말고(약간 고풍스럽긴 해도) "입 닥쳐, 파시스트! 부끄러운 줄 알아!" "화석이 되어라, 추한 해골!"이라고 큰 소리로 외치면서 모두가 보는 앞에서 그의 얼굴에 맥주를 확 끼얹고는 건네받은 상금 1백만 엔과 부상 리스트가 든 봉투를 바닥에 내동댕이치면서 , 다시 한 번 "화석이 되어라, 추한 해골!"이라 크게 외치고는 우핫핫핫 하고 황금박쥐처럼 호방하게 웃으며 분연히 퇴장했어야 했다. 파티 회장의 공기를 깨뜨렸어야 했다. 그런 선택지를 그때는 생각지도 못했다. 틀려먹었다. 생각지도 못한 건 생각하려 하지 않았기 때문이다. 문제의 본질적 시비를 일단 제쳐놓는다면, 초지일관이라고 할까 자신의 신조에 충실하게 따랐던 쪽은 아가와였으며, 나는 격에 맞지 않게 신사인 척하며 양의 탈을 쓰고 어쩐지 비굴하기조차 했다. 사람은 분노해야 할 때 실시간으로 분노하고, 그것을 조심스럽게라도 바로 그 자리에서 표명해야 한다. 후회하고 있다.

이제 갑자기 쓴 "화석이 되어라, 추한 해골!"이라는 것은 아키타 우자쿠*의 희곡『해골의 무도舞跳』(1924)에 나오는 유명한 대사다. "화석이 되어라, 추한 해골!"이라고 그때 외쳤더라면 아가와 히로유키는 그 의미를 즉각 알아차리고 스스로 해골이 되어 다른 해골들과 격렬한 윤무를 춘 뒤 벌렁 자빠졌을까.『해골의 무도』는 간토(關東) 대지진(1923) 때의 조선인 학살을 테마로 유언비어를 그대로 믿고 혈안이 되어 조선인들을 찾아다닌 무장한 자경단원들에게 한 청년이 결사의 각오로 대치하는 이야기다. 청년은 극이 끝나갈 무렵 자경단원들에게 외친다. "이 영혼 없는 추한 잠재 곰팡이를 털어내 버려! 비열한 조상 숭배의 허위와 영웅주의와 민족주의의 가면을 벗기고 추한 해골의 무도를 추게 하라. 오케스트라여 잠시 기다려 다오, 화석이 되어라 추한 해골! 화석이 되어라 추한 해골! 화석이 되어라 추한 해골!" 이 청년의 대사에는 지문이 있다. (영웅주의 개념과 혼동해서는 안 된다. 조용히 힘차게)라고. 아버지가 "조센징은 안 돼. 저놈들은 손으로 후려갈겨도 안 돼. 슬리퍼로 때리지 않으면 안 되는 거야……"라고 무심코 내뱉은 뒤 내게 엉겨붙은 그 질척거리는 듯한 저주를 씻어내 준 것은 나이가 들

---

* 아키타 우자쿠(秋田雨雀, 1883~1962). 극작가, 소설가, 아동문학 작가, 사회운동가. 아오모리 태생. 다이쇼, 쇼와 초기에 신극운동과 사회주의운동에 투신, 에스페란토 보급에도 힘썼다. 전후에는 무대예술학원 원장과 일본아동문학자협회 회장을 역임했다.

어 학생연극에서 들은 "화석이 되어라, 추한 해골!"이란 말이었다.

그 희곡이 간토 대지진 이듬해에 복자伏字 투성이인 채로 이미 발표되어 있었다는 사실에 혀를 내둘렀다. 아버지와 아가와가 이 세상에 태어난 지 얼마 되지 않은 시기에 우자쿠는 극중의 청년으로 하여금 말하게 했다. "나는 일본인이 정말 싫어졌습니다. 좀 더 차분하고 인간다운 국민이라 생각했습니다. 그것이 이번 일(조선인 대량 학살)로 완전히 배반당했습니다. 이 절망은 무엇보다 깊은 것입니다."

세월은 흘러간다. 아베 총리가 미국 연방의회 상하 양원 합동회의에서 '희망의 동맹으로'라는 제목의 연설을 해서 기립박수를 받았다. 아베는 집단적 자위권 행사를 가능하게 하는 안전보장법제(전쟁법안)를 2015년 여름까지 국회 통과시키겠다고 미국에 약속했다. 또 참으로 넉살좋게 이런 말도 했다. "분쟁이 일어나면 언제나 상처받은 건 여성이었습니다. 우리 시대야말로 여성의 인권이 침해받지 않는 세상을 실현해야 합니다." 의기양양한 표정이었다. 그의 두 눈이, 잘 보면, 지방 눈꺼풀이 되어 있었는데, 하지만 그 사실을 어느 언론매체도 전하지 않았다. 내 입 속에서 다시 해우가 부풀어 올랐다. 과거의 이미지는 언뜻 한 번밖에 나타나지 않는다. 그 이미지는 지금을 향해 있다―라고 말하고 싶었지만, 제대로 되지 않았다.

제8장

과거 속의 미래

1. 역사적 시간과 소실, 애석

단 한 번뿐, 알릴 방법이 없는, 작은 숨을 쉬며 사라져 가는 것…… 파울 첼란의 시행이었던가. 그처럼 덧없이 사라지는 것, 이미 떠나가 버린 것, 쫓아갈 수 없는, 지난 한때의 찰나. 기록도 되어 있지 않은 일회성의 희미하게 보이는 시간의 흔들림과 소실에 예전부터 마음이 끌렸다. 애달픈 소리와 빛의 변화, 상실. 그것은 내 안에서는 왠지 "과거의 진짜 이미지는 언뜻 보일 뿐이다. 과거는 단 한 번의, 한순간 번뜩이는 이미지로만 파악할 수 있을 뿐이다. 인식을 가능케 하는 그 한순간을 놓치면 그걸로 끝이다"라는 발터 벤야민의 '역사철학 테제'의 V와 청명한 유리 앤젤 벨처럼 서로 공명한다. 그 공명이 현재와 미래에 무엇을 알려주고 있는지 잘 알지는 못한다. 결론도 실은 잘 모른다. 모르면서도 순순히 받아 삼킨다. 그리고 깊이 납득해 버린다. "왜냐하면, 과거 일회성만의 이미지는 그 이미지를 마주하고 있는 상대가 현재라는 것을 현재가 자각하지 못하는 한, 현재의 한순간 한순간에 소실되어 갈 것 같기 때문이다." 나는 좋든 싫든 역사적 시간에 (소외되면서) 살아가고 있으며, (소외되면서도) 살아가게 되어 있다. 바야흐로 암전暗轉하고 있는 이 역사는 "알릴 방법이 없는, 작은 숨을 쉬며 사라져 가는 것……"처럼 돌이킬 수 없다. 그것은 애처롭다. 안타깝지만 그러나 당장 나 혼자서는 어떻게 할 수도 없다. 그것과 다음의 글은 어떤 관계를 갖고 있을까.

(……)역사를 관통하는 축은 우리가 애석하게 여기는 마음이지 결코 인과의 연쇄 같은 것이 아니라고 생각합니다. 그것은 예컨대 아이를 죽음으로 잃은 어머니가 아이의 죽음이라는 역사적 사실에 대해 어떤 태도를 취하는지 생각해 보면 분명합니다. 어머니에게 역사적 사실이란 아이의 죽음이라는 사건이 언제 어디에서 어떤 원인으로, 어떤 조건하에서 일어났는가 하는, 단지 그것만의 것은 아닙니다. 바꿀 수 없는 목숨을 돌이킬 수 없이 잃어버렸다는 감정이 여기에 수반되지 않으면 역사적 사실로서의 의미가 생기지 않습니다. 만약 이 감정이 없다면 아이의 죽음이라는 사건 과정을 아무리 정교하게 설명할 수 있다고 해도 아이의 모습이, 지금도 여전히 눈앞에 아른거린다고 할 수는 없습니다. 역사적 사실이란 일찍이 어떤 사건이 있었다는 것만으로는 충분치 않으며, 지금도 여전히 그

사건이 존재한다는 것을 느낄 수 있어야 합니다. 어머니는 그
것을 알고 있는 것입니다. 어머니에게 역사적 사실이란 아이
의 죽음이 아니라 오히려 죽은 아이를 의미하는 것이라고 할
수 있겠지요.

열아홉 살 때 이 글에 문득 끌렸다. 라면 가게에서 아르바이
트한 돈을 모아 산 신조사新潮社판 〈고바야시 히데오 전집〉 제
6권 '역사와 문학' 속에 그 글이 나온다. 신조사판 고바야시
히데오 전집은 가죽 표지의 호화양장본으로, 아르바이트 일
당이 하루 500엔이었던 시절에 전집은 한 권당 800엔이었는
데, 나는 페이지를 더럽히지 않으려고 읽을 때마다 매번 비누
로 손을 씻고는 소중하게 받쳐들고 고바야시 히데오를 읽었다.
1960년대 중반 내게, 그리고 다른 많은 학생들에게도 고바야
시 히데오는 의당 '확립된 지知'였다. 거의 반세기가 지난 지금
같은 책의 같은 페이지를 열고 지치지도 포기하지도 않으려고
숨을 크게 쉬고 있다. 이 인용문은 그 앞의 2, 3행을 굳이 빼버
렸다. 나는 그 2, 3행에서 특히 강한 인상을 받아, 고바야시 히
데오를 전혀 읽지 않게 된 뒤에도 그 2, 3행만은 얼마동안 내
던져 버리지 못했다. "**역사는 결코 두 번 되풀이되지 않는다.** 그렇
기 때문에 우리는 과거를 아쉬워하는 것이다. **역사는 인류의 거
대한 한恨과 닮았다.**" 여기에서 "역사를 관통하는 축은 우리가
애석하게 여기는 마음이지 결코 인과의 연쇄 같은 것이 아니
라고 생각합니다"로 이어진다. 이 중에서 "역사는 인류의 거대
한 한과 같다"는 것은 억지로 새긴 문신처럼 지우려 해도 지워

지지 않고 지금도 검푸르게 가슴에 남아 있다. 열아홉 살의 나는 무엇을 오해하고 있었던 것일까.

2. '인류의 거대한 한'

무엇 때문에 위의 글, 특히 역사 = '인류의 거대한 한'의, 지금 생각하면 전쟁에 선동당한 수사라고 할까 수식을 그런 줄도 모르고, 아마도 고바야시의 의도대로, 나는 좋아했을까. 쉽게 얘기하자면, 속았던 것인가. 그 글에 속았기 때문에 주저 없이 뭔가 터무니없는 과오를 범한 게 아닐. 50년이 지난 지금에야 온몸에 찬물을 끼얹은 듯한 생각이 드는 것은 무엇 때문인가. 그것을 얘기하기 전에 나는 다시 아버지를 생각한다. 다케다 타이준을 생각한다. 히노 아시헤이를 생각한다. 하마다 치메이를 생각한다. 오즈 야스지로를 생각한다. 그들 한 사람 한 사람은 도대체 무슨 마음으로 전쟁터로 갔을까. 실제로 소집영장이 왔다면 나도 무슨 생각을 했을까. 1937년의 루거우차오 사건이 발단이 된 중일전쟁이 우선 무엇보다도 명백하게 중국에 대한 부당한 침략 전쟁이라고 (전후가 아니라) 실시간으로 인식하고 또 그렇게 자기 혼자의 머리로 실감할 수 있었을까. 두 번째로, 그 전쟁이 식민지 지배와 피지배 인민의 착취를 위한 제국주의 열강들 사이의 이해 다툼으로, 그 이후 세계적 규모로 확대될 것이라고, 뒤늦게 깨닫는 게 아니라, 이것도 실시간으로 자기 혼자의 가슴으로 예감할 수 있었을까. 즉 제국주의 전쟁의 세계성을 어느 정도로 머릿속에 그릴 수 있었을까. 또 무슨 연고로 전쟁의 세계성을 직관할 수 있었을까. 세 번째로, 세계 규모로의 전쟁 확대 결과 일본은 파멸의 심연으로 가라앉을 것이라고 실시간으로 분명히 예감할 수 있었을까. 네 번째로, 설사 그렇게 일찍부터 인식하고, 실감하고, 예감하고, 분석할 수 있었다 하더라도, 도대체 어떻게 내가 처신할 수 있었을까. 눈앞의 전쟁에 다름 아닌 나 자신의 중대사로서 어떻게 대처할 수 있었을까. 가설이라 하더라도 이들 네 가지 질문에 정직하게 대답해야 한다.

솔직히 말해 자신이 없다. 전혀 자신이 없다. 모든 질문에 대한 대답은 NO라고 해 두자. 나는 전후의 교육을 받았고, 불철저하게나마 한때 학생운동에도 참가해 반전평화를 부르짖고 데모하다 체포당하기도 했다. 그러나 또한 고바야시 히데오를 자신의 머리로 비판적으로 읽어낼 수 없었다. 정말 바보인가. 고바야시에게는 잘 모르겠지만 배워야 할 무언가가 있다(반드시 있을 것이다)고 생각했다. 탐닉하지는 않았으나 고바야시라는 일본제 지知의 배양기를 아무래도 수상한 것, 아니 그렇다기보다는 지적 옷차림으로 감싼 실질적 전쟁 세력 동반자였다고 혐오한 적이 없었다. 고바야시 히데오를 읽고 등을 떠밀리듯 전장으로 향한 자들도 틀림없이 있었을 것이고 그 때문에 고바야시는 죽도록 고뇌했을 것이다……라는 데에 생각이 미친 적도 없었다. 그랬던 내가 있을 수 없는 가정이긴 하지만, 어찌 했을까, 1937년에 청춘을 보내고 있었다고 한들 중일전쟁을 침략 전쟁으로 간주하고 "제국주의 전쟁의 세계성"과 일본의 필연적 파탄을 내다본다는 건 거의 불가능한 얘기가 아니었을까. 그러나 가설이지만, 1937년에 내가 어떤 위치에서 어떻게 처신하고 어떤 목소리로 무엇을 얘기하고 있었을지를 상상하는 것은, 2016년 현재 내가 있어야 할 위치, 몸짓, 목소리, 언설을 생각하는 것과 전혀 관계가 없는 것은 아니다. 일종의 반복 연습이라고 할 수 있지 않을까. 고바야시는 1937년 11월 〈개조〉에 매우 중요한 글을 발표한다. 제목이 '전쟁에 대하여'. 이것이 1937년이라는 실시간 속에 차지하고 있던 고바야시의 명백한 위치이자, 몸짓이며, 목소리였다. 그것은 다시는 돌이킬 수 없는 것이었다.

관념적인 머리가 전쟁이라는 엄중한 사실과 충돌할 때 느끼는 쓸데없는 혼란을, 전쟁 비판이라 착각하지 않는 게 좋다. 생각을 바꿔 다시 기운을 차리는 방법은 하나밖에 없다. 평소 뭔가 얘기하면 인류의 운명을 예언하고 싶어 하는 나쁜 습벽을 그만두고 현재 자기 한 사람의 생명에 관해 반성해 보는 일이다. 그렇게 하면 전쟁이 시작된 지금 자신의 바꿀 수 없는 생명이 이미 자신의 것이 아니라는 사실을 깨닫게 될 것이다. 일본이란 나라에서 생을 누리고 있는 한 전쟁이 시작된 이상 자신이 자신의 생사를 자유롭게 다루는 것은 불가능하다. 설사 인류의 이름으로라도. 이것은 엄중한 사실이다. 전쟁이라는 엄중한 사실에는 이런 엄중한 또 하나의 사실로써 대할 수밖에 없다. 장래는 어떨지 모르지만, 국민이라는 것이 전쟁의 단위라는 점이 움직일 수 없는 사실인 이상, 거기에 토대를 두고 현재에 대처하겠다는 각오 이외에는 어떤 각오도 잘못된 것이라 생각한다.

3. '엄중한 사실'

지금 읽으면 정말 이상하다. "전쟁이라는 엄중한 사실"이 주문처럼, 협박처럼 몇 번이고 되풀이된다. 열아홉 살의 나는 이글이 고바야시가 자신에게도 타자에게도 위세를 부리며 협박한 공갈이자 일종의 선동이기도 하다—고(약 반세기 뒤인 지금 느끼는 것처럼)는 받아들이지 못했다. 50여 년 전의 나는 도대체 왜 이 글의 '단도短刀'를 알아차리지 못했을까. "총을 들어야 할 때가 오면 기꺼이 나라를 위해 죽을 것이다" "일본에서 태어났다는 것은 우리의 운명이다" "자국민의 단결을 돌아보지 않는 듯한 국제 정의는 무의미하다" "나는 지금의 전쟁이 일본의 자본주의가 맞고 있는 시련임과 동시에 일본 국민 전체가 맞고 있는 시련이라는 것을 솔직하게 인정하며, 그렇게 인정한 이상 망설임 없이 시련을 온몸으로 받아들이는 것이 옳다고 생각한다. 이 시련을 회피하려는 소위 패전주의 사상을 나는 믿지 않는다. 단적으로 얘기하면, 그런 것은 사상이라고도 할 수 없는 것이다"—'엄중한 사실'을 되풀이하는가 하면 '운명' '단결' '시련'을 연호한다. 이 철저한 반논리의 이면에서 나는 무엇을 읽어내려 했을까. 이제는 생각해 낼 수 없다. 반세기 전 내 주변에는 고바야시 히데오를 비판적으로 해독하려는 공기가 없었다. 그렇게 기억한다. 나도 "역사란, 인류의 거대한 한과 닮았다"는 것과는 대체로 물과 기름의 관계인, "지금까지 모든 사회의 역사는 계급투쟁의 역사다" "노동자는 조국을 갖지 않는다. 그들이 갖고 있지 않는 것을 그들한테서 빼앗을 수는 없다"(『공산당 선언』)는 것을, 우스꽝스럽게도 함께 읽었고, 뭔가 깨달은 듯한 느낌을 가졌다. 거기에 대해 이제야 고개를 갸웃거리고 있다. 고바야시의 전쟁 긍정을 전후 비판하려고 했던 사람들은 얼마든지 있었으나, 고바야시 히데오는 (찰과상 정도는 입었겠지만) 결국 아무런 상처도 받지 않았다. 반투막半透膜으로 칸막이를 해서 용매와 용액을 놓아두었을 때 용매가 막을 투과해서 용액 쪽(독자 쪽)으로 이동하는 거역하기 어려운 삼투압과 같은 '힘'이 고바야시 히데오의 글에는 있을지도 모른다.

이 삼투압이 무엇인지 멍하니 생각한다. 반투막을 투과해 용액 쪽으로 흘러가는 것은 일본이라는 불가사의한 용매다. 1937년은 일본이라는 삼투압이 전례 없이 강화된 해였다. 그 해에 제1차 고노에 후미마로(近衛文麿) 내각은 '인민전선'의 실현을 겨냥한 일본무산당無産黨 등에 대해 대규모의 탄압을 가하기 시작했으며, 가토 간주(加藤勘十) 일본무산당 위원장, 스즈키 모사부로(鈴木茂三郎) 서기장, 야마카와 히토시(山川均), 아라하타 칸손(荒畑寒村), 이노마타 츠나오(猪俁津南雄) 등 약 400명을 검거했고(제1차 인민전선 사건) 일본무산당은 해산당했다. 고바야시 히데오의 '전쟁에 대하여'는 대중국 침략 전쟁을 긍정했을 뿐만 아니라 이 대탄압을 적극적으로 지지하기도 했으며,

"자국민의 단결을 돌아보지 않는 듯한 국제 정의는 무의미하다." "나는 지금의 전쟁이 일본의 자본주의가 맞고 있는 시련임과 동시에 일본 국민 전체가 맞고 있는 시련이기도 하다는 것을 솔직하게 인정하며, 그렇게 인정한 이상 망설임 없이 시련을 받아들이는 것이 옳다고 생각하는 것이다. 이 시련을 회피하려는 소위 패전주의 사상을 나는 믿지 않는다. 단적으로 말하면, 그런 것은 사상이라고도 할 수 없다"라고 한 것은 일본 무산당과 인민전선 및 그 지지자들, 나아가 염전사상, 반전사상의 소지자들을 향한 것이기도 했다. 1938년에는 오우치 효에(大內兵衛), 아리사와 히로미(有澤廣巳), 미노베 타츠키치(美濃部達吉) 등 노농파 교수 그룹 등도 검거된 뒤 제2차 인민전선 사건이라 불리는 탄압이 이어진다.

4. 특고와 게슈타포

이런 가운데 우는 아이도 울음을 그치게 한다는 특고경찰(특별고등경찰)이 드디어 활개를 치기 시작한다. 특고는 대역사건(1910)을 계기로 그 이듬해에 경시청에 특별고등과가 설치되면서 시작됐고, 내무성의 직할 조직으로 공산주의, 사회주의 운동을 탄압해 왔는데, 중일전쟁을 앞두고 한층 더 조직을 확충해서 활동을 강화했다. 특고는 흔히 나치스 독일의 비밀국가경찰 게슈타포와 비교되지만, 게슈타포보다 훨씬 더 역사가 오래고, 탄압과 모략 기술 모두 게슈타포에 지지 않는다고 자부

했던 것 같다. 여기서도 일본이라는 삼투압이 보이지 않는 역할을 했다. 일본의 권력기구는 대탄압을 거듭했지만, 그럼에도 나치스 독일 같은 강제수용소를 두지는 않았다. 일본이냐 일본이 아니냐―가 수수께끼 같은 차이를 보인다. 오기노 후지오(荻野富士夫) 씨가 쓴 『특고경찰』이 그런 점들을 실로 흥미 깊은 관점과 일본 독일 비교를 통해 밝히고 있다.

(……) 특고경찰은 사상검찰이 주도한 '전향' 시책에는 소극적이고, 고문을 포함한 엄중한 취조와 처벌이야말로 운동으로부터의 이탈과 사상 포기를 촉진한다는 입장을 갖고 있었는데, 그 대전제로 사상범죄자라 하더라도 '일본인'이기 때문에 '일본 정신'으로 되돌아 올 것이라는 전망이 있었다. 치안유지법 개정으로 최고형을 사형으로 끌어올리면서 일본 국내의 실제 재판에서 그런 선고가 나온 적이 없었던 것도, 또 예방 구금에 '정신 교체'라는 기대를 섞어 넣은 것도 '일본인'인 한 최종적으로는 '일본 정신'으로 회귀해 '전향'할 것으로 생각했기 때문이다. 사상적 교정은 가능하다는 일본과는 달리 나치스의 경우에는 그런 발상이 없었다.

니시가야(1941년부터 42년까지 베를린에 체류하면서 독일의 사법·경찰을 조사했으며, 나중에 『전시 독일의 경찰』을 저술한 니시가야 토루西ヶ谷徹)는 강제수용소의 개요를 설명한 뒤 그것은 독일만의 특수한 제도이며, 일본에서는 "우리 국체 하에서 국민의 마음 밑바탕에 스스로 전체주의적 자각을 갖고 있는 것에 대한 고마움을 상기"한다고 썼다. 여기에서, 일본은

강제수용이라는 초법규적인 강경수단을 쓰지 않더라도 경찰권·사법권의 운용을 통해 국내 치안 확보는 충분히 달성할 수 있다는 '확신의 근거'를 찾았다. (……)다나카 쇼고(田中省吾)(베를린 주재 내무사무관)는 "일본의 공산당원은 형무소라는 학교에 들어가 교육을 받거나 스스로 반성하게 하면 대부분은 전향해서 그 잘못을 깨닫게 된다"고 하자 힘러(친위대 전국지도자 겸 전 독일 경찰장관)가 "그것은 우리로서는 생각할 수 없는 것"이라며 놀랐다고 하는 에피소드를 소개한다. 다나카는 "일본의 국체관념이 그들의 내심에 되살아나기 때문"이라 설명했다고 한다.

5. 자발적인 전체주의적 자각

특고경찰이, 설령 공산주의자라고는 하나 '일본인'인 이상, 최종적으로는 '일본 정신'으로 회귀해 사상 '전향'을 할 것이라는 전망이나 '기대'를 갖고 있었다는 것은 특고로서는 당연한 일이었는지는 모르겠으나, 또 한편으로는 '독일인'인 이상 '독일정신'으로 회귀할 것—이라는 로직이 딱 떨어지게 성립되지 않는 점을 생각하면, 새삼 일본 파시즘이라는 것의 "집요하기까지 한 이질성"을 느끼지 않을 수 없다. 나치스 독일의 경찰을 직접 조사 연구한 전문가로 하여금 "우리 국체 하에서 국민의 마음 밑바탕에 **스스로 전체주의적 자각을 갖고 있는 것**에 대한 고마움을 상기"한다고 절절하게 술회하게 한 것—이는 패전을 거쳐 여전히 지금까지 한 번도 끊어지지 않고 지속되다가 이제 다시 강화되고 있는 천황제를 주요 성분의 하나로 삼고 있는 정신의 용매의 삼투압과도 관련이 있는 것으로, 크게 주목할 만한 것이다. "우리 국체하에서 국민의 마음 밑바탕에 스스로 전체주의적 자각을 갖고 있는 것에 대한 고마움"이란 말이 실로 묘하다. 권력의 강제를 꼭 필요로 하지 않는 아래로부터의 태생적인 파시즘의 실상과 이를 번성하게 만드는 토질과 관련해 일본에 적잖은 관심을 기울였던 하인리히 힘러는 어느 정도로 그것을 이해했을까. 그것은 바로 일본에 오래 있기만 하면 누구라도 정확하게는 설명할 수 없을지라도, 지금 다시 노골적으로 대두하고 있는 수수께끼 = '국민의 마음 밑바탕에 있는 자발적인 전체주의적 자각'이다.

1937년 11월 「전쟁에 대하여」를 발표하고, 전쟁이라는 '엄중한 사실'을 연호하며 사실상 반전사상에 대한 '공갈자' 역할을 수행한 고바야시 히데오가 특별히 국가 권력에 강요당해 울며불며 그렇게 한 것은 아니었다. 진주만 공격이 시작되는 1941년, '역사와 문학'을 얘기하면서 "역사는 결코 두 번 되풀이되지 않는다. 따라서 우리는 과거를 아쉬워하는 것이다. 역사란 인류의 거대한 한과 닮았다. 역사를 관통하는 축은 우리의 애석해 하는 마음이지 결코 인과의 연쇄와 같은 것은 아니라고 생각한다"라고 소리높이 사적 유물론을 부정하고 동시에 "국체관념이라는 것은 이러이러한 것이라고 듣고는, 과연 그렇군 하고 납득하는 그런 관념이 아닙니다. 우리의 자국 역사에 대한 애정 안에서만 살아 있는 관념입니다. 그렇지 않으면 죽은 것입니다." "일본의 역사가 자신의 거울이 되지 않는 듯한 일본인들에게 어떻게 새로운 창조가 가능할까요"라고 하는 등 지금 읽으면 우익의 가두연설 같은 선동을 한 고바야시는 결코 특고의 요청 내지 강제로 그렇게 외쳐낸 것이 아니다. 말하자면 "마음 밑바탕에 있는 자발적인 전체주의적 자각"에서 자발적으로 선동을 했던 것이다. 힘러가 몹시 부러워하고 감탄하게 만든 일본의 "자발적인 전체주의적 자각"을 함양하는 일에 고바야시는 한 가지든 두 가지든 그 역할을 떠맡았다. 그럼에도 불구하고 패전 뒤에도 거의 상처받지 않고 모두로부터 비호를 받고 떠받들어졌으며, 모든 언론매체들로부터 거의 예외 없이 상찬받은 끝에 1967년에는 경사스럽게도 문화훈장을 받았다. 거듭 얘기하지만, 일본은 그런 나라다. 남의 일이 아니다. 열아홉 살의 나는 나대로 아르바이트비의 대부분을 신조사판 고바야시 히데오 전집을 사는 데 쏟아부었고, 대부분의 글을 '오독'했다.

6. 무상관의 정치화

고바야시 히데오의 글은 매우 매력적이다. '개個'에게 그럴 듯하게 보여준 공동의식을 삼투압의 원리를 이용해 슬며시 주입한다. 일본을 전제 없는 '운명 공동체'로 설정해 놓고 거기에서 이반하는 것을 거세게 질타한다. 국가와 개별 인간의 신체를 구별하지 않고, 전자에 후자를 포섭시켜 버린다. 일본 고래의 '무상관無常觀'을 너무나 비정치적인 양 치장을 하면서 실은 정치적으로 활용한다. 내가 그렇게 생각하게 된 것은 전집을 사고 나서 한참 지난 뒤 홋타 요시에의『방장기사기方丈記私記』의 다음과 같은 얘기를 읽은 뒤였다.

정치는 뭔가를 이용하지 않으면 그것 자체로는 설 수 없을 것이다. 따라서 정치는 모든 것을 이용한다. 무상관 등은 그 가장 유력한 무기가 될 수 있다. 무상관이라는 것의, 이른바 사상적 형성의 한복판인 일본 중세의 그 시기에조차, 몇 번이나 인용해 왔듯이, 실로 벌써 그때에 "언어로는 표현할 수 없구나, 일본국의 유무有無 이제 내년 봄에 있을까"라고, 그렇게 된 것에 대해 스스로 역사에 책임이 있는 교토 귀족 대표로서의 후지와라노 카네자네(藤原兼實) 자신이 뻔뻔스럽게도 무책임한 말을 하는 형편이다. 그것은 그에게 진지하고 절실한 말투이고, 위기감에서 나온 솔직한 표명임이 분명하다는 것은 나도 다른 사람들처럼 인정할 수밖에 없다. 하지만 말하는 김에 하는 얘기지만, 일본국의 유有를 이제까지 혼자 차지해 온 것은 다름 아닌 당신들이 아니었던가, 하고 카네자네에게 힐문을 해 봐도, 시시콜콜 써 놓은『옥엽일기玉葉日記』에 대해 말해 봐도 소용없다. 그래서 나 자신이 지금 쓴, 말해 봤자 소용없다는 것 자체가, 이미 속무상관俗無常觀 자체에 나 또한 침식 당해 있다는 것의 증거일 것이다.

이 글 앞부분에서 홋타는 "이 무상관이 정치화된 것은, 특히 정치가 가져다준 재앙을 만났을 때 지배자 쪽이든 또 재앙을 당한 인민 쪽이든 그 어떻게 해야 좋을지 알 수 없는 일의 뒤치다꺼리에 실로 충실하게 활용되어 왔다"라고 썼다. 이것은 간접적인 고바야시 히데오 비판이 아니었을까. '무상관의 정치화'는 "언어로는 표현할 수 없구나, 일본국의 유무 이제 내년 봄에 있을까"라고 계속 '엄중한 사실'을 들이대면서 위기를 부채질하는 한편으로 '운명 공동체'를 혼자 거부하는 발의發意를 무화無化한다. "국민의 마음 밑바탕에 있는 자발적인 전체주의적 자각"이 무상관 및 그 정치화와 관련이 있으리라고는 특고도, 하물며 힘러는 더더욱 생각지도 못했을 것이다. "역사는 결코 두 번 다시 되풀이되지 않는다. 따라서 우리는 과거를 아쉬워하는 것이다. 역사란 인류의 거대한 한과 닮았다"는 얘기를 2016년인 지금 심호흡을 하며 다시 거듭 되뇌어 본다. 이제까지 몰랐던 것을 알게 됐다. '우리'다. "따라서 우리는 과거를 아쉬워한다……"의 '우리'를 지금 나는 좋아하지 않는다. 그것은 열아홉 무렵에는 조금도 싫어하지 않았던 일인칭 복수형이다. "역사를 관통하는 축은 우리가 애석하게 여기는 마음이지 결코 인과의 연쇄 같은 것이 아니라고 생각합니다"는 '우리'라고 특정함으로써 마치 모두가 받아들여야 할 당위나 필연인 듯한 정치적인 울림을 갖게 된다. 그것을 지금의 나는 싫어하며 경계한다. 무엇보다도 역사는 고바야시의 신탁神託과는 달리 예전과는 완전히 같은 것은 아니지만 지금 현재 뭔가를 분명히 되풀이하고 있다. 그렇기 때문에 우리가 아닌 나는 머리를 비틀어 쇠약해진 시력으로 과거를 되돌아보며 가만히 지켜볼 수밖에 없다. 때늦은 일일지도 모르겠다. 덧없이 가버린 것, 이미 사라져 버린 것, 뒤쫓아 갈 수 없는 것, 지난 시절의 찰나, 잊어버린 단 한 번만의 번뜩이는 시간을 허둥대며 찾고 있다. 희미한 빛과 그림자 속에 뭔가가 어렴풋이 보인다. 숨을 삼킨다. 이 무슨 무참한 패배인가…… 왼손으로 고서를 넘긴다. 몇 번이나 읽어도 가슴이 멘다. 무슨 일인가.

(……)그러나 일본 민족이 역사적 생활을 지속해서 고유의 민족사를 형성하고 있는 한 이 인류 공동체의 특수한 일본적 중심이 천황제입니다. ……이 팔굉일우적 필연성이야말로 동아東亞 신질서의 이념에도 논리적으로 그 기초를 부여하는 것입니다. (……) ……기왕의 10년간 나의 이론적 생활을 뒤돌아보면 그것은 일본인으로서의 역사적 인류의 자각 없이, 유럽 근세의 개인주의적인 생각만으로 진리의 탐구에만 전념한 것은 국민의 한 사람으로서 참으로 불충한 짓이었다는 것을 깊이 반성하게 됐습니다. ……이 불충불의에 송구하옵게도 나는 그저 마음을 비우고 자신을 비워 폐하의 하명을 삼가 기다리고 있는 처지에 있습니다.

(가케하시 아키히데[*]『전후 정신의 탐구 – 고백의 서』)

---

[*] 가케하시 아키히데(梯明秀, 1902~1996). 철학자. 도쿠시마현 출생. 교토대 철학과 졸업. 니시다 기타로에게 사사. 전전에는 유물론연구회에서 활약. 전후에는 리쓰메이칸대학 교수 등을 역임. 마르크스 〈자본론〉을 고찰, 독자의 경제철학을 수립했다. 저서에 『물질의 철학적 개념』『자본론으로 가는 내 발걸음』등.

도대체 무슨 일이 있었다는 것인가. 사태가 어찌 이토록 뒤틀린 것인가. 일본과 일본인이란 도대체 무엇인가. 시간이란 무엇인가. 단 한 번, 알릴 방법이 없는, 작은 숨을 쉬다 사라져 가는 것……의 애처로운 숨의 매듭을 정처 없이 찾아 헤맨다.

7. '팔굉일우적 필연성'

철학자 가케하시 아키히데를 아는 사람은 이미 거의 없든지, 있더라도 얼마 되지 않을 것이다. 몰라도 나날의 생활에 별로 곤란할 것은 없다. 나도 거의 모른다. 더 중요한 일이 얼마든지 있다고 생각한다. 헌법의 붕괴. 다가오는 전쟁. 인간 사회의 내면·외면에 걸쳐 세계 규모의 뿌리째 뽑힌 아노미화가 일어나고 있는 것에 대해. 수긍할 수 없는 것. 바닥 모를 만큼 저급한, 시궁창에서 솟아오른 것 같은, 대체로 깊이 따위 전혀 없는 힘에 현재가 호락호락 지배당하고 있는 것. 세계는 실로 테가 이미 벗겨지고 밑바닥이 뚫려 버린 것. 인간이 존재할 근거(또는 세계의 근거)도 없어졌다고 느끼는 것. 아마도 '시간'도 깨져 버렸을 것이라는 것. 시간은 어쩌면 미래가 아니라 과거를 향해 거꾸로 움직이고 있을지도 모른다는 것. 고대로, 원시로…… 만일 아직 세계에 '정의'나 '악'이 있고 '적'이나 '우리 편', '억압자'나 '피억압자'가 있다고 했을 때의 얘기지만, '악'과 '적'과 '억압자'가 여전히 뻔뻔스럽게 계속 이기고 있는 듯한 것. 그럼에도 '악'이란 무엇인가, '선'이란 무엇인가, '정의'

란 무엇인가, '적'은 누구인가, '억압자'는 누구인가―이런 것들을 잘 모르는 것. 사람들이 그런 것들을 예전보다 더 생각하려 하지 않게 된 것. 인간 세계의 온갖 개념을 골고루 골수까지 모조리 침윤시키고 있는 것은 결국 인간을 위한 것이 아니며, 그럼에도 인간들이 죽을 때까지 계속 빙의憑依하고 있는 '자본'이라는 것이 틀림없는 최종 승자라는 것. 모든 것이 불확실한 가운데 그것만이 확실하다는 것. 그 앞은 틀림없이 변변찮은 것밖에 기다리고 있지 않을 것이라고 나뿐만이 아니라 많은 사람들이 일찍이 어느 시기보다도 강하게 확신하고 있다는 것. 그렇다면 가케하시 아키히데의 얘기 따위 어떻게 되든 상관없는 일이다.

하지만 마음에 걸린다. 뇌실腦室에서 흔들리며 어렴풋이 발광하는 범용한 골수액(髓液). '지'란 무엇인가. 우매란 무엇인가. 가케하시 아키히데는 앞서 얘기한 전향 성명서를 썼다. 그 때문에 사상전향을 '위장'했다고 기록되어 있기도 하다. 그러나 굳이 얘기하지 않아도 될 '팔굉일우적 필연성'이라니? 바보 같은 소리 집어치워! "불충불의에 송구하옵게도 (……) 폐하의 하명을 삼가 기다린다"라고? 우스꽝스러운 얘기다. "일본인으로서의 역사적 인류의 자각 없이, 유럽 근세의 개인주의적인 생각만으로 진리 탐구에만 전념한 것"이 "국민의 한 사람으로서 참으로 불충한 짓"이었다고? 이런 얘기에 젊은 시절 몇 번이나 놀랐던가. 하지만 놀라기만 할 뿐 잘 몰랐다. 가케하시가 계속해서 사과하고 있는 그 이유. 특히 사과하고 있는 그 상대. 그것은 경찰 당국이 아니라, 깜빡 못 보고 놓친 것 같은데, 잘 읽어보면 아무래도 천황 히로히토에게 사죄하고 있는 것이다. 하지만 천황은 가케하시 아키히데로부터 사죄받은 것 따위 알리 없다. 첫째로 전향 성명서 하나하나가 모두 천황이 사는 궁중에 도착했을 리도 없다. 그런 건 경찰도 가케하시도 알고도 남았을 것이다. 그럼에도 "불충불의에 송구하옵게도 (……) 폐하의 하명을 삼가 기다립니다"라고 관례대로 쓰는 것이다. 거기에 일본 사상의 (오늘날까지 연면히 이어지고 있을 것이다) 소일거리가 없을 리 없다. 그뿐만이 아니다. 주목해야 할 것은 전향 성명서가 가케하시의 진의를 그대로 반영한 것이 아니라는 것을 필자는 물론 경찰 당국도 어쨌든 알고 있다는 것이다. 이쯤 되면 '사상'도 뭣도 아니다. 전향 및 전향 성명서는 일면 일본 특유의 사상 공동화空洞化 의식이고 장치이며 '속임수'이기도 했다. 1930년대에 앞다퉈 제출된('진정眞正'과 '위장', 또는 어느 쪽인지 분명하지 않은) 전향 성명서의 기재되지 않은 제출처는 '국체' 즉 천황이었던 것이다. 일본의 '사상'이라는 것은 1930년대의 전향 러시 시기에 이미 맥없이 "그냥 해 본 말이야" 수준이 되어 있었다고 할 수 있다. 그렇다면 '국체'는 또 어떤가 하면, 소용없게 된 것처럼 보이며, 아직 한 번도 소용이 있었던 적이 없었던 것처럼 생각된다. 그리고 사람들은 '국체'란 무엇인지 알고 있고 또한 모르고 있다.

8. '무장하는 천황제'와 고바야시 타키지

　전쟁에는 졌지만 일본의 국가 권력은 아직도 패배를 모른다. 연전연승이다. 나는 그렇게 생각한다. 그 이야기를 하기 전에 이제 천황에 대해 좀 언급을 해야겠다. 이 나라에서는 어떤 사상·정신의 기층에도, 부정을 하든 말든, 천황 내지 천황제가 눈에는 보이지 않는 신경세포를 온통 둘러치고 있다. 그것은 일본(인)의 내면의 조성과 끊으려야 끊을 수 없는 것이며, 일본형 국가 권력의 에토스와 분리할 수 없을 뿐만 아니라, 이것도 일본 특유의 사상전향이라는 구부러진 내적 풍경과도 뒤얽힌, 실은 어쩐지 무섭기까지 한 신체적인 테마다. 사람들은 그것을 알면서도 모르는 척, 낌새를 채면서도 못 챈 척하는 데에 누대에 걸쳐 익숙해져 있다. 사람들은 하지만 중요한 것을 이미 잊어버렸다. 즉 천황제가 실은 오래 '무장武裝'하고 있었다는 중대사를 깜빡 잊고 있다. 그에 관해 전향자 하야시 후사오*는 일찍이 가슴이 철렁 내려앉는 얘기를 했다. "메이지유신으로부터 쇼와 패전에 이르는 3대의 천황제는 명백히 무장하고 있었다" "천황제가 만일 해소되고 소멸할 때가 온다면, 그것은 일본 국민이 천황과 함께 지구 국가 속으로 완전히 해소될 때일

---

* 하야시 후사오(林房雄, 1903~1976). 작가. 오이타시 태생. 도쿄대 법학부 중퇴. 1926년에 '사과'를 발표, 프롤레타리아 작가로 출발. 옥중 전향한 뒤 우익단체 대동숙(大東塾)의 객원이 된다. 1933년 고바야시 히데오 등과 잡지 〈문학계〉를 창간. 1964년『대동아전쟁 긍정론』으로 물의를 일으켰다. 다른 저작으로『청년』등.

것이다. 그 시기가 언제일지, 얼마나 길지 또는 짧은 시간 뒤일지는 신만이 안다. 거기에 이르기 전에 일본 국민이 다시 천황제를 무장하지 않으면 안 될 불행한 사태가 일어나지 않기를 나는 진심으로 바라고 있다."(『대동아전쟁 긍정론』 1964) 속이 빤히 들여다보이는 공갈 같지만, 꼭 그런 건 아니다. "무장하는 천황제"는 1945년 여름에 (일단) 무장 해제된 것은 분명하다. 그럼에도 천황제 자체는 단단하게 남아 있다. 인민이 아니라 오로지 '국체'를 지키기 위해 이 나라는 무조건 항복을 했기 때문이다. 지금은 상징 천황제라고는 하나 외면의 제도·내면의 신경세포로서 존속하면서 지금 다시 눈에 띌 정도로 활성화하고 있는 것은 주지하고 있는 바와 같다. "전쟁이 끝나면 천황은 평화로운 제사장 또는 족장으로 바뀔 것"이라고 했지만 지금 어떻게 되어 있는가. 다시 전쟁으로 향하는 것 같은 풍운 속에서 천황제는 어떻게 "이용되고 활용(利活用)"되면서 변용되고 있을까. 그것을 염두에 두면서 글을 계속 쓰겠다.

프롤레타리아 작가 고바야시 타키지*가 특고의 손에 학살당한 것은 바로 '무장한 천황제' 시절이었다. 나는 타키지라는 이름을 들으면 그 바로 앞에 "먹과 뱅갈라 안료를 함께 섞어 떡

---

* 고바야시 타키지(小林多喜二, 1903~1933). 작가. 아키타현 태생. 오타루 고등상업(小樽高商) 졸업. 다이쇼(大正) 말기부터 노동운동에 관여. 1929년 일본 프롤레타리아작가동맹 중앙위원이 되어 「게 가공선蟹工船」을 발표. 1931년 공산당 입당. 탄압이 거세지는 가운데 지하로 잠적 「당 생활자」 등의 작품을 발표. 가두연락 중에 체포, 도쿄 츠키지 경찰서에서 고문을 받다가 살해당했다.

칠을 한"색을 떠올리고 부르르 몸을 떤다.

이 무슨 끔찍한 몰골인가, 털실로 짠 복대에 반쯤 덮여 있는 하복부에서 좌우 무릎에 걸쳐 아랫배고 허벅지고 엉덩이고 살 갗이고 할 것 없이, 앞도 뒤도 바깥쪽도 안쪽도 마치 먹과 베니가라를 함께 섞어 떡칠을 한 듯한, 뭐라고 해야 할지 알 수 없을 정도로 한없이 음참陰慘한 색으로 온통 덮여 있다. 게다가 꽤 다량의 내출혈이 있었던지 허벅지 피부가 축 늘어지듯 부어 있다. 그리고 검붉은 피하출혈은 음경에서 고환까지도 이어져 있다.

자세히 보니 검붉고 뻣뻣해진 무릎 위에는 못인지 송곳인지를 박아 넣은 것 같은 구멍의 흔적이 좌우 합쳐 열대여섯 곳이나 남아 있다. 그곳만은 피부가 못 대가리 정도로 동그랗게 헐어서 속살이 바로 얼굴을 드러내 보이고 있다. 그것이 꼭 아테나 잉크Athena Ink 그대로의 검푸른 색이다.

(에구치 간江口渙 「진두陳頭에서 쓰러진 고바야시의 주검을 인수하다」〈일본 프롤레타리아 문학 34 르포르타주집 2〉)

베니가라는 벵갈라 안료(황토를 구워 만든 붉은 안료)인데, 어둡고 노란빛을 띤 붉은색이다. 시신의 처참한 모습은 이뿐만이 아니다.

(……) 그리고 왼쪽 관자놀이에는 동전 하나 크기의 타박상을 중심으로 대여섯 개의 상흔이 있다. 그것이 모두 피하출혈

을 일으켜 검붉게 스며 있다. "이 자식을 한 번 때렸을 뿐인데 기절해 버렸어"라고 그때 누군가가 소리쳤다.

목에는 한 바퀴 빙 둘러 가는 끈의 흔적이 깊게 새겨져 있다. 강한 힘으로 목을 조른 듯 가늘게 패인 홈이 또렷하게 남아 있다. 그리고 그 홈이 패인 곳만은 새파래진 목의 피부와는 완전히 다르게, 역시 피하출혈이 검붉은 무참한 선을 그리고 있다. 좌우 손목에도 목과 마찬가지의 동그란 끈의 흔적이 파고들어 피가 생생하게 스며 있었다.

타키지는 1933년 2월 20일에 특고에게 붙잡혀 츠키지(築地) 경찰서에서 고문을 받다 한나절도 지나지 않아 죽임을 당했다. 고문은 자백을 강요하기 위해 육체적인 고통을 가하는 것인데, 이런 정도의 상처를 남겼다. 관헌에게는 애초에 뭔가를 '묻겠다'는 것이 아니라 신체를 몰아세워 서서히 괴롭히다가 죽일 의도가 있었던 게 분명하다. 타키지의 죽음은 그 이튿날인 21일 임시 뉴스로 방송됐고, 신문들도 석간으로 보도했다. 기사는 예상한 대로 "결코 고문한 적은 없다. 그다지 건강하지 못한 몸으로 필사적으로 도망쳐 다니던 중에 심장에 급변을 초래한 것"이라는 경시청 특고 과장의 코멘트를 그대로 실었으나, 이를 믿은 독자는 별로 없었을 것이다. 이후 타키지 학살은 사람들의 기억 속에 특고경찰 잔학비도殘虐非道의 상징이 됐다. 되어야 했다. 하지만 1976년 1월에 국회에서 학살의 사실 확인을 요구받은 당시의 이나바 오사무(稻葉修) 법무상은 "답변하고 싶지 않다"며 거절했다. 공지의 사실인데 답변하고 싶지 않다는 '답변'이 공적으로 버젓이 통용됐으며, 언론도 특별히 떠들지 않았다. 타키지 학살 사건은 따라서 일본의 관제연표에는 기록되지 않았고, 사람들의 기억 속에서도 점차 엷어져 가고 있다.

9. 마루야마 마사오의 경우

1933년에는 타키지만이 아니라 마루야마 마사오(丸山眞男)도 체포당했다. 그해 3월, 혼고에서 열린 유물론연구회 창립 기념 제2회 강연회의 청중 가운데 한 사람이었던 마루야마는 모토후지(本富士) 경찰서에 연행되어 구류에 처해졌다. 그때의 일을 마루야마는 이렇게 썼다.

> 내가 붙잡혔다가 나중에 석방됐을 때, 등불이 켜진 혼고 거리를 걸을 때의 그 감상! 바나나 가게는 변함없이 바나나를 사람들 앞에 매달아 놓고 할인판매를 하고 있었으며, 오목 두기 가게 앞에는 많은 사람들이 모두 말도 없이 바둑판의 '문제'를 응시하고 있었다. 그리하여 모토후지 경찰서 벽 하나를 사이에 둔 저 안쪽에서는 처참한 고문이 지금도 자행되고 있는 것이다. 정치의 세계와 그 '외면'성.
>
> (「일기」『자기 내 대화』)

같은 시간의 양화면陽畫面이 여기에 있다. 바나나 할인판매

호객꾼 소리. 그리고 모토후지 경찰서 벽 안쪽에서 벌어지고 있는 고문으로 인한 절규. 후자의 소리는 용의주도하게 지워진다. 양화면의 소리가 음陰화면의 부르짖음을 감쪽같이 지워 버린다. 일상이란 그런 것이 아닌가. 마루야마도 고문을 당했는지, 무슨 상신서上申書 같은 걸 쓰도록 강요당했는지는 확실하지 않다. 아마도 마루야마 자신이 고문을 당한 적은 없는 것 같지만, 이 모토후지 경찰서에서의 체험은 그 뒤 마루야마의 사상에 적지 않은 영향을 끼쳤다. 그는 『자기 내 대화』의 「춘서첩春曙帖」 속에서 그 무렵의 행동에 관해 "나는 **기숙사 위원으로서는** 기숙사 내의 비합법 좌익운동의 '단속'에 한 역할을 맡으면서 모토후지 경찰서에 붙잡힌 벗들에 대한 수건 등의 차입을 위해 분주했다"는 명백한 자기모순을 고백하고 있다. 상술하고 있지는 않으나, "기숙사 내의 비합법 좌익운동의 '단속'에 한 역할을 맡으면서"라는 건 실태가 명확하지는 않지만, 심상치 않은 얘기다. 그리고 자신이 한 번 붙잡히고 보니 "한숨도 잘 수 없는 유치장에서 나도 모르게 눈물을 흘렸다. 이것이 또한 평소 '지성'이라는 것이 믿을 바가 못 된다는 것을 확실히 자각하게 만들었다"고 썼다. 유치장에서는 "자신의 이름조차 밝히려 하지 않았고, 처참한 린치를 당하고 방으로 돌아오는 조선인 운동자"를 보고 "군대 체험보다 낫지도 못하지도 않은 깊은 인생 경험"을 할 수 있었다고 했는데, 모토후지 경찰서 형사에게 마루야마가 도대체 무슨 얘기를 했는지는 알 수 없다. 타키지처럼 학살당하지는 않았던 마루야마는 그러나 모토후지 경찰서에서 잊을 수 없는 치욕을 맛보았고, 많은 지식인들이 그랬던 것처럼 국가 권력 때문에 내심 하고 싶은 말도 하기 어려운 검고 축축한 '그림자'에 갇혀 있지 않았을까.

마루야마 마사오는 전후에 실로 위세 좋게 썼다. 천황 개인의 정치적 책임을 확정하고 계속 추궁하는 것, 그 책임을 지는 방법은 '퇴위'밖에 없다는 것—등등.

(……) 주권자로서 '통치권을 총람'하고 국무 각 대신들을 자유롭게 임면하는 권한을 가졌으며, 통수권을 비롯한 여러 대권들을 직접 장악하고 있던 천황이—이제 종전 결정을 자신이 내리고 수백만 군대의 무장해제를 거의 마찰 없이 수행케 할 정도의 강대한 권위를 국민 속에서 계속 유지해 온 천황이 저 십수 년의 정치 과정과 그것이 초래한 결과에 대해 책임이 없다는 것은 도무지 정치윤리상의 상식이 허용하지 않는다. (……)그럼에도 천황에 대해 기껏 도덕적 책임론이 나왔을 정도로, 정면에서 원수로서의 책임을 별로 문제 삼지 않았던 것은 국제정치적 원인은 별도로 하고, 국민 사이에 천황이 그것 자체 뭔가 비정치적 또는 초정치적 존재처럼 표상되어 온 것과 관련이 있다. 자신의 지위를 비정치적으로 분식粉飾함으로써 최대의 정치적 기능을 수행하는 데에 일본 관료제의 전통적 기밀이 있다고 한다면, 이 비밀을 집약적으로 표현하고 있는 것이 관료제의 최정점으로서의 천황밖에 없다. (……) 천황 개인의 정치적 책임을 확정하고 계속 추궁하는 것은 오늘날 여전히 민주화의 최대 암적 존재인 관료제 지배 양식의 정신적 기초를 뒤엎는 데에도 긴요한 과제이며, 그것은 천황제

자체의 문제와는 독립적으로 제기되어야 할 사안이다. (구체적으로 말하면, 천황이 책임을 지는 방법은 퇴위 이외에는 없다.) 천황의 애매한 존속이야말로 전후 '도덕 퇴폐'의 제1호이며, 결국 일본 제국 신들의 부끄러움을 모르는 부활의 예고라는 것을 우리는 더욱 진지하게 생각해볼 필요가 있다.

「전쟁 책임론의 맹점」〈사상〉 1956년 3월호)

10. 전후의 '도덕 퇴폐' 제1호

지금부터 약 60년 전 마루야마는 진심으로 이렇게 생각했고, 천황 개인에 대한 정치적 책임의 확정과 책임 추궁의 계속, 그리고 천황 퇴위를 무해한 '줄기론'*이 아니라 현실적인 이미지로서 염두에 두었던 것일까. 나로서는 도무지 그렇게 생각할 수 없다. 책임 추궁과 퇴위 요구를 누가 어떤 행동으로 얼마만큼의 희생을 지불하면서 해야 하는가. 바꿔 말하면 천황제에 의해 법적으로가 아니라 오로지 심적心的으로 유지되고 있는 '무책임의 체계'를 마루야마 자신도 가담하는 실존을 건 혁명(천황의 전쟁 책임을 확정하고 추궁하며, 또 '퇴위'를 요구하는 것은 전후에 수행했어야 할 중요한 혁명이었다)을 통해서라도 타파해야 할지 말지—를 마루야마는 많은 다른 지식인들과 마찬

---

* 筋論. 현실을 고려하지 않고 논리에만 의존하는 견해.

가지로 분명히 하지는 않았다. **그의 신체**에 대해 언급해서는 안 될 금도를 마루야마도 결코 넘어서지 않았다. 마루야마가 말하는 '무책임의 체계'도 '억압의 이양'도 2016년 현재 일본 여기 저기에 확고히 건재하고 있다. 그런데 마루야마 마사오 등을 읽지 않는 나의 어머니는 패전 뒤 잠시 부뚜막에서 취사를 하면서 아름다운 목소리로 군가 〈눈의 진군〉을 불렀다.

> 눈의 진군 얼음을 밟고서
> 어디가 강인지 길조차 모르겠네
> 말은 쓰러지고 버려둘 수도 없네
> 여기는 어디나 모두 적의 나라
> 될 대로 되라지 대담하게 한 대 피우면
> 믿을 수 없네 남은 담배는 두 대뿐

어머니는 딱히 군국주의자는 아니다. 노래가 몸에 스며들어 있을 뿐이다. 얼어붙은 동북의 겨울에는 행진곡풍의 이 노래가 마치 방한 대책처럼 불렸다. 찬바람 맞아 이 노래를 부르면서 걷는다. 저벅 저벅 저벅. 어머니가 부르는 노래가 내 몸에도 전염된다. 그래서 나도 이 노래를 부를 수 있다. 슬프게도 지금도 부를 수 있다. 입으로 부르지 않아도 추운 날에는 머리가 불러버린다. '있는 그대로'란 그런 것이다. 마루야마 마사오는 있는 그대로였을까. 전쟁에 관한 천황 히로히토의 있을 수 없는 무책임. 그것은 "도무지 정치윤리상의 상식이 허용하지 않는다"고 (진심인지 아닌지는 모르겠지만) 마루야마가 힘주어 말해봤자 이 나라에는 '정치윤리상의 상식'인지 뭔지가 원래 있었는가 없었는가. 어쨌든 천황 히로히토는 태연했다. 신민도 매스컴도 히로히토를 위로할지언정 질책하지는 않았다. "천황 개인의 정치적 책임을 확정하고 계속 추궁하는 것"은 원칙적으로는 일부에서 얘기했을지 모르겠지만, 그것을 위해 몸을 던져 싸운 이가 도대체 몇 사람이나 있었다는 것인가. 아버지는 어디에선가 국화 문양이 든 '은사恩賜의 담배'를 받아오면 피우지 않고 불단에 모셔놓고 깊숙이 큰 절을 했다. '은사의 담배'라니 뭔가 특별한 맛이 날까 해서 슬쩍 훔쳐 피워 보니 불단의 향냄새가 스민 그냥 하이라이트* 맛이었다. 있는 그대로란 그런 것이다. "천황의 애매한 존속이야말로 전후의 '도덕 퇴폐'의 제1호이며, 결국 일본 제국 신들의 부끄러움을 모르는 부활을 예고했다"면 마루야마도 나(우리)도 있는 그대로 피를 흘리며 그것과 신체적으로도 싸워야 했다. 마루야마도 나(우리)도, 그러나 그렇게 하지 않았다. 천황제와 싸운다는 것은 곧 오랜 우물과 같은 자기 내면과 대치하면서 메탄가스 떠도는 자기 내면을 시궁창 치우듯 청소하려는 것만큼이나 곤란한 일이다. 나(우리)는 겁이 많고 게을렀다. 그 결과 "그것 자체 '진선미의 극치'라는 일본 제국은 본질적으로 악을 저지를 수 없기 때문에, 어떤 포악한 짓도, 어떤 배신적 행동도 허용되는 것이다!"(마루야마 마사오 「초국가주의의 논리와 심리」〈세계世界〉 1946년 5월

---

* 1960년부터 팔기 시작한 일본 담배 이름.

호)라는 이른바 논리 없는 '모모타로(桃太郞)의 논리'는 잘라낼 수도 없이 지금의 시궁창과 같은 정치권력과 그것을 떠받치고 싶어 하지 않으면서 떠받치고 있는 민중에게 계승되고 있다.

11. 학살 관계자를 천황이 영전

또 탈선해 버렸다. 고바야시 타키지로 되돌아간다. 타키지 학살은 일본 국가 권력의 '정사正史'에는 기록되어 있지 않다는 의미의 얘기를 썼는데, 이로써 "'진선미의 극치'인 일본 제국은 본질적으로 악을 저지를 수 없기 때문에 어떤 포악한 짓도, 어떤 배신적 행위도 허용되는 것이다!"라는 논리 그 자체인 것이다. 너무나도 끔찍한 타키지의 학살은 대중국 침략 전쟁 때 저지른 엄청난 잔학 행위나 '위안부' 문제 등과 같이 이 나라에서는 있는 그대로 말해서 "주지의 사실"이(었)지만, "공적 사실"은 아니다. 다른 말로 하자면 타키지 학살과 같은 국가 범죄는 "주지의 사실"임에도 불구하고 "공적 사실"일 수는 없다는 기괴함을 천황을 정점으로 받들어 모신 신민과 매스컴이 크게 떠받들어 온 것이다. 난징 대학살이 시작되기 1년 전인 1936년 11월 28일의 도쿄 아사히신문에 '파격' '공산당 궤멸의 공로자에 은우恩遇' '48명에게 서훈·술잔 하사'라는 큰 제목이 춤추고 있다. '은우'란 천황의 인정 많은 환대를 가리킨다. 무엇이 인정 많다는 것인가 하고 읽어 보니 공산주의운동의 궤멸 작전이 성공리에 일단락된 것을 축하하면서 천황이 특고경찰 관계자 36명 외에 사상검사, 판사, 서기의 '공로'를 위로하여 금은 술잔을 하사하는 등의 영예를 내렸다는 것이다. 이것은 3·15 사건(1928년 3월 15일에 실행된 사회주의자, 공산주의자에 대한 경찰의 탄압 사건)이나 4·16 사건(1929년 4월 16일에 자행된 공산주의자에 대한 경찰의 검거 사건) 및 그 이후의 사상 탄압 작전의 드높은 '승리 선언'이었던 것이다. 깜짝 놀랄 일은, 이 중에 경시청 특고과 경부 나카가와 시게오(中川成夫)와 스다 이사무(須田勇)가 들어 있고, 그들이 천황으로부터 은술잔을 하사받은 것이다. 두 사람은 타키지 학살에 관여한 특고였다. 나는 그것을 일본사 수업이 아니라 오기노 후지오가 쓴 『특고 경찰』을 통해서 알았고, 몰랐던 게 부끄러웠다.

내가 알기로는 이 '영전'은 전후에도 공식적으로 철회되지 않았다. 철회하고 반성해야 한다는 매스컴 논조도 과문한 탓인지 알지 못한다. 고바야시 타키지 학살은 주지의 사실이었으나 공지의 사실은 아니며, 학살에 관여한 특고들에 대한 영전이 이 나라의 '정사正史'인 것이다. 천황 히로히토는 그것을 인식하고 있었을까. 학살 관계자라는 걸 알면서 영전을 내렸을까. 아마도 그런 의문은 의미가 없을 것이다. 그에게는 몰라서는 안 될 일은 없었던 것이다. 몰라서는 안 될 일은 없다는 '태도'는 그만의 것은 아니었다. 스스로 '진선미의 극치'라는 일본 제국에 살고 있는 신민들이 천황 히로히토와 함께 화목하게 나눠 가진, 그를 용서하면 자신도 용서받게 되는, '책임자 무화無化'를 실현한 궁극의 방법이었던 것이다. "그것 자체 '진선미의 극치'라는 일본 제국은 본질적으로 악을 저지를 수 없기 때문에 어떤 포악한 짓도, 어떤 배신적 행동도 허용되는 것이다!" 는 말은 아마도 지극히 당연한 말일 것이다. 다만 덧붙여야 할 게 있다. 우리는 본질적으로 악을 저지를 수 없기 때문에 포악 도 배신도, 나아가 망각도 또한 허용된다고. 난징 대학살의 책 임을 추궁당해 극동 국제군사재판에서 사형 판결이 내려져 처 형(1948)당하게 되는 마츠이 이와네(松井石根) 중지나(中支那) 방 면군 사령관이 1938년 2월, 중국에서 귀환했을 때 일본의 모 든 매스컴은 난징 공략의 '개선장군'이라며 열광적으로 환영 하면서 "천황도 대 군공軍功의 수훈자라는 칙어를 내렸다"(가 사하라 토쿠시笠原十九司『난징 사건』)고 한다. '대 군공'은 대학살 까지 포함한 것이 아니었을까. 패전 뒤 70년, 그것을 회고하고 정밀 조사한 기사는 하나도 없다.

12. 전향 및 국가 권력의 승리

　유물론자 가케하시 아키히데는 그래도 '성실'하고 있는 그 대로였다. 가케하시는 전시하의 자기 사상의 '퇴락'과 행동상 의 추태를 감추려고도 모르는 척 시치미를 때려고도 하지 않 고 두꺼운 한 권의 책에 최대한 속속들이 드러냈다. 일본의 사 상사에서 이것은 드문 예일지도 모른다. 1938년의 제2차 인민 전선 사건으로 검거된 가케하시 아키히데는 재삼 전향하라고 다그치는 형사에게 자신은 입당도 하지 않았기 때문에 "전향 의 이유가 없다고 완강하게 버텼다"고 한다. 『전후 정신의 탐구 - 고백의 서』는 버티던 가케하시가 덧없이 "무너지는" 경위를 무심코 실소할 수밖에 없을 정도로 솔직하게 기록했다.

　나는 후시미(伏見) 경찰서 유치장에서 몇 개월간의 마지막까지 이 주장으로 K경부보에게 전향의 이유가 없다며 버텼다. 그동안 부재중에 네 살 차녀가 악성 이질로 입원하고, 옮겨 붙은 불로 이사를 하는 등 재난이 잇따라, 직업의식을 넘은 배려를 이 경부보로부터 받아 인간적으로 의기투합하는 사이가 되어 있었기 때문에 "간접적으로 (공산주의를) 선전한 것으로 하면 어떤가" 하고 제안해 왔을 때, 그것을 받아들이고 염치없이 "성명서는 쓸 생각이 없으니 그쪽에서 알아서 적당히 해 줘"라고 대답했다. 그래서 나도 관제 공산주의자가 되어 전향 성명서에 도장을 찍었던 것이다. 그때는 정신적 고뇌 같은 건 없었다. 강요당한 관제 공산주의자 딱지를 기꺼이 돌려주기만 하면 되는 일이었기 때문이다. 검사 조서도 그것으로 통과였다. 전향한다는 건 요컨대 거짓말을 하는 것이었다. 그런데 거짓말을 한다는 게 성격적으로 싫다. 그건 착한 사람인 척하는 건데, 그게 아니라 거짓말을 해서 상대를 속인 경험이 없기 때문에 그 서툰 솜씨를 보여주기보다는 학자적 양심이란 이런 것이라는 점을 보여주는 쪽이 성의도 상대에게 전달될 수 있을 것이라는 기분이 든다. 그러나 전향해야 한다면 거짓말을 해야 하고, 거짓말 위에 논리를 전개해야 된다.

　(제3장 '시국의 정신적 단층')

가케하시 아키히데는 교토제국대학에서 니시다 기타로, 다나베 하지메 밑에서 수학했고, 그 뒤 '경제철학'이라는 분야를 홀로 개척해 온 (내가 학생이었던 시절에는) 유명한 학자로, 공부를 하지 않은 나는 『전후 정신의 탐구』보다 한참 먼저 『자본론으로 가는 내 발걸음』을 읽었지만 머리에 남은 건 별로 없고, 『전후 정신의 탐구』 쪽이 훨씬 더 기억에 또렷하게 남았다. 『물질의 철학적 개념』 『사회 기원론』 『사회와 변증법』 등 다수의 저작이 있는 가케하시를 읽는 방법에서 나는 전혀 성실하지 못했다. 그런데 자기 총괄서라고도 할 수 있는 『전후 정신의 탐구』(1949)는 그 '나이브'함, 그 무방비, 나쁘게 말하면 그 '멍청한' 짓으로 나를 (어느 의미에서는 마루야마 마사오보다도 더) 매료시켰다. 관헌의 사상 탄압에 대해 철학자 가케하시가 어느 정도로 저항하고 고뇌하며 얼마나 어이없이 타협해 버렸는지에 대해서도 관심이 있었으나, 그 이상으로 국가 권력 쪽이 '국체호지國體護持'를 위해, 이렇게 말해도 된다면, 강경 온건 양면으로 얼마나 '노력·공부'했는지에 대해 알게 됐다. "1937, 38년의 이른바 인민전선 사건으로 검거된 모든 사람들에게 공통되는 것인데, 자유주의적 학자도 마르크스주의 연구가도 모두 관제엽서처럼 공산주의자로 날조된"(같은 책) 그런 시대에 가케하시가 '국체' 및 국가 권력을 어떻게 생각하고 있었는지, 중일전쟁의 성격과 그 전망에 대해 어떤 위기의식을 갖고 정세를 분석하고, 장차 무엇을 예감하고 있었는지에도 흥미가 있었다. 결과는 맥없이 모든 관절이 풀어져 버리는 듯한 낙담이었다. "현재의 비밀을 부르는 것은 늘 과거의 비밀이다, 라는 것이 비밀의 법칙이다"('전쟁과 혁명의 변질의 시대' 『미사와 매』)라고 일찍이 하니야 유타카*는 멋지게 썼다. 그대로다. 지금의 수수께끼를 푸는 열쇠는 과거의 어둠 속에 가만히 놓여 있는지도 모른다. 가케하시의 경우 과거 비밀의 일단이 위의 인용 속에도 있다. "직업의식을 넘은 배려"를 받고 K경부보와 "인간적으로 의기투합"했다―라는 것은 K경부보 쪽의 그야말로 '직업의식'의 승리에 다름 아니다. "전향한다는 것은 요컨대 거짓말을 하는 것이었다. 그런데 거짓말을 하는 것은 성격적으로 싫다(……) 그러나 전향해야 한다면, 거짓말을 해야 하고(……)" 가케하시 선생 두서없이 말씀하신다. 내뱉어 버린다. 하지만 홀연 입술이 얼어붙는다. 사상이란 이런 것이었던가. 하니야 유타카도 1933년에 전향 상신서를 제출했다. 하니야는 웃으면서 말한다. "당신도 전향하지 않겠는가 하고 제안이 들어왔는데, 조건은 천황제뿐이었습니다. 천황제를 인정하면, 그렇게만 하면 마르크스주의를 신봉해도 좋다고." "그런데 내가 쓴 상신서는 우주론입니다.(웃음) 태양계 중에서 지구는 가장 먼저 멸망한다. 천황제는 그 이전에 멸망하지만 상당히 오래 존속할 것이라고.(웃음) 그래도 되겠는가 하고 말했더니 좋다는 거였지요, 천황제 얘기만 해주면. 정말 요상한 시대였지요."

---

* 하니야 유타카(埴谷雄高, 1909~1997). 작가. 대만 태생. 니혼대 예과 재학중 아나키즘, 마르크스주의에 경도. 공산당에 입당했으나 1932년, 불경죄와 치안유지법 위반으로 투옥, 전향. 전후 잡지 〈근대문학〉의 창간에 히라노 켄(平野謙), 아라 마사히토(荒正人) 등과 함께 참가. 대표작은 미완의 대작 『사령死靈』 『어둠 속의 검은 말』 등.

(하니야 유타카·다치바나 타카시 대담 〈무한의 상相의 근원에〉) 이것이 우스운 일일까.

제9장

이 놀라운 사태는 무엇을?

1. 전쟁은 어쩌면 하기 쉬운 일

　뒤숭숭하다. 뭔가가 일어나고 있는 것 같다. 그런 것 같다, 고 말할 상황이 아니다. 안에도 바깥에도 틀림없이 뭔가가 일어나고 있다. 다만 그 뭔가를 "이거야!"라고 가리키며 자신 있게 말하기가 몹시 곤란하다. 틀림없는 불안을, 분명한 말로 표현한다. 이런 정말 쉬운 일이 지금은 대단히 어렵다. 말도 풍경도 가짜투성이고 세계에 가짜 아닌 것이 아직도 남아 있다는 생각이 들지 않는다. 그러나 허구든 가짜든 세계는 끝난 듯 보이지만, 시각적으로는 어쨌든 아직 있다. 최저선에서라도, **단지 존재하기는 한다.** 세계는 이미 자신의 의미를 이미 다 소진해버린 듯한데, 아직도 여기저기서 몸부림치고 있다. 몇 차례의 전쟁으로 그 빛을 진멸盡滅시킨 세계에, 그러나 우리는 우연히 아직 살아 있다. 그것은 꼭 바라던 바는 아니다. 세계와 마찬가지로 나도 지금 **단지 있는 것이다.** 이 세계는 내가 소망한 세계는 아니다. 그런 세계가 나를 바랄 리도 없다. 아침에 어쩐지 투박해 보이는 거리를 느릿느릿 걸어 본다. 노랑나비가 토끼풀 위를 날고 있다. 좀 마음이 놓인다. 아직 괜찮은 것인가. 하지만 수상하다. 뭔가 이상하다. 다리가 엉킨다. 그 순간 거리가 검은 폐허로 보인다. 숨을 삼킨다. 기시旣視적으로는 예전의 폐허. 미시未時적으로는 이제부터의 폐허. 둘 다 눈 뒤를 스쳐간다. 거리는 아마도 엄청난 시체들을 미리 숨겨 놓고 있을 것이다. 노랑나비 두 마리 서로 장난치며 날고 있다. 아파트 우편함에 ×××시 방재위기관리과에서 보낸 '통지'가 들어 있었다. 정말 아무렇지도 않게.

근린 주민 여러분

요즘 날로 더욱 건승하심을 경하드립니다.

다름 아니오라 이번에 ×××시 방재행정 무선無線의 갱신 증설에 관해 설명회를 실시하기로 했기에 이를 알려 드립니다.

×××시 방재행정 무선은 ①지진 ②집중호우 ③미사일 착탄―등의 재해·위기 사태가 발생했을 때 신속하게 피난 정보 등을 전하기 위한 무선방송 설비로, 평소에는 배회자 통보 등과 함께 학생의 하교시간대에 유리벨 연주(〈꽃은 핀다〉)를 방송하고 있습니다.

그러나 최근에 음향 조사를 실시한 결과 ①스피커의 음성이 잘 들리지 않고 ②알아듣기가 힘들다―등의 문제가 있다는 것이 판명됐기 때문에 무선방송 설비(스피커) 등을 갱신·증설하기로 했습니다.

그런고로 하기下記의 일정으로 'ㅇㅇㅇ시 방재행정 무선 갱신·증설에 관한 주민설명회'를 개최하오니, 부디 참석해 주십시오.

나는 건승하지 못하다. '통지'를 손에 들고 계속 서 있다. 주변을 둘러본다. 막 귀환한 제대군인처럼. 직박구리가 요란하게 울고 있다. 한 번 쳐다보지도 않는다. 무엇 하나 두드러진 건 없다. 일상에 가만히 한 장의 오블라투oblato처럼 끼어들어와 소리도 없이 녹아 모두 아무 일 없었던 것처럼 하는 것. 놀랄 일에는 놀라라고, 새삼스럽게, 부자연스럽게 자신에게 명령해야 한다. 그리고 눈을 크게 뜨고 "오옷!"하고 소리라도 내는 게 좋겠지만, 그것도 연극조의 말투여서 내키지 않는다. 그래도 내심 놀라움이 없는 건 아니다. 하지만 놀라움조차 가짜가 아닌지 의심한다. 진짜는 별로 놀라지 않을지도 모른다. 그래도 '통지'는 픽션이 아니다. '통지' 자체는 사실이다. 사실을 굳이 사실이라고 목에 힘주고 미리 밝히지 않으면 안 되는 것도 성가신 얘기다. 문득 과거가 현재를 따라붙어 현재를 추월하기 시작했구나…… 하는 생각이 든다. 그렇지 않으면 거기까지 현재가 퇴행한 것인가, 하고. 그럴 경우에도 현실이라는 놈은 어딘가 우쭐거리며 몹시 까불어대는 경향이 있다. 현실은 어디까지고 기어오르며 버릇없이 군다. 현실을 '기정의(또는 주어진)

운명'으로 받아들이는 개인들도 현실과 함께 까불어대며 기어오른다. 전쟁은 어쩌면 손쉬울 것이다. 이제 다시 치를 전쟁은 예상보다도 간단히, 예감보다 빨리 다가올 것이다. 환시幻視한다. 햄버거 가게가 있는 빌딩 상공. 은색의 미사일이 빛의 줄기처럼 날고 있다. 나는 건승하지 못하다.

2. 이 놀라운 사태는 무엇을 의미하는가?

머릿속을 돌멩이가 난다. 번쩍, 물수제비뜨기 놀이 때 같은 물보라가 뇌리에 일렬종대로 반짝거린다. 예전에 몇 번인가 숨도 못 쉰 채 추궁당했던 질문을, 그러나 이번에는 내가 맥없이 묻는다. 이 놀라운 시대는 무엇을 의미하는가? "그런데 우리나라의 경우는 이런 큰 전쟁을 일으켜 놓고는 바로 내가 전쟁을 일으켰다는 의식을 이제까지 어디에서도 찾아볼 수 없다. 왠지 모르게 뭔가에 짓눌리면서 온 나라가 질질 전쟁 속으로 돌입해 간 그 놀라운 사태는 무엇을 의미하는가."(마루야마 마사오「초국가주의의 논리와 심리」) 이 놀라운 시대는 무엇을 의미하는가? 패전 뒤 70여 년간 놀라운 일에 누구도 끝내 제대로 대답할 수 없었다. 바로 내가 전쟁을 일으켰다는 의식을 찾아볼 수 없다. 이것은 무엇을 의미하는가. 이제는 그것이, 대답을 하지 않으면 우리 모두에게 하루도 살아갈 수 없을 정도로 질문자에게나 독자에게나 빼도 박도 못할 질문이었던 적이 있었던지조차 의심스럽게 됐다. 그리고 또 자, 봐라, 왠지 모르게 뭔가에 짓눌리면서 질질 "미사일 착탄―등의 위기 사상事象"따위 쓸모없는 것을 얘기하기 시작한 것은 아닌가. 뒤숭숭하다. 마음이 어지럽다. 왜 그럴까. 아무래도 '통지' 탓만은 아니다.

마음에 짚이는 게 있다. 종이봉투에 넣어 오래 서랍 속에 내던져 두었던 것이 최근 생각이 나서 꺼내서 읽어봤다. 그것은 옛날 아버지의 '시간'이었다. 그것과 대면하는 것을 시체에서 눈을 돌리듯 왠지 모르게 피해 왔다. 내 시간의 근원에 아버지의 시간이 있다고 생각하고 싶지 않아서였을 것이다. 하지만 매우 기묘하지 않은가. 나는 아버지가 중국에서 사람을 죽인 게 아닐까 의심해 왔다. 그런데 생전의 아버지에게 묻지도 조사해 보지도 않았다. 이것은 무엇을 의미하는가.

이번에는 어느 정도 냉담한 기분으로 읽었다. 그것은 아버지가 중국에서 제대한 뒤 거의 10년이 지나 〈이시노마키(石巻)신문〉(1946년 창간된 석간신문. 1998년에 휴간)에 연재한 기사의 복사물이다. 아버지 카즈오(和郎)는 군 입대 전에는 국책 통신사 도메이통신(同盟通信) 중국어부 기자였다. 귀환한 뒤에는 도메이통신이 전후에 해산하고 재탄생한 교도통신(共同通信)에 들어가는 것을 떳떳하게 여기지 않고 (아마도 허탈과 실의 속에) 고향에 돌아가 이시노마키 신문의 기자가 됐다. 연재는 서른네 살이 된 그가 입대부터 제대까지의 회상을 쓴 것인데, 아버지 나름의 전쟁 총괄이라고도 할 수 있는 것이었다. 외부 기고자를 가장해 본명이 아니라 '시라자키 히로시'라는 필명으로 1956년 봄에 23회에 걸쳐 연재한 이 기사의 타이틀은 '잘 있거라, 쑤저우여 – 나의 이등병기記'. 그 존재를 알고 있으면서 나는 애써 제대로 보지 않았다. 내 존재의 뿌리를 숨기고 태도 결정을 애매하게 보류하듯이. 연재 복사는 꼼꼼한 누이가 보내 준 것이었다. 한번 읽어 두는 게 좋아, 라며. 과연 바로 내가 전쟁을 일으켰다는 의식은 아버지한테서도 찾아볼 수 없고, 거의 모든 행동이 수동태다.

내 이등병 시절을 돌아보면, 역시 다른 사람들과 대동소이하다. 수난의 내용에 관해 다소 차이는 있지만 마찬가지로 굴욕의 연속이었다. 조국을 생각하는 정열은 입대 직후에 그 굴욕의 연속으로 색이 바래 버렸다. 당시의 '적'이었던 미국 영국이나 중국에 적대하기 전에 먼저 당면한 박해와 모욕과 고통과 싸워야만 했다. 다행히 죽지 않고 3년여의 군대 생활을 경험했으나 포츠담 중위*의 비참한 모습으로 제대할 때까지의 추억은 수없이 많다. 여하튼 순결청정한 청춘 시대의 3년을 헛되이 보냈다. 젊은 생명을 바친 사람들에 비하면 푸념도 할 수 없는 처지지만, 어쨌든 평생 잊을 수 없는 3년여의 세월이었다.

(시라자키 히로시 〈잘 있거라, 쑤저우여 – 나의 이등병기〉)

글 첫머리부터 뭔가 참기 어려운 위화감이 있다. 모르는 타

---

* 일본의 무조건 항복을 요구한 1945년 7월의 포츠담 선언을 수락한 8월 15일 뒤 장교로 승진 임관된 일본 군인 가운데 중위로 임관되었음을 말함.

인의 것이 아니라 아버지의 글이고 보니 논리보다 먼저 생리적 감각이 팽팽해지면서 아버지의 모습이 눈앞에 아른거린다. 전쟁이란 지겨울 정도로 생생한 신체 동작의 종합이다, 라고 지금 새삼 생각하게 만든다. 그의 문맥은 어쩐지 이상하다. 그렇게 생각하면서도 생리적 측면이 앞서 시是도 비非도 이로정 연하게 보이지 않는다. 당연한 것이지만 유쾌하지는 않다. 읽어봤자 소용없는 게 아닌가, 그만 읽을까…… 주저하면서도 자기도 모르게 글을 따라간다. 별로 대단한 얘기는 아니다. 극적이지도 않다. 딱히 의외의 내용도 없다. 진부하다면 진부하다. 다케다 타이준이 쓴 것, 오오카 쇼헤이가 쓴 것, 노마 히로시(野間宏)가 남긴 글, 히노 아시헤이가 기록한 것……과는 물론 비교도 할 수 없다. 그러나 전쟁에 참전한 아버지의 시간과 몸이 좋든 싫든 나의 시간과 몸으로 흘러들어왔고, 그것들은 하나가 되어 끊어질 수 없게 연속되어 있는 듯한 생각이 들어 문득 숨을 죽인다. 이 놀라운 시대는 무엇을 의미하는가?

3. 무의식적 낙장

아버지의 글에는 터무니없게도 중요한 것이 빠져 있다. 그것은 이 놀라운 시대는 무엇을 의미하는가……라는 근원적 의문 제기와도 연결되는, 패전 뒤의 일본에서(경우에 따라서는 지금도) 만연한 무의식적 탈락일 수 있고 낙장落張일 수도 있다. 만연해 있었으니 그것은 실수로도, 하물며 도착倒錯으로도 간주되지 않고 지극히 보통으로 지금에 이어져 다수에게 공유되고 있으므로, 망각이 변용된 끝의 무의식의 '상식'이 되어 있는 그 무언가다. '시라자키 히로시' 씨의 글은 이어진다.

군대 생활에서 처음으로 자신을 되찾은 것은 1944년 2월 중순의 추운 밤, 중화민국 장쑤(江蘇)성 창저우(常州)에 있는 중지(中支) 파견 1220부대 기관총 중대에서의 불침번 근무 때였다. 낫 모양의 겨울 달을 쳐다보며 처음으로 고향, 육친의 신상을 생각했다. 그때까지 약 1개월은 그럴 여유가 없었던 것이다. 치바현 히가시카츠시카군(東葛飾郡) 가시와마치(柏町)의 동부 22부대에 입영, 일주일 뒤에는 수송선으로 부산에 도착, 다시 수송열차로 압록강을 넘어 진푸선(津浦線)*으로 일로 남하해 난징에 도착, 거기에서는 돼지처럼 화물차 수송으로 창저우에 도착. 조국의 운명이 심상치 않은 것은 알고 있었으나 겨우 수십 일 만에 생각지도 않은 몸의 격변이었다. 착검한 38총을 안고 불침번을 서면서 눈물을 흘린 적도 있다.

학도 징병 연기를 할 수 있는 데까지 행사해서 나는 일반과 같은 현역 입영을 했다. 전우라고 부르는 '동료'들은 사이타마, 도쿄, 오사카의 청년들. 평생 잊을 수 없는 굴욕을 준 고참병들은 대부분 시코쿠 출신이었다.(……)

기상, 점호, 아침식사, 연습, 학과, 무기 손질, 저녁식사, 학

---

* 톈진에서 난징의 푸커우浦口까지 가는 철도.

과, 점호 취침, 그리고 기상…… 이러한 되풀이가 아무 전망도 없이 이어지는 가운데 강남에도 봄이 왔다. 무게 55킬로그램이라는 중기관총을 분해 운반하자면, 익숙해질 때까지는 어깨의 피부와 살이 헐었다.(……)

연습이 끝나고 부대로 돌아와 해산하면 육체적 고통은 일단 사라지지만, 그 대신에 더 두려운 고난이 기다리고 있다. 저녁식사 뒤의 내무반에서 그날 하루의 '결산'을 하기 때문이다. 죽도竹刀를 든 시코쿠 사투리의 반장(중사)이 주인공 행세를 하며 우리 신병들 앞에 나타나면, 솔직히 '미귀米鬼'도 '영귀英鬼'도 아니요, 오직 저주스러운 것은 이 군대라는 조직뿐이었다.

따귀·따귀·따귀. 굴욕의 나날들. 별로 드문 얘기도 아니다. '황군' 고참병의 신병에 대한 음습하고 집요한 구타와 모욕은 어쩌면 그렇게도 판에 박은 듯 어느 부대에서나 마찬가지로 자행되고, 마찬가지로 승계되기에 이르렀을까. 도쿄대 조교수였던 마루야마 마사오도 1944년, 육군 이등병으로 평양에 보내져, 중학교도 제대로 나오지 않은 듯한 일등병한테서 괴롭힘을 당했다지만, 시라자키 히로시 씨＝아버지의 경우도 미국 영국 중국과 전쟁하기에 앞서 고참병에 의한 눈앞의 '박해' '모욕' '고통'과 싸우지 않으면 안 되었고, '조국을 생각하는 정열'도 입영 뒤 곧 색이 바랬다고 한다. 그것은 좋다. 그것은 그래도 좋은데, 사람의 생각은 그것만으로 끝나는 게 아니다. 좀 다른 무슨 발견과 출구는 없었던 것인가. 하지만 '황군'은 악마적으로 잘 만들어진 조직이다. 인간의 존엄과 각각의 '개아個我'를 대원수 폐하의 이름으로 먼저 철저히 동등하게, 어떤 의미에서는 '공평'하게 빼앗고, 때려 부수고, 비벼서 으깨어 버린다. 그 과정에서 군대, 전쟁, 국가, 평화, 인간, 사랑 등의 사안들을 자신의 머리로 자유롭게 다시 파악하고 대상화할 의욕과 능력을 완전히 파괴한다. 그리고 결국 전쟁과 지금의 자신을 마치 '주어진 운명'인 듯 착각하게 만들어 버린다. 그것은 그렇다 하더라도, 아버지에게는 궁지에 처해, 그래도 여러 색깔을 거듭 칠한 자신만의 사고가 어둠 속에서 분명히 넘쳐흐르듯 떠오르지 않았을까. 조금이나마 산뜻한 발견과 결의는 없었을까. 한 가닥 희망을 걸고 계속 읽어 나간다. 역시 없었다.

4. 기분 나쁜 이노센스

아버지는 아마도 고참병의 '박해' '모욕' '고통'으로부터 도망칠 목적도 있었던 듯, 맹훈련으로 유명한 난징의 예비사관학교 '진링(金陵)부대'에 들어간다. 〈잘 있거라, 쑤저우여〉에는 "시험문제는 〈군인칙유〉의 일부 받아쓰기 외에 〈전진훈〉을 발췌한 구두시험. 어렵지 않게 패스……"라 되어 있는데, 약간 자신만만한 어투. 머쓱해진다. 연재에는 군대에 대한 '원통한 일'과는 정반대의 '향수'도 배어 있는데, 읽고 있노라면 그것이 아버지가 아니라 나의 과거인가 싶은, 적어도 내 과거의 띠 어딘가에 연결되어 있는 듯 느껴져 얼굴이 달아오른다. 한편으로 나는 깜짝 놀랐다. 아버지의 무의식에 놀랐다. 아주 질렸다. 그는 저 참혹한 침략 전쟁을 마치 '자연재해'인 듯 얘기하면서 자신을 그 '피해자'인 것처럼 무의식적으로 생각해 버린 듯했다. 그 완벽하기까지 한 악의 없음. 천진함과도 닮은 말투. 생각하기에 따라서는 기분 나쁜 이노센스innocence. 그것들을 나와의 관계 속에서 머뭇머뭇 덧그리는데, 내 일처럼 소름이 끼쳤다. 도저히 납득할 수 없다. 심호흡하고 연재 속에서 자신을 찾듯이 그의 몸짓, 동작을 찾는다.

　상하이 – 난징 간의 하이난선(海南線)은 신4군(화중지역의 중국공산당군) 게릴라에 의해 자주 폭파됐다. 늙어 비칠비칠한 노파가 실은 품속에 수류탄을 숨긴 게릴라의 여두목이기도 했다. 여자와 같은 흰 피부의 미소년도 붙잡고 보니 굳건한 신념의 '항일분자'인 경우도 있었다. 그와는 반대로 멋진 옷을 입고 무기를 갖고 있어도 우리 쪽의 전의는 열등하고 약했다. 그런데 그날 밤의 전투. 노선을 따라가는 작은 수로에 돌다리. 게릴라는 폭파 지점에서 그 다리를 건너 제방 그늘에 숨은 모양. 바로 수로를 사이에 둔 대치로, 불꽃놀이 대회처럼 보인 것은 먼저 도착한 우리 분견대와 교환한 수류탄, 소총탄의 화선火線이었다. 목이 마르고, 다리가 말을 듣지 않는다. 캄캄한 밤에 빛이라고는 사람 죽이는 화선뿐. 옆에 누가 있는지, 누구의 명령을 받는지 도무지 모르겠다. 그저 모두에게서 뒤처지지 않으려고 진흙 위를 기어간다.

여기에도 시라자키 히로시 씨의 무의식이 있다. "비칠비칠한 노파가 실은 품속에 수류탄을 숨긴 게릴라의 어두목" "흰 피부의 미소년도 붙잡고 보니 굳건한 신념의 '항일분자'" —라고 쉽게 써나가는 데에 아버지 내면의 무의식의 탈락, 낙장, 그리고 너무나 많은 수의 장병 및 ('내지'··'후방'의) 민중과 말없이 공유해 온 퇴폐가 있는 게 아닐까. '황군'이 붙잡은 게릴라나 '항일분자'를 죽이지 않고 석방했다는 예는 들어본 적도 읽은 적도 없다. 법에 의거하지 않은 '처형'은 '황군'의 일상생리처럼 완벽할 정도로 관습화되어 있었다. 수류탄을 가진 늙은 여인도 미소년도 고문 끝에 참살당했거나, 군도의 시험용 베기나 신병의 찌르기 훈련 '재료'가 됐을 공산이 크다. 그때 아버지는 어디에 있었고, 어떤 동작을 했으며, 무슨 소리를 했을까. 아버지가 베었는지 쳤는지 찔렀는지를 이 눈으로 보고 확인하지 않는 한 아버지를 살인자로 판정하지 않아도 된다는 것인가……자문한다. 신문 연재였기 때문에 그런 것까지 썼을 리는 없었다는 것인가. 실은 그건 들은 얘기였다고, 아버지가 살아 있다면 변명할까. 하지만 들은 얘기라고 생각할 수도 없다. 아버지는 죽었을 것이다. 직접이든 간접이든 상관없이 살인에 관여하긴 했을 것이다. 늙은 여인, 미소년, 붙잡고 보니 항일 게릴라, 그다음은 말할 필요도 없겠지, 말하면 물정 모르는 거지—라는 무의식이 아버지에게도 다른 장병들에게도 전쟁 중일 때뿐만 아니라 전후에도 잠시 공유되고 있었던 게 아닐까. "왠지 모르게 뭔가에 짓눌리면서 질질 온 나라가" 돌진했던 전쟁은, 그러나 담당 부서 곳곳에서 일상적 업무를 갖게 되고 관행을 낳았으며, 거기에 따른 '직능'도 키워 갔다. 그에 따라 아버지도 행동했음이 분명하다. 계속 읽는다. 내 아버지는 장교가 되어 고문에도 관여했다.

5. 아버지와 고문

아버지의 부대가 1944년, 장쑤성의 이싱(宜興)시에 주둔하고 있을 때의 일이다. 신4군이 시 전체를 포위하는 대공세를 폈다. 〈잘 있거라, 쑤저우여〉에는 이렇게 적혀 있다.

(……) 적의 작전은 주도면밀하게 계획된 듯, 처음에 도시 사방에 매일 밤 수류탄이 투척됐고, 이제까지 대안(對岸)의 적만을 염두에 두어 온 부대를 신경쇠약에 걸리게 만들 작정이었다. 이어서 마구간에 방화를 시도했는데, 그때는 범인이 체포됐다. 방금 전까지 마구간 청소를 도와주고 있던 노인이다. 이 자식, 어처구니없는 놈이다. 자백하게 만들어―라는 식이 돼, 오싹한 추위 속에 발가벗겨 마구간 옆에 있는 물 먹이는 곳 콘크리트 선반 위에 눕혀 묶어 놓았다. 고문에는 이골이 난 듯한 상등병이 허리춤에서 더러운 수건을 꺼내 그 노인의 얼굴에 걸쳤다. 그 위에 물을 끼얹는다. 수건은 젖어 입에 찰싹 달라붙어 호흡이 곤란해진다. 바로 어항에서 끌어낸 금붕어처럼 가련한 희생자는 몸을 돌려 피하면서 입을 빠끔빠끔 벌렸다 닫았다 하며 고통스러워했다. 그러나 완강하게 입을 열지 않

았다.

65~6세로 보이는 늙은이다. 맨몸에 물을 끼얹는 것만 해도 잔혹하기 이를 데 없는데, 젖은 수건으로 안면을 덮어 그 위에 물을 끼얹는다. 노인의 얼굴은 점차 종잇장처럼 하얘져 간다. 묶인 고목 같은 몸이 고통으로 파도처럼 출렁인다. 이런 상태로는 자백하고 싶어도 입을 열 수 없지 않을까.

어이, 그만해. 그 노인은 절대 불지 않을 거야, 그만둬. 그 상등병에게 명했다. 안색을 바꾸고 명했기 때문에, 상등병도 놀란 듯 불만스러운 표정으로 끈을 풀고 수건을 벗겨냈고 늙은이가 피리 같은 소리를 내며 숨을 쉬었기에 휴 하고 안심했다. 즉 나는 이 늙은이의 목숨을 구해 준 거지만 늙은이는 거꾸로 내가 고문을 명한 걸로 생각하는 듯하다. 위병소 옆쪽의 감방으로 끌려갈 때 힐끗 나를 흘겨보는 눈의 살기를 잊을 수 없다.

글 속에 '나의 분견대'라고 되어 있기 때문에, 고문을 명했거나, (관행이 되어 있었을 그것을 암묵적으로 하라고) 승인한 것은 아마도 소위였던 아버지일 것이다. 발가벗겨져 하늘을 보는 자세로 눕혀진 노인 얼굴에 물을 끼얹는 이 물고문은 미군정 시절의 이라크 아부그레이브에 있던 연합군 통합심문·청취센터에서 미군 병사가 수용자들에게 자행한 고문과 매우 닮았다. 고금동서를 불문하고 고문의 기본적 방법은 공통일까. 다만 이 얘기는 나는 액면 그대로는 믿지 않는다. 몸속에 떫은 잿물이 서서히 퍼져간다. 글에는 문법적으로 이상한 곳이 있다. 수동태와 능동태가 부자연스럽게 섞여 있고, 명시되어야 할 주어가 생략되기도 한다. "이 자식, 어처구니없는 놈이다. 자백하게 만들어―**라는 식이 돼**"의 '라는 식이 돼'는 무슨 얘긴가. 누구의 의사도 아니고, 자연발생적으로 전체가 그런 식이 되어 있었다는 얘기인가. 고문의 책임은 형식적으로도 실질적으로도 분견대의 대장이었던 아버지에게 있었다. 자신이 명령을 내리면서, 또는 고문을 승인하면서 "가련"하다, "잔혹하기 이를 데 없다"고 노인을 동정하고 있었던 것처럼 기술하며 비도非道의 책임을 명기하지 않고 악을 "고문에는 이골이 난 듯한 상등병" 탓으로 돌리고, 아무렇지도 않은 듯 덮어씌운다. 비겁하지 않은가. 그만한 침략 전쟁을 자행하면서 "바로 내가 전쟁을 일으켰다는 의식"이 누구에게도 없었듯이, "나야말로 고문의 책임자다"라고 밝히고 나설 생각도 아버지에게는 없었다. 책임 주체를 확실히 하는 것이 아니라 거꾸로 책임을 끝없이 확산시켜 결국 무화無化해 가는 무의식은 물론 아버지만의 것은 아니었다. 하지만 아버지만의 것은 아니었다고 해서 도대체 무엇을 구제받을 수 있을까. "묶인 고목 같은 몸이 고통으로 파도치듯 출렁인다. 이런 상태로는 자백하고 싶어도 입을 열 수 없지 않을까"라고 말은 잘 했다. 당신의 지휘하에 일어난 일 아닌가. "나는 이 늙은이의 목숨을 구해 준 거지만 늙은이는 거꾸로 내가 고문을 명한 걸로 생각하는 듯하다"는("손해봤다"는 얘기라도 하고 싶은 건가) 불만에는 정말이지 어쩔 도리가 없다. 무신경일 뿐이다. 노인은 어쨌든 죽임을 당했을 것이다. 힐끗 본 노인의 행동은 아버지의 기억을 무너뜨리고 나도 노려본다.

6. "츠츠 레로레로 츠-레-로-"

  아버지는 이 연재를 무슨 생각으로 썼을까. 고발, 향수, 회한, 참괴, 자조…… 어느 것도 아니며, 얕은 의미에서라면 그런 것들 모두가 배어 있는 느낌도 든다. 그가 군대에서 경험하고 목도한 광경의 재현에는 연재한 매체 탓도 있겠지만 전혀 '끈기'가 없다. 파고드는 것도 없다. 이 정도의 것은 누구든 크든 작든 해 본 기억이 있을 것이다……라는 방심과 무경계의 기분도 느낄 수 있다. 하지만 가장 중요한 꺼림칙한 장면은 외침이든 소리든 냄새든 진지하게 쓰여 있지 않다. 솜씨 좋게 지워져 있다. 이 정도로만 해 두자고 하는 암묵의 약속을 독자와 주고받고 있는 듯하다. 내가 아버지였더라도 마찬가지였을까? 마찬가지로 수박 겉핥기식 풍경을 지나가는 듯한 필치로 스케치했을까. 이건 의미 없는 가정일지도 모르겠다. 하지만 곰곰이 생각한다.

  연재 집필시의 아버지는 삼십대 중반. 내가 그 나이 무렵일 때와 비교해 본다. 삼십대 중반의 나는 통신사 기자로 거의 침식을 잊고 일했다. 특종도 꽤 많이 했다. 그러나 그 대부분은 지금 생각하면 당국이 의도적으로 흘린 것이었다. 나는 별로 부끄럽게 여기지 않았다. 기분이 좋았다. 가정을 전혀 돌아보지 않았다. 공을 세우려 안달했다. 종종 우쭐댔다. 공명심에 날뛰었다. 자신을 희생해서라도 부정을 고발하려고 하지는 않았다. 세상의 흐름에 맞서겠다는 생각까지 하지는 않았다. 별로 공부하려고 애쓰지 않았다. 그렇게 생각한다. 그런 나에게 젊은 아버지의 글에 트집을 잡을 자격은 없다. 하지만 그렇게 하고 싶다. 자기 자신에게 트집을 잡듯이.

아버지의 연재 〈잘 있거라, 쑤저우여〉에는 그래도 불쑥 이미지화하기 어려운 풍경이 아무렇지도 않게 나온다. 패전하기 전해인 1944년, 장쑤성의 이싱에 아버지의 부대는 주둔했다. 태평양전쟁에서 일본이 참패에 참패를 거듭하고 있을 무렵, 아버지의 부대 내에는 대여섯 명의 쿠냥(姑娘)이 있었다고 한다. "부대장실이나 부관실 복도에는 가끔 요란스러운 이부자리를 말리고 있다. 그리고 쿠냥들의 교성……"이라고 아버지는 썼다. 때로는 장교들이 그 여자들을 둘러싸고 "충돌했는데, 언젠가는 칼까지 뽑아 든 소동도 일어났다"고 한다. 젊은 중국인 여성들은 마치 부대에 소속되어 있는 것처럼 늘 눈에 띄었던 모양이다. 아버지의 추측으로는 "**현지 징발**의 '임시 게이샤'일 것이다……"라고 하는데, 내게는 이시카와 타츠조의 『살아 있는 군대』의 장면과 겹친다. 부대장들은 그 여자들을 시중들게 하면서 '주지육림의 대연회'를 열기도 했는데, "중국옷 차림의 요염한 쿠냥"들은 "어설픈 일본어로 츠레로 가락을 불렀다. 가련한 광경이었다" 하고 아버지는 썼다.

츠레로 가락이란 "츠츠 레로레로 츠 - 레 - 로 - "라는 의미 불명의 어쭙잖은 후렴구가 계속 되풀이되는 '황군'병사들이 잘 불렀던 저속한 노래. 나도 조금 부를 줄 안다. 아버지가 불렀던 것이 전염됐기 때문이다. 사람을 바보 취급하는 듯한 곡조와 가사라고도 할 수 없는 가사에 〈바다에 가면〉과 완전히 대조적인, 그러나 정반대 방향의 집단적 황폐와 짬짜미, 한통속 결탁의 냄새가 풍긴다. 이것을 젊은 중국인 여성들에게 '어설픈 일본어'로 부르게 했다는 일견 사소해 보이는 스케치가 내게는 말할 수 없이 생생하게 느껴진다. 아버지는 "가련한 광경이었다"고 정리하고 있다. 그는 '가련한 광경'의 그 앞을 알고 있었을지도 모르지만, 쓰지는 않았다. '날고기(生肉)'로 징발당한 그 여자들은 과연 전원 무사히 집으로 돌아갈 수 있었을까……

7. "새까만 웃음 피 토하듯 뿜어내고"

어쩐지 삭막하여 연재를 덮었다. 피곤했다. 그것을 썼을 때의 아버지보다 나는 2배 이상 늙었다. 이상한 일이다. 죽은 아버지를 생각하기보다 어쩐지 못난 아들을 생각하듯 아버지를 회상하게 된다. 나무랄 생각은 없다. 미워하지도 않는다. 경멸하지도 않는다. 그럴 까닭도 없다. 다만 아버지의 시간 띠가 어딘가에서 내 시간 띠와 연결되고 아버지의 경험이 부서져 빛의 입자가 되어 내 쪽으로 바스락거리며 흘러온다. 그렇게 느낀다. 같은 시간, 같은 상황(조건) 아래서였다면 나는 어떻게 했을까. 아버지와 큰 차이가 없지 않았을까―불신은 씻어낼 수 없다. 그런데 그는 연재에서 최고 책임자 쇼와 천황 얘기는 한마디도 하지 않는다. 오히려 애처로울 만큼 언급하지 않는다. 저 전쟁은 도대체 무엇이었던가―아버지는 그 사람에게 그렇게 묻고 싶은 충동을 느끼면서도 그 치밀어 오르는 충

동 이상으로 그 사람을 어쩔 수 없이 경모하고 있었을 것이다. 그 사람의, 나로 하여금 말하게 한다면, 기분 나쁘기까지 한 이노센스를(그렇게 보이도록 꾸민 유례없는 정치성이라고 의심하지도 않고) 그저 경모하고 있었을 것이다. 그러나 그 사람은 아버지의 일 따위는 조금도 생각하지 않았다. 전후 30년인 1975년 10월 31일, 황거의 '샷쿄노 마(石橋の間)'에서 열린 천황의 기자회견만큼 굉장한 사건은 현대사를 통틀어도 없었다. 아니, 세계사상 가장 압도적인 힘을 가진 블랙 유머가 바로 그것이었다. 마루야마 마사오도 요시모토 타카아키도 전혀 당해낼 수 없는, 열핵폭탄조차 일순간에 무효로 만들어버릴 정도의, 이치에 닿지 않는 정도가 아닌, 실로 법을 초월하고 인간세계를 초월하는 힘이 있었다. 미국 방문을 끝내고 막 귀국한 쇼와 천황이 일본의 모든 언설, 기억, 사상의 온갖 관절을 단 한 번에 떼어내 탈구시키고 모든 것을 물렁물렁하게 용해시켜 버렸던 것이다. 그것 참, 대단하지 않은가.

　　(질문) 또 폐하는 이른바 전쟁 책임에 대하여 어떻게 생각하고 계신지, 여쭙고자 합니다.
　　(천황) 그런 말의 무늬(綾, 멋진 표현)에 대해서는, 나는 그런 문학 방면은 별로 연구도 하지 않아서 잘 모르기 때문에, 그런 문제에 대해서는 대답을 하기 어렵습니다.

　그 뒤 이 나라의 기억도 사상도 문학도 저널리즘도 녹은 생선 젤라틴처럼 의미를 잃었다. 드문 예로 이바라기 노리코*의 시 「사해파정四海波靜」이 천황이 아니라 천황에게 한 방으로 케이오 당해 소리도 내지 못한 매스컴에 욕을 퍼부었을 뿐이다. 그것도 지금은 깨끗이 망각했다.

> 전쟁 책임을 묻자
> 그 사람은 말했다
> 그런 말의 무늬에 대해
> 문학 방면은 별로 연구하지 않아서
> 대답을 하기 어렵습니다
>
> 나도 모르게 웃음이 치밀어 올라
> 새까만 웃음 피 토하듯
> 뿜어내고는 멈췄다가 또 뿜어낸다
>
> 세 살 아이도 웃겠다
> 문학 연구 하지 않으면 아바바바바도 할 수 없다면
> 네 개의 섬
> 웃고 웃어 울려퍼지게 할까
> 30년에 한 번 터무니없는 블랙 유머

---

* 이바라키 노리코(茨木のり子, 1926~2006). 시인. 오사카 태생. 1953년 시학연구회에 투고했던 가와사키 히로시(川崎洋)와 시지詩誌 〈노(櫂)〉를 창간. 시집에 『보이지 않는 배달부』 『진혼가』 『나의 감수성 등급』, 에세이집으로 『한 그루 줄기 위에』 등.

들판에 내버려진 해골조차

컥컥컥 웃었는데

요리토모*급의 야유 하나 날리지 못하고

어디로 가고 없어졌나 낙수광가落首狂歌**의 정신

그리고 이제 "미사일 착탄—등의 위기 사상事象"이라고 한다. 전쟁은 어쩌면 손쉽다. 노랑나비가 토끼풀 위를 날아가고 있다. 문제가 없는 것 같다. 전쟁은 올 것이다. 뇌가 노래하고 있다. 츠츠 레로레로 츠−레−로−……

8. 어둠의 불수의근

몇 가지 말을 완전히 잊고 있다. 생각해 낼 수 없다고 해서 지금 당장 지장이 있는 것도 아니므로, 목구멍 깊숙이에서 말 자투리를 감지하면서도 방치해 둔 채 살고 있다. 산책하러 나갔더니 자전거 거치장의 검은 펜스를 따라 눈에 익은 노란색 꽃이 아직 피어 있었다. 바람이 분다. 조용히 꽃잎이 떨어진다. 뭔가 생각한다. 낙화유수落花流水라거나 시시한 것. 금방 잊혀진다. 꽃그늘에서 복화술 쇼라는 낡은 포스터가 누렇게 색이

---

* 가마쿠라 막부를 연 미나모토노 요리토모(源賴朝). 헤이안 시대 말기 제77대 고시라카와(後白河) 천황에게 정면으로 대들었다.
** 낙수광가(落首狂歌). 풍자와 익살을 주로 한 단가(短歌).

바래가고 있다. 전 세기의 복화술 쇼의 새된 목소리가 꽃그늘 아래 사람들이 밀려들게 하고 있다. 꽃잎이 펜스 바깥 쪽 노면에 떨어져 덮고 있고, 그것이 튜브에서 갓 짜여 나온 그림물감 같아서 피하면서 지나간다. 노란색이 뿔뿔이 흩어져 있다. 그렇게 해서 때가 오고, 그렇게 해서 때가 지나간다. 일각—刻 일각 시간이 가라앉아 간다. 비스듬히 빠져나가 사라진다. 뭔가 생각한다. 생각이 금방 노랗게 흐려진다. 무엇을 생각하려 했는지 잊어버린다. 잘 알고 있는 그 꽃의 이름을 소리 내어 불러 보려 해도 할 수 없다는 걸 깨닫는다. 할 수 없게 됐다. 금방 생각해 내겠지. 걷는다. 생각나지 않는다. 매우 흔한 꽃잎 다섯 개 꽃인데. 아주 좋아하는 것도 특별히 싫어하는 것도 아닐 텐데. 꽃에 어렴풋한 감정의 응어리도 있는 것 같은데, 그 까닭을 밝히려고도 하지 않았다. 거기에 있는 게 지극히 자연스러운, 없어도 알아채지 못할 수수하고 말없는 꽃. 떨어진다. 팔랑팔랑. 그 꽃의 속성—만일 그것을 배제한다면 그 꽃의 존재 자체도 부정해 버릴 성질. 그것과 나의 관계…… 모르겠다. 거기까지 파고들어 생각해 본 적도 없다. 꽃의 이름도 기억도 머리의 누레진 어둠 속에서 빠져나오지 못한다. 그리하여 이틀, 사흘이 지났다. 생각이 나지 않는다. 어쩌면 노란 꽃의 이름을 생각해내고 싶지 않은 것인지도 모르겠다. 그런 기만이 나와 꽃 사이에 작용하고 있는 것인가. 꽃 일을 또 잊고 다른 것을 생각해낸다. 누런 똥물을 게워내듯 고통스럽게 생각해낸다. 다시 한 번 그대로 쓴다. '전쟁 책임'을 둘러싼 기자의 질문과 쇼와 천황의 대답. 이것을 알아들었다는 듯한 쓴웃음 정도로 지나가고, 그리고 전쟁 책임의 모든 것이 무산된 지금이 있다.

　(질문) 또 폐하는 이른바 전쟁 책임에 대하여 어떻게 생각하고 계신지, 여쭙고자 합니다.
　(천황) 그런 말의 무늬에 대해서는, 나는 그런 문학 방면은 별로 연구도 하지 않아서 잘 모르기 때문에, 그런 문제에 대해서는 대답을 하기 어렵습니다.

　물은 사람은 일본 신문의 기자가 아니라 〈더 타임스〉의 나카무라 코지(中村康二) 기자였다. 그 회견에서 천황 히로히토에게 원폭 투하에 대해 물은 것도 주요지가 아니라 〈주코쿠(中國)방송〉(히로시마)의 아키노부 도시히코(秋信利彦) 기자였다. 이것도 되풀이하는 말이지만, 치욕의 질과 그 소재所在를 찾기 위해 다시 한 번 그대로 쓴다.

　(질문) 원자폭탄 투하의 사실을 폐하는 어떻게 받아들이고 계신지, 여쭙고자 합니다.
　(천황) 원자폭탄이 투하된 것에 대해서는 유감이라 생각은 합니다만, 그런 전쟁 중의 일이기 때문에, 참으로, 히로시마 시민에 대해서는 안타깝지만 어쩔 수 없는 일이라고 나는 생각합니다.

　이 두 가지는 전후에 가장 진지하게 천황에게 물어야 했고, 그리고 질문을 받은 자는, 제대로 한다면 핏덩이를 토하듯 대답을 했어야만 될 일이었다. 그러나 질문은 말하자면, 보기 좋게 달래졌다. 달랜다는 것은 "잘 구슬러서 속인다"는 말이므로 천황 히로히토의 진의와는 달랐을지 모르겠다. 히로히토의 진의가 어떠하든 발신을 사자·유족에 대한 심한 모독, 모욕으로 받아들이고 노기怒氣를 드러나게 표현한 주요지 사설, 기사는 거의 없었다. 회견장에는 기자들의 감정을 억누른, 그러나 부끄러운 줄 모르는 웃음소리조차 있었다. 그 결과 천황 발언은 별다른 이슈가 되지도 않았고, 대다수 사람들은 분노하지도 않았다. 천황 히로히토의 발언에 심히 분개한 소수자들 중에는 이바라키 노리코 외에 작가이자 의사인 후지에다 시즈오(藤枝靜男, 1907~1993)도 있었다. 후지에다는 어떻게 할 수 없는 격한 분노를 신문 문예시평 난에서 표명했다. 그 제목에는 편집자의 '배려' 덕이겠지만, 천황이란 글자는 전혀 들어가지 않았다. 그러나 그 글에는 이바라키 노리코와는 또 다른 분노가 부글부글 끓고 있다.

이것은 문예시평은 아니지만 관계가 없는 건 아니다―천황이 태어난 뒤 첫 기자회견이라는 텔레비전 프로를 보고 실로 형용할 수 없는 천황 개인에 대한 분노를 느꼈다. 애처롭고 비참하다는 평생의 감정보다 그게 먼저 왔다. 아무리 "어쩔 수 없었다"라고 해도, 그것만으로 인간이라고 할 수는 없다. 천황제의 '피해자'라고만 얘기하고 끝나는 건 참을 수 없다고 생각했다. 동물원의 너덜너덜해진 타조를 보고 "이미 이것은 타조가 아니"라고 절규한 다카무라 코타로*가 살아서 봤다면 뭐라 생각했을지 상상하고는 애처롭게 느꼈다. 삼십대의 사람은 아무 생각도 없었을지 모르겠다. 나는 새해에 68세가 된다. 누군가 저 상태를 비극도 희극도 아닌 똥(糞) 리얼리즘으로 표현해 줄 사람은 없는가. 죽어서 저승으로 가지고 갈 선물로 읽고 가고 싶다.

(1975년 11월 28일 도쿄신문 '문예시평')

후지에다의 분노는 에두르거나 모호하지 않고 간단명료하며 공개적이다. 문학적 군말도 레토릭도 거리낌도 없다. 히로히토를 가리켜 "천황 개인에 대한 분노를 느꼈다" "그것만으로 인간이라고 할 수는 없다"—고 이 나라의 한복판에서 떠들어댄, 한마디로 말하기 어려운 위험. 내면의 '둑'이 분노한 나머지 참지 못하고 터져버린 그 순간에 쓰인 글일 것이다. 간명하다면 간명하지만 그 배후에 몇만 개의 단어들을 동원해도 충분치 않을 생각이 담겨 있다. 후지에다가 지적한 '저 상태'란 무엇인가. 전쟁 책임에 관한 쇼와 천황의 아연실색할 수밖에 없는 **시치미 떼기** 행태일 것이라는 건 금방 알 수 있다. 그러나 그것만이 아니다. 같은 글 속에서 후지에다 시즈오는 "(……)우리 연배에게 패전은 해방과 희망이었고, 유소년이었던 사람들에게는 그것이 생활 기반의 붕괴, 상실과 불안이었다는 것, 그러나 현실은 오늘 지금처럼 진행되어 온 사정과 관계가 있다"

---

* 高村光太郎(1883~1956). 시인, 조각가.

고도 썼다. 여기서 후지에다의 분노가 천황 히로히토의 무책임, **시치미 떼기**만을 향하고 있는 것은 아니며, 그것을 추궁하지 않고 암묵 속에 수용해 온 사람들과 괴물 같은 전후 사회의 행태로도 향하고 있음을 읽어낼 수 있다. '저 상태'란 도대체 어떤 상태인가, '똥 리얼리즘'이든 뭐든 끝까지 진상을 밝혀내는 언어화가 이뤄지지 못한 가운데, 현재 전쟁법안이 버젓이 통과되는 '이 상태'를 향하고 있는 것이다.

그런데 이에나가 사부로*는 『전쟁 책임』(1985)의 제3장 '일본 국가의 전쟁 책임은 어떤 점에 있는가'에서 이 1975년 회견에 대해 언급하고 있다.

(기자회견은) 천황에 대해 직접 단적으로 전쟁 책임을 묻고 천황이 육성으로 거기에 대답하는, 최초이지만 아마도 최후가 될 게 틀림없는 기회였다고 생각되는데, 이를 시청한 국민들 마음에 받았을 충격이 어느 정도였을지는 〈아사히신문〉 1975년 11월 30일 '아사히 가단歌壇'에 실린 이이지마 도시에가 지은 시 "말의 '무늬' 말씀을 어떻게 들으실까 물에 빠진 시체는 풀이 자란 시체는"이라는 한 수만 읽어도 감지할 수 있지 않을까.

---

* 이에나가 사부로(家永三郎, 1913~2002) 역사학자. 나고야시 태생. 도쿄대 사학과 졸업. 1949년 도쿄교육대학(지금의 츠쿠바대) 교수. 집필한 고교 교과서가 검정 불합격이 된 것을 계기로 검정은 "표현의 자유 침해" "교육에 대한 국가의 간섭"이라며 헌법 위반을 주장, 32년간에 걸쳐 국가와 재판을 통해 싸웠다. 저서에 『상대 왜 회화 전사(上代倭繪全史)』 등.

그럴까? 전후 30년에 즈음한 저 천황의 회견으로 "국민들 마음에 받았을 충격의 정도"란 어떤 것이었을까. '충격'이 있기나 했을까. 나의 '충격'은 오히려 도쿄대 교수 요코타 키사부로(橫田喜三郎, 나중에 최고재판소 장관)로 하여금 "전쟁 준비에도 개시에도 천황은 깊이 관계했다. 스스로 전쟁을 바라지는 않았지만 굳이 반대하지도 않았으며, 차례차례 군부의 정책에 동의해 주었고 결국 전쟁 개시에도 동의해 주었다"(『천황제』 1949)라고 얘기하게 만들었던 장본인이 이렇게까지 사람을 사뭇 깔보는 듯한 말을 하셨는데, 그럼에도 사람들은 별로 분노하지도 않았고, 어디를 어떻게 둘러봐도 전혀 '충격' 따위 받지 않은 듯한 모습이야말로 충격적이었다. 아주 예외적으로 시 '사해파정'으로 새까만 피를 토하는 듯한 홍소哄笑를 터뜨린 이바라키 노리코는 천황 회견을 텔레비전으로 보고 "천황에 대해 어떤 격렬한 일이라도 해치울 수 있을 듯한 생각이 들었다"고 나중에 술회했다.(고토다 마사하루後藤田正治 『맑고 차가움(清冽) ─ 시인 이바라키 노리코의 초상』) 단지 그렇게 쓰기만 해도 이 나라에서는 얼마나 (초논리적으로) 위험한 것인지 시인이 모르고 있었을 리 없다. '사해파정'과 '어떤 격렬한 일이라도 해치울 수 있을 듯한 생각이 들었다'라는 '국화(菊, 일본 황실의 문양)의 금기'에 대해 언급하는, 보기에 따라서는 '옥체'에 대해 드러내는 분노의 표백은 문학이든 비문학이든 신변의 위험을 초래할지도(라는 생리적 판단이 작용한다) 모르기 때문에 표현으로서는 매우 드문 경우이며, 같은 이유로 공공연히 논의되는 경우도 없었다. 이바라키도 아마도 마찬가지 이유에서인지 집요하게 그것을 문제 삼지는 않았다. 천황제가 무엇인지 모르는 지금의 젊은이들도 '국화의 금기'에 대해서는 생리적, 무의식적으로 미리 감득·학습하고(당하고) 있는 듯하며, 그것 자체가 천황제가 지닌 보이지 않는 심적 위압威壓으로 사람들 몸 안팎에서 어둠의 불수의근不隨意筋처럼 작용하고 있는 듯하다는 것―에는 새삼 놀라게 된다. 1988년 쇼와 천황이 중태에 빠졌을 때 궁내청 회의에서는 "옥체를 다치게 해서는 안 된다"는 수술 반대 의견도 나왔다고 한다. 중국에 대한 침략 전쟁으로 죽이고 다치게 한 엄청난 수의 몸, 원폭으로 검게 눌은 무수한 몸, 오키나와전에서 죽음으로 내몰린 많은 몸―들과 '옥체玉體'는 생물학적으로 같은 것이지만 같지 않다. 그 배리背理는 이 나라에서는 한 번도 극복되지 못했으며, '국화의 금기'는 전후 70년이 지난 지금도 전혀 해제도 감압도 되지 않고 있다. 그것은 외압이라기보다 오히려 내압으로, 더욱 가압加壓되고 있다.

9. "모두 남을 위하는 체하면서 자기 실속을 차림"

잊고 있던 말을 우연히 하나 생각해냈다. 노란 꽃의 이름은 아직 나오지 않는다. 떠올려보면 별로 대단한 게 없다. "국민의 마음에 받았을 충격의 정도"라는 이에나가 사부로의 관찰은 얘기가 안 될 정도로 빗나간 것이었다. 전쟁으로 이미 차질에 차질을 거듭 빚어 온 사람들은 쇼와 천황 기자회견이 열린 1975년 훨씬 이전부터 생각의 뿌리가 이미 '닳아빠진' 상태였다. 나는 학생 시절에 그런 취지의 글을 읽은 적이 있다. 다만 '닳아빠진' 것이 아니라 왠지 더욱 막히고 복잡하게 골절된, 감당할 수 없는 일본어로 그것은 표현되어 있다. 그 책을 찾았다. 찾아냈다.

전쟁으로 피로해지고 큰 타격을 입은 일본의 대중은 지배층의 패잔敗殘을 목도했다. 먹으려야 먹을 게 없고 집도 없어진 상태에서 무엇을 할 것인가? 폭동으로 지배층을 쳐부수고 자신들의 힘으로 일어설 것인가?

아니면 천황, 지배층의 '종전' 성명을 곁눈질하며 철저한 항전을 산발적으로, 게릴라식으로 전개함으로써 '종전'을 '패전'으로까지 전화시킬 것인가?

그러나 일본 대중은 그 어느 쪽 길도 택하지 않고 전혀 의외의(실은 의외도 뭐도 아닐지도 모르겠지만) 길을 걸어갔다. 대중은 천황의 '종전' 선언에 고개를 숙이거나 기쁜 듯이 그것을 들었으며, 병사들은 저항 없이 미군에 의해 무장 해제됐고, 삼삼오오 또는 집단으로 몹시 황폐해진 향토로 돌아갔다. 어지간한 불평분자가 아닌 한 군의 식량이나 옷을 있는 대로 가득 채워 넣은 짐을 등에 짊어지고!(……)

일본 대중은 여기서 어떤 본질을 드러낸 것일까? 우리는 그때 절망적인 대중의 이미지를 봤으며, 그 이미지를 어떻게 이해할 것인지는 전후의 모든 것들과 연관될 수밖에 없었다. 유감스럽게도 마루야마 마사오의 전후 사상에서는 그것을 들을 수 없다.

우리는 패전 때 대중의 절망적인 이미지 속에서 일본적인 '무위無爲'가 무엇인지를 봤다. 대중은 분노하는 대신 모두 오타메고카시(おためごかし)하고 있는 것 아닌가, 하는 부조리와 지배자 거부 모습을 엿보게 했다. 설령 전쟁 권력과 반대되는 어떤 상징을 가져 오더라도 이 대중의 불신을 흔들어 움직일 수 없다는 건 명백했다. 어딘가에서 사고방식을 바꿀 필요가 있다. 패전을 경계로 파시즘에서 다시 코뮤니즘으로 돌아선 무리, 일본 지식인의 겹바닥(二重底)의 하나를 지배층으로부터 제거해 홑바닥(一重底) '민주주의'로 돌아선 '진보'파, 이들은 당연히 대중의 '무위'와 '불신'의 양식과 대면할 수밖에 없었다.

(요시모토 타카아키 「마루야마 마사오론」『야나기타 쿠니오론·마루야마 마사오론』)

인용이 너무 길었는지도 모르겠다. 생각해내고 싶었던 것은 '**오타메고카시**'다. 오타메고카시란 보통 방법으로는 다루기 힘든 만만찮은 말이다. '오타메おため'는 '위하다(御爲)'로, 이것만으로는 "상대를 존경하고, 그 사람의 이익이 되는 것을 하다"라는 의미 정도이지만, 다분히 좀 더 바닥을 알 수 없는 함축이 있어서 "그 사람의 이익이 되는 것을 해 **보여서……**"라는 수상한 뉘앙스가 이미 함의되어 있다. 접미어 '고카시'는 '剄し' 또는 '轉し'라고 쓰는데, 이것은 동사 '고카스'(轉がす굴리다, 넘어뜨리다, 속이다)의 연용형으로, 뭔가 평계를 대거나 뭔가 하는 시늉을 내면서 보기 좋게 한방 먹이다, 속이다는 뜻을 나타낸다. '친절親切고카시' '오타메고카시'로 되면 겉으로는 상대를

위하는 듯 보이면서 실제로는 자신의 이익을 꾀하는 것이다. 이것은 시장원리가 작동하는 모든 공간에서의 언어와 행동으로, 오타메고카시가 아닌 것은 없다는 것이다. '고카시' 위에는 통상 긍정적 가치가 내걸려 있지만 그것은 어디까지나 상대가 믿도록 만들기 위해 보여주는 돈이나 미끼 같은 속임수로, 깜빡 그런 것들에 넘어갔다가는 후회하게 된다는(영어로 번역하기가 매우 어렵다), 칙칙하고 뒤틀린 일본어다. 패전 때의 민중의 심상으로 "분노하는 대신 모두 오타메고카시하고 있는 것 아닌가"라는 '일본적 무위' '불신'을 든 젊은 요시모토의 관찰은, 1975년의 천황 발언에 의해 "국민이 마음에 받았을 충격의 정도" 등 이런 마당에 얼빠진 얘기를 쓴 이에나가 사부로의 '정의正義고카시'보다, 말할 것도 없이, 훨씬 더 예민했다. 그리고 이바라기 노리코의 "새까만 웃음 피 토하듯/ 뿜어내고는 멈췄다가 또 뿜어낸" 홍소는 천황 히로히토의 오타메고카시, 매스컴의 오타메고카시, "말없는, 어쩐지 기분이 나쁜 군중"(「사해파정」)의 오타메고카시—에 대해 각각 머리에 찬물을 끼얹은 것이며, 시인으로서 지극히 당연한 생체반응이기도 했다. "어떤 격렬한 짓이라도 해치울 수 있을 것 같은 기분"은 '불발'로 끝났지만.

10. "괜찮아, 괜찮아"

오늘도 노란 꽃을 봤다. 노란색이라고는 해도 아주 조금 붉은 기가 녹아들어간 듯한 노란색이다. 거기가 수상한 놈이다. 개화기는 이미 끝났을 텐데, 꽃잎이 오그라들고 여기저기가 갈색으로 변했다. 이름은 아직 생각해내지 못했다. 친구에게 전화해서 물어보는 것도 망설여진다. 한데 지나가면 금방 꽃 얘기는 잊었다. 아버지의 연재 〈잘 있거라, 쑤저우여〉를 다시 펼친다. 요시모토 타카아키가 쓴 "분노하는 대신 모두 오타메고 카시하고 있는 것 아닌가"라는 얘기가 꼬리를 끌었는데, 그렇다면 패전 때의 아버지 심경은 어떠했을까 하는 생각을 했다. 아버지들은 장쑤성의 창수(常熟)에서 일본의 무조건 항복을 알았고, 그 뒤 쑤저우에서 신4군에 의해 무장해제당했다.

　　창수에서 알게 된 조국 패망의 대 비보에 우리는 망연자실, 잠시 어찌 할 바를 몰랐다. 중대 전원이 서로 부둥켜안고 통곡하는 장면은 기억에 없지만, 가만히 있을 수 없는 불안감, 슬픔, 망향의 그리움이 견딜 수 없는 더위와 뒤섞여 정신 나간 사람처럼 며칠을 보낸 것을 기억하고 있다. 오늘도 주변 민병 게릴라가 일제히 봉기해 우리를 습격해 오지 않을까, 무조건 항복을 했다는 조국에서는 동포들이 집이 불타고 참살당하고 있는 것은 아닌가, 우리 병사들은 한 사람도 남김없이 전차 캐터필러에 깔려 죽는 것은 아닐까…… 쑤저우 부대에서 내려올 명령을 기다리면서 매일 빈둥거리며 그런 불안 망상에 사로잡혔다. (……) 고참병들도 패전을 알고는 모두 목숨이 아까워져 완전히 인간이 변한 듯 보인다. 이미 전투라고 이름 붙은 것은 모두 이제 그만, 하루라도 빨리 고향에 돌아가고 싶다……라는 표정이다. 그중에는 패전으로 이미 군대 계급도 규칙도 없어진, 장교도 병사도 있을 수 없고, 점호도 명령도 이미 모르겠다고 부루퉁한 고참병도 있었다.

신문 연재에는 '오타메고카시'란 말은 없다. 그보다는 당면한 사태에 대한 공포감이 짙게 배어 있다. 매우 고약한 짓을 저질렀기 때문에 전차에 깔려 죽을지도 모른다. "캐터필러 밑에 깔릴 것"이라는 건 상당히 리얼한 상상이 아닌가. 중국인들을 캐터필러로 깔아뭉갠 적이 있는 자들이 마찬가지로 보복당할 것이라는 데에 대한 전율인가. 그럼에도 부대의 외면도 내면도 일변했다. 이제까지 있었던 뭔가가 소리를 내며 무너지고 있다. 연재는 그러나 무너지고 있는 것의 본질과 이제 찾아올 것의 이미지를 쫓아가지는 않는다. '오타메고카시'라고 쓰지는 않았으나 "모두 오타메고카시"라는 분위기가 있다.

창수 철수의 날이 왔다. 장례를 하듯 출발한다. 현지의 중국인들이 검은 산처럼 무리지어 와서 제각각 우리를 비웃고 증오의 시선을 보낸다. (……) 물자나 숙사 일로 여러 가지 도움을 받은 진장(鎭長. 마을 이장) 집에 인사하러 간다. 베이징어를 말할 줄 아는 품위 있는 노인이었다. 그 진장이 "부야오진 부야오진(不要緊 不要緊, 괜찮아 괜찮아)"을 거듭 얘기하며 내 어깨를 두드려 주었다. 처음으로 눈시울이 뜨거워졌다. 그 "괜찮아"를 나는 "걱정하지 마라. 싸움이 끝나면 같은 아시아의 벗들 아닌가"라고 해석했다. 제멋대로의, 자기 중심적인 해석이었는지도 모르겠다.

"부야오진"이란 별일 없어, 걱정하지 마, 상관없어, 문제없어, 노 프러블럼······이란 의미의 중국어로, 종종 사죄의 말에 대한 대꾸로 사용된다. 웃으려야 웃을 수 없고, 울고 싶어도 울 수 없는 두 가지의 전혀 다른 감정의 교차와 (아버지 쪽의) 터무니없는 오산이 여기에 있다. 첫째로, "물자나 숙사 일로 여러 도움을 받은"이란, 말은 하기 나름인데, 그게 그것과 닮았다 해도 물자는 '징발'이라는 이름의 약탈·강탈, 숙사도 현지 가옥의 강제접수였던 것을 생각하면 거짓말에 가까운 말 바꾸기 아닌가. 사실은 헨미 소위가 패전을 계기로 보복 등의 '뒤탈'을 걱정했기 때문에 진장에게 '인사'라기보다 이제까지의 난폭한 행패에 대한 '사죄'를 하려고 미리 앞질러 간 것 아닌가. 그래야 이치에 맞다. 아버지는 '인사'의 내용에 대해서는 언급하지 않는다. 70년 전 아버지의 말을 상상해 본다. 예컨대 "전쟁이라고는 하나, 본의 아니게 큰 폐를 끼쳤다. 이 기회에 사죄드리고 싶다"라고 하지 않았을까. 이에 대해 점잖은 진장은 소위의 어깨에 가볍게 손을 얹고 "부야오진 부야오진"이라며 '황군' 부대에 대한 공포와 증오와 경멸을 감추고 태연을 가장한 채 거듭 말했다, 고 한다면 앞뒤가 맞는다. 그러나 그 '부야오진'은 "아니 아니, 마―마······" 정도의 응대였을 것이고, "걱정 마라. 싸움이 끝나면 같은 아시아 친구들이 아닌가"라는 건 럭비 시합도 아니고, 의역은커녕 심한 오역이다.

11. 기품 있는 어른과 악동

창수를 철수한 헨미 소위의 부대는 게릴라의 산발적 공격을 받으면서 쑤저우까지 망령의 행렬처럼 행군을 했는데, 거기서 기다리고 있던 신4군 부대의 장교는 유창한 일본어로 "수고했습니다. 피곤하지요. 괜찮아요. 걱정할 것 없어요……"라며 말을 걸어 왔다고 한다. 진장의 '부야오진'과 함께 배우俳優라고 해야 할까 차원의 차이를 느끼게 했다. 어쨌든 아버지들은 죽임을 당하지도 않았고 고문도 받지 않은 채 '일부소주집중영日俘蘇州集中營'(일본군 포로 쑤저우 수용소)에 수용됐다. 부대장은 포로의 몸인 주제에 거기에서 뉘우침도 없이 장교들에게 '신국神國 일본 불멸 강좌'라는 걸 열었고, '신주神州 불멸' 따위를 믿지 않게 된 장교들은 '대연예회'를 개최해 큰 인기를 얻었다고 한다. 바꿔 말하면, 완전히 적의 수중에 있으면서 '신주 불멸 강좌'나 '대연예회'를 개최한 것은 중국 쪽이 실로 관대하게 그것들을 허용했기에 가능한 일이었다. 거꾸로 '황군'이 중국인 포로들에게 그런 것을 하게 했다는 얘기는 들어 본 적이 없다. 세련된 어른과 예의범절 없는 악동—적어도 그 정도의 차이가 있다. '포로 처분 방침'을 공언하고 수많은 포로들을 '처리'란 명목으로 살해한 '황군'과는 너무 큰 차이가 있는데, 그 원인에 대해 아버지는 어떻게 생각했을까. 아무 생각도 없었던 걸까. 꼭 뭔가를 아프게 느꼈을 것 같은데, 연재에서는 거기에 대해 아무 얘기도 하지 않았다. 피아彼我 중의 '아我'에만 집착하고 '피彼'의 깊은 속을 보려고 하지 않는다. 왜 그럴까. 아버지도 '기획'에 관여했다는 포로수용소 내의 '대연예회' 모습에 대해서는 다음과 같이 기록했다. 대중 침략 전쟁 포로들의 폐쇄된 고양감은 일본이라는 위상의, 언제 어디서나 끊임없이 일본주의적인 범죄 의도(犯意) 없음, 천진함, 희한함과 겹친다.

전국에서 모였다. 상상 이상으로 예능인들이 모였다. 도키와즈* 선생도, 시나리오 작가도, 음악학교 중퇴자도, 대학 연극부 출신도 과분할 정도의 면면들이 한 데 모였다. 극, 민요, 가요곡, 무용 등 대회는 심야까지 이어져 추위 속에 박수 소리가 끊이지 않았다. 고치(高知) 지역 민요, 니가타 지역 민요, 도야마 지역 민요 등이 이어지고 마지막에는 각 현의 민요 비교가 있었는데, 그중에 조선의 특별지원병들이 춤추고 노래한 〈도라지〉는 애처롭게도 가슴에 사무쳤다.

여기서 처음으로 조선인 '황군' 병사들이 등장한다. 앞서 말했듯이 아버지는 제대 뒤 세월이 한참 지나고 나서 술에 취해서 입을 잘못 놀렸다. "조센징은 안 돼. 저놈들은 손으로 후려갈겨도 안 돼. 슬리퍼로 때리지 않으면 안 되는 거야……" 아버지가 제국 육군의 가죽 슬리퍼로 구타했을 조선인이란 앞서 얘기한 '대연예회'에서 〈도라지〉를 춤추며 노래한 특별지원병들이었을까. 〈잘 있거라, 쑤저우여〉라는 연재가 실린 것은

---

* 常磐津. 일본 전통 샤미센 음악의 일종.

412

1956년. 내가 12세 무렵이었고, 그 무렵 "슬리퍼로 때리지 않으면 안 돼"라는 아버지의 흐릿한 발언을 들었다는 생각이 난다. 연재에서는 자신의 조선인 차별도 슬리퍼 구타 사건도 나오지 않는다. 그렇다면 조선인 특별지원병들이 춤추고 노래한 〈도라지〉가 "애처롭게도 가슴에 사무쳤다"고 한 것은 어떻게 봐야 할까. 이것은 아버지라는 사람의 내면의 이중성 또는 위장일까. 디테일이 마음에 걸린다. 도쿄대 조교수 시절에 입대한 마루야마 마사오는 조선인 '황군' 병사를 슬리퍼로 때리는 짓은 물론 하지 않았다. 거꾸로다. 마루야마 마사오 이등병에게 "가장 짓궂은" 가혹행위를 가한 것은 육군병지원자 훈련소에서 철저히 '황민화 교육'을 받은 조선인 일등병이었다고 한다. 마루야마가 "군대에 간 것은 자기 의사가 아니다"는 것을 확실히 하기 위해 간부 후보생이 되는 길을 택하지 않았던 것과는 달리 아버지는 난징 예비사관학교 '진링(金陵)부대'에 들어가 소위로 임관했으며, 패전 때는 이른바 포츠담 중위가 됐다. 말할 필요도 없이, 아버지와 마루야마 사이에는 큰 차이가 있다. 마루야마가 자신을 때린 조선인 일등병을 식민지 지배를 받으면서 '황군'병사가 된 자의 굴절된 원한이라는 시선으로 볼 수 있었던 데에 비해, 아버지는 자신이 구타한 조선인의 내면을 역사나 민족, 세계라는 큰 창구를 통해 대상화하려고 하지는 않았다.

12. 아버지와 '그들의 만행'

그런 마루야마 마사오를 요시모토 타카아키는 "매우 분명한 세계사 이미지를 지닌 정신"으로 높이 평가하는 한편, "전쟁 자체에 빠져들지도 않지만 거기에 저항하지도 않는 이중성"의 주인공으로 냉정하게 바라본다. 요시모토의 마루야마 비판의 백미는 일본군의 잔학성을 설명하기 위해 쓴 다음과 같은 얘기에 대한 반론이기도 했다.

> (……) 이번 전쟁의, 중국이나 필리핀에서의 일본군의 포악한 행태에 대해서도 그 책임의 소재는 어쨌든 간에 직접적인 하수인은 일반 병사들이었다는 뼈아픈 사실에 눈을 감아서는 안 된다. 국내에서는 '천한' 인민이고 부대 내에서는 이등병일지라도 일단 외지에 나가면 황군으로서 궁극적 가치와 이어져 있는 일을 통해 한없는 우월적 지위에 서게 된다. 시민 생활에서 또 군대 생활에서 압박을 이전할 곳을 갖지 못한 대중이 한번 우월적 지위에 서게 될 때 자신을 덮쳐누르고 있던 모든 중압에서 일거에 해방되려는 폭발적인 충동에 사로잡히게 된 것은 이상할 것도 없는 일이다. 그들의 만행은 그런 난무亂舞의 슬픈 기념비가 아니었을까.
>
> (마루야마 마사오 「초국가주의의 논리와 심리」)

이 논술에 요시모토는 거칠게 반박했다. 마루야마의 지적은 알기 쉽게 얘기하자면, 일본군의 만행은 마루야마 이등병과 같은 인텔리 병사들에 의해 자행된 것이 아니라 직접적으로는 오로지 신분이 낮고 교양이 없는 '천한' 인민에 의해 저질러졌다는 것이다. 그 때문에 일본군의 잔학 행위는 "그들의 만행"이라고 타인의 범죄로 처리된다. 나는 일본군의 잔학성에서의 아버지의 위치, 천황 히로히토의 위치·책임과 연관 지어 마루야마의 앞 논술과 요시모토의 준열한 반론에 계속 관심을 가져왔는데, 아직도 잘 이해가 안 되는 부분이 있다. 요시모토 타카아키는 "황군으로서 궁극적 가치와 이어져 있는 일을 통해" 일반 병사들이 잔학하기 짝이 없는 짓을 저질렀다는 것은 어떤 논리에서든 있을 수 없으며, "사람은 이념에 의해 잔학해질 수는 없다"고 단언한다. '잔학'이나 '만행'은 '생활사'에 속하는 개념이고, 그런 것들에는 '일본적인 양식'이 있으며, 이 일본적 양식의 '잔학' '만행'이 '일반 병사'들에게만 있고 마루야마와 같은 지식인에게는 없는 것이라고 생각한다면 "단순한 착각에 지나지 않는다"고 얘기한다. 요시모토가 보기에 논리적으로는 결국 마루야마 마사오에게도 '잔학' '만행'이 가능하다는 얘기다. 즉 일본군의 잔학 행위는 **"그들의 만행"**이 아니라 대다수의 그 누구든 저지를 수 있는 것이었다는 것이다. 전쟁 시기의 일본 지식인의 이중성―전쟁에 저항도 하지 않지만 거기에 빠져들지도 않았던―의 전형으로 마루야마를 파악하고 있는데, 그것은 요시모토 특유의 끈질긴 표현으로 다져진 것이지만, 이는 그대로 전후 민주주의를 손 놓고 구가해 왔을 뿐인 지식인들에 대한, 지금 생각하면 적확한 욕이기도 했다. "전쟁 시기에 억압을 가한 당사자와 피부가 맞닿을 정도의 거리에서 대결하지도 않았고, 서로 스칠 정도의 근거리에서 바라본 적도 없이, 그저 떨어진 위치에서 상상하기만 했다"(「마루야마 론」) — 그것이 쌓이고 쌓여 현상과 같은 위기를 불렀다는 것일까.

억압을 가하는 당사자와 피부가 맞닿을 정도의 거리에서 싸우는 일이 내게 앞으로 있을 수 있을까. 지금 내 수중에 남아 있는 시간으로 보건대 있을 수 없겠지만 피할 수 없는 상황인 만큼 왠지 있을 것 같은 생각도 든다. 아버지는 없다. 천황 히로히토도 이젠 없다. "모두 오타메고카시"하면서 마치 오타메고카시하지 않는 듯 세상사는 되풀이될 것이다. 그래도 "구원이 있을까 없을까, 그건 알 수 없다. 하지만 수확의 그것처럼 인생은 몇 번이라도 발견할 수 있다"(홋타 요시에 『시간』) — 는 것은 의심할 여지가 없다. 아마도 그것만이 구원이라면 구원일 것이다. 오늘도 노란 꽃을 봤다. 수술도 꽃덮이(花被)도 말라가고 있었고, 떨어진 꽃잎 밑에서 지렁이가 한 마리 바싹 말라 죽어 있었다. 아버지는 황매화나무를 봤을까.

13. 지금은 어떤 시대인가?

지금은 어떤 시대일까? 홍조는 오히려 전례 없이 뚜렷하다. 그럼에도 지금에 대한 저항이나 지금으로부터의 도주가 아니라, 많은 사람들이 홍조 따위는 시야에 없는 것처럼 살아가고 있는 듯 보여, 어찌 해 볼 수가 없다. 나는 언제나 '지금'을 매우 불안하게 생각하며 살아 왔다. '매우'라고는 했지만 최근

4반세기만큼이나 심한 적이 있었을까. 온갖 사람들에게 특히 인생 경험이 풍부한 선배들에게 지금은 어떤 시대인가, 뭔가 특별한 생각은 없는가, 하고 만날 때마다 물어봤다. 그런가, 그렇구나 하고 선뜻 납득이 가는 대답은 없었고, 선배들은 차례 차례 세상을 떠났다. 그런 가운데 시인이요 철학자인 구시다 마고이치* 씨의 이야기는 작고한 뒤 시간이 지나면 지날수록 실제 광경을 본 적이 있는 것처럼 생각됐다.

그게 1995년 12월이었던가, 바람이 세게 불던 날이었다. 구시다 씨는 갑자기 먼 곳을 바라보는 듯한 표정이 되더니 질문에 직접 대답하는 것이 아니라 땅바닥에서 솟아오르는 듯한 음성으로 변해 갔다. "인간이 전부 멸망해 버린 뒤의 풍경이라는 것을 가끔 머릿속에서 그려 봅니다." 생각지 못한 대답이었다. 그런데 매우 자연스러웠다. 구시다 씨는 내 몸 속에 그림이라도 그리듯 이야기를 이어갔다. "뭔가의 사유로 맹렬한 바람이 불어 지상에 있는 것은 모두 바닷속으로 날려 가버린다면, 그 뒤의 황량하다고 해야 할지, 상큼하다고 해야 할지 잘 모르겠지만, 깨끗해진 세계라는 것이 때때로 보인다……"라고. 없어진 것을 본다―한순간 아무도 없는, 아무것도 존재하지 않는 공간 = 'void'(초공간)의 연회색을 나는 연상하고, Below

---

* 구시다 마고이치(串田孫一, 1915~2005). 시인·철학자·수필가. 도쿄 태생. 도쿄대 철학과 졸업. 재학중일 때부터 산악 잡지에 기고. 전후에는 도쿄외국어대 교수로 있으면서 산에 관한 기행이나 시, 평론, 소설, 서양 철학의 소개·번역 등을 폭넓게 발표했다. 저서에 『고전과의 대화』『박물지』『산의 광세』『별과 노래하는 꿈』등.

us is nothing but a black void(우리 밑에 있는 것은 검은 허공 뿐이다)라는 영어가 떠올랐는데, 그것은 말이 없었다. 보이드는 틈이고, 거기에 아무것도 들어 있지 않은 것이며, 공동空洞이고 기포이며, 무효 상태다. 당시 80세의 시인은 지나치게 무방비 상태였거나 무서울 정도로 솔직했다.

　　사회의 흐름이나 여러 사건에 대해서도, 그게 이런 것이로 군 하고 내 속에서 정리할 수가 없어요. 논리만으로는 설명하 기 어려워요. 제한된 언어로 전달하기란 매우 어렵습니다. 그 것을 뭐라고 하면 좋을지를 생각할 때, 나는 일거에 건너 뛰 어, 황량해진 지구를 바라보는 광경을 눈에 떠올립니다(……)
　　(헨미 요 대담집 『굽히지 않는 사람들』)

　파시즘이라고도 국가주의라고도 하지 않는다. 전체주의라 고도 하지 않는다. 말기자본주의라고도 하지 않는다. 다만 사 회의 흐름을 스스로 납득할 수 있을 만큼 정리할 수 없다고 말 한다. 논리로는 제대로 설명하기 어렵다. 기성의 단편적인 말 로는 충분히 표현할 수 없다. 대선배가 그렇게 숨김없이 털어 놓는 말을 듣고 당황했다. 구시다 씨는 아는 체하지 않는다. 그 런 그가 상상한 것은 "깨끗이 없어져 버린 듯한 세계." 이것 은 구시다 씨에게 아마도 기시의 풍경(예컨대 전쟁 재난에 의한 온통 불타버린 들판)에 토대를 둔 예지몽豫知夢이었을지도 모른 다. 상념 속에서 아마도 몇 번이나 과거와 현재를 왕복하면서 1995년 12월에 "깨끗하게 없어져 버린 듯한 세계"를 눈에 떠올렸던 그는 지금 살아 있다면 무엇을 예감했을까. 다시 물어 보고 싶다. Bleow us is nothing but a black void인가요. 연회색의 보이드는 시간이 지나면서 더욱 확장되어 가지 않을까. 세계의 외면만이 아니라 사람 내면의 초공동화가 전쟁이 일어 날 때마다, 그리고 외면만의 평화 때마다 지금도 심화되어 가고 있지 않을까. 그것은 파시즘보다 더 무서운, 가치의 전적인 공무화空無化가 아닐까⋯⋯ 구시다 씨는 이제 없다. 지금이란 무엇인가. 지금은 어떤 시대인가─헛된 수고인 줄 알면서 스스로와 타인에게 계속 물어보는 수밖에 없다. 생각하지도 못했을 때, 앗, 하고 놀랄 만한 답을 얻은 적이 있다. 책 속에서다. 지금은 "지독하게 기본적인 시대다"라는 것이다.

(⋯⋯) 지독하게 기본적인 시대다, 지금은. 인간 자체와 마찬가지로 모든 가치나 도덕이 알몸 상태로 꽉꽉 눈에 들어온다. 어쩌면 지금 가장 고통스러워하는 것, 고통을 당하고 있는 것은 인간이라기보다 오히려 도덕이라는 것일지도 모르겠다. 살아 있는 인간은 죽어버린 자나 빈사 상태의 인간에 비해 실로 끔찍한 존재다. 나는 이 손으로 저 아직 숨이 끊어지지 않은 사람을 수로에 던져 넣었다.

(홋타 요시에『시간』)

이것은 무슨 본질적인 허구일까. 홋타 요시에는 난징 대학살의 나락을 살아가야 했던 주인공인 중국인(陳英諦 천잉디)에게 이와 같은 관념이랄까 '시대감각'을 말하게 하고 있다. 깜짝 놀랐다. 저 살육과 약탈, 강간의 나날을 "지독하게 기본적인 시대다"라고 역설로 도려내고 채색하고 위치를 부여하는 게 어떤 의미일까.

14. '끝나지 않은' 난징 대학살

생, 사, 폭력, 권력, 정치, 욕동欲動······이 모든 것들이 드러나, 개체의 차이도, 자유로운 분산도, 이탈도, 어떤 종류의 반항도 인정되지 않고 주체가 산산이 부서져 해체된 시대가 일찍이 분명 있었다. 그리고 그 시대가 가져다준 온갖 '장場'의 풍경을 내 아버지들은 그 몸으로 어쩌다가 경험하고, '장'과 풍경을 하나하나 고지식하게 구성하고 연기까지 했다. 그것은 분명 광기였지만 장기간에 걸친 집단적 광기는 국가 규모, 민족 규모로 긍정됨으로써 제정신(正氣)이 되고, 결국 그들 광기는 호들갑스러운 이름이 붙여진 '규범'으로까지 격상됐으며, 아버지들은 신성해서 침범할 수 없는 통치권의 총람자가 품고 있다는 전황의 마음(大御心)과 함께 광기의 길을 대체로 근면하게 걸어갔던 것이다. 거기에는 질서가 있었다. 거기에는 일상이 있었다. 거기에는 쾌활하고 온화하면서도 잔인한 미소가 있었다. 거기에는 용기와 적성赤誠과 노력과 궁리와 창의가 있었다. 그런 덕목들은 무고한 사람들에 대한 살육, 약탈, 강간, 방화가 저질러져도 아무런 흔들림이 없었다. 즉 일본식으로 성실하고 정중하게 사람을 죽이고, 손 안대고 약탈하고 필사적으로 강간하고, 그런 뒤 마음을 고쳐 잡고는 (도쿄의) 궁성 쪽을 향해 뭔지 보이지도 않는 것에 대해 요배遙拜를 했다. 아버지들은 가족에게 보내는 군사우편에 "오늘 지나의 사람을 강간하고 죽였습니다"라고 쓰지 않고 "열심히 봉사하고 있다"고 썼다. 그들 충효의 '황군' 장병들은 애초에 자신이 무엇인지에 대해 자문해 본 적이 없기 때문에 죽이고 강간하고 있는 상대가 누구인지, 어떤 내면의 소유자인지 따위는 거의 고려하지 않았다. 홋타 요시에는 그런 편방향偏方向의 사태를 완전히 반전시켜 보고 싶은 충동을 결국 억제할 수 없었을 것이다. 자신의 눈과 두뇌를, 무참하게 유린당하는 쪽의 눈이나 두뇌와 싹 바꿔 보겠다는 터무니없는 모험을 벌였다. 그 결과가 『시간』이다. 그것은 문예적 성공이나 실패라는 차원을 넘어 한 사람의 사색자, 표현자로서 어떻게든 하지 않고는 배길 수 없었던, 그래서 매우 드문 시행착오였다.

"지독하게 기본적인 시대다, 지금은"이라는 이 한 줄은 1938년 8월 17일의 천잉디의 일기 형태로 등장한다. 국민(당)정부의 수도 난징은 그 전해 12월에 일본군의 공략으로 무수한 사람들이 죽었고, 집들은 불타 거리는 참담한 모습이었다. 천 자신도 일본군에 붙잡혀 동포들의 시체를 옮기는 작업을 강요당한다. '황군' 병사들의 총검에 찔렸지만 가까스로 숨이 붙어 있던 중국인을 '시체'라며 수로에 던져 넣어야만 하는 신세가 되기도 했다. "인간 자체와 마찬가지로 모든 가치나 도덕이 알몸 상태로 꽉꽉 눈에 들어온다"고 천잉디는 쓴다. 그것이 왜 '기본적인 시대'인가. 다케다 타이준만큼 염세적이지는 않지만 훗타도 인간 사회의 초기치와 최종치에서 '멸망'을 보고 있는 구석이 있다. 연회색의 보이드와 비슷한 풍경을.

　(……) 이제야 인간도 일상도 생활도, 즉 인간의 약속사約束事는 모두 무너지고 벗겨져 우리는 공통의 약속 하나 없는 생활을 하지 않으면 안 되게 됐다.

실로 이상하지 않은가. 이 일절은 먼 과거에 이미 완료됐어야 할 상황이 아닌가. 무엇 때문에 나는 여기에 과거가 아니라 2016년 현재와 2016년 현재의 보이드를 느끼는 걸까. "인간의 약속사는 모두 무너지고 벗겨진" 국면은 1937~38년의 난징에서 대대적으로 연출된 이른바 '대과거大過去'와 같은 그것이 아니었던가. 그 참극은 끝나지 않은 것일까. 난징 대학살은 말하자면 '웨이랴오(未了, 끝나지 않았다)'인 것일까. "공통의 약속 하나 없는 생활"을 작가가 만들어낸 천잉디만이 아니라, 2016년 현재의 현실에 살아 있는 나도 통감하고 있는 것은 뭐라 설명할 수 없는 것이다. 난징 대학살은 있었다. 그럼에도 한쪽 당사자가 "없었다" "그 정도의 수는 아니었다"고 열을 올리거나, 나락의 모습을 거의 잊어버린다. 그러면서도 망각자도 기억자도 차례차례 귀적鬼籍에 이름을 올린다. 사건은 당사자들을 잃고 허공에 뜨게 되며, 그 때문에 아무리 세월이 지나도 끝날 수 없는, 영원의 '웨이랴오'에서 벗어날 수가 없다. 천잉디는 탄식한다. 마치 2016년 현재를 예견하듯이.

(……) 그러나 생각해 보면, 뭐라고 꼬집어 말할 수 없는 이상한 일상일 것이다. 그렇지만 다시 한 번 '그러나'다. 그리고 또 다시 한 번 생각해 보면, 이것이 일상성이라는 것이다, 라고 정의할 수 있는, 만인에게 보편적으로 적용될 수 있는, 이른바 일반적인 일상성이라는 것이 인간 생활에 있을 리가 없는 이상, 현재의 이 이상異常한 상황을 극한적인, 예외적인 상황으로만 바라보는 것이 허용될 수 없다는 건 분명하다. 오히려 이 이상함이야말로 우리 시대의 일상성이라는 것일지도 모르겠다.

천잉디가 생각하는 '기본적인 시대'가 점점 눈에 보이기 시작한다. 그것은 모든 약속사가 이뤄질 수 없는, 폭력이 발호하고 모든 가치와 도덕이 뿌리째 뽑혀, '추醜'의 실상을 '미美'의 덧칠로 호도하는 것조차 곤란한, 썩은 오장육부가 심하게 드러나 버린 듯한 시대일 것이다. 그렇다면 천잉디＝홋타 요시에는 난징 대학살에서 과거가 아니라 인간 사회의 미래를 보고 있었다는 것인가. 과거의 참극에서 미래 참극의 실마리를 예감한 것인가. 천잉디는 쓴다.

그러나 평소平素라는 건 무엇인가.
지금은 평소가 아닌가.
평소란 무엇인가.
지금이란.
모르겠다,

나는 모르겠다.

얼마나 색다른가, 하지만 얼마나 지당한 자문인가. 평소란 무엇인가. 평생이란. 보통이란. 평소(늘)란 무엇일까. 예전에는 그랬던 시간이 '봄의 작은 시내'처럼 졸졸 흘러가고 있었을까. 그것은 단순한 바람이나 환상 같은 꿈에 지나지 않았던 것인가. '지금'이란 무엇인가. 2016년 가을. 지금은 평소이며 평생일까. 모르겠다. 나도 잘 모르겠다. 2016년 가을의, 그 이후의 미래에 도대체 무엇이 약속되어 있는 것일까. 흉조 외에 보이는 것이 있는가.

15. "나라는 지금 중대한 전쟁을 하고 있다"

중국의 전장에 나가 있었던 아버지가 어머니에게 보낸 '군사우편'을 읽었다. 지금까지 상자에 넣어둔 채 외면하고 있던 것이다. '중국의 전장'이라는 어투에서 지금도 뭔가 흔쾌하지 않은 것을 느낀다. 국공내전의 전장은 그들의 전장이지만 대중對中 침략 전쟁의 전장은 그들이 원해서 만든 전장이 아니다. 그것은 전장이라기보다 '범행 현장'이 아닌가 하고 지금도 생각한다. '검열 완료'라는 인장과 검열자의 도장이 찍힌 엽서 크기의 군사우편 한 묶음이 70년이 넘는 시간을 머금은 채 지금 눈앞 책상 위에 놓여 있다. 2016년의 데스크 위에. 그 자리에 어울리지 않는 물건이다. 보고 있자니 뇌수가 저려 온다. 살짝 가슴이 울렁인다. 구역질이 난다. 왜, 지금, 여기에, 이것이, 있는 걸까. 존재의 근본이 현실 속에서가 아니라 고풍스러운 마법 속에서 흔들리고 있는 듯한 생각이 든다. 시간과 물건과 나의 관계, 또는 그것들과 나의 **내연관계**(內關係) 방식을 잘 모르겠다. 아마도 이것들은 이미 무효인 것이다. null and void다.*
그럼에도 그것들은 여기에 있다. 앗, 아직도 무효가 되지 않은 것인가. 기분 탓인지 뭔가 축축한 냄새가 난다. 냄새 깊숙한 곳에 기억하지 못한 다른 냄새들이 몇 층이나 겹쳐 뒤섞이고 얽혀 있다. 기억이 멀리서 서로 싸우고 있다. 그것들은 '지금' 냄새가 나고 있지만 지금 그 자체의 냄새와는 다른, 화합에 실패한 정체를 알 수 없는 약품의 그을음 같기도 하다. '중지파견영中支派遣榮 1645부대 북촌대' 또는 '중지파견 제2323부대 역대力隊' 등의 글자가 보인다. 동글동글한 아버지의 서체. 그 뒤에 아버지의 이름이 만년필로 적혀 있다. 종이는 완전히 누렇

---

* 1965년 한일협정 기본조약에도 한국과 일본이 맺은 모든 조약이나 협정에 대해 이 표현, 즉 "aleady null and void"를 썼다. 두 나라는 이를 '이미 무효'로 각기 번역해서, 한국은 일본과 맺은 조약들이 그 체결 당시부터 '이미 무효'였다고 해석하고, 일본은 체결 당시에는 합법이었으나 일본 패전과 함께 '이미 무효'가 됐다고 해석한다. 이 해석 문제 즉 일본의 조선 침략과 일제 강점기에 한일간에 맺은 조약들을 불법으로 보느냐 합법으로 보느냐가 바로 지금에 이르는 한일 과거사문제의 핵심이다. 그것을 합법으로 보느냐 불법으로 보느냐는 한일 근현대사를 어떻게 보느냐, 메이지 유신 이후 일본의 대외 침략사를 긍정하느냐 부정하느냐를 가르는 분기점이 된다. 이는 또 일본의 침략과 식민지배가 합법이냐 불법이냐, 일본이 한국에 배상금을 지불해야 하느냐, 위로금 내지 보상금을 지불해야 하느냐를 가르는 기준이기도 하다.

게 변했고, 펜글씨도 원래 무슨 색이었는지 알 수 없을 정도로 희미해져 지워지고 있지만, 밀리 저쪽에서 연착한 소리처럼 종이에 어떻게든 붙어 있다. 이것들은 이미 무효여야 한다. null and void인데, 그러나 여기에 있다. 발신지는 비밀이었을 것이고, 적혀 있지 않다. 난징인가 창수인가.

"잠시 쓰지 않았으나 무사 봉공奉公 중. 매일매일 연찬研鑽 중인 몸인 만큼 나라는 자가 내지에 있을 때 얼마나 오염되고 한심한 인간이었는지 통감하고 있다. 금후 명命에 따라 마음껏 나를 상처 입힐 작정이다. 다망한 매일이겠지만 틈을 봐서 한 쪽이라도, 한 줄이라도 마음의 양식을 찾아 공부해라. 편지는 보름에 한 번 정도, 별일이 없는 경우는 쓰지 않아도 좋다."

"축하. 그래도 이상하고 수고했지만 마땅찮을지도 모르겠다. 그러나 그런 기분이다. 남자라서 좋았다. 머리는 보통이면 족하고, 재간 있는 영리한 인간으로 키우지 마. 튼튼하고 솔직한, 새까만 사내아이로 키워 줘. 이름은 정해 놓은 것이기 때문에 그것으로 됐다. 아버지를 비롯해서 여러분에게 큰 도움을 받았다고 생각하며 깊이 감사드린다. 마츠이 씨에게도 보트 선수로 키우겠다고 말해 주었다. 보트맨은 소와 같은 촌스러운 남자다. '소'와 같은 인간으로 키워야……"

"적도 마침내 일본 본토를 덮친 모양인데, 내지의 사람들은 어떻게 움직이고 있는지. 몽골군이 침입했던(元寇) 옛날에도 이랬다고 생각할 정도의 기개로 굴복하지 않는 일상을 보내고 있으리라 생각한다. 나도 마침내 전 세기의 유물이라고나 해야 할 공리주의, 이기주의, 위선주의 등등의 잔재를 끊어내 버리는 지금에 도달했다. 아들은 쑥쑥 자라고 있겠지. 볼 수 없는 아들을 꿈에서 볼 때가 있다. 사진은 너무 늦다. 당신의 부주의라고 해야겠지……"

"전략前略

한동안 쓰지 않았지만 무사. 다행히 간부후보에 합격. 오로지 반장님 여러분이 지도해 주신 덕. 부디 감사드려 줘. 몽골에서 연락 있을 것으로 생각함. 매일을 귀중하게 보내도록……"

"건재하다니 무엇보다 다행. 완연한 봄이라기보다 더울 정도의 나날이다. 상관들로부터 내지의 핍박한 상태를 가끔 듣지만, 미증유의 국난을 잘 참아내며 애쓰고 있는 것, 이곳의 우리가 오히려 부끄러울 정도다. '일본은 이긴다'는 것을 늘 잊어서는 안 된다. 여자로서의 필승의 신념이 있을 것이다. 그것을 견지하라. 다망한 매일이겠지만 육군 군인의 아내로서의 긍지를 갖도록 하라. 아들에게도 지금부터 그 의기를 불어넣어 둬야 해. 아버지 어머니는 강건하신지. 공습하에 건투를 이어가고 있는 향토의 모습을 가끔 듣고 싶을 때도 있고……"

"나는 변함없고, 건강해. 추위를 타는 편이지만 상당히 따뜻해졌기 때문에 많이 힘이 난다. 힘이 난다─고 하기보다 최근에는 천박한 강한 체하기가 아니라 차분한 사생관이 뿌리를 내린 듯하다. 황국의 은혜 때문에 죽는 것은 광영─이라는 것을 종래에는 표면상의 추상적인 것으로 생각하고 있었으나 지금은 다르다. 나뿐만 아니라 내지도 전장인 현재, 당신도 몽강(蒙疆, 현재 중국 내몽골 자치구 중부)의 누나들도 각자의 입장에서 확고한 사생관을 가슴 한구석에 간직해 둬야 할 것이다. 다복원의 스님에게 지금부터 계명戒名이라도 부탁해 두려고 한다……"

"매일 긴장된 생활을 보내고 있으리라고 생각해. 더위도 고개를 넘은 모양이다. 상쾌한 가을이 되면 차차 힘을 내서 봉공이다. 몸 상태도 점차 예전대로 돌아왔다. 그런데 다음과 같은 것들을 주문하니, 틈을 봐서 보내 줘.

①실(흑, 백, 있다면 국방색 각각 약간씩) ②훈도시(褌) 약간 ③세면 주머니 ④담배 케이스 ⑤아사히, 마이니치, 또는 요미우리 중 어느 것이든 때때로 챙겨서 보내 줄 것

내지도 이미 제1선과 같으니 결코 마음을 놓지 말고 또 무엇보다도 건강 유념하고, 충실한 생활을 보내도록."

"오늘은 주로 아들에게 훈시를 하겠는데, 당신이 잘 알 수 있도록 설교해 줘. 필시 당신과 아들 사이에만 통하는 말이 있을 것이다. 잘 알 수 있도록 말해 줘.

아버지는 원기왕성하게 나라를 위해 도움이 되도록 노력하

428

고 있단다. 어머니가 네가 잘 자라고 있다는 얘기를 자주 해 주어서 매우 기쁘다. 나라는 지금 큰 전쟁을 하고 있다. 아버지도 이 전쟁에 도움이 되는 일을 하는 거야. 어쩌면 너를 만날 수 없을지도 모르겠지만, 너는 먼저 튼튼하게 자라는 것. 맨몸으로 야산을 뛰어다니고 무엇을 먹더라도 살아갈 수 있는 타잔 같은(?) 사람이 되어다오. 좀 똑똑하다고 해서 아버지는 칭찬하지 않아. 멍하니 있어도 괜찮아. 먼저 깨끗한 마음을 지닌 튼튼한 소년으로 자라다오. 어머니가 하는 말은 절대로 지켜야 해. 어머니가 너무 걱정하지 않아도 되게 자라거라! 매일 싱글벙글 쑥쑥 크는 거야. 그럼 또."

16. '무사히 나라를 위해 봉사 중'

당시 22, 23세의 아버지에게도 어머니에게도 '평소'는 있었다. 아버지에게는 '무사히 나라를 위해 봉사 중(無事御奉公中)'이라는, 그렇게 말해야만 했을, 그렇게 말하는 것 외에 표현의 다른 선택지가 없었을 '전쟁 속의 평소'가 있었고, 어머니에게는 '총후(銃後, 후방)'에서 나를 낳고, 그것을 '황국의 은혜를 위해 죽을 광영'이라고 편지를 써 보내는 남자에게 편지로 보고하는 평소가 있었다. 천잉디에게는 대학살 속의 평소가 있었고, 그런 나날을 '기본적인 시대'라고 굳이 역설적으로 인식하는, 아마도 역사의식이라는 사념思念이 있었다. 하지만 나의 아버지에게도 어머니에게도 역사의식 등의 세련된 개념은 없었다.

"지금 침략 전쟁 수행 중"이라는 감각도 없었다. 전혀 없었다. 그처럼 의식하게 만드는 내면의 사고양식이 애초에 없었던 것이다. 침략 전쟁의 가해자라는 의식도 있을 리 없었다. 고도로 추상화된 그런 개념은 실시간으로는 전혀 없었던 듯하다. 하지만 그래도 그것은 인간으로서 지독한 '죄'가 아닐까. 죄라면 어떤 죄일까—그런 것을, 맙소사, 70년 이상이나 살아오면서 처음으로 생각했다. 역사의식을 갖고 있지 않다는 것은 질책당해야 할 일인가. 아버지 부재중에 태어난 내게 "깨끗한 마음의" "타잔 같은 사람" "담백한" "'소'와 같은 사람"이 되기를 염원한 그에게는 어떤 과오가 있는 것일까. 확실히 어딘가에 "담담한" 남자로 자라라, 라는 말도 있긴 했다.

그는 왜 내가 그렇게 되기를 바랐던 것일까. "깨끗한" "타잔 같은" "담백한" "담담한" 사람이 되어서 모든 운명을 하늘이 내려준, 소여所與의 것으로서 고분고분 받아들여, 세상의 "잇따라 되어가는 추세"에 저항하지 말고 조용히 살다가 죽어라, 하고 말하고 싶었던 것일까. 죄송한 얘기지만, 나는 전혀 그렇게는 되지 않았다. 거꾸로 되어 버렸다. 나는 "잇따라 되어가는 추세"라는 일본적 역사의식의 고층을 흘러가는 흐름에 몸을 맡기는 담담한 생을 떳떳하게 여기는 '몰주체주의'를 수상하게 여긴다. 몰주체주의는 또한 타자와 같은 일을 함께 하는 것이다. 군사우편을 읽으면서 아버지의 뼈를 계속 눈에 떠올린다. 화장장. 살도 기름도 떨어져 하얗게 타버린 아버지의 뼈. 무슨 표시인지, 여기저기 노래지고 보라색을 띤 뼈. '여기저기 엉망으로 흩어져 있는 뼛가루(亂離骨灰).' 아버지의 역사는 온통 뒤죽박죽이다. 아버지의 손에 죽었을지도 모를 사람들과의 운명은 더더욱 뒤죽박죽이다. 결국 사람들과 그들의 생각은 먼지로 화한 뼛가루(微塵骨灰)다. 그래도, 역사의식을 별로 갖고 있지 않았으며, 전쟁 속에서도 몰주체주의(전쟁은 인간의 전면적 몰주체화지만)로 시종했을 아버지에게는 그럼에도 지탄받아야 할 죄가 있었을까. 불안에 사로잡힌다. 나는 뭔가 과거의 풍경을 토대에서부터 잘못 읽고 있는 게 아닐까.

전쟁은 그 실제의 연속적 시간의 '전경全景'과 그 전개를, 누구의 육안으로도 아직 정확하게 볼 수 있었던 적이 없는, 거의 무제한의 종합적 현상이 아닐까. 내가 봤다고 확신하는 것은 영화였던 것에 지나지 않는다. 아버지가 봤던 것은 어디까지나 미시적으로 포착된 전쟁의 개개별별의 마이크로적 광경이었을 것이다. 거기서 시비를 어떻게 판단할 수 있을까. 아버지가 시비곡직에 대해 골똘히 생각하고 분노한 것은 침략 전쟁의 거대한 종합성과 본질에 대해서가 아니라 기껏해야 '황군' 부대 내 고참병의 터무니없는 폭력, 음습한 가혹행위에 대해서였다. 아버지가 궁중에 서식하고 있던 저 이상하고 하찮은 남자(小男)에게 분노를 폭발시킨 적은 단 한 번도 없었다. 내가 증언한다. 절대로 '불경'은 없었다. 아마도 중국에서 사람을 죽일 때조차 불경의 염(念)만은 없었을 것이다. 그는 오히려 예외가 아니어서 저 남자에게 이른바 '연궐戀闕의 정'이라는 것까지 품고 있었을지도 모른다. 오, 연궐의 정! '궐闕'은 궁문宮門, 궁성이다. 바꿔 말하면, 천황을 몹시 연모한다는 것. 일본 패전 뒤 70여 년, 이 더럽혀지지 않은 주관적 청정, 객관적 추잡함의 분열과 동거에 대해 도대체 누가 그 심리적 원인을 철저히 분석하고 당당하게 썼던가. 나는 지금 전쟁은 아마도 인간 사회 고유의 '보편적 현상'이 아닌가, 인간 사회의 원형은 '전쟁체戰爭體'가 아닌가……라고 생각하면서, 다만 그렇게 생각하는 것의 무의미와 나태를 통감하고 있다. 그저 그렇게 생각하는 것만으로는 null and void다. 『시간』은 말한다. "그렇다면 몇천만의 난민과 사망자들을 어떻게 할 작정인가. 일본군이 저지른 난징 폭행을 인간의, 또는 전쟁에 의한 잔학성 일반 속에 해소되게 하는 건 말이 안 된다." 아직 아무것도 끝나지 않았다. 웨이랴오(未了)다. 끝낼 수 없는 것이다.

17. 천연덕스러운 사람들

이따금 아버지가 좋았는지 싫었는지 돌아본다. 막연히 상상의 띠를 더듬어 찾아본다. 시의회 의장의 아들로 돈에 궁하지 않은 7명의 형제자매의 막내아들이었던 아버지는 적어도 나의 이상적인 남자는 아니었다. 그가 나의 영웅이었던 적은 유아기의 극히 짧았던 때를 빼고는 단 한 번도 없었다. 그렇다고 해서 그가 영화에 나오는 안티 히어로이거나 더티 히어로는 아니었고, 다크 히어로나 배드 히어로인 것도 아니었다. 그가 제대 뒤 저널리즘이라는, 외관은 자못 그럴듯할지 모르겠으나 실질적인 내용이 없는 일이 아니라, 만일 의협심으로 살아가는 남자나 거물 사기꾼 또는 갱이라도 되어서 마음먹은 대로 화려하게 활동을 펼쳤다면 나의 일본관, 전후관, 세계관도 좀 더 다이 내믹한 것이 됐을 것이라는 생각이 든다. 그는 패전으로 의욕을 잃었지만, 변신해서 의협의 길을 선택한 적도 없었으며, 거물 사기꾼도 갱도 혁명가도 목사도 되지 않았고, 특단의 죄도 저지르지 않았으며, 세상에 흔히 있는 '양민'으로 일생을 마쳤다. 그런 그의 삶의 방식은 언제나 나를 낙담케 했다. 그는 신경질적이고 짜증 잘 내는 소심한 사람으로 호불호가 분명했고, 선동에 잘 넘어가고 눈물도 잘 흘렸으며, 타인을 별로 의심하지 않았고, 터무니없는 야심을 품은 적이 없으며, 오늘날 얘기하는 DV(domestic violence, 가정폭력) 상습범이었으나 하라 세츠코(原節子)의 팬이었고, 기묘한 공덕심을 갖고 있었으며, 집 바깥에서는 폭력을 휘두른 적이 거의 없었던 것 같다.

그는 어쩐 일인지 백인일수百人一首* 짚기 놀이를 잘해서 시(市)의 카루타** 대회에서 상위에 입상한 적이 있다. 그런가 하면 준법정신이 왕성하고 야간에 조명 없이 달리는 자전거를 탄 사람에게 경찰관처럼 큰 소리로 주의를 주거나, 츠나미 대피훈련에서 마을모임의 리더 역할(그토록 활기찬 사람이었는지 놀랄 정도로)을 활발하게 하기도 하면서 지역 공동체의 이익을 위해 실로 성실하게 헌신하는 일면이 있었다. 어머니와 나에 대한 DV는 별로 중단된 적이 없어서, 우리는 별안간 두들겨 맞거나 유도 기술로 보기 좋게 내던져지기도 했다. 그가 그

---

* 백 명의 가인歌人의 와카(和歌) 한 수씩을 뽑아 모은 것.
** 그림이나 단어 등이 기입되어 있는 카드를 사용해서 하는 놀이.

런 일을 전혀 반성하지 않았느냐 하면 그렇지도 않아서, 혼자 고개를 숙인 채 후회할 때도 있었다. 하지만 DV는 내가 실력으로 저항한 중학교 시절까지 이어졌다. 아버지는 시청 직원이었던 여성과 4반세기 이상이나 관계를 가지면서 숙박 예정의 골프나 출장이라며 어머니를 계속 속였다. 전범 피의자로서 스가모 구치소에 입소해 있던 기시 노부스케(岸信介)가 1948년 말에 출소했고 1957년에는 천연덕스럽게 총리가 되고 그해 10월에 시찰을 한다며 이시노마키를 찾았다. 아버지도 지역 석간지 기자로서 기시의 내방을 취재했을 텐데, 아버지가 어떤 심정으로 기시 노부스케를 바라보았는지 나는 나이가 들고 나서도 물어보지 못했다. 아버지는 골프 가방을 메고 열심히 애인 집을 들락거리면서 햇볕에 그을리지도 않은 채 숙박 예정의 골프를 하고 돌아왔다. 아버지는 천연덕스럽게 그렇게 했고, 어머니는 어머니대로 그렇게 하는 게 오히려 편했던지 천연덕스럽게 계속 속아 넘어가는 척했다. 대체로 드러나 있었음에도 불구하고 아버지는 애인 관련 일도 중국에서의 행장도 죽을 때까지 밝힌 적이 없다. 그러나 아버지는 기분 내키는 대로 하는 것 같았지만 속고갱이까지 그런 것으로 보이지는 않았다. 천황 탄생일에는 자랑스러운 표정으로 일장기를 내걸었다. 그가 닳아빠진 교활한 얼굴을 하고 있는 것을 나는 본 적이 없다. 아버지는 기회 있을 때마다 주어진(所與) 조건이나 사건을 충실히 받아들이고 세상사를 거칠게 거스르려고 하지 않았다.

아버지는 기시 노부스케를 어떻게 생각했을까. 기시가 전

범 용의자로 지명됐을 때 도쿄제일고등학교 시절의 은사였던 스기 도시스케(杉敏介)로부터 자결을 촉구하는 단가를 증정받자 이를 거부하고 "이름을 대신하여 이 미이쿠사(みいくさ, 성전聖戰)가 옳다는 것을 내세에까지도 전하겠다"는 답가를 스기에게 보냈다(하라 요시히사原彬久『기시 노부스케』)는 이야기를 아버지는 알고 있었을까.

(……)이번 전쟁에서 일본 쪽의 '정당방위'를 주장하면서 자신들의 정당성을 입증하려는 것이 기시의 입장이었다. 따라서 기시가 태평양전쟁을 반성하는 것은 있을 수 없다. 만일 반성을 한다면 그것은 단 하나 '패전' 그 자체에 대한 반성이다.

하라 요시히사 씨는 이렇게 썼다. 기시는 옥중에서 자신의 생사를 심각하게 생각했지만, 전쟁에 대해서는 천연덕스러웠다. 전쟁 책임 따위는 말도 안 되는 트집 정도로밖에 생각하지 않았던 것 같다. 아버지도 그러지 않았을까. 기시 노부스케의 전쟁 책임을 고발하는 소리는 이시노마키에서도 없었던 모양이다. 아버지가 빈껍데기처럼 된 뒤 파친코 가게와 애인 집을 들락거렸던 것은 전쟁 경험이나 중국에서 저질렀을지도 모르는 살인의 기억으로부터 도피하기 위해서였다기보다는 전후 완전히 모습이 변해버린 사회에서 살아가기 어려움, 아무래도 "편치 않은(いずい, 이즈이)" 느낌에서 탈출하고 싶었기 때문이 아니었을까. '이즈이'란 지금은 어떤지 모르겠으나 예전에는 미야기현 등에서 흔히 쓰던 방언인데, "도무지 확실하게

오지 않는다"별로 딱 맞지 않는다"기분 나쁘다"위화감이 있다"기분이 왠지 좋지 않다"는 의미. 관념적으로 말하면 내 몸과 마음이 지금 어떤 객관적 상태와 맞지 않는다는 것이다. 표준어 한마디로 '이즈이'에 딱 맞는 말은 없다. 아버지는 제대 뒤 76세로 돌아가실 때까지 계속 **편치 않았을** 것이다. 그런 아버지를 잘 생각해 보면 나는 꼭 아버지가 싫었던 것은 아니다. 이런 어른만은 되지 않겠다고 내게 굳게 맹세하게 한 그의 모순과 분열을 완전히 미워하기란 결국 불가능했다. 가정폭력 상습범인 그는 버스나 전차에서 생판 모르는 사람이 위 내용물을 토하거나 하면 돌연 성자와 같은 얼굴이 되어 웅크리고 앉아 꼼짝 않고 자기 손으로 말없이 토사물을 치우고 차 내를 청소한 적도 있었다. 그 마음씨를 알 것 같지만, 완전히 알 수는 없다. 기억의 도랑은 메워지지 않는다. 암울하게 풀이 죽어 과거의 어둠만 보고 있는 듯했던 아버지는 때로는 너무나 천연덕스러웠다. 지나치게 천연덕스러워 보일 때도 있었다. 그럴 때 그의 눈은 몇 번이고 사선을 빠져나와 사람을 죽이기도 한 자의 정체를 알 수 없는 그것으로는 보이지 않았다. 어떤가 하면, 악의 없는 어린이와 같은 눈으로 어떤 그늘도 없이 껄껄 웃기도 한 사람이므로, 이제 생각하면 그는 중국에서 한 사람도 죽이지는 않지 않았을까 하고 의혹을 거두고 싶어질 때도 없지 않았다. 개개의 살인 기억은 전쟁의 '대의'로 일괄해서 포장함으로써 깨끗이 잊을 수 있다는 생각도 하면서 나는 흔들렸다. 아버지는 이윽고 이시노마키 신문사를 그만두고 스카우트되어서 후쿠시마현의 현지縣紙 후쿠시마 민우民友신문에 들어

갔다.

이사간 후쿠시마시의 주택에서 아버지가 몰입해서 탐독한 책이 있다. 후쿠시마 민우신문이 편찬한 『향토부대 전기戰記』(전3권 1965)다. 그 신문이 1961년부터 1963년까지 연재한 기사를 정리한 것인데, 주로 후쿠시마현의 아이즈 와카마츠(會津若松)에서 편성된 보병 제65연대(통칭 '아이즈 65연대' '꽃의 백호부대')가 전장에서 보여준 용맹스러운 모습이 기록되어 있다. 아버지는 다시 중국의 기억으로 되돌아갔다. 나는 그런 아버지와 더욱 소원해졌고, 대학에 들어간 것과 동시에 학생운동을 시작했다. 아버지와 조금이라도 닮은 것을 금하고 있던 나는 당연히 아버지와 반대되는 것을 하려 애썼으며, 아버지의 기억과 나의 그것을 절단하고 분리하는 작업을 시도해 볼 작정이었다. 어느 정도 그것은 성공했으나, 아버지의 사후 나도 늙어가면서 어쩔 수 없이 되돌아오는 것 같은 게 있다. 그것은 나의 내면 깊은 곳 어둠 속에 알몸으로 웅크리고 있는 아버지의 존재를 마지못해 인정하고, 몸을 스르륵 안쪽으로 반전시켜 그를 만나러 가는 것과 비슷했다. 내 속에 웅크리고 있는 그는 일종의 '이물異物'이며, 종종 성가신 '타자'이기도 한데, 그렇게 부정해도 나를 구성하는 일부였던 것이다. 2015년 가을 어느 날 묘한 곳으로부터 아버지가 읽었던 『향토부대 전기』 헌책을 입수하고는 깜짝 놀랐다. 그 책의 서문은 후쿠다 토쿠야스(福田篤泰) 방위청장관이 썼고, 하필이면 난징 대학살에 매우 깊숙이 관여한 것으로 알려진 모로즈미 교사쿠(兩角業作) 전 보병 제65연대장(전 육군 중장)이 축사를 실었다.

돌아보면 패전 뒤 혼란기의 한 시기였다고는 하나 전쟁을, 또 군부를 증오한 나머지 전쟁에 종사한 전사들에 대해서는 물론 자칫하면 젊어서 한 목숨을 국가에 바친 영령들에 대해서조차 그 공적을 운운하는 자마저 생겨났고, 종전까지 몇 년간 사투를 계속해 온 제일선 부대의 행동 같은 것은 패전 두 글자로 빈틈없이 칠해 버리고 거의 돌아보는 사람 없이 영원히 매장되는 것은 아닌가 생각했습니다. 바로 그때 민우신문사는 남보다 앞장서서 평화를 염원하면서 향토부대 전기戰記의 지상 연재를 감행했습니다. 그 탁견과 영단에 의해 하마터면 파묻힐 뻔했던 영령들의 위열偉烈은 다시금 현창되고 후쿠시마 건아들이 남긴 위대한 족적도 다시 세상의 빛 속에 드러나게 된 것을 감격해마지 않는 바입니다.

(『향토부대 전기 제1권 불타오르는 대륙전선』)

난징 무푸산(幕府山) 북족의 양쯔강 남안에 포로 수천 명(1만 수천 명 설도 있다)을 모아 놓고 기관총 등으로 사살한(제2장 2 불타는 사람기둥 참조) 부대의 책임자로 알려진 모로즈미 전 연대장도 실로 천연덕스러웠다. 마치 고교야구 시합을 보고하는 감독처럼 자랑스러워하기조차 했다. 그는 점차 신명이 나서 다음과 같이 쓰면서 보라는 듯 가슴을 폈다.

본 전기는 제한된 한 부대의 작전 행동을 묘사한 데에 지나지 않지만, 우리 육군의 전성기에 전 군의 꽃으로 그 정강精強을 구가한 백호부대의 용맹과감 견인불발의 전투 기록이며,

후세에 좋은 유산이 될 수 있을 것이라 믿습니다.

그리고 다음 문단에서는 기겁해서 말이 막힐 수밖에 없다. 아버지는 이것을 무슨 마음으로 읽었을까.

대륙의 들판에서 차례차례 펼쳐진 백호부대의 행동은 실로 현란한 두루마리 그림 같았는데, 후쿠시마 건아들의 의기를 보여주고도 남음이 있었으며, 실로 피가 끓고 힘이 넘치는, 실로 얻기 어려운 전투실록이라 할 수 있을 것입니다.
아마도 독자 여러분도 또한 손에 땀을 쥐며 그 전투를 칭송하시게 될 것입니다.

이 무슨 말인가! 이것은 전쟁 때의 무용담이 아니다. 전후도 한참 지난 전후, 1960년 안보투쟁 뒤인 1965년에 쓰인 글이다. 나는 일본의 전후 내실의 중요 부분을 간과해 왔거나 직시하는 것을 고의로 피해왔는지도 모르겠다. 이 책의 편집위원 '후기'에는 난징 대학살의 참극을 뻔뻔스럽게 정당화하면서 향토부대는 '휴머니즘'을 잊지 않았다고까지 강조하는, 내장에 쥐가 나는 듯한 기술도 있다.

난징 공략전에서 빠뜨려서는 안 되는 것은, 일본군의 대량학살 사건이었다. 세간에는 그 사건에 향토부대가 중요한 역할을 한 것처럼 보이고 있었다. 그러나 사실을 파헤쳐 보면 향토부대가 수천 명의 포로 집단에 대해 발포한 것은 사실이지

만 실제로는 군 명령인 "전부 죽여라"를 배반하고 포로의 집
단 도망을 획책하던 중에 우발적 사건 때문에 발포할 수밖에
없게 된 사실이 세상에 알려졌다. 향토부대는 전장에서의 이
상 심리 속에서도 휴머니즘을 잊지 않았다.

상권 제2장에서도 얘기했듯이 "우발적 사건 때문에 발포"에
대해서는 전 제65연대 병사들의 반론도 다수 있지만, 여기에
서는 언급하지 않겠다. "향토부대가 수천 명의 포로 집단에 대
해 발포한 것은 사실"이라는 말로 충분하다. 무참한 대량살육
이 "현란한 두루마리 그림"과 같은 "실로 피가 끓고 힘이 넘치
는" 전기戰記나 "전장의 휴머니즘"으로 살짝 바꿔치기해 가는
과정이야말로 전후 70년인 오늘의 배경적 풍경을 천연덕스레
만들어 온 것이다. 예, 그렇지요? 내 속에 가만히 웅크리고 있
는 아버지에게 묻는다. 아버지는 대답하지 않고 무릎을 껴안고
떨고 있다. 설마 웃고 있지는 않을 것이다. 떨고 있는 것이다.
그렇게 생각하고 싶다. 정직, 나도 편치 않다. 몸속에 아버지가
있는 것이 편치 않은 것이 아니라, 지금 살아 있는 것이 아무래
도 편치 않은 것이다. 츠츠 레로레로 츠－레－로－……

미래에 과거가 올 것이다

1. 개개인의 사정

사람은 대체로 대의를 위해 살아가지는 않는다. 나도 별로 정의 같은 걸로 살아오지는 않았다. 정의를 얘기하면 할수록 자신으로부터 계속 멀어져 가는 뭔가가 있다. 십수 년 전 삿포로에 있었을 때 홋카이도의 어느 대학 유급생과 이야기했다. 지독하게 말주변이 없었다. 어떤 맥락이었는지는 잊어버렸지만, 사람은 공리나 원리가 아니라 각기 다른 사정으로 살아가고 있다고 생각한다는 의미의 얘기를 무척 긴 시간을 들여 우물우물 중얼거렸다. 의외였다. 우리는 초대면. 이자카야에서 큰 접시 바깥으로 비어져 나올 정도로 거대한 임연수를 먹으면서 맥주를 마셨으며, 이미 충분히 쇠퇴해 있던 학생운동 이야기를 했다. 그는 뭔가를 고민하고 있는 듯했다. 몸이 야위고

안색이 좋지 않아 궁상스러웠던 청년은 그때 사정事情이라고 말했다. 하지만 나는 머릿속에서 사정이라는 한자말에 '와케(わけ, 이유)'라는 일본어 음을 달았다. 사람은 비슷한 것 같지만 각기 매우 다른 고유의 사정(이유)과 **함께** 살아간다. 함께가 아니라 실은 각자의 사정을 살아가는 것인지도 모르겠다…… 그는 그런 식의 얘기를 오락가락하며 한참 시간을 들여 우물거렸는데, 내용은 지극히 당연한 것이었음에도 나는 서서히 허를 찔렸다는 생각이 들기 시작했다. 청년은 분명 별로 유명하지 않은 "전혀 도움이 되지 않는" 시인 얘기도 했다. 그런 시인을 좋아하는 것이 자신의 사정과 관계가 있을지도 모른다―는 느낌을 어눌하게 얘기한 것 같다. 기억의 차이일지도 모르겠다. 그 정도의 얘기다. 얘기는 후련하게 나오지 않았지만 뭔가가 내게서 멀어져 가는 쓸쓸함이 없고, 거침없이 밀고 들어오는 성가심도 없었다. 나는 난방이 잘 안 되는 호텔로 돌아와 드러누워 임연수 냄새 나는 트림을 하면서 이유를 반추했다. 2016년의 가을 밤, 안색이 좋지 않은 그 청년을 '이유'와 '도움이 되지 않는다'는 말과 함께 정겹게 떠올렸다. 내게는 지금 별로 존재의 근거가 없다. 상당히 희박하다. 근거가 있으면 좋겠다고 생각하지도 않는다. 생각하지 않게 됐다. 다만 이유를 알 수 없는 이유는 있다. 이유는 정의와는 달리 자신한테서 멀어져 가지는 않는다. 테네시 윌리엄스*의 『욕망과 흑인 마사지사』의 앤터니 번즈의 이유처럼, 이유는 많고 다 없어지는 경우는 없다. 오늘날 사람들은 대체로 갈팡질팡 비틀거리면서, 실제로는 전망이라 부를 만한 전망도 없이 주변을 두리번두리번

둘러보거나 고개를 숙이고, 타인의 눈치를 살피거나 한숨을 쉬며 일상을 살아가고 있다. 느긋한 것처럼 보이지만 모두 말하기 어려운 이유가 있다. 이유는 분류나 계열화가 용이한 것 같지만, 하나로 묶을 수가 없다. 이유는 공유가 아니라 사유이기 때문에. 그럼에도 사람들은 공유화된 말로 이유를 얘기하려고 한다. 공유화된 말 같은 것으로 사유의 이유를 표현할 수 있을 리가 없다.

일상은 어느 것도 정합整合되지 않는 이유와 도움이 안 되는 것투성이다. 듣자 하니 어느 친구는 매일 누워 자리보전을 하는 가족의 침을 닦아준다. 닦아도 닦아도 흘러내린다. 물엿처럼. 침이 엉클어져 빛난다. 눈부시게 빛난다. 끊임없이 속절없이 빛난다. 침 같은 것이 대단한 의미가 있는 것처럼. 그런 것에 가끔 깜짝 놀라는데, 마음에 걸린다. 흡인기로 가래를 빨아들인다. 젤리 상태의 비취. 점액질의 제이드(비취)가 밀고 올라오는 소리를 막고 있다. 정적을 깨는 라셀음.** 꺼져가는 존재. 이름을 붙일 수 없는 것. 쓸데없음. 도움 안 됨. 헛된 존재. 수동의 가래 흡인기를 전동제로 사서 바꿀까. 돈 생각을 한다. 생각하는 것이 싫어 생각을 새로 바꾼다. 또 들은 얘기에 따르면, 어느 날 다른 친구의 아버지가 이상한 말을 했다. "소나무 숲

---

* 테네시 윌리엄스(Tennessee Williams, 1911~1983). 미국의 극작가. 미시시피주 콜럼버스 태생. 『유리 동물원』 외에 『욕망이라는 이름의 전차』 『뜨거운 양철지붕 위의 고양이』(모두 퓰리처상 수상) 등으로 알려져 있다.

** Rassel. 수포음. 병든 상태의 호흡기관에 청진기를 들이댔을 때 들리는 이상한 소리.

속에 물고기 뼈가 떨어져 있습니다. 나는 그것을 세 번이나 본 적이 있습니다"와 같은 얘기. 되풀이한다. 몇 번이고 몇 번이고 끈질기게 되풀이한다. 짓궂은 장난처럼 되풀이한다. 짓궂은 장난이다, 바로. 소리가 커진다. 점점 커진다. 이쪽을 증오하듯 쏘아보며 절규한다. 예컨대 "소나무 숲 속에는ㅡ, 새하얀ㅡ, 물고기의ㅡ, 뼈가ㅡ, 떨어져 있습니닷. 나는ㅡ, 그것을ㅡ, 두 번이나ㅡ, 세 번이나ㅡ, 본 적이ㅡ, 있습니다ㅡ앗"과 같은 어투. 예예, 그래요, 그래요, 알았어요. 그렇게 응답하고 '이제 됐어, 시끄러워, 그만해, 당장 그만해, 바보 자식!'이라는 욕설을 가까스로 삼킨다. 아니, 좀 내뱉었는지도 모르겠다. 해서는 안 된다. 해서는 안 되지만, 어쩔 수 없어서, 했다. 친구들은 그런 이유를 갖고 있다. 나도 물론 이유투성이다. 1주, 2주로는 도저히 다 얘기할 수 없는, 수많은 이유. 이유를 뺀다면 아무것도 남는 게 없을 정도로 무수한 이유다. 사람이란 아마도 이유 그 자체일 것이다.

크고 작은 무수한 이유의 나무숲 속에서 1★9★3★7를 써 왔다. 점점 숲의 전경全景이 보이지 않게 되어 간다. 왜 그런지는 확실히 얘기할 수는 없지만, 아마도 내가 실은 이유 죽이기를 생리적으로 매우 싫어하는 경향이 있다는 것과 이것은 무관하지 않을 것이다. 너무 화가 나면 눈에 보이지 않게 된다. 쓰고 있는 도중에, 쓰고 있는 근거가 보이지 않게 됐다. 이렇게도 생각한다 "'해결된다'는 게 있을까? 이제까지 살아온 인생의 온갖 의문은 우리의 전망을 차단하고 있던 나무숲처럼 손대지 않은 상태로 남아 있는 것은 아닐까. 이 나무숲을 잘라내는 것, 또는 애써 간벌하는 것조차 우리는 거의 생각하지 못한다. 우리는 걸음을 계속해서 나무숲을 뒤로 한다. 그리고 멀리서 보면 분명 나무숲은 그 전체가 눈에 들어오게 되는데, 하지만 희미하게 그림자처럼 되어 버리고, 그만큼 더욱 수수께끼 같은 모습으로 뒤얽혀 있다."(발터 벤야민 「이 식림植林은 여러분이 보호하세요」 『일방통행로』) 나는 '해결' 따위 생각한 적도 없다. 간벌도 길을 내는 것도 생각조차 한 적 없다. 하다못해 사라져가는 것의 잔상이라도, 빛이 나뭇가지 끝의 간극을 빠져나가기 전에 눈에 담아두고 싶다―그렇게 바랐을 뿐이다.

1★9★3★7의 온갖 의문은 손대지 못한 상태로 남았고, 수를 알 수 없는 송장들은 해마다 그냥 노출된 채 순조롭게 풍장風葬이 되고 있다. 적은 분명 거침없이 계속 이기고 있다. 질퍽질퍽 대는 진흙탕 자체인 적권력敵權力이 적―아군의 경계를 지우고 언제나 무제한으로 계속 이기고 있다. 적은 바로 내(우리) 속에 있기 때문이다. '근거根據'로 메워져야 할 나의 구덩이에는 헤아릴 수 없는 슬픈 이유, 희롱거리는 이유, 말하지 않는 이유, 이유를 알 수 없는 이유가 짚이나 쓰레기처럼 떠 있다. 그리고 '도움이 되지 않는' 것들이 짚이나 쓰레기 모습 그대로 빠져 있다. 어느 때부터인가 이유도 도움이 되지 않았지만, 역전해서 '근거'를 잃은 나의 근거가 되어 버렸다. 그것으로 좋다. 이유와 도움이 되지 않는 것이야말로 내 편이다. 전쟁이란 국가 규모의 이유 죽이기다. 이유의 폭력적 정화의 의미다. '적' 한 사람 한 사람의 존재가 품고 있는 각자 다른 이유를, 사정이야 어떻든 때려부수는 것만은 아니다. '우리 편'의 이유를

강제적으로 통일하고 통합해서 이유의 세세한 부분과 음영陰影을 억지로 지운다. 작가 홋타 요시에는 거기에 주목했던 것이다. 예컨대『시간』의 주인공 천잉디는 1937년 12월 11일 오전 11시, 난징 시가에서 때마침 도망쳐 온 한 무리의 중국군 병사들로부터 일본군이 "제멋대로 도륙을 자행하고 있고, 흘린 피로 발목이 잠길 정도"라는 얘기를 듣는다. "도강 중에 배가 공격당해 익사하는 자의 수를 알 수 없다"라는 말도. 대학살의 한복판에서 천잉디＝홋타 요시에는 엄청난 수의 사망자와 '한 사람' 내지 '한 사람 한 사람'의 관계에 대해 생각한다.

> 몇백 명의 사람이 죽어가고 있다―그러나 이 무슨 무의미한 말인가. 수는 관념을 지워버리는 것일지도 모른다. 이 사실을 검은 눈길로 봐서는 안 된다. 또 이토록 많은 사람의 죽음을 필요로 하고, 불가피한 수단으로 삼아야 할 목적이 존재할 수 있다고 생각해서는 안 된다. 죽었다는 것은, 그리고 이제부터 더더욱 죽어갈 것이라는 것은 몇만 명이 아닌, 한 사람 한 사람이 죽는 것이다. 한 사람 한 사람의 죽음이 몇만에 이른 것이다. 몇만과 한 사람 한 사람. 이 두 가지 세는 방법 사이에는 전쟁과 평화만큼의 차이가, 신문기사와 문학만큼의 차이가 있다……

'황군' 병사들 손에 학살당한 사람들이 흘린 피의 바다가 마침내 발목 깊이 정도가 됐다는 수량의 절대성을 가지고 난징 대학살의 유일무이한 특징으로 삼는 관점에 홋타는 여기에서 정면으로 대든다. 이것은 항간에, 난징 학살이라는 것은 실제로는 대단한 수가 아니었다는, 과소평가파에 대한 반론이기도 하고, 전쟁을 사망자 수와 파괴 규모만으로 바라보는 잔혹한 '검은 눈길'의 근본적 부정이기도 했다. "죽었다는 것은, 그리고 이제부터 더더욱 죽어갈 것이라는 것은 몇만 명이 아닌, 한 사람 한 사람이 죽은 것이다"라는 지적은 중대하다. "한 사람 한 사람이 죽은 것이다"라는 것은 한 사람 한 사람의 이유(사정)가 문답무용問答無用으로 소거된 것과 같은 것인데, 홋타는 대량 학살에 대해 그 '대량'성 때문에 화를 내는 것이 아니라 각자가, 즉 반드시 자신의 고유한 이유를 지닌 '한 사람 한 사람'이 세세한 기억과 함께 말살당한 것에, 사람이라는 존재의 '한 사람 한 사람성性'이 언제까지고 무시당하고 있는 것에 오장육부가 끊어질 정도로 분개했던 것이다.

2. 용서 없이 즉결 처분

사람의 '한 사람 한 사람성'의 대극에 전쟁이 있고, 1937년 일본의 집합화集合化가 있었다. 일찍이 사사키 도이치(左左木到一)라는 육군 중장이 있었다. 난징 공략전 당시는 육군 제16사단 제30여단장으로 전투와 대살육을 지휘했고, 그것을 일기식의 「전장일록–중지中支작전편」으로 당당하게 써서 타이프 인쇄한 것이 집영사集英社의 〈쇼와전쟁문학 전집 별권 알려지지 않은 기록〉(1965)에 '난징공략기'라는 타이틀로 수록되어 있다. 난징 대학살은 있었던 것도 없었던 것도 아닌, 여기에는 지극히 당연한 풍경으로 기술되어 있다. 1937년 11월 13일의 일기를 보면 다음과 같은 이야기가 나와 있다. 끝없이 덧없이 사라져가는 작은 존재가 여기에는 있다. 사사키는 그것을 개의치 않았다.

이웃집 아기가 유기되어 있다고 서기가 보고했다. 사람의 아이 한 사람 없는 강안의 반농반어 부락이다. 내일부터 전투를 예상하는 우리 부대에 아기의 수용도, 자비는 단지 잠시 중단하는 것일 뿐이라 생각하고, 나는 듣지 않은 것으로 했으나, 그렇다고 하더라도 자기 아이를 버리는 무자비한 지나 어머니의 심정을 이해할 수 없다.
안심, 숙면.
물가에서 오늘이 마지막이라는 각오
장강의 물 다리에 차갑다

사사키는 육군 최고의 '중국통'으로 유명했다. 그 중국통이 "그렇다 하더라도 자기 아이를 버리는 무자비한 지나 어머니의 심정을 이해할 수 없다"고 한다. 가택 침입 강도처럼 대거 침략에 나선 '황군'으로부터 목숨만 겨우 건져 도망치는 사람들의 심정 따위 한 번도 돌아보지도 않은 채 안심, 숙면했다고 한다. 그리고 무신경·무감각·공소空疏를 그대로 실생활에 옮겨 놓은 시 한 수…… 다음 달 14일 사사키의 제30여단은 드디어 난징성 안팎의 '소탕'을 실시한다. 그 이전에도 사사키의 여단은 난징에 이르는 도중에 불법, 무용의 살육을 거듭하고 있었으나 여기에서는 상술하지 않겠다. 난징성 안팎의 '소탕'이란 어떤 것이었던가, 사사키는 자랑스레 기록했다. "도처에 잠복해 있는 패잔병들을 끌어냈다" "5백, 천이라는 대량의 포로들이 속속 끌려 왔다"고 되어 있다. 그들 한 사람 한 사람은 어떻게 됐던가.

성내에 남아 있던 주민은 아마도 10만 안팎일 것이다. 대부분 영세민들뿐이었다. 그러나 그 중에 다수의 패잔병이 혼입되어 있었던 것은 당연한 것으로 생각된다. (……)

수장守將이 도망간 뒤에 남겨진 중국 병사들만큼 비참한 존재는 없을 것이다. 그들에게 전의가 있을지 없을지는 자명한 이치지만, 그들에게는 이미 퇴로가 없었기 때문에 죽기 살기로 저항했던 것이다.

패잔병이라 해도 아직 부락산간에 잠복해서 저격을 계속하는 자가 있었다. 따라서 저항하는 자, **종순**從順**의 태도를 잃은 자는 용서 없이 즉결 처분했다.** 하루 종일 곳곳에서 총성이 들려왔다.

태평문 바깥의 커다란 외호外濠**가 시체들로 메워지고 있다.** (……)

샤관(下關)의 주요 거리는 거의 전부 불탔다. 강안 도로는 수백 대의 자동차들이 버려져 있고, **수백 구의 시체가 하나하나 강가에서 떠내려간다.**

홋타 요시에 식으로 얘기하자면, 난징은 바로 귀곡추추鬼哭啾

啾*였다. 떠오를 수 없는 영혼이 큰 소리로 울부짖으면서 무서운 분위기가 장강에서도 쓰진산(柴金山) 쪽에서도 떠돌았을 것이다. 그러나 필자 사사키 도이치의 마음에는 아무것도 거리낄 게 없다. 마음이 한 점 흐림도 없이 활짝 개어 있었던 것 같다. 따라서 "저항하는 자, 종순의 태도를 잃은 자는 용서 없이 즉결 처분을 했다"고 삼빡하게 쓸 수 있었던 것이다. "종순의 태도를 잃은 자"란 도대체 어떤 상태의 사람을 두고 한 말일까. 귀곡추추, 규환지옥叫喚地獄** 속에서 다음에 죽게 될 사람은 어떤 태도를 취하는 게 좋을까. 사람들의 얼굴이 일본군에 대한 공포에 짓눌린 나머지 경련으로 일그러지고 눈도 또한 동공이 확대된 것처럼 크게 떴는데, 그것도 "종순의 태도를 잃은" 것으로 **"용서 없이 즉결 처분했다"**는 것인가. 나의 아버지들은 쑤저우에서 중국군에 포로가 됐을 때 수용소 내에서 공공연하게 연예대회나 '신주 불멸 강좌'를 열어 흥청거렸고, 명백히 '종순의 태도'를 잃어버렸으나 "용서 없이 즉결 처분" 당하지는 않았다. 그 '차이'에 대해 나는 알고는 있었으나 커다란 '차이'의 이유, 그 원인이 된 것이 무엇인지는 실은 아직도 모른다. 중국 쪽이 '황군'에 대해 일반적으로 별로 그렇게 하지 않았던 것의 이치는 어쩐지 이해가 가는 듯한데, '황군'이 자행할 수 있었던 짓의 끔찍함과 그 심적 동력원은 지금에 이르기까지도 알기 어렵다. 알기 어려운 것이 나를 언제나 우울하게 만든다. 제

---

* 귀신들이 작은 소리로 우는 소리.
** 고통으로 울부짖는 지옥.

450

30여단장 사사키 도이치의 1937년 12월 15일의 일기에는 "성내에서 백만 섬 이상의 난징미米를 압수했다. 이 쌀이 있는 동안은 후방에서 도정한 쌀은 보급하지 않는다고 한다. 조금 화가 나지만 하는 수 없다. 덧붙이자면, 난징미는 푸슬푸슬해서 찬합에 담긴 것을 젓가락으로는 집을 수가 없다"고 썼다. '압수'란 잘도 얼버무린 말이다. 백만 섬 이상이나 약탈해 놓고 푸슬푸슬해서 젓가락으로 집을 수 없다니 무슨 얘기를 하고 싶은 건가. 이어서 16일, 17일 이후의 일기. 여기에 난징 대학살의 '심적 동력'이라고 한 것이 제시되어 있지 않을까. 마구 부풀어 오른 제국 일본의 팔루스phallus이자 침략 전쟁의 오르가슴이다. 이것은!

12월 16일, 명에 따라 쯔진산 북쪽 지역을 소탕했다. 수확물이 적었다고는 하나 두 연대 모두 수백의 패잔병들을 끌어내서 처분했다.

시민들이 슬슬 길거리에 모습을 나타냈다.

12월 17일, 중지나中支那 방면군의 입성식을 거행했다. 부대는 중산문中山門 맞은편 오른쪽에 상하이 파견군, 왼쪽에 항저우만 상륙군이 도열했다. 정각定刻 방면군 사령관 마츠이 이와네(松井石根) 대장은 아사카오미야(朝香宮) 중장 및 야나가와(柳川) 중장 등 양군 사령관 이하 방면군 및 각 군 막료들을 따라 말을 타고 엄숙하게 입성, 열병을 했다. 거침없이 맑은 나팔 취주 속에 각 부대의 경례를 받았다. 깃대뿐인 낡은 부대의 연대기, 떠오르는 해(旭日)가 선명한 특설부대의 연대기, 노병 장병이 섞인 검광모영劍光帽影*은 때마침 쾌청하게 맑은 날에 화려한 군진軍陣을 전개했다.

이 장관! 건국 이래의 수도를 점령해 경사스러운 입성식을 거행하는 것이 이것이 그 효시嚆矢가 아닌가. 하기야 정한征韓의 역役**은 어떠했는지 알지 못하지만, 근대화한 ○십만의 비휴貔貅가 전승戰勝해서 숨죽인 듯 자만하지 않고, 오로지 미이츠(御稜威)를 받들며 부동의 진용陣容을 보여준 이 역사적인 장관은 전대미문이다. 약진 일본의 표징이 아니고 무엇이겠는가.

불그스레한 얼굴에 수염 무성한 장병들이 숙연하게 이 맑은 날의 성대한 의식에 참례한 기억은 영구히 잊지 못할, 후대에까지 이어질 깨달음의 초석이 될 것이다. 나는 군사령관이 가까이 오는 것을 기다렸다가 부대에 경례를 명하고 말을 탄 채 열에서 몇 걸음 나와 인원 보고를 했다.**(남자로 태어나 얼마나 다행인가) 감격의 이 한 순간, 내 심신이 승천하여 신의 영靈 속으로 융합되는 듯한 충동을 느꼈다.**(……)

장교 이상은 옛 국민정부의 안마당에 집합, 문루 위에 커다란 국기를 게양하고 군악대의 기미가요 주악 속에 경례, 전원이 침을 삼키며 눈시울이 자연스레 뜨거워진다.

대원수 폐하 만세를 삼창한다. (……)

(1938년) 1월 5일, (……) 이날까지 성 내에서 적출한 패잔

---

* 군대가 무장하고 정렬한 모습.
** 한반도 침략 전쟁을 가리킨다.

병 약 2천명을 예전의 외교부에 수용했으며, 그 밖에 선교사 수중에 있던 지나 부상병들을 포로로 수용했다.

성 바깥 근교에서 불령不逞 행위를 계속하던 패잔병들도 계속 포박해 샤관에서 즉결 처분한 자가 수천에 달했다.

난징 공략전에서 적의 손해는 추정 약 7만이며, 성 함락 당일까지 수비에 임하고 있던 적 병력은 약 10만으로 추산된다.

(사사키 도이치 「난징 공략기」 〈쇼와전쟁문학 전집 별권 알려지지 않은 기록〉)

3. 금줄과 시데(四手)를 감은 팔루스

정신이 아찔해지는 광경이다. 대살육의 와중에 대살육 따위 없었다는 듯 치러진 '황군' 난징 입성식. 이 글과 더불어 도호(東寶) 문화영화부가 제작한 '난징 전선후방 기록영화'(내레이션 도쿠가와 무세이德川夢聲)를 보면 피 냄새를 풍기는 당시의 공기가 한층 더 선명하게 전해져 온다. 어떨까. 독자들은 시시하다고 생각할까. 참으로 어리석다. 뭔지 잘 모르겠지만. 나도 시시하고 참으로 어리석다고 생각한다. 하지만 이것을 아버지 할아버지들은 난징 땅에서 저지르면서 문자 그대로 감격의 눈물을 흘리며 목메어 울었던 것이다. '내지'에서도 각지에서 축하 퍼레이드, 제등행렬 행사들이 벌어졌다. 용어 설명을 약간 하면, 유량嘹喨은 맑은 나팔 음색. '비휴貔貅'는 중국 고대 전설에 나오는 호랑이를 닮은 맹수로, 길들여서 전쟁에 활용했다고 한다. 전용되어 '용감한 병사' '무사'를 의미. 자화자찬하는 데에도 자신들이 유린하고 있는 그 나라의 말을 쓸 수밖에 없었던 콤플렉스. 그것을 감추고 침략, 영토 확장을 정당화하기 위해 일본과 중국은 '동문동종(同文同種, 문자도 인종도 같다)' 따위를 우겨댔던 것이다. '미이츠를 받들고'는 천황의 위광을 받아 그 뜻을 실행하는 것. '대원수 폐하(천황)의 만세를 삼창한다'는 건 '대원수 폐하에게 만세 삼창을 바친다'의 잘못이 아니다. '만세萬歲' 즉 천황의 장수·장구長久를 빌며 삼창하는 것이므로 '대원수 폐하의 만세를 삼창한다'인 것이다. 이렇게 쓰고 있자니 왠지 싫어진다. 지긋지긋하다. 그렇지만 이 책『1★9★3★7』를 쓰는 동기 중 하나에는 이 '황군' 난징 입성식의 꺼림칙한 역사적 사실이 분명 들어 있었다. 이 풍경에는 흔히 있는 전승자의 용감하게 이겼다고 우쭐댄 퍼레이드 이상의, 뭔가 지긋지긋할 정도의, 일본적으로 기분 나쁜 '마음의 정수(心髓)'가 드러나 있는 듯하다는 생각이 든다. 나는 그것과 대면하는 게 좋겠다고 생각했다. 이 심수는 아마 아직도 사라지지 않았을 것이다. 사라지기는커녕 '황군' 난징 입성식에서 보는 심수가 지금도 여전히 일본이라는 몽롱한 현상의 원형에 잠재되어 있다고 나는 느낀다. 고교 야구에서도 국체에서도 2020년 도쿄 올림픽 소란에서도 이 심수가 지금 보인다. 대살육의 땅의 "문루 위에 커다란 국기를 게양하고 군악대의 기미가요 주악 속에 경례, 전원이 침을 삼키며 눈시울이 자연스레 뜨거워진다. 대원수 폐하 만세를 삼창한다"—. 2016년 현재도 왜 기미가요(국가)가 불려지고 히노마루(일장기)가 내걸리는가. 이런 단순하고 초보적인 의문에도 만족스러운 답을 얻을 수 없다. 설령 부르지 않는 것이 죽을 죄가 된다 해도 절대 불러서는 안 될 이유가 기미가요에는 있는데.

사사키 도이치는 잘도 써 주었다. 역사적 사실에 토대를 두고 있다고는 하나 순전히 픽션인 『시간』에는 '황군' 지휘관의 이렇게까지 리얼한 내적 표백表白은 없다. "(남자로 태어나 얼마나 다행인가) 감격의 이 한 순간, 나의 심신이 승천하여 신의 영속으로 융합되는 듯한 충동을 느꼈다"―이것이 오르가슴이 아니고 무엇인가. 『시간』은 "전쟁의 대기권 내에서는 실로 다양한 것들이 그 낡은 옷을 벗고 알몸 그대로의 실체를 노출하는 듯하다"고 한다. 그럴 것이다. 훗타는 더 고찰했다. 지적으로 생각을 전개했다. "군대라는 육체적 집단 속에서 또 그 배후에 있으면서 이를 싸우게 만들거나 추상적인 수백만의 인간 생명을 물物로도 여기지 않는 에너지……"란 무엇인가. 하지만 제국 육군 제16사단 제30여단장 사사키 도이치는 틀림없는 애국자이며, 조직에 충실하고 근면했으나 전혀 지적이지는 않았다. 애국자이며 조직에 충실하고 근면한 천황의 적자赤子라는 것은, 전혀 지적인 것을 필요로 하지 않는 것이다. 그런 인물은 "인간의 시간, 역사의 시간이 농도를 더해가고 흐름이 빨라지면서 다른 나라의 이질적인 시간이 침입, 충돌해 오면 순식간에 사랑하는 이들과의 영원한 이별을 강요한다……" (『시간』)는 발상이나 고찰을 절대로 하지 않는다. 그는 "그렇다 하더라도 자신의 아이를 버리는 무자비한 지나 어머니 심정을 이해하지 못하겠다"라고 귀신의 아이처럼 머리를 갸웃거리는

'중국통' 지휘관이며, 동시에 "(남자로 태어나 얼마나 다행인가) 감격의 이 한 순간, 내 심신이 승천하여 신의 영 속으로 융합되는 듯한 충동을 느꼈다"는 야릇한 '전쟁 오르가슴'의 구현자인 것이다. "심신이 승천하여 신의 영 속으로 융합되는 듯한" 완전한 지복至福은, 보아하니 '어능위를 받듦'으로써 대원수 폐하(神)와 연결되는, 그 보이지 않는 환상의 '관管'을 통해 달성됐을 것이다.

제30여단장은 살육이 한창일 때도, 입성식을 할 때도 금줄과 시데(四手)*를 감은 일본 특유의 팔루스(남근) 자체로 변신한 것이다. 그런 팔루스로의 변신 충동은 1937년 12월 17일에 난징에 있었던 제30여단 장병들만이 아니라, 슬프게도, 나의 아버지에게도 있었을 것이고, 일본이라는 동양적 '전쟁체戰爭體'가 오랜 세월 무의식 속에 껴안고 있던 심성이 아닐까. 부연하자면, "예컨대 다야마 카타이(田山花袋)의 「한 병졸」이 묘사한 가련한 병사는 그대로 잔학을 저지를 수 있는 존재다"라는 요시모토 타카아키의 당돌한 지적(「마루야마 마사오론」)은 누구든 러일전쟁 때의 '한 병졸'에게 그런 상상을 한 적이 없는 만큼 오히려 대단할 정도로 옳다. '각기충심脚氣衝心'**으로 쓰러져 말기의 눈에 어머니를 보는 일본의 한 병졸은 너무나도 '가련'하지만 그 가련함과 야만성은 다른 문제다. 그렇지만 요시모토가 그 책에서 "오늘 천황(제)은 그저 부르주아지의 그림자에

---

* 금줄 등에 매다는 특수한 형태로 오린 무명 또는 종이.
** 비타민 결핍으로 인한 심근경색이나 심장 기능 부전.

지나지 않으며, '우익'사상은 결코 정치 세력으로 등장할 수 없는 골동품이다. 오히려 정면으로 맞서야 할 사상은 무의식 속에 지식인과 유착하고 있는 부르주아적인 '민주주의'나 '언론의 자유'의 양면성이다"라고 단언한 것은 1963년 집필이라는 시대적 제약이 있었다고 해도 매우 예상이 빗나간 것이라는 생각이 든다. 현재의 일본 정치권력은 팔루스의 크고 작은 것은 별도로 하고, 체질적으로 '전쟁 오르가슴'을 갈망하고 천황제를 천황 자신보다 훨씬 더 열심히 유지·강화하고 싶어 하거나, 나아가 그것을 정치적으로 이용, 활용하고 싶어 하는 전후 드물게 보는 울트라 우익사상의 소유자들이 아닌가.

그들을 어떻게 해서든 쓰러뜨려야 한다. 하지만 '어떻게 해서든 쓰러뜨려야 한다'는 일찍이 너무 오래 써서 낡아빠진 말의 그 궁상스러운 어조가 싫어진다. 나는 1★9★3★7와 그것에 대해 써 온 것에 나 자신도 식상해 하고 있다. 이것으로 충분하다. 지겹다. 때때로 구역질이 난다. 일본이라는 나라의 향후 스케줄이나 끝도 없이 내면에 휘감겨 오는 끈적끈적한 거미줄로부터 도망치고 싶다. 망명처는 전혀 마음에 짚이는 바가 없지만, 어딘가로 망명해 보고 싶다. 나라와 그 역사 따위 내쪽에서 버려 버리면 그만이다. 사람들은 이미 몇 번이나 나라로부터 버림을 당했다는데도 "변소의 파리처럼" 나라에 찰싹 달라붙는다. "큰 전쟁이 발발하고 있는 것은 변소의 파리와 같은 것도 알고 있다"고 쓴 이는 오가타 카메노스케*였다. 저 유급 학생은 그 이후 어떻게 됐을까. 그가 좋아했다는 도움이 되지 않는 시인은 누구였던가. 그것은 어쩌면 카메노스케가 아니었을까. 카메노스케는 말한다.

　계속 내리던 비가 멈추자, 개일 수밖에 없기 때문에 개였다. 봄 같은 바람이 불고 밝은 햇볕이 하루 종일 툇마루를 비췄다. 나는 마시지도 먹지도 않음으로써 달성하는 자살의 올바름, 굶어 죽는 것(餓死)에 대해 골똘히 생각했다.

　가장 적은 비용으로 생활하고, 그것 이상으로 노역하지 않는 것―. 이것은 옳지 않다고 그대가 말하는 현재의 사회는, 그대가 여분으로 써버린 노력이 그대로 그대들이 그들이라 부르는 자들을 위한 것이 되는 데에도 적용될 것이다. 일급日給을 23엔이나 벌고 있는 독신자가 세끼 밥이 고작이다라고 생각하지 않는 것이 좋다. 그러기 위해서는 과음과식을 상상 속에서도 피하는 것이다. 그리고 점차 하루 두 끼 이하로 괜찮을 수 있다면 이 방법 때문에 일하는 사람이 없어서 사람 부족 등으로 임금이 높아져 1주에 2, 3일 노역으로 1주간 비용을 충분히 댈 수 있을 것이다. 세상 경기도 헛된 일을 하는 사람이 많아서 생기는 경기, 그렇지 않아서 생기는 불경기 등은 웃어주는 게 좋다. 그대가 헛된 소비를 하기 때문에 경기가 좋은

---

* 오가타 카메노스케(尾形龜之助, 1900~1942). 시인. 미야기현의 유복한 집에서 태어남. 1923년 무렵부터 시작에 전념. 상경해서 미야자와 켄지도 기고한 〈월요〉 외에 복수의 시지詩誌를 주재했다. 1935년의 〈역정〉 창간 동인. 시집에 『색유리의 거리』 『비 내리는 아침』 『장지(障子)가 있는 집』. 평생 정해진 직업을 갖지 않고 의지처 없는 생활을 했으며, 빈곤과 병고 속에 고독사했다.

쪽이 좋다고 생각하면 그 토대부터 그들에게 이용당할 수밖에 없지 않겠는가. 일하지 않으면 먹지 않겠다는 따위의 말만 하고 있는 돌대리가 있다면 그 남자 앞에서 '이게 그것인가'하고 아사해 보이는 것도 좋지 않겠는가. (……) 내가 골똘히 생각한 것은 아사에 대한 것이다. 아사 자살을 조금이라도 앞당기는 것이 아니라 그것을 할 수 있느냐는 것이다.

（「무형국無形國으로」 1930, 『오가타 카메노스케 시집』)

카메노스케는 도움이 되지 못했다. 모든 공동성에 등을 돌리고 오로지 자신에게만 딱 맞춰 살았다. 내가 아는 한 나라를 노래하지 않았다. 민족을 노래하지 않았다. 결단코 도움이 되지 않았다. 태평양전쟁이 발발한 해에 아내가 가출했고, 천식, 치질, 요도 결착증, 신장염 등이 악화되어 밥도 받아먹지 못하다가 1942년 누구의 간호도 받지 못한 채 촛불처럼 훅 홀로 가버렸다. 향년 41세. 그것은 거의 허먼 멜빌이 묘사한 「필경사 바틀비」*를 생각하게 한다. 가냘픈, 그러나 어딘가 의도적인 것으로도 보이는 사라지는 방식이다. 카메노스케도 늘 덧없이 사라져 가는 작은 존재였다. 조금도 위대하지 않은. 위대라고 불리는 것만큼 하찮은 것도 없었다.

---

* 「Bartleby, the Scrivener: A Story of Wall Street」. 『모비 딕)』으로 알려진 미국의 작가 멜빌(1819~1891)이 1853년에 발표한 소설 및 주인공의 이름. "~하지 않아도 된다면 고맙겠습니다만"으로 모든 것을 계속 거부하는 청년은 마지막에는 자신의 생명 유지조차 거부한다. 그 저항의 자세는 데리다나 들뢰즈, 아감벤 등 현대사상가들의 고찰 제재가 되었다.

4. 얼굴·폭력·배리

생각한다. 2015년 7월 15일, 안보관련(전쟁) 법안이 중의원 특별위원회에서 채결됐다는 뉴스를 텔레비전으로 보고 있노라니 몸속을 무슨 전리방사선電離放射線 같은 무색무취의 터무니없이 공허한 바람이 쏴―하고 빠져 나간다. 분노도 아니고 슬픔도 아닌, 이제 이름을 붙일 수도 없는 허탈한 기포가 목구멍 깊은 곳에서 치밀어 올라왔다. 기분이 나빴다. 방치하면 이렇게 된다고, 예전부터 자명했던 재앙이, 아니 그래서는 안 된다고 미연에 누가 막지도 않았고, 누구도 그다지 거칠게 흥분하지도 않았으며, 세게 튀지도 소름 끼친 적도 없이 예정대로 이렇게 됐다. 아, 역시 이렇게 되어 버린 것인가, 하고 애초에 뻔했던 뉴스를 넋을 잃고 바라보다니 참으로 어리석기 그지없다. 손에 손을 잡고 '강행 채결 반대' 등이 적힌 종이나 플래카드를 두른 의원들의 '얼굴'을 보고 소름이 끼쳤다. 그것은 이대로는 이렇게 된다는 걸 미리 잘 알고 있던 정권의 속임수가 시나리오대로 이렇게 됐을 때 해야 할, 역시 대본의 지문대로 '분개' 표시하기 얼굴, '비탄' 짜내기 얼굴, 부자연스러운 몸짓 손짓이며, 그런 것들이 모두 먹이를 뿌려 주었을 때의 비둘기들처럼 한 방향으로, 즉 먹이를 뿌려주는 텔레비전 카메라의 위치를 향하고 있었다. 얼굴들은 어느 것이나 얄팍한 싸구려 탈이라도 쓰고 있는 것 같다. 탈에는 어느 것이나 몰개성적이고 균일한 '분노'의 얼굴이 그려져 있는데, 그림 솜씨가 서툰 것은 좀 참아준다 하더라도 한결같이 무해하고 오타메고카시, 무엇보다 어느 것이나 다 똑같은 탈이라는 데서 한기가 들었다.

이래서는 착란錯亂하는 아베 정권이 바라는 대로 발동되는 폭력을 막는 것은 도무지 불가능하다. 그것은 폭력 문제가 되고 있다. 장대한 국가 폭력의 형성에 반폭력의 규모가 조금도 균형을 잡지 못하고 있다. 아베 정권은 이미 2015년 5월에 사실상의 '독재 선언'을 했다고 나는 생각한다. 총리는 집단적 자위권을 행사하는 경우에도 "타국의 영토, 영해, 영공에 파병하는 일은 없을 것이다"라고 궤변을 늘어놨고, 당시 민주당 대표가 그렇다면 법률에 '파병하지 않는다'고 써넣어야 한다고 요구하자 총리는 소리 높여 말했다. "우리가 제출할 법안의 설명으로서는 완전히 옳다고 생각합니다. 나는 총리대신이니까요!" 이렇게 되면 아쿠타가와 류노스케의 '모모타로'의 논리와 다를 게 없다. 왜 도깨비 섬을 정벌해야만 하는지 도깨비가 물으면, 모모타로는 "일본 제일의 모모타로는 개 원숭이 꿩 3마리의 충의자忠義者를 부하로 삼았기 때문에 도깨비 섬으로 정벌하러 온 것이다"고 대답한다. 이유가 되지 않는다. 설명할 생각도 없다. 배리背理를 부끄러워할 줄 모르고 태연하다. 그런 기본적 도리를 완전히 무시하는 자가 국가의 폭력 장치를 손아귀에 쥐고 자신에게 유리하게 법제화해서 폭력을 마음대로 행사하려 하고 있다.

어째서 사람이라는 존재는 무슨 일이든 하나하나 제로에서부터 배우지 않으면 안 되는 것일까. 역사는 왜 전대의 반성과 학습을 이어받아 후대에 살리려 하지 않는 것인가. 왜 사람은 이토록 역사적 경험에서 출발할 수 없는 것인가. 사건이 멀어지면 멀어질수록 편의적인 '사실'의 생성과 구축이 활발해지는 것은 왜 그런가. 지금까지 거의 완성 단계에 와 있는 것은 안보법제만이 아니다. 일본과 일본인의 아이덴티티를 살짝 바꾸는 것도 이제까지는 성공리에 진행되고 있다. 일본과 일본인들은 '전쟁 가해자'라는 무겁고 고통스러운 역사적 아이덴티티에서 대체로 '전쟁의 피해자'라는 자기인식으로 순조롭게 전환하고 있다. 그런 기억의 흔들림에서 '반전평화'를 외치는 사람들도 적지 않다. 기억의 흔들림에서 생긴 것이라 해도 '반전평화'는 나쁘지는 않지만 "편안하게 잠드세요, 잘못은 되풀이하지 않을 테니까요"라는 원폭 사망자 위령비 앞면에 새겨진 기이한 구절로 상징되듯이, 피해와 가해의 관계는 '재난(禍害)' 일반의 불행 일색으로 녹아버린다. 그 때문에 전쟁법을 제정한 아베 정권에게도, 원폭을 투하하고도 한 번도 공식적으로 사죄한 적 없는 미국의 대사에게도 히로시마는 "누가·누구에게·왜"라는 피해—가해—이유의, 주체와 관계의 모양새를 적당히 애매하게 만들어 주며, "무슨 낯짝으로!"라는 욕을 듣더라도 각자가 유들유들하게 '평화의 사도'로 치장하는 데에 아직도 이용 가치가 있는 '장場'인 것이다. 원래 전쟁에서는 가해자 개인이 피해자 개인이 되고, 피해자 쪽이 가해자 쪽으로 위치를 바꾸는 것은 흔히 있는 일이다. 그러나 일단 죽임을 당한 자가 다시 살아나는 것은 아무래도 불가능하다. "구실을 찾기 위해서만 역사를 배우는 것인가"—『시간』의 주인공 천잉디는 난징에 침공해 온 일본군 장교에게 말없이 분개한다. 장교는 자못 참극을 한탄하는 듯한 어조로, 하지만 단호하게 말한다. "우리나라의 총력을 기울여 아시아의 책임을 지려 하고 있는 것입니다." 여기에는 메울 수 없는 도랑이 시커멓게 입을 벌리고 있다. "구실을 찾기 위해서만 역사를 배우는" 권력자를 우리는 지금도 받들어 모시고 있다.

5. '개전 책임'과 '패전 책임'

'총후銃後'나 '익찬翼贊'이라는 말을 모르는 성인이 이미 대다 수를 차지한다고 한다. 하물며 '1억 총참회總懺悔'를 모른다고 질책당할 이유는 없을 것이다. 극히 드물게 '1억 총참회' 다섯 자를 알아본다 해도 "침략한 아시아 여러 국가 사람들에게 일 본 국민이 모두 사죄한 것"이라고만 장년에 걸쳐 완전히 오해 하고 있었다는 신문기자도 있고 해서, 말과 기억이 세월이 지 나면서 일어나는 변화에는 소리 없이 놀랄 수밖에 없다. '1억 총참회'란 패전 직후의 히가시쿠니 나루히코(東久邇宮稔彦) 내각 이 외친 슬로건인데, 전 국민의 총참회로 천황 히로히토에게 패전의 추태를 사죄하겠다는 취지였다. 사실은 기자가 오해한 것과는 정반대인 것이다. 당시 연합국의 대일 책임 추궁은 '개 전 책임'론이 주류였으나, 일본 쪽은 그런 것보다 관민 모두 오 로지 '패전 책임'론에 신경을 쓰고 있었던 것이다. 이것은 큰 차이가 있다. 패전 뒤 70년을 사죄하는 것 — 에 마음을 빼앗기 고 있었다. 이 심성의 연장선상에 전후 사이비 민주주의가 있 다. 그것은 피를 흘리며 싸워서 마침내 쟁취한 민주주의가 아니라 타자가 던져 준, 그 때문에 주체적 '심지(芯)'가 빠져버린, 다른 사람에게 맡긴, 왜소화되고 왜곡된 '민주주의'이다. '1억 총참회'의 심정은 히가시쿠니 내각이 외친 것도 외치지 않은 것도 아닌 포츠담선언 수락 이전부터 일본을 뒤덮고 있었다. 1945년 3월 18일 홋타 요시에는 도쿄 후카가와 도미오카초(深川富岡町)의 폐허에서 우연히 천황 히로히토를 목격한다. 이것은 소설이 아니다. 홋타는 그 장면을 "검붉은 팥색의, 반짝반짝, 맑게 갠 날 아침 햇빛을 받아 빛나는 차에서 군복에 공들여 닦은 장화를 신은 천황이 내렸다. 커다란 훈장까지 달려 있었다. (……) 나는 순간 몸이 얼어붙는 듯한 생각이 들었다"고 『방장기사기方丈記私記』에서 생생하게 스케치하고 있다.

내가 걸어가면서, 또는 전차를 타고 고개를 숙인 채 계속 생각한 것은, 천황 자체에 대해서가 아니었다. 그게 아니라 폐허에서의 이 기괴한 의식과 같은 것이 시작됐을 때, 근처에서 불탄 자리를 파헤치고 있던, 드문 사람 그림자들이 살금살금 모여들었는데, 그것이 모이고 보니 상당한 수가 됐고, 각자 갖고 있던 갈고랑이와 작은 삽을 앞에 놓고 눅눅한 재 속에 엎드려 조아렸다. 그 사람들의 입에서 나온 말에 대해서였다. 이른 봄바람이 아무것도 가릴 게 없는 폐허를 달려갔는데, 지독하게 추워서 나는 몸이 얼어붙는 느낌이었다. 마음속도 몹시 추웠다. 바람은 쇠 냄새인지 재 냄새인지 뭔지 모를 우중충한 악취를 실어 날랐다.

나는 곳곳에 구멍이 뚫린 콘크리트 담 그늘에 웅크리고 있었는데, 그 사람들은 제대로 엎드려 조아린 채 눈물을 흘리면서, 폐하, 우리의 노력이 부족했기에 어찌해 볼 도리 없이 타버렸습니다. 참으로 죄송합니다. 목숨을 바쳐, 라는 말을 이 입 저 입 작은 소리로 웅얼거리고 있었다.

('3 날개가 없으면 하늘도 날 수 없다'『방장기사기』)

3월 10일에 미군기의 도쿄 무차별 대공습이 감행됐고, 하룻밤 사이에 10만 이상의 사람들이 죽었다. 이재민은 약 백만 명. 보이는 곳은 모조리 초토가 됐다. 8일 뒤 그곳에 천황이 웬일인지 훈장을 단 군복 차림으로, 즉 '대원수 폐하'의 신분으로 시찰을 왔다는 것이다. 홋타는 깜짝 놀랐다. 아주 질겁했다.

나는 정말로 놀랐다. 나는 반짝반짝 빛나는 검붉은 팥색의 자동차와 반짝반짝 빛나는 장화를 힐끔힐끔 바라보면서, 이렇게 되어버린 책임을 도대체 왜 져야 하지, 하고 생각했다. 이 놈들을 모조리 바다 속에 던져 넣을 방법은 없을까, 하고 생각했다. 하지만 책임은 원인을 만든 쪽에는 없고, 결과를, 즉 타버린, 가족 다수가 죽임을 당한 자 쪽에 있다는 것이다! 그런 당치 않은 일이 어디 있는가! 이런 기괴한 역전이 도대체 어떻게 일어날 수 있는가!

이렇게 된 책임을 과연 어떻게 질 것인가―라는 것은 홋타 자신이 눈앞의 천황에 대해 생각한 것이다. 그럼에도 모여든 사람들은 천황을 질책하기는커녕 땅에 엎드려 조아리며 눈물을 흘리고 정말 죄송합니다, 하고 히로히토에게 사죄했다는 것이다. 천황의 멱살을 잡고 "당신, 이 책임을 져! 여기서 무릎 꿇고 사죄해!"라고 부르짖은 자는, 헌병들이 경호하고 있었다고는 하나, 말할 것도 없이 단 한 사람도 없었다. 말할 것도 없이, 라고 썼지만, 이것은 본질적으로, 말할 것도 없이, 가 아니다. 말할 것도 없이, 라는 것은 천황제의 초논리적 병성病性에 완전히 물든 일본인 입장에서의 상식인 것이고, 일본 이외의 구 추축국 어디에서도 통용되지 않는 비상식적인 '말할 것도 없이' 인 것이다. 책임은 원인을 만든 쪽이 아니라 참화를 당한 쪽에 있다, 고 하는 터무니없는 역전과 도착의 광경이 어쨌든 작가의 눈앞에서 지극히 자연스레 펼쳐졌다. 이는 실로 귀중한 증언이다. 우리 부조父祖들은 천황에게 무릎 꿇고 사죄하라고 요구하지 않았다. 그런 생각도 하지 못했고, 생각하려고도 하지 않았다. 이 지점이다. 전후의 왜소한 데모크라시의 뿌리는 여기에 있었다. 홋타가 폐허에서 천황을 봤을 때, 히로시마, 나가사키 원폭 투하, 그리고 포츠담 선언 수락까지는 아직 잠시 시간이 있었다. 아버지는 아직 중국 땅에서 싸우고 있었다. 나는 생후 반년 정도의 아기였다. 하지만 그때 이미 전후의 사이비 민주주의 = 책임의 무화는 마치 개전 때부터 예정되어 있었던 것처럼 시작됐던 것이다. 전쟁 책임을 무화해 버린 터에 어떻게 자주적인 민주주의가 자랄 수 있었겠는가. 여담이지만, 현재 권력의 방자화放恣化를 구현하고 있는 파락호 정권 즉 아베 신조 내각은 이런 전후 사이비 민주주의 = 책임 무화의 모체가 일찍부터 배태, 분만하고, 민초와 함께 키워 온, 앞으로 반드시 쓰러져야 할 오니고(鬼子)*다. 하지만 뭐든 말하기야 쉽다. 폐허에 선 천황 히로히토와 엎드려 조아린 사람들을 목도하고 도리가 거꾸로 선 현실을 실감한 홋타조차 다음과 같이 고백한다.

그렇지만 실은 나 자신의 내부에도 천황에게 생명의 모든 것을 받치고 살아가는, 그 무렵의 말로 이른바 대의에 살아가는 것의 전율을 동반한 일종의 상쾌함이라는 것도 또한 마찬가지로 나 자신의 육체 속에 있었던 것이며, 이 두 가지가 나 자신 속에서 싸우고 있었다. 서로 맞서 싸우고 있었다.

6. 엎드려 사죄를 시키지 않고 엎드려 사죄하는 것

이 두 가지란 "천황에게 생명의 모든 것을 받치는" 것과 "천황의 전쟁 책임을 묻는다"는 정반正反의 다른 테제이자 분열된 내심이었다. 나의 아버지는 전자에 빠졌고(적어도 의문을 표시하지는 않았다), 후자의 의식은 대단히 희박했다. 홋타에게는 또 한 종류의 감정이 더 있었다. "폐허의 잔해에 이마를 대고 눈물을 흘리고 허희歔欷하면서 죄송합니다, 죄송합니다를 되풀이한 사람들의, 그것은 가장 깊은 곳에서 나온 말이고, 그 신민

---

* 부모를 닮지 않은 못된 아이.

으로서의 도타운 정(優情)"을 부정하는 것도 용납되지 않을 것이다, 라는 생각도 있었다는 것이다. 그리고 정치가 그런 '신민의 도타운 정'을 이용해 '도타운 정'에 태평스레 편승하는 것이 "용납되어서는 안 된다"라고도 썼다. 허희란 훌쩍거리며 우는 것이다. 그런데 다음 날 〈아사히신문〉은 "도보로 초토焦土를 연鬻하시다"(원문에는 읽기용 토씨가 붙어 있지 않아, 훗타도 '鬻'이란 글자를 일본어로 읽을 수 없었다고 한다)는 제목으로 1면 거의 전부를 천황의 초토 시찰 기사와 사진으로 채웠다. 연鬻이란 귀인이 '보시다(御覽)'라는 말. 아무 일도 없었던 그 시기에도 아사히신문은 당국의 뜻을 받들어(어쩌면 당국의 뜻을 받들지 않았더라도) '천황의 마음(大御心)'의 PR에 여념이 없었을 것이다. 그렇다면 모여든 사람들도 바람잡이 한통속, 죄송합니다라며 엎드려 사죄하면서 흐느껴 우는 행위도 실은 사전에 미리 짜고 한 일이었던 것은 아닌가, 라는 의심이 들지 않는 것은 아닌데, 이보다 더 미심쩍어하기도 어려울 것이다. 나의 아버지도 거기에 있었다면 반사적으로 천황에게 무릎 꿇고 사죄했을 것이다. 그렇지만 모든 게 수상하다. 일본의 '세간世間'이라는 것에는 다정한 감정도 (반면에 조선인, 중국인을 차별·학살하는 감정도) 있고, 권력이 지금도 여전히 늘 천황에 대한 '신민의 도타운 정'이라는 것을 정치에 이용하고 있는 것도 사실이다. 하지만 '도타운 정' 같은 것과, 쇼와 천황 자신의 책임 및 그를 이용하는 자들의 전쟁 책임을 엄하게 추궁하는 것은 같은 차원에서 논할 수 있는 사안이 아니다. 폐허의 잔해에 엎드려 이마를 땅바닥에 대고 천황에게 울면서 사죄할 사람들도 분명 적지 않을 것이다. 하지만 성찰이 여기서 끝나서는 안 된다. 이럴 경우 하다못해 시험 삼아 질문 정도는 하는 게 좋다.

히로히토는 왜 사람들을 향해 자발적으로 엎드려 사죄하지 않았을까. 초토에 엎드려 머리를 땅에 대고, 측근의 제지를 뿌리치며 스스로 사죄하지 않은 것은 무엇 때문일까. 그것이 사람의 도리라는 것이 아닌가. 아, 짐이 나빴다며, 왜 흐느껴 울면서 사죄하고 그야말로 '생전 퇴위'를 결의하지 않았던가. 일본과 일본인은 무슨 까닭으로 자신들의 손으로 천황 히로히토를 엎드려 사죄하게 만드는 발상을 하지 않았을까(할 수 없었을까). 전후 70여 년, 그런 회고를 하는 저널리즘도 전혀 없다. 왜 전혀 없는 것일까.

성찰과 상상을 더 밀고 나갈 수밖에 없다. 도쿄 대공습 희생자, 이재민들은 틀림없는 피해자들이다. 그렇지만 엎드려 땅바닥에 이마를 대고 흐느껴 울면서 히로히토에게 패전 사죄를 한 그런 사람들, 또 무차별 공습으로 죽임을 당한 사람들 중에 어쩌면 1937년 12월에 시작된 난징 대학살에 가담한 뒤 제대하고 귀국한 전 장병, 또는 중국이나 필리핀에서의 다른 잔학 행위에 관여한 자들도 있었던 게 아닐까―이처럼 '도타운 정'을 굳이 무시하고 연상하는 자유 정도는 허용되어야 한다. 도쿄 대공습의 희생자들은 무고한 백성들만은 아니었다고 말하고 싶은 게 아니다. 인과응보라고 말하고 싶은 것도 물론 아니다. 저 무차별 대공습은 원폭 투하와 함께 명백한 대량살육이며, 미군의 영원히 용서하기 어려운 전쟁범죄였다. 죽고 이재민이 된 사람들은 분명 피해자들이다. 엄밀히 말하면, '도쿄 대공습 피해자'다. 다만 도쿄 대공습만을 잘라낸 역사에서는 일본과 일본인은 '피해자 쪽'이라 불릴 수 있을지 모르지만, 그 전부터 연속된 시간과 사건까지 포함해서 생각해 볼 경우 일본과 일본인은 액면 그대로의 '피해자 얼굴'을 해서는 안 된다. 해서는 안 된다고 해봤자, 일본과 일본인은 지금 돌고 돌아서 전체적으로 전쟁의 가해자가 아니라 '피해자 의식'을 가지고 있는 (가지도록 의식화되어 있는) 것처럼 보인다. 그것은 관민 모두가 역사의 대담하고 매우 위험한 바꿔 쓰기, 특히 침략이나 괴뢰정권 수립, 대량살육, 강제연행 등의 부(負)의 역사 소거와 망각 장려에 나선 것이 주효한 결과일 것이다. 하지만 그뿐만이 아니라 애초에 무차별 살해하고, 약탈하고, 손에 잡히는 대로 강간하고, 포로를 생체해부한 쪽의 기억보다, 바꿔 말하자면 가해자 쪽보다, 그런 일들을 산채로 당한 피해자의 기억 쪽이 비교할 수 없을 정도로 압도적으로 또렷하고, 많고, 다양하며, 그런 생생한 피해의 기억은 대를 이어 전승되어 간다. 가해의 기억은 아무래도 계승되기 어렵다.

도대체 천황 히로히토나 아베 신조 씨를 포함한 일본과 일본인은 이제까지 자신들을 '전쟁 가해자'로 인식한 적이 있었을까. 그 죄와 부끄러움에 대해 체면이고 뭐고 돌아보지 않고 통곡하며 피해자들에게 마음 깊이 사죄한 적이 한 번이라도 있었을까. 옥쇄를 강요당한 남방 전선, 엄청난 수의 주민들을 죽음으로 내몬 오키나와전의 기억이, 그런 일들의 책임추궁은 커녕 어느새 일본과 일본인의 불행한 전쟁의 역사, 피해의 기억 일반으로 바꿔치기 해버린 것은 무슨 까닭인가. 필시 전쟁에서의 '가해'는 잊기 쉽고, 그 때문에 일정한 자각적 학습을 요하는 고도의 추상抽象 개념인데 비해, 육체를 폭쇄당하고 파쇄당하고 소이탄이나 화염방사기로 불태워지고, 총탄에 맞고, 사람이 인육을 먹고, 수류탄으로 자결하는 이미지는 역사의 연속성을 넘은 궁극의 신체 손상='피해'나 '고통을 당하는 것'으로서 매우 구상具象적으로 감각될 수밖에 없기 때문이 아닐까. 바로 그래서 난징 대학살의 하수인들은 1937, 38년에 저지른 짓을 깨끗이 잊고, 1945년의 피해자 무리에 들어갈 수 있었던 것이다.

7. 왠지 모르게, 질질……

이 나라에는 지금도 이런 공기와 기억의 빈 껍데기가 떠돌고 있다. 일본은 일찍이 왠지 모르게 그렇게 **되어 버린** 전쟁에 휘말려 들어가게 **되고**, 아버지와 할아버지들은 왠지 모르게 병사들이 **됐으며**, 왠지 모르게 많은 사람들을 죽이게 **됐고**, 또 왠지 모르게 많은 사람들이 죽임을 당하게 **됐으며**, 어느새 원폭이 떨어지게 **됐고**, 정신을 차려보니 전쟁이 끝나 있었고, 폐허가 **되어 있었다**. 그런 것일까? 왠지 모르게 아베 정권이 탄생하게 되고, 왠지 모르게 비밀보호법이 통과되고, 왠지 모르게 무기수출 3원칙이 변경되어 방위 장비 이전 3원칙이 됐으며, 어느새 헌법이 유명무실해지게 되고, 퍼뜩 정신을 차려 보니 전쟁 법안이 가결되게 되어 있더라―는 식으로, 일본의 오늘은 "되

어 버렸다"는 것인가. 다시 한 번 마루야마 마사오를 인용한다. "이만한 큰 전쟁을 일으켜 놓고도 바로 내가 전쟁을 일으켰다는 의식을 이제까지 어디에서도 찾아볼 수 없었다. **왠지 모르게** 뭔가에 짓눌리면서 질질 끌려온 국가가 전쟁의 와중으로 돌입했다는 이 놀라운 사태는 무엇을 의미하는가." 어떤 고통이나 희생을 당하더라도 이 질문에 대해서만큼은 필사적으로 대답할 필요가 있었다. "이 놀라운 사태"의 의미는 다른 무엇을 제쳐놓고라도 해명됐어야 했다. 70여 년이라는 충분하고도 남을 시간이 있었는데도, 하지만 그것은 이뤄지지 않았다. 박박 피부가 벗겨진 자신의 얼굴을 똑바로 보지 않고 지내오듯이 나(우리)는 이 질문에 대답하려는 고민조차 하지 않았다. 마루야마 자신도 이 자문에 구체적으로 자답하지는 않았다. "우리나라의 불행은 과두세력에 의해 국정이 좌우되고 있을 뿐만 아니라, 과두세력이 제대로 그것에 대한 의식도 자각도 갖고 있지 않았기 때문에 배가되는 것이다"라고 글을 이어가는데, 이것으로는 납득할 만한 대답이 되지 않는다. 다만 놀랍게도, "이 놀라운 사태"를 방치한 결과, 왠지 모르게, 뭔가에 짓눌리면서 질질 나라 전체가 또다시 "전쟁의 와중으로 돌입"할 위험성이 높아진 것은 의심의 여지가 없다. 왠지 모르게, 질질……의 현재적 반복이다. 마루야마는 1946년 5월호 〈세계〉에 기고한 기념할 만한 논고 「초국가주의의 논리와 심리」의 말미에 다음과 같이 썼다. 기분은 그랬을 것이다. 무리도 아니다.

(……) 일본 군국주의에 종지부가 찍힌 8월 15일은 또한 동

시에 초국가주의의 전 체계인 국체國體가 그 절대성을 상실하
고 이제야 비로소 자유로운 주체가 된 일본 국민에게 그 운명
을 맡기기도 했다.

일본인은 과연 패전으로 "비로소 **자유로운 주체가 됐**"는가.
일본 군국주의에는 정말로 종지부가 찍힌 것인가. 초국가주의
전 체계의 기반인 '국체'는 완전히 흔적도 없이 소멸했는가. 그
렇다면 아베 신조라는 파락호는 도대체 어디서 생겨나고 무엇
의 지지를 받고, 전쟁법안은 왜 이토록 간단하게 가결된 것인
가. "이 놀라운 사태"는 실은 왠지 모르게 그렇게 **되어 버린 것**
이 아니다. 사람들은 역사('차례차례 되어가는 힘')에 짓눌리며
질질 여기저기 끌려다니면서 악정惡政에 억지로 편입되어 버
린 듯 보이지만, 실제로는 각각의 국면 국면마다 권력이나 권
위에 넋을 잃고, 다수자나 강한 자와 타협하고 알랑거리는 말
을 하며, 약한 자를 밀어내거나 고답적이고 젠체하면서 주변을
미리 헤아려 처신함으로써 이제, 여기에서 반드시 해야 할 행
동과 발언을 삼가고, 모르면 안 되는 것을 모르고 지나간다. 결
국 파락호 정치가 만연하는 오늘날이 와 버렸는데, 그것은 오
늘날처럼 **되어 버린 것**이 아니라, 내(우리)가 질질 오늘날을 '**만
들었다**'고 해야 하지 않을까.

생각을 바꿔야 한다. 과거 상당히 긴 한 시기에 이 나라는
'국가총력전'을 치렀다. 2016년 가을은 거기로부터 흘러내리
는 시간의 강 도중에 있다. 중일전쟁이 본격화한 1937년 7월
부터 1945년 8월의 패전에 이르는 8년간은 일본과 일본인이

역사적으로 처음 경험한 '국가총력전'의 시대였다. 이것은 절대 잊어서는 안 된다. 일본의 전쟁은 1941년의 하와이 진주만 공격으로 시작된 것이 아니라 1937년 7월 7일의 루거우차오 사건으로 이미 시작됐으며, 대중 침략 그 자체는 1931년의 류탸오후 사건(만주사변)으로 일찍부터 규모를 확대하며 힘을 키워 갔다. '국가총력전'에서는 사람도 물자도 모조리 동원되어 정신, 사상, 문화, 예술, 종교, 교육, 보도, 풍속―등 모든 분야의 통제와 국가적 재편, 총동원이 식민지를 포함한 일본 전국에서 전개됐다. '국가총력전'은 왠지 모르게 그렇게 되어버린 것이 아니다. 아버지와 할아버지들은 '난폭한 중국을 응징하자(暴支膺懲)'란 슬로건을 의심하지 않았고, '팔굉일우' '대동아공영권'을 믿었으며, 여성들은 청일·러일전쟁 무렵부터 내려온 전통인 '센닌바리(千人針)'를 열심히 만들어 출정 장교들의 '무운장구武運長久'를 빌었다. 반전운동은 거의 없었다.

사람들은 1★9★3★7(이쿠미나)에 앞서 도대체 무엇이 자신들을 기다리고 있는지를 자신의 머리로 파고들어 예감하려고 하지 않았다. 미래로 가는 세계사적 이미지 등을 거의 아무도 갖고 있지 않았던 것이다. '황손皇孫'이 군림하는 일본은 '신국神國'인 것이고, 따라서 전쟁에서 지는 일은 없을 것이라고 했으며, 마치 농담 같은 그런 논리를 대다수 지식인들까지 드러내놓고 일축하지도 않았다. 그 자체가 '진선미'의 극치인 '신국' 일본은 본질적으로 악을 저지를 수 없(다고 맹신하)기 때문에 메이지 유신 이래 오키나와 병합, 조선 병합 등 파락호적 과거를 돌아보고 반성하지도 않았으며, 그 때문에 타고난 '파락호성性'을 1937년에 재빨리 난징에서 재현했음에도 불구하고, 마찬가지로 '신국' 일본은 본질적으로 악을 저지를 수 없(다고 맹신하)기 때문에 난징의 사실을 숨기고 부정했던 것이다. "모두 있었던 것인가 있을 수 있었던 것인가"—몇 번이나 이 질문을 거듭했을 것이다. 난징의 파노라마는 1945년 여름의 히로시마의 그것과 겹칠 수 없다. 다만 "있었던 것인가 있을 수 있었던 것인가"라고 묻는 것은 전혀 다른 두 가지 파노라마를 표현하는 데 어울리는 공포의 형용모순을 포함하고 있는 만큼, 오히려 "있을 수 없는 것"과 "있을 수 있었던 것"의, 과거·현재·미래에 걸친 등가성을 리얼하게 보여주고 있다. 있을 수 없는 것이 일찍이 있었고, 지금도 있으며, 앞으로도 계속 있을 것이다.

8. 검은 시체와 붉은 시체

그렇다 해도, 1937년에 도대체 누가 1945년 8월의 빛을, 설령 한순간만이라도 예감할 수 있었을까.

반짝이는 파편과
회백색 타고 남은 찌꺼기가
활짝 펼쳐진 파노라마처럼
빨갛게 화상으로 짓무른 인간 송장의 기묘한 리듬
모두 있었던 것인가 있을 수 있었던 것인가

확 벗겨내 버린

앞으로의 세상

(하라 타미키* 「여름꽃」 1947)

하라 타미키는 원폭이 투하된 현장에 대해 "정밀교치精密巧緻한 방법으로 실현된 신지옥이 틀림없으며, 여기에서는 모든 인간적인 것은 말살되어, 예컨대 시체의 표정도 뭔가 모형적인 기계적인 것으로 환치되어 있었다. 고통의 한 순간 발버둥 치다가 굳어버린 듯한 지체肢體는 일종의 야릇한 리듬을 갖고 있다"고 썼고, "버스를 기다리던 행렬의 송장은 선 채로 앞 사람의 어깨에 손톱을 세운 채 죽어 있었다"는 정경을 끝까지 차분하게 묘사하면서 현실이 "초현실과 그림의 세계"가 될 수 있는 데에 놀랐다. 그리고 천황 히로히토는 나중에 "원자폭탄이 투하된 데에 대해서는 유감으로 생각합니다만, 이런 전쟁 중이어서 참으로 히로시마 시민에 대해서는 딱한 일이지만 어쩔 수 없는 것이라고 나는 생각합니다"라고 공언했다. 이로써 인류의 기본 중의 기본이 천황 자신에 의해 침해당했다. 만상萬象을 지배하는 이법理法 일체를 뒤집을 정도의, 그것은 냉혹하기 짝이 없는 말투였다. 온 나라를 발칵 뒤집어 놓을 대소동이 될 법했던 비인도적 발언이었다. 그렇지만 일어났어야 할 일은 전혀

---

* 하라 타미키(原民喜, 1905~1951) 작가, 시인. 히로시마시 출생, 게이오의숙대학 문학부 졸업. 1945년 히로시마에서 피폭. 「여름꽃」으로 제1회 미즈카미 타키타로水上瀧太郎 상 수상. 1951년 철도 투신자살.

일어나지 않았다. 반복한다. 아무 일도 일어나지 않았고 아무 일도 일으키지 않았다. 그 '말씀'은 모든 도리를 죽였다. 말을 죽였다. 시간을 지웠다. 사람들은 '말씀'을 "있었던 것인가 있을 수 있었던 것인가"하고 자신들의 귀를 의심하면서도 왠지 모르게 수용해 버림으로써, 이 나라에서는 어떠한 언설도 결국 아무런 의미도 만들지 못하는 게 아닌가 하는 느낌을 가지게 됐을 것이다. 바꿔 말하면, 사람들은 '말씀'을 받아들임으로써 일본의 언설의 무효화에 힘을 실어 주었던 것이다. 어떤 관점에서 보더라도 이 나라는 민주주의 국가일 수 없다. 아직도.

"있었던 것인가 있을 수 있었던 것인가"의 광경은 아직도 있다. 화가 가즈키 야스오(香月泰男, 1911~1974)는 일찍이 '1945'라는 제목을 단 왠지 기분 나쁜 그림을 그렸다. 화면 가득 얼굴을 비롯해 온 몸에 무수한 줄이 그려진 남자가 옆으로 쓰러져 있다. 가즈키가『나의 시베리아』에서 (이 책의 대필작가였던) 다치바나 타카시에게 얘기한 바에 따르면, 그것은 "만주인(滿人)들로부터 사형私刑을 당한 일본인임이 틀림없다"고 한다.

가즈키가 패전 뒤 중국에서 시베리아로 이송될 때 '펑톈(奉天, 랴오닝성 선양瀋陽의 옛 이름)' 부근의 차 안에서 본 시체였다. '황군'과 일본인은 난징만이 아니라 중국 동북부에서도 원한을 샀다. "옷을 벗겨내고 가죽을 벗기고 있었던 것 같다. (……) 붉은 물감으로 보디 페인팅이라도 한 것처럼 세로로 줄무늬 모양이 전신에 그려져 있었다. 그것은 분명 해부학 교과서에 실려 있는 인간의 근육을 표시한 그림 그대로였다." 가즈키는 히로시마의 시체를 무고한 백성의 피해를 상징하는 '검은 시체'(실제로는 '붉은' 시체도 있었지만)라고 불렀고, 노선 옆에서 본 생가죽이 벗겨진 일본인의 '붉은 시체'를 가해자의 죽음을 상징하는 것으로 삼았다. 가즈키는 말한다. "붉은 시체의 책임은 누가 어떻게 지면 될까" "전쟁의 본질에 대한 깊은 통찰도, 진정한 반전운동도, 검은 시체가 아니라 붉은 시체에서 생겨나야 한다." 하지만 잘 생각해 보면, '검은 시체'의 책임도 '붉은 시체'의 책임도, 피해 책임도 가해 책임도 패전 뒤 70년 이상의 세월이 지났지만 아직 누구도 지지 않고 있다. 불리한 시간은 예전보다 온통 더 두껍게 칠해 숨기고 있다.

'검은 시체'도 '붉은 시체'도 1★9★3★7(이쿠미나)의 광란과 기고만장 속에서는 전혀 상상조차 할 수 없었다. 상상도 예감도 절대 불가능했다, 라고 해서는 안 된다. 누구도 역사의 행방을 자유로운 의사로 대담하게 상상하려 하지 않았다. 그래서 사람들은 예상조차 하지 못한 역사에 추월당했다. 바로 과거에 미래의 이미지가 있다. "확 벗겨내 버린 앞으로의 세상"이 미래에 선행해서 지금 올 수도 있다. 그것이 지금 다시 예전보다 훨씬 큰 스케일로 오지 않을 것이라고 누가 단언할 수 있을까. 과거의 발자국 소리에 귀를 기울이지 않으면 안 된다. 저 살금살금 다가오는 발자국 소리에 귀를 기울여라! 현재가 과거에 추월당하고, 미래에 과거가 다가올지도 모르는 것이다!

후기

　용감하게 나아가 봤지만 결국 혼자 맥없이 되돌아갈 수밖에 없는 길도 있다. 지금 그런 심경이다. 나는 어슴푸레한 길을 터벅터벅 되돌아가고 있다. 돌아가고 있다. 그럴 작정이지만 어디로 돌아가고 있다는 것인가. 이 발걸음이 '돌아간다'는 것인가. 아무래도 불안하다. 애초에 내가 정말 거기에 가기는 했는가. 저물녘인지 해 뜰 무렵인지도 모르겠다. 글렀다. 그런 기본적인 것조차 모르는 것이다. 가는 도중에 살아 있는 건지 살아 있지 않은 건지가 분명치 않은 사람의 그림자를 봤다. 벌렁 자빠진 그림자, 본체가 없는 그림자…… 어둠 속에 하얀 치아 같은 알갱이들이 무수히 떨어져 있다. 바람에 날린 흰 백일홍 꽃인가, 아니, 역시 쳐서 떨어뜨린 사람의 이빨인가. 곳곳에 잇몸의 살이 붙은 피가 밴 이빨인가. 무릎을 꿇고 바라보면 좋겠는데 꿇지 않는다. 서두를 이유도 없는데 서둘러 돌아가고 있다. 돌아갈 정처도 없는데 돌아갈 작정으로 걷고 있다. '1★9★3★7'의 세계에 발을 들여 놓을 작정이었는데, 나는 솔직히 거의 아무것도 몰랐다. 때때로 토했다. 좀 울었다. 말문이 막혀 또 토했다. 그러면서 내가 아무것도 모른다는 것, 제대로 몰랐다는 것, 그럼에도 알려고도 하지 않고 여기까지 와 버렸다는 것을 아프게 알게 됐다. 박살이 나고 또 토했다. 새삼스레. 아버지를 만나고 싶었다. 새삼스레. 지금은 황혼인가 새벽의 미명인가. 아직 모르겠다. 어스름의 쓰레기더미 너머에 앙상해진 아버지가 서성거리고 있다. 쓸쓸하게. 쓸쓸한 척하는 게 아니다. 그런 시늉을 할 수 없는 사람이다, 그는. 하는 수 없었다. 모두 하는 수 없었다. 전쟁이었기 때문에. 그렇게 생각하지는 않는다. 나는 그렇게 생각하지는 않는다. 솟아오른 그림자. 아, 둑이다. 그에게 말을 걸어 볼까. 둑에 둘이 앉아서 담배라도 한 대 피우지 않겠습니까. 나는 그만큼 고분고분하지는 않으니까 여러 가지 시늉을 할 수 있다. 이 어둠 속에서 장난치면서 군대식 경례를 하는 시늉도 할 수 있다. 그렇게 하면 오히려 그는 무서워할지도 모른다. 어쨌든 둑에 나란히 앉는다. 아버지 냄새가 난다. 인간의. 그립다. 담배 냄새 나는 양복. 하지만 이미 돌이킬 수 없다. 돌이킬 수 없는 얼굴이 둘, 어스름에 노출된다. 부끄러움. 각자가 각자를 더럽힌 부끄러움이 빨갛고 희미하게 점멸한다. 나는 아버지에게 가만히 말할 것이다. 그의 목소리로. 아니 그가 내게 고하는 것인가. 내 목소리로. 틀림없이 쉰 목소리로. ……과거가 없다면 존재가 사라진다. 횡하니 모든 것이 소멸한다. 미래는 아직 과거 속에 서려 있다. 심한 부끄러움으로.

2015년 9월 17일 전쟁법안 강행 채결의 날에

헨미 요

이 책의 초판 간행 때와 달리 발행처가 바뀌었고, 이 증보판이 나올 때까지도 시간은 도도히 흘렀으며, 역사는 끊임없이 움직이고 있다. 시간이 지금 어디를 향해 흘러가고 있는지 알 수 없는 때에 나는 이상한 말을 보고 들었다. 어안이 벙벙했다. 일본과 한국의 외무장관이 위안부 문제의 결착決着에 합의했다는 것이다. '위안부' 문제 결착에 합의. 아무래도 일본어다운 이 문장의 의미를 도무지 납득할 수 없다. 이에 이어지는 문장은 주문처럼 더 이해하기 어려운 것이었다. 양국 외무장관은 '위안부' 문제가 "최종적 그리고 불가역적으로 해결됐다"는 것을 확인했다고 한다. 최종적 그리고 불가역적으로 해결된 것을 확인. 눈을 깜박거리고 귀를 기울이며 이 문장을 한마디 한마디 천천히 소리 내어 읽어 봐도 뭐가 뭔지 잘 모르겠다. 너무 몰라 혼자 전율한다. 주변을 둘러본다. 최종적 그리고 불가역적으로 해결된 것을 확인……이라는(어쩐지 나치스의 언어 표현을 방불케 한다) 문언 때문에 실신하거나 토하거나 열을 내다 잠이 든 사람은 없는 것 같다. 그래서 상처받는다. 충격을 받는다. 일상은 난잡한 '주문'을 아랑곳하지 않고 매끄럽게 흘러가고 있는 듯하다. 나는 그래서 점점 더 떨린다. 정말 무서운 시대가 오고 있는 것이다.

역사가 "최종적 그리고 불가역적으로 해결"되는 일 따위는 결단코 있을 수 없다. 있을 수 없음에도 불구하고 최종적 그리고 불가역적으로 해결됐다며 모든 눈물과 부르짖음을 없었던 일로 하고 과거를 그렸다면서 아무것도 그려져 있지 않은 새하얀 캔버스(그림의 타이틀은 '무無')를 강요하는 것은 역사의 폭력적인 전복, 기억의 말살과 같다. 그러나 국가 권력자들은 위안부 문제뿐만 아니라 역사를 어디까지고 "최종적 그리고 불가역적으로 해결"하는 부조리를 바라마지 않는다. 그것은 무지한 권력자의 본능적 야망이기 때문이다. 그들은 먼 절규나 신음소리를 앞으로도 깨끗이 지우려 하고 있다. 그리고 역사의 전복, 말살에 아무런 권력도 갖고 있지 않은 민중도 또한 모르는 체하며 손을 빌려주고 있다. 여기에서 이 책을 만든 애초의 동기를 나는 새삼 다시 깨닫게 된다. 나는 역사가 최종적 그리고 불가역적으로 해결됐다는 사상을 도무지 받아들일 수 없는 것이다.

역사는 완료되어 있으면서 동시에 아직 완료되어 있지 않은 미연未然이기도 하다. 끝없는 이미지이며, 무한한 세부細部가 뛰어다니는 이야기다. 생각하는 사념은 현재 — 과거 — 미래라는 시간의 맥류脈流를 끊임없이 오간다. 나는 역사를 "최종적 그리고 불가역적으로 해결"할 수 있는 것으로 하자는 기이한 주장에 춤추는 지금 이 시기에 이 책을 상재上梓하는 것을, 전율하면서도, 다행으로 생각하고 있다. 나는 내 의무로서 어떻게든 이것을 쓰지 않을 수 없었다. 역사도 이 책도 unending 이다.

　이 책을 아버지 영전에 바치면서, 비판을 바란다.

2016년 1월

헨미 요

가도카와 문고판 후기

원래 역사라는 것은 인류과는 별개의 것이고, 그 처사는 실로 가당찮다. 자연도 또한 역사를 닮아서 더할 나위 없이 불합리하다. 가당찮고 불합리한 것에는 역사와 자연에 하나 더 보탠다면 국가라는 골칫거리가 있다. 자연 ― 역사 ― 국가라는 뜻하지 않게 우연히 찾아와 만족할 줄 모르고 반복하는 것. 그것은 재앙이다. 그리고 각각의 재앙을 골똘히 생각할 때 나의 뇌리에는 레오파르디Giacomo Leopardi의 시 단편이 거울을 스쳐가는 빛과 그림자처럼 잠시 눈부시게 교차한다.

나는 알고 있다
'자연'이
귀를 빌리지 않는다는 것을
연민을 베풀지 않는다는 것을

결코 '선'을 지향하지 않으며

오로지 '존재'만을 지향한다는 것을

(장 그르니에 「존재의 불행」)

이 '자연'을 '역사'나 '국가'로 바꾸면 뭔가 알겠다는 기분이 든다. 하지만 알겠다는 기분이 들더라도 '역사'와도 '자연'과도 '국가'와도 우리는 잠시도 연을 끊을 수가 없다. 요점은 '역사'든 '자연'이든 '국가'든 결코 '선'을 추구하는 것이 아니라 그저 '존재'를 위한 운동에 지나지 않는다는 것이다. 그러한 역사적 현실을 "오히려 악몽과 비슷한 것인지도 모르겠다"고 쓴 것은 야스오카 쇼타로(安岡章太郎)였다. 패전 뒤 "GHQ에 인사하러 간 천황이 맥아더와 나란히 서 있는 사진은 마치 호빗 왕국의 왕과 같았다. 그런가 하면 그 맥아더 사령부가 있는 황거 맞은편 빌딩 앞에서 석방된 공산당원 기타 정치범들이 '맥아더 만세'를 외쳤다는 기사가 신문에 나와 있었다."(『나의 쇼와사』) 가열차고 냉소적이다.

1★9★3★7(이쿠미나)의 영락한 풍경이 이것이었다. 어느 정도의 비극성과 우매와 익살, 배신, 배리, 공허를 야스오카가 묘사한 스냅숏이 담고 있을까―그것은 이 책 『완전판 1★9★3★7』를 읽어 보면 알 것이다. '역사'는 사람의 말을 듣지 않고, 사람을 연민하지 않으며, 사람의 선을 지향하지 않는다. 그러나 그렇게 단언하면서 후후후 하고 자조하고 끝낼 수 없기 때문에 이 책은 편찬됐다. 귀를 기울이지 않고, 연민하지 않으며, 선을 추구하지도 않는 혹독하고 박정하며 가당찮은 역사에

서 사자死者들을 대신해서 조금 이의를 제기하기 위해 나는 이 것을 계속 써 왔다. 문고판으로 내면서 상당히 큰 폭으로 가필을 했기 때문에 상·하 2권의 분량이 많은 책이 됐다. 하지만 아무리 가필해도 조금도 만족스럽지 않았다. 1★9★3★7이라는 참조점은 너무 과거이면서 또한 너무 현재이며, 반복적 미래의 일단을 보여준다. 그것을 써 나가는 데는 지면이 아무리 많이 있어도 충분하지 않다는 것을 새삼 통감했다.

본 원고를 한창 쓰고 있는 중에 독일발發 짤막한 외신을 읽고 한숨을 쉬었다. 96세로 휠체어 생활을 하는 전 나치스 독일 위생병에 대한 재판이 중지됐다는 뉴스. 피고는 아우슈비츠 강제수용소에서 수용자 다수의 살해를 보조한 죄를 추궁받고 있었는데, 건강 상태에 대한 우려 때문에 공판은 다시 연기됐다고 한다. 소추 작업은 끊임없이 계속 이어지고 있었던 것이다. 판사는 "비록 70년이 지나 피고의 나이가 94세가 됐지만 이 재판은 어떻게든 사회가 수행할 수 있는 최대한의 정의다"라고 말했다고 한다. 신문에 따르면 피고는 희생자들에게 "죄송하다"며 사죄했고, 수용되어 있던 사람들이 사살당하거나 가스실에 보내진 사실, 시신이 수용소 내에서 소각되고 있던 사실을 알고 있었다고 인정하고 "가족은 내가 아우슈비츠에서 일하고 있다는 것을 아무도 몰랐다. 나는 그것을 입에 올릴 수도 없었다. 부끄러웠다"라고 말했다고 한다.

단절과 연속. 기억과 망각. 내적 성찰과 조롱. 이런 것을 일본과의 '피아彼我의 차이'라고 간단히 결론지을 수 있을까. 역사가 들을 귀를 갖고 있지 않은 것을, 연민하지 않는 것을, 결코 '선'을 추구하지 않고 오로지 '존재'만을 지향하는 것을 나는 알고 있다. 동시에 역사에는 저질러진 죄에 대해 어디까지나 언제까지나 잊지 않고 계속 생각하는 적지만 예외적인 '눈'도 있다는 사실을 알아야 한다. 이 책『완전판 1★9★3★7』는 그 미미한 예외적 '눈'이 되기를 바라는 가운데 간행됐다. 저자에게는 미미함이야말로 은총과 같은 빛이다. '완전판'이라 이름 붙였지만, 말할 것도 없이 책에도 역사에도 '완전' 따위는 있을 수 없다. 이 책을 '불완전판'으로 여겨 주어도 좋다. 나에게는 완전하기보다는 계속 사라지느냐 사라지지 않느냐를 가르는 희미한 빛(微光)이자 '눈'의 역할을 계속하는 것이 더 중요하기 때문이다.

그런데 2017년은 1★9★3★7의 80주년에 해당한다. 거기에 얼마나 중요한 의미가 있는지, 없는지 독자들과 함께 생각해 보고 싶다. 이 문고판을 간행하면서 1★9★3★7 회고 시도와 내 사고를 떠받쳐 준 독자와 편집자, 벗들에게 다시 한 번 감사와 경의를 표한다.

2016년 10월 10일
헨미 요

하나의 응답
─ 루쉰을 보조선으로 삼아

서경식

효사귀괴梟蛇鬼怪라 할지라도……

"그리하여 타인을 구제(驅除, 배제)한다고 하더라도, 그때가 되더라도, 여전히 나를 버리지 않는 것은 효사귀괴梟蛇鬼怪라 할지라도 내 벗이다. 그들만이 진정한 내 벗이다. 만일 그들마저 없다면 나는 혼자가 되어도 좋다."(루쉰 『묘墓』후기')

이 책을 읽는 동안 내 머릿속에서 거듭 반향反響했던 구절이다.

『묘』는 루쉰이 1907년부터 20여 년간 쓴 짧은 글(小文)을 모아 1927년 아모이(廈門)에서 출판한 책이다. 루쉰은 젊은 시절부터 깊은 '적막寂寞'을 품고 전통적 봉건 세력, 국민당 우파, 일본을 비롯한 외래 제국주의 세력, 특히 '군자의 무리'('연한 칼을 지닌 요괴'라고도 한다)와 싸웠다. 이 평론집을 펴내기 전에는 제자를 포함한 학생들이 군벌의 흉탄에 쓰러지는 참담한 변(3·18 사건)을 당해 그 자신 베이징에서 아모이로 도피해 망명객 신세가 됐다. 루쉰은 『묘』에 수록된 자신의 글에 대해 "그것은 내 피로 쓴 것은 아니지만 내 동료들, 그리고 나보다 나이가 어린 청년들의 피를 보고 쓴 것이다"라고 얘기한다. 그 뒤에도 루쉰은 상하이로 옮겨가 더 많은 '피'를 보게 된다.

'梟蛇鬼怪(올빼미·뱀·귀신·괴물)'란 유령이나 괴물을 가리킨다. 인간계(헨미 요가 말하는 '세간世間', 루쉰이 말하는 '성인군자')로부터 무시·멸시·금기시(즉 'through')당하는 비인간이란 뜻이다. 일본 사회에서는 불충·불효하는 자, 즉 공공연히 천황제 비판·부친 비판의 언설을 늘어놓는 자는 언제나 '세간'이나 '성인군자'들에 의해 고립당하고 '유령 괴물'로 지목당한다. 일본 근대사에서도 그런 '유령 괴물'들은 점점이 존재했다. 예를 들자면, 『무엇이 나를 이렇게 만들었나』의 저자이자, 대역죄로 사형을 선고받고 '무기'로 은사 감형을 받았지만 그것을 거부하고 옥사한 가네코 후미코, 또는 영화 〈천황의 군대는 진군한다ゆきゆきて神軍〉(하라 카즈오 감독)의 오쿠자키 겐조(娛崎謙三)* 등이다.

한국에서는 1970년대 박정희 대통령의 유신독재 체제 시대에 비전향 정치범을 구금한 감옥에는 '충효비'가 세워졌고, 그

---

* 1987년에 공개된 다큐멘터리 영화 〈천황의 군대는 진군한다〉의 주인공. 자신이 소속되어 있던 독립공병대 대장이 일본 패전 뒤에 부하 2명을 사살한 사건의 진상을 집요하게 추적한다. 영화는 일본 안팎에서 많은 상을 받았고 흥행에도 성공했다.

곳에서 정치범들은 노골적인 국가 폭력에 시달렸다. 그러나 한국 독재정권의 지배력은 그런 허황된 비를 세워 정치범들을 일상적으로 고문하지 않으면 안 될 정도로 취약했다고도 할 수 있다. 일본에서는 그렇지 않았다. 일본에서는 한패거리의 융화를 어지럽히는 자, 분위기를 읽지 못하는 자, 열기에 냉수를 끼얹는 자, 전쟁이든 원전 사고든 그 책임을 끝까지 추궁하는 자, 이들 '유령 괴물(梟蛇鬼怪)'은 'through'당해 저절로 고립됐기 때문이다. '사고 정지'와 '자발적 굴종'의 심성에 의해 떠받쳐진 그 '누에*적 파시즘'은 이 책에 따르면, 나치당 고관 하인리히 힘러도 선망하게 만들었다고 한다. 상대가 '누에'인 이상 그것과 싸우는 자는 '유령 괴물'이 될 수밖에 없다.

'해설'이 아니라 '응답'

이런 작품을 '해설'한다는 게 가능할까?..

나 자신의 역량을 두고 하는 얘기인 것만은 아니다. 이 작품은 '해설'을 거부한다. 1937년에 대한 연대기적 기술, 난징 대학살이라는 사건의 사실 설명, 홋타 요시에와 다케다 타이준이라는 인물 설명과 작품 해설, 헨미 요라는 작가의 이력과 작품 소개…… 이런 것들을 짧은 해설에 요약해봤자 소용없는 일이 아닐까.

이 작품은 전쟁, 학살, 차별 등에 대한 사실 인식을 독자에게

---

* 鵺. 전설상의 괴물. 머리는 원숭이, 수족은 호랑이, 몸은 너구리, 꼬리는 뱀, 소리는 호랑지빠귀와 비슷하다는 짐승.

요구하지 않는다. '사실'이라면 그것은 다시 주장할 것도 없이 명백하기 때문이다. 사람들은 '난징 대학살'이나 '위안부'라는 사실의 존재 자체를 모르는 것일까. 적어도 어느 세대 이상의 사람들에게는 결코 그렇지는 않을 것이다. 문제는 '사실'의 유무가 아니라 명명백백한 사실 앞에 서 있으면서 거기에 등을 돌리고 '스루'할 수 있는 심성이다.

이 '해설'을 쓰고 있는 나 자신이 되새겨 보니, "(정부나 군부에게) 우리는 속고 있었다"는 전후戰後에 널리 유통된 상투어에 나도 오랜 기간 속고 있었다. 그것을 다시금 분명히 자각한 것은 아베 신조 총리가 2013년에 부에노스아이레스에서 행한 도쿄 올림픽 유치연설에 대한 사람들의 반응을 봤을 때다. 총리는 그때 전 세계를 향해 후쿠시마 원전 사고는 완전히 '언더 콘트롤'이라고 공언했다. 너무나도 후안무치한 거짓말이다. 그러나 대다수의 사람들이 그것을 환영하면서 갈채를 보냈다. 속은 게 아니다. 거짓말을 거짓말인 줄 알면서 환영한 것이다. 청일전쟁, 러일전쟁, 만주사변, 중일전쟁, 진주만 공격 당시부터 아마도 사람들은 그랬을 것이다. 속은 게 아니라 그것을 자신들이 바라고 있었던 것이다. 자기 이해나 보신을 위해 많은 적든 국가나 군부와 공범 관계(헨미 요가 말하는 '묵계')를 맺었던 것이다.

나아가 속은 것을 환영하는 사람들 또는 속은 체하며 보신을 꾀하는 게 습성이 된 사람들에게 '사실'을 제시하고 검증해 보인다 한들 무익한 일이다. 상대가 계속 '스루'하는 이상, 그저 합리적으로 시비곡직을 가리고 진리는 내게 있다고 자족하는 걸로 끝나서는 안 된다. 상대의 심성 깊은 곳을 파고들어가 각성시키고 윤리적 갱생을 촉구하는 것, 그것이 뜻대로 되지 않을지라도 조용히 멈춰 서서 부끄러워하게 만들 필요가 있다.

유대인 대량 학살 사실이 알려지기 시작했던 제2차 세계대전 말기, 한나 아렌트는 망명지 미국에서 자신이 독일인인 것을 부끄러워한다는 독일인들을 만났다. 그때마다 아렌트는 "나는 인간인 게 부끄럽다"는 말로 응답해 주고 싶었다고 한다.

"이 원칙적인 부끄러움은, (중략) 감정상의 국제 연대와 관련해 남아 있는 유일한 것이다."(「조직화된 죄」, 『파리아로서의 유대인』)

이 말은 물론 '독일 국민'의 책임을 경감해주기 위한 것이 아니다. '부끄러움'이라는 원칙적인 감정을 기준으로 삼음으로써 독일인과 유대인, 가해자와 피해자가 '연대'할 가능성에 대해 얘기하고 있는 것이다.

타국을 침공해서 비전투원을 포함한 타자를 대량 학살했다는 사실 앞에서 부끄러워할 수 있을까. 국가 정책으로 타민족 여성들에 대해 대규모로 계획적인 성적 착취를 자행했다는 사실 앞에서 부끄러워할 수 있을까. 전자에 대해 희생자 수를 운운하면서 책임을 부정하려는 사람들, 후자에 대해 "국가에게 법적 책임은 없으며, 책임은 업자들에게 있다"는 따위의 주장을 늘어놓는 사람들은 부끄럽지 않은 것일까? 자신의 아버지, 상사나 동료, 이웃 사람이나 벗이 그런 행위에 적극적이든 소극적이든 가담했거나 수수방관하고 있었다는 사실을 알았을 때 치욕감을 느끼지 않는 것일까?

아마도 치욕감 따위는 느끼지 않을 것이다. 그런 사람들은 그런 '원칙적인 감정'을 이미 버렸다. '국제 연대'의 기초가 되어야 할 부끄러운 감정 그 자체가 없어졌거나 애초부터 그런 것 따위는 나눠 가질 수 없었던 것이다.

부끄러움을 모르는 사람들에게 '사실'을 얘기해봤자 그들은 이제 와서 새삼 부끄러워하지 않을 것이다. "인간인 게 부끄럽다"고 말해봤자 '인간'이라는 것에 대한 공통 이해가 파괴되어 버린 상태인 것이다. 그러나 '국제 연대'에 다가가기 위해서는 어떻게든 먼저 이 '원칙적인 감정'을 되살려야 한다. 원래 존재하지 않았다면 이제부터라도 만들어내야 한다. 그것이 '문학'이 떠맡아야 할 임무다.

모두에 인용한 부분에 앞서 루쉰은 이런 얘기를 썼다.

"나의 문학을 편애하는 고객들에게는 한 줌의 기쁨을, 나의 문학을 증오하는 무리에게는 한 줌의 구토를 선사했다."

루쉰이 '성인군자'들에게 '구토'를 안겨주려 했다면, 헨미 요는 이 책에서 그들에게 무엇을 주려했을까. 그것은 '치욕감'이 아니었을까 하고 나는 생각한다. 달리 말하자면, "부끄러움을 알아라"라고 하는 것이다. 하지만 헨미 요 자신이 깊이 자각하고 있듯이 이것은 절망적인 행위다. 그런 절망적 반항으로서의 문학 행위를 약삭빠르게 교통 정리해서 '해설'하는 건 오히려 작품의 의도를 손상시키는 행위일 것이다. 따라서 이 짧은 글은 '해설'이라 하기보다는 오히려 '응답'이라고 해야 할 것이다. '응답한다'는 것은 '스루하지 않는다'는 것이다.

육박주의

이 책은 『1★9★3★7』라는 그 제목부터 색다르다. 진기함을 과시하려는 것이 아니라 앞서 얘기한 절실한 문학적 동기에서 그렇게 했다.

그 문체의 특징을 들자면, 하나는 철저한 세부 묘사, 또 하나는 끝없이 이어가며 다그치는 서사시적 어투라고 할 수 있을 것이다.

세부 묘사 집착에 대해 저자 자신은 '세부주의細部主義'라고 부르지만, 나는 이런 말은 없다고 생각하면서도 '육박주의肉薄主義' 정도로 부르고 싶다. 이것이 잘 드러나 있는 것은 예컨대 사형 폐지를 요구하는 집회에서 강연할 때 한 다음과 같은 묘사다.

"사형수를 매단 로프가 삐걱거리는 소리가 날 것이다. 사형수가 떨어져 가는 순간에 경골이 빠직 하고 부러지는 소리가 날 것이다. 목뿔뼈(舌骨)가 부서지는 소리가 날 것이다. 코피가 흘러내리고 실금失禁된 오줌이 흐르고 비어져 나온 똥과 사정 분비물이 흘러나올 것이다. 도쿄 구치소의 확정 사형수 중에는 사후에 비어져 나올 똥을 부끄러워하며 형 집행 직전에 설사약을 쓸 수 있게 해달라는 사람이 있다고 한다. 내가 쉽게 상상할 수 있는 것은 가득 찬 냄새이다. 형장에는 죽음을 앞둔 피조물 최후의 냄새가 난다. 그런 상상과 함께 내 반신半身은 다시 경직되고 만다."(「사랑과 고통, 사형에 관하여」)

이 얘기는 내게 30여 년 전 형을 면회하기 위해 들어간 한국 정치범 감옥에 대한 기억(특히 그 냄새의 기억)을 되살리게 했다. 덧붙이자면, 조선 식민지 지배 시절에 일본이 지은 한국 서울시의 서대문감옥 유적은 지금 박물관으로 보존되어 있고, 그곳을 찾아가면 많은 정치범들을 처형한 형장을 볼 수 있다.

"누구누구가 처형당했다"는 것만으로는 '사형'의 진실에 대해 아무것도 전할 수 없다. 그 표현에 '무자비'라든가 '냉혹' 따위의 형용사를 붙여봤자 큰 차이는 없다. 그런 표현은 그저 '개념'을 덧칠할 뿐이다. 처형장이라는 밀실 속에서 전개되는 것들, 사람이 사람을 죽이는 것, 사람이 가지런히 정해진 수순에 따라 죽임을 당한다는 것, 그것의 세부까지 다 알아내야 한다. 그러기 위해서는 소리나 냄새까지 감각을 집중해서 감지해내지 않으면 안 된다. 형장에 들어가 볼 수 없다면, 하다못해 최대한의 상상력이라도 발휘해야 한다. 자신의 반신이 경직될 정도로. 그렇게 해서 저자는 우리들 대다수가 보지 못하는 것, 보지 않고 지나가버리는 것에 눈길을 주려 한다. 아니 보고도 보지 않은 척하는 태도 그 자체를 문제 삼는다. 이런 방법을 나는 잠정적으로 '육박주의'라고 부르는 것이다.

이 책에서도 저자의 '육박주의'는 곳곳에서 발견된다. 일례로 고바야시 타키지(小林多喜二)의 학살을 둘러싼 기술 부분이다.

"타키지는 1933년 2월 15일에 특고에게 붙잡혀 츠키지(築地) 경찰서에서 고문을 받다가 한나절도 지나지 않아 죽임을 당했다." 이렇게만 쓰면 무엇이 제대로 전달되겠는가? 이 사실은 (역사를 배우지 않은 젊은이야 그렇다 치고) 많은 사람들에게는 이미 잘 알고 있는 것이다. "알고 있어." "그래서 어쨌다는 거야?" 이런 시니컬한 반응조차 예상된다. '고문'도 '학살'도 단지 '개념'으로만 유통되고 소비된다. '무참한'이나 '잔인한' 따위의 형용사를 붙여봤자 큰 차이는 없다. 헨미는 그 지점에 머무르지 않는다. 희생자는 어떻게 고문을 당하고 어떻게 학살당했는가. 어떤 비명과 외마디를 내질렀던가. 어떤 피와 눈물이 흘렀나. 어떤 증오가 거기에 작동하고 있었나. 도저히 그 전모를 전할 수는 없겠지만, 가능한 한 상상하면서 스스로 느끼려는 자세(아마도 싫지만 느끼지 않고는 배겨낼 수 없는) 그것이 '육박주의'다.

그리고 헨미는 학살의 하수인들이 천황으로부터 영전榮典을 받은 사실을 거듭 상기시킨다. 이 나라에서는 그것을 공개적으로 문제 삼는 이들이 거의 없다. 고문한 자, 학살한 자가 영전을 받고 누구도 그것을 비난하지 않는 나라. 그런 나라에서 그 나라의 구성원으로 살아가는 사람들은 부끄럽지 않은 걸까?

헨미 요의 이 문학적 방법이 과연 주효할까? 나는 낙관적이지 못하다. 그것은 앞서 얘기한 '부끄러움'이라는 '원칙적인 감정'과 마찬가지로 상상과 공감의 기반이 되어야 할 '공포' '아픔' '분노'라는 감정 또한 사라져가고 있는 게 아닌지 의심하고 있기 때문이다. 그런 공통의 기반이 없는 곳에서는 어떤 '학살'도 "에이, 믿을 수 없어"라는 가벼운 한마디로 끝나버리는 남의 일에 지나지 않는다. 헨미 요가 도전하고 있는 것은 그 강고한 벽이다.

헨미 요는 이 책에서 곧바로 답하기 어려운 질문을 독자들에게 거듭 던진다. 그 난문을 일종의 '편집광'적이라고 할 수 있을 정도의 노력을 기울여 독자들의 눈과 귀에 들이댄다. 이 책은 시인 헨미 요가 쓴 장시長詩라고 할 수 있다는 생각을 나는 한다. 거듭 반복하면서 긴장감을 높여가는 그 얘기는 서사시적 리듬을 동반한다. '서사시적'이라는 건, 예컨대 낭만주의적 미의식 속에서 자기완결을 하는 요시다 미츠루(吉田滿, 1923~1979)의 『전함 야마토의 최후』와 같은 작품과는 매우 대조적이다. 굳이 말한다면, '마구 지껄이기'를 모토로 한 오구마 히데오(小熊秀雄, 1901~1940)의 장시를 연상시킨다. 압도적인 무력을 지닌 침략자들에 포위당한 선주민 마을의 장로가 목전에 임박한 참극을 앞두고 저음으로 계속 중얼거리는 암울한 비가. 그 영탄, 원한, 분노, 저주, 참괴慙愧의 리듬이 읽는 이들을 강한 힘으로 끌어들일 수밖에 없다. 그런 방식으로 헨미 요는 우리 독자들을 앞도 뒤도 분명히 보이지 않는 어두운 황야―그것은 대학살이 자행된 뒤의 황야다―로 끌고가 내동댕이치는 것이다. 독자들은 그저 저자의 얘기에 이끌려, (설사 환시幻視에 빠져 있을지라도) 나침반도 지도도 없이 어두운 황야를 헤매고 다녀야 하는 것이다.

해부

"분명 타인을 해부한 적이 없는 건 아니지만, 더 많게는 더욱 가혹하게 자신을 해부했다. 조금 발표한 것만으로도, 따뜻한 걸 몹시 좋아하는 이들은 너무 냉혹하다고 했다. 만일 내 혈육을 모두 노출시켰다면 그 말로末路는 도대체 어떻게 될까."

루쉰은 『묘』 후기'에 이렇게 적었다. 그 뒤에 앞서 모두에서 인용한 '효사귀괴' 얘기가 이어진다. 헨미 요는 이 책에서 집요하게 자신의 아버지를 '해부'하고, 고바야시 히데오, 가케하시 아키히데(梯明秀, 1902~1996), 마루야마 마사오(丸山眞男, 1914~1996), 오즈 야스지로(小津安二郎, 1903~1963) 등을 '해부'하고 '일본과 일본인'을 '해부'한다. 그럼으로써 자기 자신을 '해부'한다.

철학자 가케하시 아키히데라는 이름을 내 세대의 많은 사람들은 경의의 마음을 품고 입에 올린다. 그러나 독자들은 이 책에서 가케하시의 전향 고백을 접하게 된다. 저자가 얘기하듯이 가케하시가 자신의 책에 그것을 기록한 것은 일본에서는 예외적인 '성실함'이라고 할 수 있을 것이다. 가케하시 본인의 '퇴락' '추태'에 대해, 또한 그 어처구니없는 '나이브'에 대해서는 그 책 본문을 보면 되니까 여기서는 제쳐놓자. 내가 어떤 아픔 같은 것을 느낀 것은 같은 천황제 국가의 탄압을 당한 자라 하더라도 일본인 가케하시에게는 이런 '선택'의 여지가 주어졌다는 점 때문이다. 고자이 요시시게나 마루야마 마사오의 회상에도 언급하고 있는데, 같은 혐의로 구속됐다 하더라도 조선인은 보통 일본인의 몇 배나 더 가혹한 폭행을 당했다. 치안유지법은 '조선 독립 기도'가 '국체변혁'의 죄에 해당한다 하여 일본인에 대해서보다 훨씬 더 많이, 몇 배나 더 가혹하게 조선인들에게 적용됐다.

치안유지법은 1925년 5월, 천황의 칙령으로 조선, 대만 등의 식민지에서도 시행됐다. 이 법 시행이 처음 적용된 것은 일본 본토에서는 1926년 1월의 교토 학련學連 사건이지만, 조선에서는 그 이전인 1925년 11월 66명이 검거된 제1차 조선공산당 사건이다. 일본 본토에서는 치안유지법으로 학살·옥중 사한 희생자는 많았으나 사형 판결을 받은 경우는 없었다. 하지만 조선에서는 1928년, '사이토 마코토(齋藤實) 총독 저격 사건'의 26명을 비롯해서 1930년 '5·30 공산당 사건'의 22명, 1936년 '간도 공산당·사건'의 18명, 1937년 '혜산惠山 사건'의 5명 등 사형 판결이 잇따랐다. 또한 일본 본토 내에서는 1928년부터 1938년까지 치안유지법 위반으로 무기징역이 언도된 사람은 겨우 1명뿐이었으나 조선에서는 39명, 징역 15년 이상의 형을 받은 이도 일본에서 7명인데 비해 조선에서는 48명이나 됐다.(미즈노 나오키『일본의 조선 지배와 치안유지법』)

이 책의 저자는 오기노 후지오(荻野富士夫)의 연구(『특고경찰』)에서 다음 부분을 인용하고 있다.(전향 문제와 관련해 특고경찰이 취한 입장의) "대전제에는 사상범죄자라 하더라도 '일본인'이기 때문에 '일본 정신'으로 되돌아갈 것이라는 전망이 있었다."

이 얘기는 '일본인'이 아닌 자, 조선인이나 중국인은 "일본의 국체 관념이 내심內心에 되살아날 것"이라는 전망이 없었기 때문에 오로지 가혹한 폭력으로 제압하든지 제거해야 할 대상이었을 뿐이라는 얘기가 된다. 조선인에 대해서는 도무지 가케하시와 같은 낙천적인 얘기는 할 수 없었던 것이다. 가케하시는 물론 천황제 국가의 사상 탄압 피해자였지만 같은 피해자들에 대해서도 이런 냉철한 식민지주의 원칙이 관철되고 있었다. 이것을 '차별'이라고 부르는 것조차 꺼려진다. 그것이 식민지 제국의 본질이었다. 그는 본국인과 식민지 신민을 분리한 이 분단선을 자각하고 있었을까? 유물론 철학자 가케하시 아키히데의 눈에 타자의 존재가 보였을까? 그 아픔을 느끼는 감각은 있었을까? 그게 있었다면 가케하시의 고백은 더욱 깊은 아픔을 동반한 사상적 성찰이 될 수 있었을 것이다. 가케하시의 저서는 『전후 정신의 탐구 – 고백의 서』, 이 얼마나 상징적인 제목인가. '전후 정신'이란 이처럼 자기중심적인 것이었다.

'능지처참'

내가 여기서 '해부'라는 말을 사용하는 것은 앞서 인용한 루쉰의 글이 주는 반향에 끌렸기 때문이다. 자신의 아버지에 대해서는 용서 없는 '병리 해부'였고, 자기 자신에게는 고통에 찬 '생체 해부'였다. 독자들은 이 책에서 저자의 자기 생체 해부와 맞닥뜨리게 된다. 자기 해부는 이 경우에는 자기 처벌일 수밖에 없다. 이것은 나에게 중국 전근대의 잔혹형인 '능지처참'을 연상케 한다. 희생자에게 최대의 고통을 주기 위해 산 사람의 살을 그대로 도려내는 극형이다. 인민이 군주를 배신하거나, 아들이 부모를, 처첩이 아비를, 피고용인이나 노예가 주인을 죽이거나 할 때 내려진 벌이다. 인민이 군주를 배신하고 아들이 아버지를 죽이고⋯⋯, 바로 이 책에서 헨미 요가 감행하는 행위다. 그것은 "혈육을 드러내는" 행위다. '효사귀괴'가 될지라도 그것을 하지 않으면 '누에(鵝)'와 맞서 싸울 수 없다. 그 절박감에서 유래하는 '초조함'이 이 색다른 문체의 서사시적 효과와 연결되어 있다.

헨미 요는 자기 아버지를 '해부'한다.

"언제였든가, 아직 어렸을 적에 술 취한 아버지가 갑자기 말한 적이 있다. 조용한 고백은 아니었다. 참회도 아니었다. 야만적인 노기를 띤, 감출 기색도 없는 언술이었다. 그 기억은 아직도 선명하다. '조센징(조선인)은 안 돼. 그놈들은 손으로 후려갈겨도 안 돼. 슬리퍼로 두들겨패지 않으면 안 되는 거야……' 귀를 의심했다. 미친 것인가 하는 생각이 들었다. 지금까지도 모르겠다. 일본이라는 '사상事象'에 숨어 있는 병이 아버지를 잘 몰랐던 것처럼, 잘 모르겠다."

평정심과 분석적인 눈으로 이런 얘기를 읽고 받아들일 수 없는 것이 내가 '조선인'이라는 걸 보여주는 증거다. 나 자신이 슬리퍼로 두들겨맞은 게 아닌데 벗겨진 내 신경다발을 (과일 등을 가는) 강판에 대고 문지르는 듯한 혐오와 아픔을 느낀다. 직장 동료들이나 이웃 주민들, 너그럽고 이성적으로만 보이는 사람들 마음 밑바닥에 그런 심리가 똬리를 틀고 있다가 때 아니게 분출하는 것은 아닌가. 그런 예감에 나는 늘 마음의 준비를 하고 있다. 그것이 식민지 지배라는 것이며, '조선인'이라는 것이다.

이런 경우, "헨미 씨, 그건 옛날 얘기니까"라거나, "전쟁이라는 광기의 산물이니까"라거나, 자칫 "자신을 너무 다그치면 안 돼요" 따위를 무심결에 내뱉게 된다. 하지만 그것은 관념 속에서 과거를 상대화해서 안도감을 얻고 싶은 충동의 발로다. 그리고 "조선인은 언제나 과거에 연연하는 집념 강한 자들이다"라는 차별 표상에서 벗어나려는 무의식적인 자기 방어이기도 할 것이다. 이른바 '위안부' 문제를 둘러싼 언설들을 살펴볼 것까지도 없이, 이러한 부조리한 표상은 전후에도 살아남아, 재생산되고, 배외주의자뿐 아니라 많은 '일본인'들에게 공유되고 있다. 얼마 전 도쿄 지사 선거에서 입후보한 인종차별주의자는 대략 11만 표나 되는 표를 얻었다. 이 수치는 도쿄 거주 재일조선인(한국적 포함) 수보다 많다.

이성적으로 생각하면, 헨미 요의 아버지가 소수의 예외였을 리는 없다. 일본군 중에 2만 명 정도의 조선인 특별지원병이 있었다. 그 속에서 일상화된 행위이고 감정이었을 것이다. 아니 군대만이 아니라 식민지 시절의 조선(인)과 일본(인) 사이에 '당연한 일'로 횡행하고 있었던 것이다.

일본은 '문명화'를 내걸고 조선을 '병합'한 뒤에도 조선에서 전근대의 비문명적인 형벌인 태형을 잔존시켜 그것을 조선인들에게만 적용했다. 희생자를 구속해 엎드리게 해 놓고 등이나 엉덩이, 허벅지 등을 태笞라는 도구로 후려패는 형벌로, 피부가 상해 목숨을 잃는 경우도 드물지 않았다. 1919년 3·1독립운동 때 체포당한 조선인은 5만 명 가까이나 됐고, 총 7,500명 정도가 목숨을 잃었다. 그 체포당한 이들 중에 태형을 받은 이들은 모두 1만 명이 넘었다. 태를 한 번 휘두를 때마다 격통과 굴욕이 조선인들 신체에 글자 그대로 때려 박혔다. 매를 휘두르는 일제 관헌이나 그것을 방관하고 있던 일본인 식민자들은 한 번 휘두를 때마다 "조선인은 이렇게라도 하지 않으면 안 돼"라는 노예주의 심성을 자신에게 주입시킨 셈이다.

그것은 '조선인'이라는 말을 '흑인' '인디언' '여성' 등으로 바꿔놓고 보면 쉽게 다가올 것이다. 노예가 자신에게 주입된 노예근성에서 탈각하는 것은 매우 어려운 일이지만, 노예주가 고통에 찬 과정을 거치지 않고 그런 심성을 완전히 청산하는 것은 더욱 어려울 것이다. 헨미 요의 아버지는 그런 수많은 표준적 일본인의 한 사람에 지나지 않았다. 놀랄 만한 일이 아닌 것이다.

식민지 조선의 문학자 김동인(1900~1951)의 대표작에 「태형」이 있다. 김동인은 현대 한국의 대표적 문학상에 그 이름이 붙어 있는 데서도 보듯 한국 근대문학을 대표하는 작가다. 1914년에 일본에 건너가 메이지학원(明治學院) 중학부 등을 다녔으며, 동인지 〈창조〉를 발간하고 문학의 길을 걸었다. 1919년 3월, 조선으로 귀국. 3·1독립운동 직후 출판법 위반으로 3개월간 투옥 생활을 맛봤다. 소설 「태형」은 그때의 경험을 토대로 쓴 것이다. 구치소에서 같은 방 노인이 관헌에게 끌려 나간다. 그 덕에 좁아서 힘들었던 방 공간에 다소 여유가 생긴 것을 주인공은 내심 기꺼워했다. 이윽고 태장을 맞는 노인의 처절한 비명이 들려왔다. 그것을 가만히 듣고 있는 주인공의 굴절된 내면을 묘사한 단편이다. 그 뒤 김동인이 걸은 길은 조선의 역사 그 자체와 같이 복잡하고 비극적이다. 연보에는 1939년에 '북지北支 황군 위문'차 만주에 갔다는 기술이 있다. 친일파로 전향해 침략 전쟁에 가담했던 것이다. 하지만 1942년 천황 불경죄로 3개월간 투옥됐다는 기술도 보인다. 1951년, 한국전쟁 중에 사망했다.

혈채

　내가 헨미 요라는 일본인 작가 입에서 다음과 같은 말을 들을 수 있었다는 건 다행이었다.

　"이 사람은 도대체 무슨 짓을 하고 온 것인가. 무엇을 보고 온 것인가. 그런 의문들을 끝내 따져보지 못했던 나도, 불문에 붙임으로써 상처받는 걸 피해보고자 하는 교활한 의도가 어딘가에 숨어 있었던 것이고, 끝내 말하지 않았던 아버지와 끝내 직접 물어보지 않았던 나는 아마도 같은 죄를 범했을 것이다. 물어보지 않은 것—말하지 않은 것. 많은 경우, 바로 거기에 전후 정신의 괴이쩍은 균형이 유지되고 있었다."

　그렇다. '말하지 않는 것' '물어보지 않는 것'을 통해 '전후 정신의 괴이쩍은 균형'이 유지되어 온 것이다. 군이 말하려는 사람, 물어보려는 사람은 '스루'당하고 고립당한다. 그것이 '일본'을 만들어 왔다. 그것을 일본인들은 잘 알고 있는 것이다. 헨미 요는 전후 일본인의 한 전형인 아버지의 초상을 묘사함으로써 엷은 웃음을 띤 표피에 덮인 전후 일본인의 민얼굴(그 일단)을 그렸다.

　이 정도로 명료하고 집요하게 자신과 일본을 '해부'한 일본인 작가는 드물다. 그 얼마 되지 않는 선구자가 『시간』의 홋타 요시에(堀田善衛)이고, 「니 에미를!」의 다케다 타이준(武田泰淳)이다. 대학살의 여진余燼, 흘린 피 냄새가 가시지 않은 가운데 홋타와 다케다가 헤쳐가려고 했던 길, 타자의 눈으로 자신을 바라보면서 자기 기만을 철저히 배제하고 자율적인 윤리적 갱생을 지향했던 사람들은 전후의 한 시기에 분명히 존재했다. 하지만 아마도 1960년대 중반께 1960년 안보투쟁의 패배, 뒤이은 고도 경제 성장, 도쿄 올림픽, 미치 붐(황태자의 평민 출신 여성 미치코와의 결혼) 무렵을 경계로 홋타와 다케다가 제시한 좁은 길은 잊혀 갔다. 일찍이 홋타 요시에와 다케다 타이준이 걸어가려 했던 좁은 길, 지금은 잊혀져버린 길, 잡초에 뒤덮여 지도에서조차 사라져 가고 있는 그 길을 지금 걸어가려 하고 있는 작가가 헨미 요다.

"먹으로 쓴 거짓말은 피로 쓴 사실을 지울 수 없다./ 혈채血債는 반드시 꼭 같은 것으로 갚아야 한다. 지불이 늦어지면 늦어질수록 이자는 불어날 수밖에 없다."(「꽃 없는 장미 2」)

헨미 요의 세대 중에는 많은 사람들이 1960년대 후반 학생운동 와중에 학생 투사들이 즐겨 루쉰의 이 말을 입에 올렸던 사실을 기억하고 있을 것이다. 나 자신은 헨미보다 7세 아래지만, 대학 입간판에 독특한 글자로 이 문장이 크게 적혀 있는 것을 몇 번이나 본 기억이 있다. 당시부터 의문이었지만, 그들은 누구의 누구에 대한 '혈채'를 상정하고 있었던 걸까? 그들 자신을 혈채 갚기를 압박하는 쪽에 비긴 걸까, 그렇지 않으면 압박당하는 쪽에 비긴 걸까? 그런 인식도 불명확한 상태로 학생 투사들 다수가 회사 인간이 되고 고도 경제 성장 추진자 겸 수혜자가 됐다. 자국의 침략 전쟁에 대한 역사적 기억은커녕, 서툴긴 하나 진지한 부분도 있었던 자신들의 학생 시절 기억도 지워버린 채 "뭐, 그럭저럭……"이라며 엷은 웃음 속에 나날을 살아간다. 오즈 야스지로의 영화에서 배우 류 치슈(笠智衆)가 연기하는 남자처럼.

하지만 혈채는 아직도 갚지 않았고, 그사이에 이자는 늘어나고 있다―이것만은 확실하다. 이 확실한 것을 떠올리게 하는 불편한 존재는 일본 사회에서는 '효사귀괴'밖에 없다.

여기서 나는 얘기하지 않는 게 좋을지도 모를 한마디를 덧붙이고자 한다.

헨미 요가 "귀를 의심했다. 미친 것인가 하는 생각이 들었다"고 한 것은 정말일까?

나라면 귀를 의심하지 않았을 것이다. "역시나……" 하고 납득했을 것이다. 내가 어렸을 때 우리 집은 교토시의 서민 주거 지역에서 자그마한 공장을 경영했다. 아직 마흔도 되지 않았던 어머니는 머리칼을 휘날리며 일했고 공장 직원들 뒷바라지까지 했다. 나는 가끔 일을 끝내고 목욕탕에서 돌아와 한잔 걸친 공원들과 함께 식탁에 앉기도 했다. 그럴 때 종종 대륙에서 돌아온 공원이 상기된 채 자랑을 늘어놓았다. '짱꼴라'를 총검으로 찔렀다는 얘기(검의 날 끝이 상대의 몸속에 들어갈 때의 감촉까지 묘사했다), '조센삐'*를 샀다는 얘기 따위였다. 지금 생각하면, 다케다 타이준의 「니 에미를!」에 나오는 "강간쟁이 상등병"과 같은 인간이었을 것이다.

그들은 조금도 주저하지 않고 조선인인 나와 어머니 앞에서 그런 화제를 신나게 떠들었다. 어머니는 물론 그것을 혐오했

---

* 전시 일본 군대 내에서 조선인 위안부를 가리키는 속어.

고, 나를 재빨리 그곳에서 내쫓았다. 조선인을 슬리퍼로 후려 갈기는 것 따위는 그들에겐 새삼 화젯거리가 될 가치도 없는 일상의 사소한 일이었을 것이다. 그것이 어린 내가 알던 전후 일본 사회 실상의 한 단면이다. 헨미 요의 아버지는 예외가 아니었다. '미친 것인가'라고 했지만, 갑자기 그런 게 아니라 처음부터 미쳐 있었다. 그렇지 않고서야 한 민족이 이웃 민족의 자원을 빼앗고, 자신들의 절반 이하의 저임금을 주고 혹사시키는 것을 당연히 여기고, 반항하면 감옥에 집어넣고, 고문하고, 살해하고, 말과 이름마저 빼앗고, 젊은 여성들을 '위안부'로 전장에 내모는 그런 행위를 할 수 있었을까? 그런 식민지 지배를 "민도가 낮은 무리를 끌어올려 주기 위해서 그랬다" 따위로 정당화하는 주장을 어찌 태연히 늘어놓을 수 있단 말인가? 게다가 패전 뒤 몇 년간, 쇼와 천황 사망 당시, 또는 1990년대에 (위안부) 피해자들의 커밍아웃이 잇따랐을 때 등 그 역사를 뼈에 사무치게 성찰하고 '제정신'이 될 기회가 몇 번이나 있었는데, 일본인들은 그때마다 그 기회를 '스루'해 왔다.

일본인들은 오키나와 합병으로부터 태평양전쟁 패전까지 식민지 지배와 침략 전쟁의 세월을 수십 년간 보낸 뒤 지금까지도 노예주奴隷主의 심성, 식민지주의의 '광기'로부터 벗어나지 못하고 있다. 오히려 최근 '발광'의 정도가 더 심해지고 있는 듯하다. 오히려 아버지가 흘린 한마디의 말에 새삼 귀를 의심하고, 발광이라도 한 게 아닌가 하고 생각한 헨미 요 청년도 또한 전후 일본이라는 허구 속에서 자라 오랜 세월 실상을 바로 보는 눈이 가려져 있었다고 해야 할 것이다. 헨미 요의 공로는 아버지나 일본을 해부했을 뿐만 아니라 그런 일본을 구성하고 연명시켜 온 이들의 일원으로 자기 자신의 혈육을 드러내 보인 점에 있다.

아베 총리, '전후 70년 담화'

오늘날 '일본이라는 병'은 도처에서 그 증상을 드러내고 있다. 가장 두드러진 예는 2015년 아베 신조 총리의 '전후 70년 담화'일 것이다. 세인들은 '침략' '식민지 지배' '반성' '사죄'라는 4가지 '키워드'가 거기에 포함될지 여부에만 주목했다. 결과적으로 이들 '키워드'는 들어갔고, 매스컴을 비롯한 세인들의 반응은 대체로 호의적이었다. 아베 총리의 지지율도 올라갔다. 이 얼마나 견디기 어려울 정도의 천박함, 어리석음인가.

이들 '키워드'는 누구의 누구에 대한 '반성'이며 '사죄'인가? 모두 문맥에 맞지 않게 사용된 거짓말이었다. '아베 담화'는 그 모두에서 "러일전쟁이 식민지 지배하에 있던 많은 아시아·아프리카 사람들에게 용기를 주었다"고 말했다. 이런 인식은 아베뿐만 아니라 오랜 세월에 걸쳐 일본인들이 널리 공유해 온 것이다. 하지만 사실은, 러일전쟁은 중국 동북 지방(만주)의 패권을 둘러싼 전쟁이었다. 센다이 의학교 유학생이던 루쉰이 슬라이드를 통해서 본, '로탄(露探, 러일전쟁 당시의 러시아 스파이)'으로 몰린 중국인들이 일본 군인들 손에 참수당하는 장면이 그때의 일이다. 게다가 같은 교실의 일본인 학생들은 모두 이 영상에 '박수갈채'를 보냈다.(《외침 자서自序》)

조선은 그 전쟁의 병참기지로 일본에 군사 점령을 당해 외교 자주권을 박탈당한 채 '보호국'이 됐다. 그것이 나중의 '병합'으로 직결됐다. 저항한 '항일의병'들을 비롯한 조선 민중은 무참하게 탄압당하고 살육당했다. 즉 러일전쟁은 일본의 조선 식민지화 전쟁의 일환이었다. 아베 총리는 그 조선 민족을 향해 러일전쟁을 인용하면서 자국을 미화한 것이다. 아베 담화는 홋카이도, 오키나와, 대만에 대한 정복과 지배에 대해서도 단 한마디의 '사죄'나 '반성'도 하지 않았다.

아베 총리는 그 담화에서 서양 제국에서 밀려온 식민지 지배의 파도에 대한 위기감이 일본에 '근대화의 원동력'이 됐다고 자찬했다. 그가 '반성'한 것은 제1차 세계대전 뒤 세계공황이 발생하고 구미 제국이 경제 블록화를 추진하는 가운데 고립감이 깊어진 일본이 세계의 대세를 제대로 보지 못한 채 '새로운 국제질서'를 위한 '도전자'가 되어 나아가야 할 침로를 잘못 설정했다는 점이었다. 이는 구미 제국주의 열강에 대해 예의를 차린 것이지, 식민지 지배와 침략 전쟁 피해자들을 향한 '반성'일 수가 없다.

"전장의 그늘에는 명예와 존엄에 깊은 상처를 입은 여성들이 있었던 것도 잊어서는 안 됩니다."라고 한 구절도 있는데, 이는 '위안부'를 가리키는 말일까? 그렇다면 왜 명시적으로 얘기하지 않는가. "잊어서는 안 됩니다"라는 건 누가 누구를 향해 가르치겠다는 것인가. 게다가 누가 상처를 입었는지 주어가 의도적으로 은폐되어 있다. 아베 총리가 해야 할 일은 고개 숙여 피해자들에게 용서를 구하는 것뿐이다.

'아베 담화'는 그 결론 부분에서, "저 전쟁과는 아무 관련도 없는 우리의 아들과 손자, 그리고 그 뒤의 세대 아이들에게 사죄를 계속하는 숙명을 지워서는 안 됩니다"라고 했다. 자기도취적인 미사여구다. 실제로 사죄해야 할 주체는 먼저 국가다. 젊은 세대를 국가의 공범으로 끌어들여 "사죄를 계속하는 숙명"을 지우고 있는 것은 일본 정부 자신이 아닌가. 더 심각한 것은 이런 거짓말, 부자연스러운 미사여구에 매스컴을 비롯한 다수의 일본인들이 동조한 것이다.

실제로 일어난 일은, 한 나라와 국민이 타민족을 침략하고, 강간하고, 학살했다는 사실이다. 그 당사자인 일국의 정치 지도자가 피해자들에 대해 말을 거는 담화가 이런 것이었다. 부끄럽지 않은가? 이 텍스트는 '역사 수정주의'를 거론하기 이전에 언어에 대한(따라서 '인간'에 대한) 냉소주의 그 자체다. 이것은 우롱이다. 피해자에 대해서만이 아니라 자국민의 지성, 이성, 염치에 대한 우롱이다. 우롱당한 쪽에서 격분이 일어나야 마땅한 일이었다. 하지만 물론 일본에서는 늘 그랬듯이 그런 일은 일어나지 않았다.

나는 사람을 속이고 싶다

"……지난 30년간 내가 봐야 했던 것은 청년들의 피뿐이었다. 그 피는 층층이 쌓여 숨도 쉴 수 없을 정도로 나를 파묻었다. 나는 그저 이런 필묵을 놀려 몇 구절의 글을 쓰는 것으로 가까스로 진흙 속에 작은 구멍을 내고는 거기서 숨을 헐떡거리고 있을 뿐이다."(「망각을 위한 기념」 1933년 2월)

쇠로 만든 방에서 깊이 잠들어 서서히 질식해 가는 동포들 속에서 홀로 깨어 있는 루쉰의 '적막'(《외침자서(吶喊自序)》)은 헨미 요의 것이기도 하다. 하지만 말할 필요도 없이 두 사람에게는 큰 차이도 있다. 시대도 다르지만 중국과 일본으로, 그 서 있는 위치가 다르다. 루쉰은 봉건 세력이나 백색테러 세력에다가 외래 제국주의 세력까지 흘리게 만든 자기 동포 청년들의 피를 응시했다. 이것을 거꾸로 얘기하면 그에게는 피를 흘리며 저항하는 동포 청년들이 있었다는 얘기이기도 하다. 한편 헨미 요는 동포인 일본(거기에 그 자신의 아버지도 들어 있다)이 중국인들에게 흘리게 만든 피를 응시하고 있다. 그의 동포는 (고바야시 타키지와 같은 예외를 빼고) 피를 흘리면서 저항하는 것이 아니라 타자의 피를 흘리게 하고서 시치미를 딱 떼고 있거나 그 기억을 남김없이 제거해버렸다. 이것이 루쉰과 헨미 요의 차이다. 어느 쪽의 '적막'이 더 깊은지 따위는 묻지 마라. '적막'은 아무리 깊어도 '피'를 대신하기 어렵다는 것만 말해 두고자 한다.

"글을 마치면서, 피(血)로써 개인의 예감을 덧붙이는 것으로 감사를 표하고자 합니다."

루쉰이 일본어로 써서 일본의 잡지 〈개조改造〉 1936년 4월호에 게재한 글 「나는 사람을 속이고 싶다」의 말미에 있는 한 구절이다. 그해 5월 19일, 루쉰은 고투苦鬪의 인생을 마감했다. 루거우차오(盧溝橋) 사건을 구실로 일본이 중국 본토에 대한 본격적인 군사 침공을 개시한 것이 이듬해 7월, 난징 대학살이 자행된 것은 그해 12월의 일이었다. 루쉰은 〈1★9★3★7〉의 전년도에 일본인들에게 '피의 예감'을 써서 남긴 것이다. 그 예감은 적중했다.

이 '예감'을 받아들인 일본인은 얼마나 됐을까? 홋타 요시에에게 「루쉰의 묘 기타」라는 짧은 에세이가 있다. 전쟁이 끝나기 직전인 1945년 6월, "다케다 타이준과 함께였던가" 아니었던가는 "잊어버렸지만", 루쉰의 묘를 찾아갔다고 했다. 홋타는 그 전부터 루쉰의 작품을 잘 알았으며, 그 "암흑 같은 절망과, 그 바닥에서 불을 붙이면 격렬하게 타오를, '복수'의 푸른 불꽃과 같은 염원, 이렇게까지도 격렬한 무엇을 받아들였다"고 이 에세이에 썼다. 일본에 루쉰 독자·연구자는 많지만, 이 홋타처럼 루쉰을 받아들인 사람은 많지 않을 것이다. 홋타나 다케다가 이 책의 저자 헨미 요의 선구자일 수 있었던 것은 그들의 시야 속에 루쉰이라는 강렬한 타자의 모습을 받아들이고 있었기 때문이 아닐까.

헨미 요가 이 책에서 시도한 것을 짧막하게 얘기한다면, 그것은 '인류'를 구원하는 것이라고 나는 생각한다. 인류―인간으로서의 윤리. 그대 죽이지 말지어다, 죄를 짓지 말지어다, 빼앗지 말지어다…… 이런 윤리 규범들을 초월적인 신이나 국가로부터 주어지는 것이 아니라 한 사람의 인간으로서 자신의 내면에서 치밀어 오르는 자율적인 윤리성으로 발휘할 수 있을까. 인간은 자율적으로 윤리적일 수 있을까.

학살은 사람의 목숨을 빼앗는 것일 뿐만 아니라, '인간성'과 '윤리성'이라는 관념의 보편성도 다 파괴해버린다. 난징에서 학살당한 건 중국 민중이지만, 일본인은 자신들의 자발적 윤리성의 기반을 스스로 파괴했다. 지금 '인간성'이라는 말도 '윤리성'이라는 관념도 이 나라에서는 기껏해야 냉소의 대상이 되거나 국가 권력의 이용물로 폄훼당할 지경에까지 이르렀다. 그래도 사람들은 자신들에게 질문을 던지고 자신들 안에 자율적인 윤리성을 수립해야만 한다. 그렇지 않으면 학살은 끝없이 반복될 수밖에 없다.

헨미 요가 일본 도호쿠 대지진 뒤에 출연한 인상 깊은 텔레비전 프로가 있다.(〈마음의 시대, 잿더미 속에서 말을〉 2012년 4월 22일(일) 방영, NHK E텔레) 이 프로 중에서 헨미의 시 「후미ㅅ江」의 발췌문이 낭독됐다. 지진 이전에 썼던 그 시에 표명되어 있는 것은 다가올 파국의 '예감'이다. 그 예감은 적중했다. 이 프로의 이름을 빌려 얘기한다면, 헨미 요는 대학살 뒤의 황야에서 죽은 이들의 뼈를 줍듯 '인류'의 파편을 주워 그것을 재구축하려고 시도한다. 그의 절망적 반항은 아무리 절망적일지라도 앞으로 계속될 것이다. '예감'이 그를 끊임없이 움직이도록 밀어붙일 것이기 때문이다.

〈1★9★3★7〉와 연관된 중일 관련사 연표

1894년 8월 1일 청일淸日 양국이 선전포고(청일전쟁 발발)

1895년 4월 17일 시모노세키下關 조약 체결로 청일전쟁 종결(대만·펑
후澎湖 열도 할양, 배상금 2억 량)
5월 4일 각의에서, 러시아·프랑스·독일 간섭으로 랴오둥遼東
반도를 청에 반환하기로 결정(삼국간섭)

1904년 2월 10일 일본이 러시아에 선전포고(러일전쟁 발발)
2월 12일 청은 중립 선언

1905년 9월 5일 포츠머스 조약 조인(일본이 남만주의 러시아 이권〈창춘
長春·뤼순旅順간의 철도 및 뤼순·다롄大連간 조차지 등〉을 획득)
11월 17일 제2차 한일협약 조인(외교권 박탈과 통감부 설치로 일
본이 한국을 보호국화)

1910년 8월 22일 한국병합에 관한 한일조약 조인

1911년 10월 10일 신해혁명辛亥革命 일어남

1912년 1월 1일 중화민국 수립
2월 12일 청 왕조 멸망
7월 30일 메이지明治 천황 사망

1913년 10월 6일 위안스카이袁世凱가 대총통에 추대되고, 일본은 중화
        민국을 승인

1914년 7월 28일 제1차 세계대전 발발(~1918년 11월 11일)

1915년 1월 18일 일본이 중국에 21개조 요구를 제출
        5월 9일 중국이 21개조 요구를 수락

1916년 6월 6일 위안스카이 사망

1917년 8월 14일 중화민국이 제1차 세계대전에 참전

1919년 1월 18일 파리 강화회의 개최(~6월 28일)
        5월 4일 베이징에서 5·4운동 일어남
        10월 10일 중국 국민당 창당

1920년 1월 10일 국제연맹 발족

1921년 7월 1일 중국공산당 창당

1923년 9월 1일 간토 대지진 발생

1925년 5월 30일 상하이에서 5·30운동 일어남

1926년 7월 9일 장제스蔣介石를 수령으로 한 국민 혁명군이 광둥廣東
        에서 북상(북벌)

1927년 4월 18일 장제스가 난징南京에 국민정부 수립

1928년 6월 4일 관동군이 장쭤린張作霖을 폭살
        12월 29일 장쉐량張學良이 장제스와 합류, 중국 통일

1929년 6월 3일 일본이 난징 국민정부를 승인
        10월 24일 세계공황 발생

1930년 1월 11일 일본이 금 수출 해금, 쇼와 공황 발생

1931년 9월 18일 만주사변 발발

1932년 3월 1일 '만주국'이 건국 선언
        5월 15일 5·15 사건

1933년 3월 27일 일본이 국제연맹을 탈퇴

1936년 2월 26일 2·26사건

5월 18일 아베 사다阿部定 사건 발생하고 호외가 발행됨

12월 12일 장제스가 장쉐량에 의해 구금당함(시안西安 사건)

1937년 2월 11일 문화훈장령 제정

7월 7일 베이징 교외에서 루거우차오盧溝橋 사건 발생(중일전쟁 발발)

8월 24일 고노에近衛 내각이 '국민정신총동원 실시요강'을 각의 결정

11월 6일 이탈리아가 일독日獨 방공협정에 참가

11월 20일 중화민국 정부가 충칭重慶으로 거점을 옮김

12월~이듬해 1월 난징에서 일본군의 학살사건 발생(난징 대학살)

1939년 5월 12일 노몬한 사건이 일어나 일본군 대패(~9월 15일)

9월 1일 독일군이 폴란드를 침공(제2차 세계대전 시작)

1941년 4월 13일 일소日蘇 중립조약 조인

12월 8일 일본이 말레이 반도와 하와이 진주만을 공격(아시아 태평양전쟁 시작)

1943년 11월 22일 미·영·중의 카이로 회담(~26일)

12월 1일 카이로 선언 발표

1945년 2월 4일 미·영·소의 얄타회담(~11일)

8월 6일 히로시마에 원자폭탄 투하

8월 9일 나가사키에 원자폭탄 투하

소련이 대일 참전(만주를 소련이 점령)

8월 14일 일본이 포츠담 선언을 수락하기로 결정

8월 15일 천황의 '옥음玉音'방송(항복수락 방송)

1946년 5월 3일 극동 국제군사재판소(도쿄 재판) 개정(~1948년 11월 12일)

1949년 10월 1일 중화인민공화국 수립

12월 7일 중화민국 정부가 대만 타이베이臺北로 천도

1950년 6월 25일 북조선군이 북위 38도선을 넘어 남하(한국전쟁 발발)

8월 10일 일본 경찰예비대 창설

1951년 9월 4일 샌프란시스코 강화회의 개최(~8일)

9월 8일 강화조약에 일본을 비롯한 49개국이 서명

미일 안전보장조약 조인

1953년 7월 27일 한반도 휴전협정 조인

1954년 6월 9일 일본 자위대 발족

1956년 10월 19일 일소日蘇 공동선언 조인(12월 12일 발족)

12월 18일 일본이 국제연합에 가맹

1958년 대약진 정책 중화인민공화국이 마오쩌둥毛澤東 주도하에 시행한 농·공업 대증산 정책. 경제적으로 미·영을 추월할 목적으로 1961년까지 이어짐

1960년 1월 19일 신 미일 안전보장조약 조인

1966년 문화대혁명 1966년부터 약 10년간, 마오쩌둥 주도하에 중국 전역에서 전개된 정치·권력 투쟁. 정치·사회에 큰 화근을 남긴 채 좌절됨

1972년 5월 15일 오키나와 반환

9월 29일 중일 공동성명, 국교 정상화

1989년 1월 17일 쇼와昭和 천황(히로히토裕仁) 사망

11월 9일 베를린 장벽 붕괴

1991년 1월 17일 다국적군이 이라크를 공습, 걸프전쟁 시작

4월~11월 자위대의 페르시아만 파병. 해외 첫 파병 임무

12월~다음해 1월 소비에트 연방(소련) 해체

1992년 6월 자위대 해외파병의 근거가 된 '국제연합 평화유지활동 등에 대한 협력에 관한 법률(국제평화협력법·PKO협력법)' 제정

1999년 5월 중요 영향 사태에 대비해 일본의 평화 및 안전을 확보하

기 위한 조치에 관한 법률(중요 영향 사태법), 미일 방위협력을 위한 지침(가이드라인) 관련법 제정

1999년 8월 13일 국기 및 국가에 관한 법률(국기 국가법) 시행

2000년 8월 15일 범죄 수사를 위해 경찰기관에 의한 통신 감청을 승인한 통신감청법(이른바 '도청법') 시행

2001년 9월 11일 미국 동시다발 테러 사건 발생
10월 29일 테러 대책 특별조치법 제정

2006년 10월 북조선, 첫 핵실험
12월 자위대 해외파병을 부수 임무에서 본래 임무로 격상하는 개정 자위대법 제정

2007년 1월 9일 방위청이 방위성으로 승격

2011년 3월 11일 동일본 대지진. 도쿄전력 후쿠시마 제1 원자력발전소에서 멜트 다운

2013년 12월 특정비밀보호에 관한 법률(특정비밀보호법) 제정

2014년 4월 1일 무기수출 3원칙을 대체하는 정부 방침으로, 무기 수출입을 기본적으로 승인하는 방위 장비 이전 3원칙 제정

2015년 6월 10일 문관통제를 폐지하는 개정 방위성 설치법 제정
9월 19일 안전보장관련법(이른바 '전쟁법')이 참의원 본회의에서 가결, 자위대의 해외 무력행사에 길을 터줌

2016년 5월 24일 '도청법'의 대상 범위를 확대하는 형사소송법 등 개정안이 중의원에서 가결돼 국회를 통과. 통신 감청 가능한 범죄의 범위를 절도나 사기, 아동 포르노 등으로도 확대
7월 26일 가나가와현 사가미相模 시 장애자 시설에서 살상 사건이 일어나 그날 하루 19명이 사망. 전후 최대의 살인사건.
8월 8일 천황 아키히토明仁씨 생전 퇴위 의향을 표명

『1★9★3★7』(이쿠미나)는 충격적이었다. 이 제목 속의 1937은 일본이 중국 본토에 대한 침략을 본격화한 1937년, '난징 대학살'을 자행한 바로 그해다. 아시아태평양전쟁 때 일본군이 자행한 살육과 약탈과 강간에 대한 무수한 얘기와 소문들을 들었고 이런저런 문헌자료들도 봤기에 그 사실 자체에 대해서 많은 사람들이 그러하듯 어느 정도는 알고 있었다. 하지만 그렇게 해서 알고 있던 것과 『1★9★3★7』를 통해 알게 된 것은 전혀 차원이 달랐다.

그 충격은 저자 헨미 요가 더 많은 약탈 사실과 더 많은 수의 죽임과 더 잔혹한 만행을 새로 발굴하거나 추가해서 생겨난 결과가 아니다. 그는 많은 사람의 죽음과 단 한 사람의 죽음의 무게를 그 수치의 다과로 재려는 시도나 생각 자체를 거부한다. 새로운 사실의 부가가 아니라 기존의 사실들을 전혀 새롭게 바라보면서 새롭게 사유하는, 말하자면 헨미 요의 문학적 상상력을 통한 사건의 재구성이 당시 일본군의 만행을 완전히 달리 보고 다시 생각하게 만든다. 당시만이 아니다. 이 번역본의 모본인 2016년 완전판(가도카와 문고 상·하)의 사유는 지금의 아베 신조 정권에까지 이어져 있다. 헨미 요는 지금 일본의 정신 상태나 정신 구조가 난징 대학살을 전후한 시기부터 1945년 패전 때까지, 제어 불능의 상태로 파국을 향해 치달려 간 그때와 별반 다르지 않다는 것을 간파하고 위기의식을 느끼고 있다.

『1★9★3★7』의 문학적 감동이나 가치가 새로운 사실의 발굴, 추가에 의존하고 있지 않다는 얘기를 오해해서는 안 되겠기에, 이런 얘기를 덧붙여 둘 필요가 있겠다. 즉 이 책에 나오는 많은 얘기들이 많은 사람들에겐 아주 새로운 사실이나 얘기일 수도 있다는 것이다. 이 책을 읽는 사람들이 이 책을 통해 알게 될 당시의 일본군 만행이나 일본 사회, 일본 지배층의 전쟁범죄 행위들은 예전엔 그들이 듣지도 보지도 못한 사실들일 수 있다. 예컨대 1만여 명의 비무장 중국인들을 한꺼번에 기관총 등으로 몰살시키고 불태우고 강물에 떠내려 보내는 장면, 중국인을 산 채로 기둥에 묶어놓고 총검으로 찔러 죽이는 훈련, 놀이처럼 중국 여성들을 강간하고 죽이는 장면, 농촌의 여성과 그 아들을 붙잡아 모자간 성행위를 강제하고 잔혹하게 죽이는 장면, 노파와 아이들까지 베어 죽이는 장면 등은 대다수 일본인과 독자들은 예전엔 전혀 몰랐던 일일 수도 있다. 말하자면 이 책이 일본군의 만행에 대한 새로운 사실을 발굴하거나 추가하는데 힘을 쏟지 않는다는 것은, 연구자들이나 체험자들 기록 또는 전언 등을 통해 이미 알려진 얘기들을 토대로 한다는 뜻일 뿐 새로운 얘기를 하지 않는다는 뜻은 아니다. 아마도 연구자들이나 체험자들이 알고 있고 이미 발설한 그런 수많은 얘기들도 세상 대부분의 사람들은 여전히 모르고 있을 것이다. 헨미 요도 지적했듯이, 전후 일본은 그런 사실들을 조직적으로 은폐했고 빨리 잊혀지기를 바라왔다. 미국이 주도한 전후 질서 속에서 미국도 일본과 한국의 집권·지배층도 그런 은폐를 주도하거나 거기에 동조하거나 침묵했다. 일본군 위안부 강제동원 사실조차 1991년 피해 당사자인 김학순 할머니가 공개증언을 하기 전까지 아무도 몰랐거나 알면서도 모르는 체하지 않았던가. 따라서 알고 있는 사람들은 이미 알고 있을 이 책의 내용도 대다수 사람들에겐 처음 듣는 얘기일 수 있다.

이 책이 충격적인 것은 이런 놀라운 얘기들을 파고들어 새롭게 확인하기 때문만은 아니다. 더 충격적인 것은 그런 사실 확인을 토대로 일본과 일본인의 전쟁범죄를 철저히 추궁하면서, 중국 침략전쟁에 장교로 참전한 그의 아버지와 가족 그리고 저자 자신의 적극적 소극적, 의식적 무의식적 책임문제까지 집요하게 묻고 또 묻는 데에 있다. 책의 뒷부분으로 갈수록 그것은 밀도가 점점 더 높아지면서 작중 화자인 '나'는 결국 "어떤 관점에서 보더라도 이 나라는 민주주의 국가일 수 없다"고 단정하기에 이른다. 그 과정에서 일본 내부는 물론 일본 침략의 피해자들을 포함한 일본 바깥의 외부자들이 왜 그런 일본의 전쟁범죄와 전쟁범죄 주동자 및 가담자들을 쉽게 용서해서는 안 되는지 그 이유를 절감하게 된다. 과문한 탓이겠지만, 일본 작가들 중에 이토록 철저히 근대 이후 지금까지의 일본과 일본인을 반성적으로 해부한 경우는 달리 찾지 못했다.

아베 신조 총리를 '파락호'라고 주저 없이 매도하는 헨미 요의 날카로운 시선은 결국 천황과 천황제로 향한다. 이 천황과 천황제가 왜 과거와 현재 그리로 미래의 '일본 문제'의 근원인지 『1★9★3★7』만큼 설득력 있게, 깊이 있게 설명해주는 책을 나는 보지 못했다. 근대 이후 지금에 이르는 '일본 문제'는, 단적으로 얘기하면 최고 전쟁책임자 천황(히로히토)이 그 책임을 회피한 데서 비롯됐다. 그 책임 회피에는 천황 그 자신뿐만 아니라 천황을 살아 있는 신으로 받들며, 그의 최종 결정에 어떤 이의 제기도 없이 때로는 열광적으로 뒤따름으로써 일종의 공범관계를 형성했던 대다수 일본 국민도 가담했고, 패전 뒤의 일본을 7년간 군정통치하면서 그 모든 것을 기획하고 조율한 미국도 적극 가담했다. 거꾸로 얘기하면, 천황이 유죄라면, 그들 국민과 미국 또한 유죄가 된다. 따라서 천황과 천황제는 유죄일 수가 없는 구조, 유죄가 돼서는 안 되는 구조, 이것이 또한 '일본 문제'의 핵심일 수 있다. 일본군 위안부 문제나 강제동원 피해자 문제 등을 둘러싼 과거사 문제가 풀리지 않은 채 제자리를 맴돌고 한일 간에 '무역전쟁'까지 벌어지게 된 연원이 거기에 있고, 한반도 분단문제의 뿌리도 그와 무관하지 않다.

헨미 요는 그것을 얘기하기 위해 많은 언설과 사실들을 동원하진 않는다. 딱딱한 이론이나 장황한 설득이나 고발을 늘어 놓지도 않는다. 그렇다고 추상적인 얘기를 늘어놓는 것도 아니다. 당시 중국 전선에 장교로 참전했던 그의 아버지와 다른 참전자들의 참극 현장 체험을 토대로 한 매우 구체적인 픽션·논픽션들의 진실을 상투적이지 않은 새로운 방식으로 파고든다. 동원당한 '조센징' 병사를 장교인 저자의 아버지가 가죽 슬리퍼로 두들겨패며 경멸했다는 고백도 나온다. 그런 매우 구체적인 역사적 사실들을 토대로 픽션과 논픽션이 미묘하게 맞물려 돌아가는 일인칭 서술 구조 속에서 '그때 그 자리에 내가 있었다면 나는 어떻게 했을까'를 끊임없이 되뇌는 『1★9★3★7』는, 이 책 해설을 쓴 서경식 도쿄경제대 교수도 얘기했듯이, 한 편의 장대한 서사시처럼 느껴진다. 일본의 부패와 망각, 오만에 대한 헨미 요의 고발은 이사야나 아모스 같은 유대의 구약에 나오는 선지자·예언자들과는 다르지만, 패전 뒤 마루야마 마사오가 지적한 일본의 고질적 '무책임의 체계'를 비판하고 '회개'를 요구하는 그의 예언자적 언설들은 구약의 선지자들 못지않게 통렬하다. 그는 그것을 소리 높여 외치는 것이 아니라 안으로, 강박적일 만큼 집요하게 파고든다.

이 기념비적인 작품이 아베 우익정권하의 일본 사회를 흔들어 놓지 못하고 있는 현실이 매우 유감스럽지만, 그것은 역설적으로 그만큼 작품이 문제의 본질을 꿰뚫고 있기 때문일 수도 있고, 그것조차 허용될 수 없는 괴팍한 현실 때문일 수도 있다. 그런 얘기를 공개적으로 꺼내 놓는 것조차 거의 불가능에 가까운 사회가 일본이라는 평판은 일본의 이른바 '전후 민주주의' 속에서도 전혀 바뀌지 않았다. 지금 그 '전후 민주주의' 마저 급속히 시들어가면서 일본이 또다시 전쟁 쪽으로 달려가고 있다는 경고음이 나오고 있다. 헨미 요도 그런 생각을 갖고 있다.

헨미 요(辺見庸)를 알게 된 건 2017년에 번역 출간된 그의 『먹는 인간』(박성민 옮김, 메멘토)을 신문지면에 소개하면서다. 일본의 대표적 출판사 중 하나인 강담사講談社의 논픽션상 수상작인 그 작품은 저자가 2년 넘게 15개국의 수십 곳을 돌아다니며 관찰하고 체험한 것을 토대로 쓴 일종의 음식 기행문이었는데, 그 주제랄까 문제의식이 강렬했다. 주로 가난하고 불우해 보이는 현지 서민들의 삶을 그들이 매일 먹는 음식을 매개로 깊숙이 파고든 그 작품은 여느 기행문과는 달랐다. 그들의 삶의 양태나 외형적 실상에 대한 묘사도 신선했지만 그런 삶 뒤에 도사리고 있는 역사랄까 구조적 비애랄까, 아무튼 내게는 보이는 세계 뒤의 실상에 다가가려는 저자의 의도나 태도가 더 인상적이었다. 『1★9★3★7』를 읽고 난 뒤 생각해보니, 2차 대전 뒤의 냉전체제하에서 패전국이지만 사실상 전승국 대접을 받으며 급속 성장한 '풍요 사회' 일본의 정보화·상업화·소비주의에 찌든 비인간적 일상을 혐오하며 비참하지만 인간적인 세계로 여행을 떠난 『먹는 인간』에서 헨미 요는 이미 일본 사회의 고질적인 부패와 부조리 즉 '일본 문제'에 대한 강한 문제의식을 갖고 있었던 것 같다.

그 『먹는 인간』 맨 마지막 장이 10대 나이에 일본군에 '위안부'로 끌려간 한국 할머니 세 분을 만난 얘기인데, 서울의 일본 대사관 앞에서 자살을 시도했던 그들과 막걸리를 함께 마시며 얘기하면서 눈물을 흘린 얘기가 나온다.『1★9★3★7』에『먹는 인간』이 상을 받을 때 수상식장에 나온 도쿄대 출신의 작가, 그 상 선고위원의 한 사람으로 유일하게 수상에 반대했던, 헨미 요보다 24세나 더 많은 아가와 히로유키가 술냄새를 풍기며 헨미 요의 그 눈물 흘렸다는 얘기를 비아냥대다가 할머니들을 모욕하는 언사를 던진 얘기가 나온다. 일본제국 해군에 복무한 일본 우익 골보수 지식인의 전형이라 할 아가와는 그 몇 년 뒤 난징 학살이 벌어진 1937년에 제정된 문화훈장령(칙령)에 따라 문화훈장과 종신연금을 받게 된다. 말하자면 패전에도 불구하고 일본은 칙령도 칙령의 제정·반포자도 1990년대에 훈장을 받은 그 수혜자도 전전의 '대동아공영권' 시절과 바뀐 게 없는 사실상 그때와 다름없는 세상인 것이다.

천황을 위해 죽는 것을 신성한 의무요 영광이라 읊조린 음울하고 비장한 군가 〈노영의 노래〉〈대동아전쟁 육군의 노래〉〈오호! 가미카제 특별공격대〉 등 전시뿐 아니라 전후에도 국민가요처럼 일상적으로 불리며 일본인들의 정신을 지배했던 악명 높은 숱한 전쟁가요들의 작곡가 후루세키 유지는 패전 뒤에도 영달했다. 전후의 '평화국가 일본'을 세계에 선전한 1964년 도쿄 올림픽 국립경기장 선수단 입장식 때 울려 퍼진 〈올림픽 마치〉의 작곡자가 수많은 젊은이들을 죽음으로 내몬 천황 찬양 전쟁가요들을 지은 그 후루세키였고, 올림픽 개회를 선언한 사람도 바로 그 천황 히로히토였다. 경찰서에서 고문

살해당한 「게 가공선」의 작가 고바야시 타키지를 잔혹하게 죽인 자들도 훈장을 받고 영달했다.

헨미 요가 맞서 싸우고 있는 상대가 바로 그들, 패전에도 불구하고 아무 책임도 지지 않고 여전히 군림하고 있는 그들, 그리고 그들과 사실상 공모한 대다수 일본 일반인들이라고 할 수 있다. 헨미 요는 자신들이 저지른 흉악한 범죄를 묻지도, 물으려 하지도 않고 침묵 속에 기억 자체를 지우려 하는 일본의 과거와 현재를 부끄러워하면서, 이대로는 미래도 구제불능이며, 그 끔찍했던 과거가 다시 미래를 지배하게 될 것이라고 예언한다.

책명인 『1★9★3★7』를 '이쿠미나'로 읽는 것은 난징 대학살이 자행된 1937년을 가리키는 이 숫자들의 일본어 읽기에 토대를 둔 것으로 1(이치), 9(쿠), 3(미츠), 7(나나)의 첫 글자들 조합인 듯하다. 그리고 이쿠(いく=行く)는 '가다'는 뜻이고 미나(みな=皆)는 모두라는 뜻을 갖고 있어서 '모두 함께 가다' 내지는 '모두 함께 가자'는 의미로 읽을 수 있다. 또 이쿠(行く)는 유쿠로도 읽는데, 이쿠나 유쿠는 '征く'로도 쓸 수 있으며 이는 정복하다는 뜻이어서 '모두 정복하러 가다' 또는 '모두 정복하러 가자'로도 읽을 수 있다.

저자는 『1★9★3★7』를 2015년에 진보적 주간지 〈금요일〉에 '논픽션'으로 연재했고, 2016년에 그 내용을 대폭 보완한 증보판 소설 단행본으로 출간했다.

1944년생으로 와세다대학 문학부를 졸업한 뒤 교도통신에 입사해 외신부(국제부) 에이스 기자로 1970년대 말과 1980년대 후반 두 차례 모두 6년간 베이징 특파원으로 근무했던 헨미 요. 그는 1991년에 아마도 첫 본격소설일 『자동 기상 장치』로 아쿠타가와 상을 받았고, 그 3년 뒤 『먹는 인간』으로 고단샤 논픽션상, 그리고 2016년에 『1★9★3★7』로 가도카와(角川) 문화진흥재단이 주최하는 문학상인 시로야마 사부로상을 받았다. 2011년과 2012년에는 시집 『효수된 목(生首)』과 『눈(眼)의 바다』로 각각 나카하라 주야 상, 다카미 준 상을 받았다. 1996년에 교도통신사를 그만둔 뒤 저널리스트, 소설가, 시인으로 활동하면서 작가로서의 입지를 확고히 다진 것이다.

'파락호' 아베 신조를 비판하고, 히로히토 천황이 무릎을 꿇고 사죄하고 전범으로 처벌받았어야 하며 적어도 패전 직후 바로 퇴위했어야 한다고 보는 헨미 요의 세계관은 6년간의 베이징 특파원 시절 체험이 큰 영향을 끼친 것으로 보인다. 중일전쟁을 통상적인 전쟁, 즉 쌍방이 선전포고를 하고 전투를 벌인 전쟁이 아니라 선전포고도 없는 일본의 일방적인 침략으로, 중국 전선의 '전장'을 '범행 현장'으로 인식하는 헨미는 특파원 시절 현지의 중국인들이 당시 이미 40년이 지난 그 전쟁을 살·략·간, 즉 일본군의 무자비한 살육과 약탈, 강간으로 인식하고 있는 현실을 보고 들으며 크게 충격을 받은 것 같다. 그때부터 그의 고민이 시작됐을 것 같은데, 6년간의 현장 체험으로 촉발됐을 그의 문제의식은 그의 문학적 선배들이라 할 수 있는 당시 학살현장 체험자들인 작가 홋타 요시에, 다케다 다이준 등의 글과 생각들을 연료로 삼아 문학적으로 승화됐다.

일본과 일본인은 난징 학살을 비롯한, 2천만 내지 많게는 3천5백만(중국 쪽 추산)에 달하는 희생자를 낸 일본군의 아시아 침략 만행을 인정하지 않는 경우가 많다고 한다. 죽이긴 했지만 그만한 숫자는 아니었다거나 아예 그런 일이 없었다, 지어낸 얘기라는 주장들이 여전하고, 이제는 아예 그런 사실들에 대한 인식 자체가 가해자 및 피해 당사자들과 그 세대들의 고령화와 사망 등으로 희미해져 가고 있다. 또 독일의 경우와는 달리 일본은 그 사실 자체를 후세대에 제대로 가르치지도 않고 은폐해 왔기 때문에 문제의식 자체가 사라져가고 있다. 희생자 수나 규모의 크기로 범죄의 경중을 따지는 것부터 어불성설이라고 보는 헨미 요에겐 한 사람 한 사람의 일상과 꿈과 다양한 관계 등을 본인들의 뜻과 무관하게 무참하게 말살하는 것 자체가 다른 어떤 것과도 비교 불가능한 절대적 범죄다. 그러니 얼마를 죽였느니 하는 논쟁은 무의미하거나 억울하게 죽은 무고한 사람들을 다시 능욕하는 것이며, 문제의 본질을 피해가는 꼼수일 가능성이 높다.

심지어 일본은 자국의 가해 사실보다는 원폭 투하나 도쿄 대공습에 따른 피해 등을 평화와 전쟁 반대라는 미명하에 강조하고 기억해 왔기 때문에 자신들을 가해자가 아니라 피해자로 인식하는 사회 분위기가 만연해 있다는 지적을 받고 있다. 아베 정권 등장 이후 그런 경향은 더 심해졌다. 한국이나 중국과 관련한 과거사 문제에 대한 자국 정부나 관료들의 일방적 주장을 비판 없이 받아들이는 경향이 강한 일본인들, 특히 우익세력이 혐한·혐중 발언을 거침없이 내뱉는 데에는 그런 풍토가 배경으로 깔려 있다.

특파원 체험 등을 통해 일본에 대한 일본 바깥 세계의 시선을 잘 알고 있는 헨미 요로서는 무엇보다 그런 외부의 인식이나 시선에 무지하거나 무시하는 일본 상황에 심한 '부끄러움'과 함께 위기감을 느낀 듯하다. 그런 인식으로는 일본에 미래가 없다는 생각을 하지 않았을까. 오늘날 일본의 '우경화'의 뿌리도 거기에 있다. 헨미 요는 그렇게 본다.

하지만 이런 상황에서는 아무리 엄청난 야만의 기록들을 찾아내고 구체적인 수치들을 정리해서 들이대봤자 날조나 조작이라 주장하면서 간단히 수용을 거부하거나 무시해버리면 그뿐이다. 일본군 위안부 출신 할머니들처럼 살아 있는 피해자들의 육성 증언조차 돈을 받아내기 위한 거짓말이라며 오히려 '창녀'라고 인격살인을 해대는 뒤집힌 현실에서 그런 사실들은 맥을 추지 못한다. 서경식 교수가 해설에서 지적했듯이, 중요한 것은 그 사실들을 사실대로 받아들이면서 공감할 수 있게 해주는 감수성을 먼저 만들어내는 일이다. 여기에는 사실의 천착뿐만 아니라 문학적 상상력이 필요하다. 그것으로 사실들을 다르게 엮어가는 새로운 이야기를 만들어내야 한다. 말하자면 헨미 요는 『1★9★3★7』로 그것을 성취했다.

옮긴이 | 한승동

1957년 경남 창원에서 태어나 서강대학교 사학과를 다녔다. 〈한겨레〉 창간 기자로 합류해 국제부장과 문화부 선임기자를 거쳐 논설위원으로 활동했다. 지은 책으로 『대한민국 걸어차기』, 『지금 동아시아를 읽는다』가 있으며, 옮긴 책으로 『희생의 시스템, 후쿠시마 오키나와』, 『종전의 설계자들』, 『삼국지 그림 기행』, 『들어라 와다쓰미의 소리를』, 『인간 폭력의 기원』, 『다시, 일본을 생각한다』, 『재일조선인』, 『나의 서양음악 순례』, 『속담 인류학』, 『멜트다운』 등이 있다.

1★9★3★7

초판 1쇄 발행 2020년 5월 30일

지은이 헨미 요
옮긴이 한승동

펴낸곳 서커스출판상회
주소 경기도 파주시 광인사길 68 202-1호(문발동)
전화번호 031-946-1666
전자우편 rigolo@hanmail.net
출판등록 2015년 1월 2일(제2015-000002호)

ISBN 979-11-87295-45-7 03910

이 도서의 국립중앙도서관 출판예정도서목록(CIP)은 서지정보유통지원시스템 홈페이지(http://seoji.nl.go.kr)와 국가자료공동목록시스템(http://www.nl.go.kr/kolisnet)에서 이용하실 수 있습니다.
(CIP제어번호: CIP2020009531)